ज्ञान गरिमा के
68 वर्ष

भारतीय
ज्ञानपीठ

AF824951

णाणं
पयासयं
वीर नि.सं. 2470
ई.सन् 1944
भारतीय ज्ञानपीठ

कविता : पहचान का संकट

(आलोचना)

कविता : पहचान का संकट

नन्दकिशोर नवल

भारतीय ज्ञानपीठ

लोकोदय ग्रन्थमाला : ग्रन्थांक 826

ग्रन्थमाला सम्पादक

रवीन्द्र कालिया

सह-सम्पादक

गुलाबचन्द्र जैन

पहला संस्करण : 2006

दूसरा संस्करण : 2012

ISBN 978-81-263-4034-7

प्रकाशक :

भारतीय ज्ञानपीठ

18, इन्स्टीट्यूशनल एरिया, लोदी रोड

नयी दिल्ली-110 003

मुद्रक : विकास कम्प्यूटर ऐंड प्रिंटर्स, दिल्ली-110032

आवरण : सचिदा नागदेव

आवरण-सज्जा : ज्ञानपीठ कला प्रभाग

दूसरा संस्करण : 2012

मूल्य : 300 रुपये

© डॉ. नन्दकिशोर नवल

KAVITA : PAHCHAN KA SANKAT

(Criticism)

by Nand Kishore Navai

Published by

Bharatiya Jnanpith

18, Institutional Area, Lodi Road,

New Delhi-110 003

e-mail : jnanpith@satyam.net.in, sales@jnanpith.net

website : www.jnanpith.net

Second Edition : 2012

Price : Rs. 300

श्रद्धेय गुरुदेव
प्रोफेसर केसरी कुमार की
स्मृति को

दो शब्द

'कविता : पहचान का संकट' मेरे आलोचनात्मक लेखों का आठवाँ संग्रह है। इधर मेरे ऐसे लेखों के दो संकलन और भी निकले हैं, यथा 'निराला-काव्य की छवियाँ' और 'कविता के आर-पार'। उन्हें विभिन्न संग्रहों से लेख लेकर तैयार किया है। कुछ लेख इधर के लिखे हुए भी हैं। प्रस्तुत पुस्तक में पिछले चार-पाँच वर्षों में लिखे गये मेरे ऐसे लेख दिये जा रहे हैं, जो पहली बार लेख-संग्रह में संगृहीत हो रहे हैं।

प्रायः ये सारे लेख विभिन्न पत्र-पत्रिकाओं में प्रकाशित हो चुके हैं, ज्यादातर 'कसौटी' में और बाकी 'आलोचना' में। एक-दो लेख अन्य पत्रिकाओं में भी छपे हैं। 'अर्थ-भार से तनकर...' शीर्षक समीक्षात्मक लेख बिलकुल ताजा है और मार्कण्डेय-सम्पादित पत्रिका 'कथा' के लिए लिखा गया है।

जैसा कि पुस्तक के नाम से ही स्पष्ट है, इन लेखों के, जो आकार में बड़े भी हैं और छोटे भी, केन्द्र में वह संकट है, जिसके कारण कविता की पहचान लुप्त होती जा रही है। मैंने कबीर से लेकर एकदम हाल के कवियों तक की कविता पर इसी दृष्टि से विचार किया है और उसमें निहित 'कवित्व' को यथासम्भव संकेतित करने का प्रयास। कहने की आवश्यकता नहीं कि 'कवित्व' एक गतिशील वस्तु तो है ही, दुर्ग्राह्य भी है जैसा कि तुलसीदास ने पात्र-विशेष के कथन को लेकर कहा है— 'ज्यों मुखु मुकुर मुकुरु निज पानी। गहि न जाइ अस अदभुत बानी।' लेकिन इस बिम्ब को पकड़कर ही आलोचक कृतकार्य हो सकता है, अन्यथा वह कविता के रचनागत सन्दर्भों और उसके भावों-विचारों का ही विश्लेषण करता रह जाएगा, जिसकी आजकल हिन्दी काव्यालोचन क्या, साहित्यालोचन-मात्र में बहार है। चूँकि यह

काम अपेक्षाकृत सरल है, इसलिए आलोचक उसी तरफ लपकते हैं। एक बात यह भी है कि उनके मन में एक गलतफहमी जड़ जमाये हुए है कि आलोचना में रचना के कवित्व या सौन्दर्य की पहचान रूपवाद है। वे यह मानने को तैयार नहीं कि कवित्व या सौन्दर्य अलग से कोई वस्तु नहीं, ठीक प्रकाश की तरह, जिसे हम नहीं देखते, देखते हैं तो प्रकाशित वस्तुओं को। लेकिन इसका यह मतलब कतई नहीं है कि 'प्रकाश'- जैसी कोई चीज नहीं होती, जो होती है, वह केवल उससे प्रकाशित होनेवाली वस्तु।

इस पुस्तक को प्रकाशित करने में यशस्वी प्रकाशन-संस्था भारतीय ज्ञानपीठ ने रुचि दिखलायी है, इसलिए उसके प्रति मैं अपना आभार प्रकट करता हूँ।

—नन्दकिशोर नवल

27 फरवरी, 2006

घाघा घाट रोड, महेन्द्रू
पटना - 800 006

अनुक्रम

कबीर की वाणी : एक निजी पाठ

मुझे यह कहने में कोई हिचक नहीं है कि अगस्त, 1994 तक मैं कबीर से पूरी तरह से परिचित नहीं था। बस उनकी छिटपुट कविताएँ पढ़ीं थीं। अन्त में तो कबीर की बानी के रूप में मेरे पास एक ही सामग्री थी—आचार्य हजारीप्रसाद द्विवेदी की पुस्तक 'कबीर' के परिशिष्ट में दी गयी उनकी दो सौ छप्पन कविताएँ। मैं उन्हीं को पढ़ता था, उन्हीं का हवाला देता था और वर्ग में या बाहर उन्हीं पर अपने व्याख्यान को केन्द्रित करता था। लेकिन धीरे-धीरे जब कबीर की चर्चा नये सिरे से जोर पकड़ने लगी, तो मैंने उन्हें सम्पूर्णता में पढ़ने का निश्चय किया। उसके लिए सर्वप्रथम कबीर-वाणी के प्रामाणिक पाठ की समस्या सामने आयी। द्विवेदीजी ने अपनी पुस्तक में कबीर की जो कविताएँ दी हैं, उनकी प्रामाणिकता में तो उन्हीं को सन्देह था, क्योंकि उन्होंने उसकी भूमिका में लिखा है कि उनमें से सौ कविताएँ आचार्य क्षितिमोहन सेन द्वारा सम्पादित 'कबीर के पद' नामक उस पुस्तक से ली गयी हैं, जो अपनी प्रामाणिकता के लिए किसी पोथी की मुखापेक्षिता नहीं रखती। कारण यह कि उसकी सारी कविताएँ भक्तों के मुख से सुनकर संग्रह की गयी हैं। शेष एक सौ छप्पन कविताओं के स्रोत का द्विवेदीजी ने स्पष्ट उल्लेख नहीं किया है। आगे उन्होंने यह जरूर लिखा है कि पुस्तक में उन्होंने आचार्य सेन द्वारा संकलित कविताओं का उपयोग नहीं किया और कबीर-सम्बन्धी अपने विवेचन का आधार श्यामसुन्दर दास द्वारा सम्पादित 'कबीर ग्रन्थावली', अयोध्या सिंह उपाध्याय 'हरिऔध' द्वारा सम्पादित 'कबीर वचनावली' और युगलानन्दजी द्वारा सम्पादित 'सत्य कबीर की साखी' को बनाया है। ऐसी स्थिति में 'कबीर' के परिशिष्ट में दी गयी कविताओं से मेरा हटना स्वाभाविक था। चूँकि मैं कबीर को शोधकर्ता की नहीं, बल्कि आस्वादनकर्ता की दृष्टि से पढ़ना चाहता था, इसलिए मैंने ज्यादा छानबीन नहीं की और डा. माताप्रसाद गुप्त द्वारा सम्पादित 'कबीर ग्रन्थावली' को अध्ययन के लिए चुना। यह चुनाव मैंने बहुत जल्दी कर लिया, क्योंकि डा. गुप्त की पाठ-निर्धारण और अर्थापन की पद्धति के वैज्ञानिक होने के कारण उनमें मेरी निष्ठा

और मेरा विश्वास बहुत दृढ़ था। अध्ययन के उपरान्त मेरी यह धारणा पक्की हो गयी कि इस ग्रन्थावली में कबीर-वाणी का जो पाठ है, वह सर्वाधिक प्रामाणिक है।

यह बात दिलचस्प है कि 'कबीर-ग्रन्थावली' का एक परिश्रमी छात्र की तरह पारायण करने के बाद मैं किसी नये नतीजे पर नहीं पहुँचा। कबीर को उनकी कविताओं के माध्यम से मैंने जान तो लिया, लेकिन यह जानना किसी नये सत्य को जानना नहीं था। मुझे यह देखकर थोड़ी हैरानी हुई कि आचार्य रामचन्द्र शुक्ल और द्विवेदीजी दोनों के कबीर-सम्बन्धी निष्कर्ष एक ही हैं। वह यह कि कबीर मूलत: एक साधक थे और उनकी साधना बहुत कुछ एक परम्परा का अंग थी, जो सिद्धों, नाथों और नामदेव की परम्परा थी। आचार्य शुक्ल साहित्य को शिक्षित वर्ग की चीज समझते थे, इसलिए कबीर को उन्होंने साहित्यिक दृष्टि से पूरा महत्त्व नहीं दिया, यह सही है। उनके विपरीत द्विवेदीजी ने कबीर के माध्यम से एक नये ढंग की कविता की प्रतिष्ठा की, जिसके पीछे साहित्य-ज्ञान नहीं, अनुभव पर आधारित एक नया काव्यशास्त्र था, यह भी सही है, लेकिन इसके बावजूद दोनों विद्वानों के कबीर-सम्बन्धी विचार मिलते हैं। मैं कबीर के अध्ययन के उपरान्त जिन नतीजों पर पहुँचा, वे नये नहीं हैं, फिर भी उन्हें मैं आपके सामने रखने की धृष्टता कर रहा हूँ।

कबीर में योग, भक्ति और प्रेम तीनों ही चीजें हैं। योग का शेष दोनों चीजों से मेल नहीं है, लेकिन उन्होंने इसकी परवाह नहीं की है और योग-साधना के साथ भक्ति तथा भक्ति के साथ रहस्यवादी प्रेमोपासना की है। आचार्य शुक्ल ने योग के साथ भक्ति को मिलाने के लिए उनकी बहुत तारीफ की है। यह जरूर है कि न तो वे गोरखनाथ-जैसे पक्के योगी थे, न वैष्णवों की तरह पक्के भक्त, जो अवतारवाद में विश्वास करता हुआ ईश्वर की लीलाओं का गान करता है। इसी तरह वे सूफीमत से प्रभावित होते हुए भी सूफी सन्त न थे। कहा जा सकता है कि यह एक विलक्षण 'संयोग' है, जो कबीर में घटित हुआ और जिसका समाज के धार्मिक वातावरण पर अच्छा ही प्रभाव पड़ा। लेकिन सवाल कविता का है। कबीर दार्शनिक या तार्किक नहीं थे, इसलिए यदि उन्होंने अपनी साधना में योग, भक्ति और प्रेम-जैसी परस्पर विरोधी चीजों को मिला दिया, तो यह बड़ी बात है। यह कवि-रूप में भी उनकी उपलब्धि है, क्योंकि विचार के स्तर पर जहाँ इन चीजों में आपस में विरोध है, वहाँ अनुभूति के स्तर पर पूरी संगति है। जहाँ योग भक्ति से शून्य है और केवल शुष्क क्रियाओं का वर्णन रह गया है, वहाँ वह काव्य के स्तर से च्युत है। दिक्कत यह है कि कबीर में वैसे स्थल बहुत ज्यादा हैं, नीरस उलटवासी सहित। यह उनके महत्त्व को कम करता है। कभी-कभी यौगिक क्रियाओं का वर्णन करने के लिए उन्होंने बड़े-बड़े रूपक लिए हैं। यह अवश्य उनकी असाधारण कवि-प्रतिभा का प्रमाण

है। भक्ति के प्रसंग में एक-दो बातें ज्ञातव्य हैं। एक तो यह कि वे ब्राह्मणों ही नहीं, शाक्तों से भी नाराज हैं और स्वभावत: पसन्द वैष्णवों को करते हैं, यद्यपि जरूरी होने पर बख्शते उन्हें भी नहीं हैं। उदाहरण के लिए वैष्णवों की प्रशंसा में कही गयी उनकी यह साखी देखी जा सकती है : 'मेरे संगी दोइ जण, एक बैश्नौं एक रांम।/वो है दाता मुकति का, वो सुमिरावै नांम॥' इसी तरह उन पर चोट करनेवाली यह साखी : 'बैश्नौं भया तो का भया, बूझ्या नहीं बमेक।/छापा तिलक लगाइ करि, दग्ध्या लोक अनेक॥' (बमेक—विवेक—ज्ञान, दग्ध्या—ठगा, लोक—लोग) दूसरी बात यह कि कबीर में राम धनुर्धर रूप में भी हैं ('सारंग पानि') और उनमें 'गोबिन्द' भी आते हैं। मैं कबीर के निरगुनों से परिचित था और जानता था कि वे इस सांसारिक जीवन को नश्वर बतलाकर ईश्वर की ओर उन्मुख होने का उपदेश देते हैं, लेकिन उन्हें पढ़ते हुए यह बात मेरे अनुभव में पहली बार आयी कि उनका सर्वाधिक जोर सांसारिक जीवन को त्यागने पर है। इसके सामाजिक-धार्मिक कारण हो सकते हैं, पर उससे जो स्थिति है, मेरे जानते, उसमें कोई परिवर्तन न होगा। उन्होंने जिन कविताओं में सांसारिक जीवन की नश्वरता का आख्यान किया है, उनमें से एक है : 'मन रे तन कागद का पुतरा।/लागै बूँद बिनसि जाइ छिन मैं, ग्रब करै क्या इतरा।' इसी तरह से एक दूसरे पद में वे प्रवृत्ति-मार्ग के बेड़े पर चढ़नेवालों की निन्दा करते हुए कहते हैं : 'अवधू ऐसा ग्यांन विचारं।/भैरै चढ़े सु अधधर डूबे, निराधार भए पारं॥' (अधधर—अद्धड़—आधे (समुद्र) में ही) लेकिन बात इतनी ही नहीं है। मुझे उनमें कई ऐसी कविताएँ भी मिली हैं, जिनमें इस संसार के प्रति उनमें निषेध-भाव के बदले स्वीकार-भाव है। एक साखी में वे कहते हैं कि मैंने चौपड़ चौराहे पर बिछाई है, जिसके ऊपर-नीचे बाजार है। तात्पर्य यह कि मेरा खेल एकान्त का नहीं, बल्कि सामान्य जीवन से सम्पृक्त है। वह साखी है : 'चौपड़ि मांडी चौहटे, अरध उरध बाजार।/कहै कबीरा राम जन, खेलौ सन्त बिचारि। (मांडी—बिछाई, अरध—अध, नीचे, उरध—ऊर्ध्व, राम जन—राम का सेवक (कबीर), सन्त—ऐ सन्तो!) वे दरअसल इस संसार में रहकर भी उससे निर्लिप्त रहने पर जोर देते थे, जैसा कि एक दूसरी साखी से पता चलता है। उसमें वे राम से कहते हैं कि जिस विधि से तुम सभी की रचना कर उनसे अलग रहते हो, वह विधि हमें भी बताओ : 'कबीर पूछै रांम सौं, सकलभवनपति राइ।/सबहीं करि अलगा रहौ, सो बिधि हमहिं बताई॥' तुलसीदास ने घर और वन के बीच अपना आवास बनाने पर बल दिया है। कबीर भी इस मध्यमार्ग की सिफारिश करते हैं, यथा 'मध्य अंगि जे को रहै, तौ तिरत न लागै बार', अर्थात् जो प्रवृत्ति और निवृत्ति के मध्य में रहता है, उसे संसार-सागर को तिरते देर नहीं लगती है। अन्ततः वे इस संसार में सरल और सच्चा जीवन बिताने के

पक्षपाती थे : 'सांई सेंती सचि चली, औरौ सौं सुध भाइ। / भावै लंबे केस करि, भावै घुड़रि मुंड़ाइ', अर्थात् स्वामी से तू सच्चाई से आचरण कर और औरों से शुद्ध भाव से, फिर चाहे तू लम्बे केश रख, चाहे उन्हें मुड़ाकर घूम।

ज्यों-ज्यों मैं कबीर को पढ़ते हुए आगे बढ़ता गया, मुझ पर यह स्पष्ट होता गया कि उन्होंने इस नाना रूपात्मक और नामात्मक जगत् के क्रिया-कलापों में न के बराबर रस लिया। इसी कारण आचार्य शुक्ल यह कहते हैं कि कबीर तथा अन्य निर्गुणपन्थी सन्तों ने नाथपन्थियों की अन्तस्साधना में ज्ञान और भक्ति का योग तो कराया, लेकिन कर्म की दशा वही रही। तात्पर्य यह कि उनके ईश्वर ज्ञानस्वरूप और प्रेमस्वरूप ही रहे, धर्मस्वरूप यानी लोकरक्षक और लोकरंजक न हो पाए। यहीं पर तुलसी सबसे बड़े हैं। आधुनिक कवि नागार्जुन को इस युग का कबीर कहा गया है। सच्चाई यह है कि कबीर ने जहाँ विश्वप्रपंच में कोई खास रुचि नहीं ली, वहाँ नागार्जुन का मुख्य विषय मृत्युपर्यन्त वही रहा। उसमें भी विश्व की सबसे प्रमुख समस्या राजनीति, जबकि कबीर की रुचि सिर्फ धार्मिक मामलों तक सीमित थी। कुछ विद्वान् मार्क्सवाद के इस सूत्र का सहारा लेकर कि आधुनिक काल के पूर्व सारे राजनीतिक आन्दोलन धार्मिक रूप में चलते रहे हैं, कबीर की धार्मिकता को सामाजिक क्रान्ति के रूप में व्याख्यायित करने का प्रयास कर रहे हैं। धर्म भी समाज की ही पैदावार होता है और उसका भी समाज से सम्बन्ध होता है, यह सही है। इसके साथ यह भी सही है कि वैयक्तिक साधना का भी एक सामाजिक सन्दर्भ होता है, तथापि कबीर की धार्मिकता को सामाजिक क्रान्ति मानना सरलीकरण ही नहीं, बात को इस छोर से पकड़ने की जगह उस छोर से पकड़ना है। कबीर की धार्मिकता समाज से सम्बन्ध रखती है, पर उन्होंने उसे महत्त्व मुख्यत: आध्यात्मिक कारणों से दिया था, भौतिक कारणों से नहीं।

स्पष्टत: कबीर सामाजिक विद्रोही न थे। निस्सन्देह उनमें वर्ण-व्यवस्था का बहुत तीखा विरोध है, लेकिन वह उनका लक्ष्य न होकर उपलक्ष्य है। उसके पीछे उनकी भक्ति या दर्शन है, जो समतामूलक है। उदाहरणार्थ यह साखी : 'कबीर यह तौ एक है, पड़दा दीया भेष। / भर्म कर्म सब दूरि करि, सबही माँहिं अलेख॥ (यह—मनुष्य-मात्र, भर्म कर्म-भ्रम के कर्म, अलेख—अलक्ष्य) ताज्जुब नहीं कि जैसे उन्होंने ब्राह्मणों पर प्रहार किया है, वैसे ही काजी-मुल्ला पर भी, लेकिन यह प्रहार इसलिए नहीं है कि गलत समाज-व्यवस्था के चलते समाज में निर्धनता, विषमता, शोषण और अत्याचार है। इन चीजों से उन्हें कोई मतलब न था। उन्हें सामाजिक यथार्थ का द्रष्टा मानना भूल है। उनका दुख ईश्वरीय दुख था, जिसमें वे जगते थे और रोते थे। इसी तरह उनका प्रेम भी ईश्वरीय प्रेम ही है, मानव-प्रेम नहीं। ज्ञातव्य है कि कबीर ने विस्तार से स्त्री-विरोधी विचार ही प्रकट नहीं किये

हैं, भले भक्त होने के कारण, सती-प्रथा को भी गौरवान्वित किया है, भले प्रतीक रूप में उसका इस्तेमाल करते हुए। एकाध स्थल पर तो उन्होंने बहुत स्पष्ट शब्दों में शूद्रों और म्लेच्छों की भी निन्दा की है : 'सुद्र मलेछ बसैं मन मांहीं। आतम रांम सुचीन्ह्यां नांहीं॥' (मन—तुम्हारे मन में)

लेकिन कबीर सूर-तुलसी के साथ परिगणनीय अपने दृष्टिकोण के कारण नहीं, अपनी संवेदना के कारण हैं, जिसमें उक्त महाकवियों के समान ही गहनता और औदात्य है। यह सही है कि उन्होंने उनकी तरह रस की धारा नहीं बहाई, न जीवन की विभिन्न दशाओं से सम्पृक्त होकर उनका भावपूर्ण चित्रण किया, तथापि वे जब कवि-रूप में स्थित होते हैं, तो उनके मुँह से जो कविता फूटती है, वह बेजोड़ होती है। अकारण नहीं कि रवीन्द्रनाथ से लेकर दूसरे देशों के काव्यमर्मज्ञों तक ने, जो उनकी कविता के निकट आये हैं, उन्हें विश्वसाहित्य में एक विलक्षण कवि माना है। विषय योग हो, या भक्ति, या प्रेम या तीनों का मिश्रित रूप, कबीर जब हृदय की गहराई से अपने आपको अभिव्यक्त करते हैं, तो उनके शब्दों में गजब की प्रभावोत्पादकता होती है। कभी उनसे सूर्य की किरणें विकिरित होती हैं, तो कभी चन्द्रमा की। इससे उनके काव्य में एक नया सौन्दर्य सम्भव हुआ है, जिसका स्तर तो सूर-तुलसीवाला ही है, लेकिन जिसका आस्वाद उनसे भिन्न है, क्योंकि कबीर भले साक्षर रहे हों, वे उनकी तरह पण्डित और भाषाविद् न थे। सूर-तुलसी जहाँ लिखित परम्परा के कवि हैं, वहाँ वे भाषित परम्परा के। इसने उनकी वाणी को वह वैशिष्ट्य प्रदान किया है, जो लिखित परम्परा के कवियों की कविता में नहीं।

सर्वप्रथम हम उनकी योग से सम्बन्धित कुछ उक्तियाँ देखें। एक साखी में वे सतगुरु की महिमा बतलाते हुए कहते हैं : 'सतगुर मार्‌या बाण भरि, धरि करि सूधी मूठि। / अंगि उघाड़ै लागिया, गयी दवा सूं फूटि॥' (भरि—भरपूर, सूधी—सीधी, उघाड़ै—उघरे हुए, दवा—दावानल) गुरु के वचन को तुलसी ने 'रवि कर निकर' कहा है। कबीर उसकी उपमा बाण से देते हैं, जो उनके खुले हुए अंग को विद्ध कर वहाँ दावाग्नि को प्रज्ज्वलित कर देता है! एक दूसरी साखी में उन्होंने आदर्श सतगुरु उसे कहा है, जो सिकलीगर (आईने पर मुलम्मा करनेवाले) की तरह अपने शब्दों को मुलम्मा करके शिष्य की देह को दर्पण बना दे : 'सतगुर ऐसा चाहिए, जैसा सिकलीगर होइ। / सबल मसकला फेरि करि, देह द्रपन करै सोइ॥' (मसकला—मुलम्मा) एक साखी में योगी का वर्णन उन्होंने इस प्रकार किया है : 'झल ऊठी झोली जली, खपरा फूटिम फूटि। / जोगी था सो रमि गया, आसण रहि बिभूति॥' (झल—ज्वाला, खपरा—खप्पर (भिक्षापात्र), विभूति—राख) अर्थ स्पष्ट है कि योग की ज्वाला उठी, तो योगी की झोली जल गयी, वह स्वयं ज्वाला में लीन हो गया और उसके आसन पर सिर्फ उसकी राख रह गयी। इसी तरह एक और साखी

में उनका कहना है : 'पंखि उड़ाणीं गगन कौं, प्यंड रहा परदेस। / पांणीं पीया चंच बिन, भूलि गया यहु देस', यानी जब पक्षी गगन (शून्यलोक) को उड़ा, उसका पिण्ड (शरीर) अपर देश (स्थूल जगत्) में ही बना रहा। उस अशरीरी पक्षी ने शून्यलोक में चंचु के बिना ही एक दिव्यजल का पान किया और उसे यह स्थूल देश विस्मृत हो रहा। मानना पड़ेगा कि ऐसी सुसंगत उक्तियाँ कविकर्मप्रवीण कवि के अलावा कोई और नहीं कर सकता, वह प्रवीणता शिक्षा से आयी हो, या स्वयंसिद्ध हो। एक साखी में कबीर ने गोविन्द अर्थात् ब्रह्म के प्रकाश का प्रचण्ड वर्णन किया है, जो बड़े-से-बड़े कवि की वाणी को लज्जित कर सकता है। वह साखी है : 'चौसठि दीवा जोइ करि, चौदह चन्दा मांहि। / तिहि घरि किसको चांनिणौं, जिहि घरि गोब्यंद नांहि॥' (तू भले चौंसठ दीपों को जोड़ा करे और चौदह चन्द्रों को अपने भीतर समाविष्ट करे, किन्तु उसके घर (घट) में किसकी चन्द्रिका होगी, जिसके घर (घट) में गोविन्द नहीं हैं?) चौंसठ दीपों का मतलब है चौंसठ कलाएँ और चौदह चन्दा का मतलब है चौदह विद्याएँ। अपने एक पद में तो कबीर ने बड़े ठाठ से यौगिक क्रिया का रूपकात्मक वर्णन किया है, जो अपने निर्वाह के कारण ही नहीं, सौन्दर्य के कारण भी उद्धरणीय है। लिहाजा वह पूरा पद मैं नीचे दे रहा हूँ :

दूभर पनियाँ भर्या न जाई।
अधिक त्रिषा हरि बिन न बूझाई।
ऊपरि नीर लेज तलिहारी। कैसैं नीर भरै पनिहारी॥
ऊधस्यौ कूप घाट भयौ भारी। चली निरास पंचपनिहारी॥
गुरु उपदेस भरीले नीरा। हरषि हरषि जल पीवै कबीरा॥

(दूभर—जिसका भरना कठिन है, हरि—हरिरूपी जल, लेज—रज्जु, ऊधस्यौ—उध्वस्त हो गया, भारी—दुर्गम, पंच—पाँच, भरीले—भर लिया;कूप सहस्त्रार है, जल उसमें प्राप्त होनेवाला अमृत, रज्जु पवन, जो कुण्डलिनी के रूप में मूलतः सहस्त्रार चक्र में रहता है और पाँचों पनिहारिनें पंच कर्मेन्द्रियाँ हैं।)

कबीर में जैसे एक योगी का तेज था, वैसे ही एक भक्त का समर्पण-भाव भी। उनकी यह साखी प्रसिद्ध है : 'कबीर कूता रांम का, मुतिया मेरा नांउं। / गले रांम की जेवड़ी, जित खैंचै तित जांउं॥' भक्त ईश्वर के गुणानुवाद में संलग्न होता है और महसूस करता है कि उसके गुणों का पार नहीं है। यही बात इस साखी में कही गयी है : 'सात समन्द की मसि करौं, लेखनि सब बनराइ। / धरती सब कागद करौं, तऊ हरि गुंण लिख्या न जाइ॥' जो कवि यह कह सकता है कि सातों समुद्र के जल को स्याही बनाऊँ, सम्पूर्ण वनराजि को लेखनी और पूरी धरती को कागज, तब भी ईश्वर के गुण लिखे नहीं जा सकते, उसकी कल्पना-शक्ति की भव्यता का अनुमान

लगाया जा सकता है। यही महाकवियों का स्तर है, जिस पर कबीर अक्सरहा विचरण करते हैं। निम्नलिखित पद में उन्होंने ईश्वर के विराट् रूप का वर्णन किया है :

लोग कहैं गोबरधन धारी।
ताकौ मोहि अचम्भौ भारी॥
अष्टकुली परत जाके पग की रैंनां। सातों सायर अंजन नैंनां॥
ऐ उपमा हरि किती एक ओपै। अनेक मेर नख ऊपरि रोपै॥
धरनि अकास अधर जिनि राखी। ताकी मुगधा कहैं न साखी॥
सिव बिरंचि नारद जस गावै। कहै कबीर वाकौ पार न पावै॥

(तुम्हें लोग गोवर्धनधारी कहते हैं, इसका मुझे बड़ा अचम्भा है। अष्टकुलों के पर्वत (परत) जिसके पैरों की धूल (रैंनां—रेणु) हैं, सातों सागर (सायर) जिसके नेत्रों के अंजन हैं, यह उपमा उसके लिए, ऐ हरि, कितना ओप देती है, जिसके नखों पर अनेक मेरु (मेर) आरोपित हैं? धरती और आकाश को जिसने अधर में यानी निरवलम्ब रखा है, मूर्ख (मुग्ध) लोग उसका साक्ष्य नहीं कहते हैं। शिव, ब्रह्मा, नारद भी जो उसके गुणों का गान करते हैं, वे भी उसका पार नहीं पाते हैं, ऐसा कबीर कहता है।)

जहाँ तक प्रेम की बात है, कबीर उसमें अपने योगी और भक्त रूप से भी आगे हैं। एक रहस्यवादी प्रेमी की तन्मयता उन्हें एक असाधारण भावुक कवि के रूप में प्रतिष्ठित करती है। प्रेम में मिलन से भी ज्यादा महत्त्व विरह का है और यदि वह आध्यात्मिक प्रेम हुआ, तो उसमें तो प्राय: विरह का ही विधान है। देखिए, एक साखी में वे राम के प्रेम के विरह का वर्णन किन शब्दों में करते हैं। कहते हैं, जब विरह का भुजंग शरीर में निवास करने लगता है, तो उस पर कोई मन्त्र काम नहीं करता। राम के वियोग में पड़ा हुआ व्यक्ति जीवित नहीं रहता और यदि रहता है, तो बावला हो जाता है। ('बिरह भवंगम तनि बसै, मन्त्र न लागै कोइ। / राम बियोगी ना जिवै, जिवै तो बौरा होइ॥') यह विरह उनके शरीररूपी रबाब को, जिसकी ताँतें उनकी सारी नसें हैं, लगातार बजाता रहता है। कौन सुनता है उसके संगीत को? या तो उनका स्वामी या उनका अपना चित्त : 'सब रग तंत रबाब तन, बिरह बजावै नित्त। / और न कोई सुणि सकै, कै सांई कै चित्त॥' पाठकों को याद होगा, अज्ञेय के प्रसिद्ध उपन्यास 'नदी के द्वीप' में रेखा रवीन्द्रनाथ का यह गीत गाती है : 'महाराज, ए कि साजे एले मम हृदय-पुर माझे / ...सकल मम देह-मन वीणा सम बाजे।' इस प्रेम से अधिक मारक कबीर का प्रेम है। कबीर के प्रेम में सरलता भी है, जैसे उनकी इस उक्ति में कि अबकी बार फिर यदि स्वामी मिलें, तो

में अपने समस्त दुख का रो-रोकर उनसे आख्यान करूँ और उनके चरणों पर सिर रखकर मुझे जो कहना हो, वह सब कहूं : 'अब कै जे सांई मिलै, तौ सब दुख आपौं रोइ। / चरनूं ऊपरि सीस धरि, कहूं ज कहणा होइ॥' अन्त में वह साखी भी उद्धरणीय है, जो हमें कबीर के असाधारण रूप में कोमल और संवेदनशील मन की सूचना देती है—

झिरमिरि झिरमिरि बरषिया, पांहन ऊपरि मेह।
माटी गलि सैंजल भई, पांहन वोही तेह॥

(पाषाण के ऊपर मेघ झिर-झिर बरसा, किन्तु वह पाषाण ही बना हुआ है और उसी प्रकार, जबकि उससे मिट्टी गलकर सजल (सैंजल) हो गयी।)

कबीर के काव्य की श्रेष्ठता इसी बात में है कि योग और ज्ञान की शुष्क बातों को छोड़ दें, तो वह पाठकों के मन को प्रकाश और आनन्द से भर देता है, यानी उसे अतिशय उद्दीप्त और संवेदनशील बना देता है। उस समय उसमें योग, भक्ति और प्रेम को लेकर कोई फर्क नहीं होता। प्रायः तो ये उनमें परस्पर मिले हुए भी होते हैं।

(2000)

बिहारी सतसई : सौन्दर्य और प्रेम का काव्य

बिहारी सतसई को शृंगार का काव्य माना जाता है, जबकि मूलतः वह सौन्दर्य का काव्य है और उसमें प्रेम के भी उत्कृष्ट दोहे मिलते हैं। आचार्य रामचन्द्र शुक्ल ने बिहारी को रीतिकाल के 'प्रतिनिधि' कवियों में रखा है और रीतिकाल रस की दृष्टि से उनके लिए शृंगार-काल था। उनका यह सुदृढ़ मत था कि "जो हृदय के अन्तस्तल पर मार्मिक प्रभाव चाहते हैं, किसी भाव की स्वच्छ निर्मल धारा में कुछ देर अपना मन मग्न रखना चाहते हैं, उनका सन्तोष बिहारी से नहीं हो सकता।" अन्त में उन्होंने यह दो-टूक फैसला दिया है : "भावों का बहुत उत्कृष्ट और उदात्त स्वरूप बिहारी में नहीं मिलता। कविता उनकी शृंगारी है, पर प्रेम की उच्च भूमि पर नहीं पहुँचती, नीचे ही रह जाती है।" हिन्दी में देव और बिहारी की श्रेष्ठता को लेकर लम्बा विवाद चला है। आचार्य शुक्ल ने उसमें हिस्सा नहीं लिया था, लेकिन उनके इस कथन पर ध्यान देते हैं, तो उनका विचार अप्रकट नहीं रह जाता : "मार्मिक प्रभाव का विचार करें तो देव और पद्माकर के कवित्त-सवैयों का सा गूँजनेवाला प्रभाव बिहारी के दोहों का नहीं पड़ता।" स्पष्ट है कि देव और बिहारी के विवाद में बिहारी की कविता का अपने ढंग से महत्त्व स्वीकार करते हुए भी वे देव के साथ थे। इस परम्परा को हिन्दी के दूसरे रसवादी आलोचक डा. नगेन्द्र ने देव की कविता पर पूरा ग्रन्थ प्रस्तुत करके आगे बढ़ाया।

आचार्य हजारीप्रसाद द्विवेदी बिहारी को रीतिकाल का 'प्रतिनिधि' कवि न मानकर 'लोकप्रिय' कवि मानते हैं और साफ शब्दों में कहते हैं कि "बिहारी की सतसई किसी रीति-मनोवृत्ति की उपज नहीं है। यह एक विशाल परम्परा के लगभग अन्तिम छोर पर पड़ती है और अपनी परम्परा को सम्भवतः अन्तिम बिन्दु तक ले जाती है।" कौन थी वह परम्परा? वह हाल की गाथासप्तशती, अमरुक के अमरुकशतक और गोवर्धन की आर्यासप्तशती की परम्परा थी। यह 'सेक्युलर' अथवा 'ऐहिक' मुक्तकों की परम्परा थी, जो ईसवी सन् के आरम्भ से ही चली आ रही थी। बिहारी सतसई के कुछ भाष्यकारों ने उसके दोहों को रीति-दृष्टि से

सजाकर प्रस्तुत किया है और उसके आधार पर यह सिद्ध करने का भरसक प्रयास किया है कि बिहारी रीतिबद्ध कवि थे। इस प्रसंग में आचार्य द्विवेदी का कहना है कि उस तरह तो गाथासप्तशती और आर्यासप्तशती के पद्यों में भी किसी न किसी नायक या नायिका का उदाहरण खोजा जा सकता है, बल्कि खोजा गया है। लेकिन इससे ये ग्रन्थ रीतिग्रन्थ नहीं हो जाते। बिहारी को भी रीतिग्रन्थों की अच्छी जानकारी रही होगी, पर वे रीति-मनोवृत्ति के कवि नहीं थे।

दिलचस्प है कि बिहारी को रीति-कवि न मानते हुए भी आचार्य द्विवेदी उन्हें आचार्य शुक्ल की तरह शृंगार का ही कवि मानते हैं और उनमें वह 'ताजगी' और 'दीप्ति' नहीं देखते, जो गाथासप्तशती में है। उनके अनुसार बिहारी में 'कृत्रिम और सहज अंग-चेष्टाओं' का वर्णन है और वे नायिका के 'अन्तःस्थित प्रेम' का दर्शन नहीं करा सके हैं। जाहिर है, इस मुद्दे पर दोनों आचार्य एक हैं।

मेरा आग्रह है कि बिहारी सतसई को सौन्दर्य के काव्य के रूप में देखा जाए। अब तक उसके काव्य-सौन्दर्य का निरूपण किया गया है, जबकि उसके साथ पूरा न्याय करने के लिए उसे सौन्दर्य-काव्य के रूप में देखना जरूरी है। ऐसा नहीं है कि उसमें शृंगार नहीं है, शृंगार और सौन्दर्य में सम्बन्ध भी बहुत प्रगाढ़ है, लेकिन उसकी रचना के पीछे स्थित मूल दृष्टि शृंगारात्मक या कामात्मक न होकर सौन्दर्यात्मक है। निश्चय ही इसका एक बहुत बड़ा कारण उसका रीति-परम्परा का अंग न होकर भारत की उक्त ऐहिक काव्य-परम्परा का अंग होना है। विद्वानों ने बतलाया है कि यह काव्य-परम्परा रसाश्रित न होकर अलंकाराश्रित थी और यह सुपरिचित तथ्य है कि सौन्दर्य और अलंकार प्रायः एक-दूसरे के पर्याय हैं। रीतिवाद के प्रवर्तक आचार्य वामन की उक्ति स्मरणीय है : 'सौन्दर्यमलंकारः।' ऐसी स्थिति में नाटक और प्रबन्ध-काव्य के लिए आविष्कृत रस की कसौटी का आचार्य शुक्ल द्वारा बिहारी सतसई-जैसे मुक्तक-काव्य के लिए कठोरता के साथ प्रयोग कहाँ तक उचित है, यह विचारणीय है। ऊपर डा. नगेन्द्र का जिक्र आया है। उन्होंने भी रस के कारण ही देव पर अधिक प्यार दिखलाया और उसी को कविता की अन्तिम कसौटी मानने के कारण रीतिकाव्य से बहुत आगे बढ़कर नयी कविता की परीक्षा भी उसी पर करने का प्रयास किया।

हाल की गाथासप्तशती की सबसे बड़ी विशेषता यह है कि उसका स्रोत शास्त्र न होकर लोक है—लोकभाषा, लोकसाहित्य, लोकजीवन और लोकसंस्कृति, भले स्वयं वह लोक-साहित्य न होकर शिष्ट-साहित्य ही हो। बिहारी सतसई में जो सौन्दर्य और प्रेम है, वह हाल द्वारा प्रवर्तित परम्परा से सम्बद्धता के कारण। बिहारी को नागर संस्कारों का कवि माना माना जाता है, लेकिन उनकी सतसई में अनेक ऐसे दोहे हैं, जो उक्त परम्परा से उनकी सम्बद्धता का पता देते हैं। उदाहरण के लिए ये कुछ दोहे :

1. *कच समेटि कर, भुज उलटि, खए सीस पट डारि।*
काको मन बाँधै न यह जूरो बाँधनिहारि॥

2. *नासा मोरि, नचाय दृग, करी कका की सौंह।*
काँटे सी कसकति हिए, वहै कटीली भौंह॥

3. *कंजनयनि मंजन किए, बैठी ब्यौरति बार।*
कच अँगुरिन बिच डीठि दै, निरखति नन्दकुमार॥

4. *हौं ही बौरी विरह बस, कै बौरो सब गाँव।*
कहा जानि ये कहत हैं, ससिहिं सीतकर नॉव॥

5. *अहे दहेंड़ी जिनि धरै, जिनि तू लेहि उतारि।*
नीके है छींके छुए, ऐसी ही रहि नारि॥

6. *बिहँसति सकुचति सी हिए, कुच आँचर बिच बाहिं।*
भीजे पट तट को चली, न्हाय सरोवर माहिं॥

7. *मुँह धोवति एँड़ी घँसति, हँसति अनँगवति तीर।*
धँसति न इंदीवर नयनि, कालिंदी के नीर॥

पहले दोहे में एक युवती हाथों से बालों को समेटकर, भुजाओं को उलटकर और सिर का वस्त्र पखुरे पर डालकर जूड़ा बाँध रही है। दूसरे दोहे में एक अन्य युवती नासिका मोड़कर और आँखें नचाकर काका की शपथ खाती है, जिसमें उसकी भौंहें बहुत कटीली हो जाती हैं। तीसरे दोहे में एक गोपिका स्नानोपरान्त बैठकर अपनी लटों को अलग-अलग कर रही है और उसी समय बालों और उँगलियों के बीच में दृष्टि डालकर कृष्ण को देखती है। चौथे दोहे की युवती को विरह की तीव्रता में चन्द्रमा दाहक प्रतीत होता है। वह कहती है कि मैं ही विरह में बावली हो रही हूँ, या पूरा गाँव ही बावला हो गया है, जो चन्द्रमा को शीतल किरणोंवाला कहता है! पाँचवें दोहे में एक युवती छींके पर हाथ ले जाती है, जिसमें उसका अंग-विशेष दृष्टिगत हो जाता है। कवि उससे कहता है कि बस, तुम इसी मुद्रा में रहो, छींके पर दही का पात्र न तुम रखो और न उसे उतारो। छठे दोहे में सरोवर में स्नान करने के बाद एक युवती अपने उरोजों और आँचल के बीच अपनी बाँहें डालकर भींगे वस्त्रों में हँसती हुई और मन में कुछ सकुचाती हुई-सी किनारे की तरफ आती है। उरोजों और आँचल के बीच बाँहें वह भींगे वस्त्रों की पारदर्शिता के कारण अपने उरोजों को

छिपाने के लिए डाले हुए है। अन्तिम दोहे की युवती भी गोपिका है, जो यमुना के तट पर मुँह धोती है, एड़ी घिसती है और हँसती है, लेकिन कृष्ण को देखने के लोभ से पानी में नहीं पैठती। इन दोहों में अंकित सारे दृश्य गाँव से सम्बन्धित हैं। स्वभावत: इनका प्रत्यक्षीकरण उन्हीं को हो सकता है, जो ग्राम-संस्कृति में पले-बढ़े हैं। ताज्जुब नहीं कि एम.ए. की कक्षाओं में जब मैं छात्रों को ये दोहे पढ़ाता था, तो शहर में पैदा हुए और पले-बढ़े छात्र इनमें अंकित दृश्यों को ठीक-ठीक समझ नहीं पाते थे और इनका सौन्दर्य बतलानेवाले अध्यापक का मुँह ताकते रहते थे। पाँचवें दोहे में तो 'गाँव' का स्पष्ट उल्लेख है।

सवाल है कि शृंगार-वर्णन और सौन्दर्य-वर्णन में फर्क क्या है? वह फर्क ऐन्द्रियता को लेकर है। शृंगार-वर्णन जहाँ अनिवार्य रूप से ऐन्द्रिय होता है, वहाँ सौन्दर्य-वर्णन में सौन्दर्य पर बल होता है। एक उदाहरण से बात स्पष्ट होगी। मतिराम और बिहारी ने प्राय: एक ही तरह का एक-एक दोहा लिखा है। मतिराम का दोहा है :

प्रभा तर्‌योना लाल की परी कपोलनि आनि।
कहा छपावत चतुर तिय कन्त दन्त छत जानि॥

बिहारी का दोहा इस प्रकार है :

बेसरि मोति दुति झलक, परी अधर पर आय।
चूनो होय न चतुर तिय, क्यों पट पोंछो जाय॥

मतिराम के दोहे में लाल तरौने की छाया नायिका के गालों पर गिर रही है, जिसे वह नायक द्वारा बनाये गये दन्त-क्षत समझकर छिपाने का प्रयास करती है। बिहारी के दोहे में बेसर के मोती की छाया नायिका के होंठों पर गिरती है, जिसे वह ताम्बूल-सेवन के कारण उन पर लगा चूना समझकर कपड़े से बार-बार पोंछती है। स्पष्टत: मतिराम के दोहे में जहाँ ऐन्द्रियता है, वहाँ बिहारी के दोहे में एक सौन्दर्य-सृष्टि। यही सौन्दर्य उनकी कविता का प्राण है, ऐन्द्रियता नहीं, यद्यपि यह कोई न कहेगा कि उनकी कविता ऐन्द्रियता से शून्य है। यहाँ यह भी स्पष्ट है कि कविता में सौन्दर्य-सृष्टि का आधार क्या है? पश्चिम के विद्वानों ने इस पर बहुत चिन्तन किया है और अन्त में वे इस नतीजे पर पहुँचे हैं कि कला मात्र अनुभव नहीं है, बल्कि उसमें कुछ जोड़ना है। वह कल्पना के द्वारा सम्भव होता है, जैसे होंठों पर पड़नेवाली बेसर के मोती की छाया को उन पर लगा चूना समझना। कल्पना एक 'सचेत आत्मप्रवंचन' अथवा विभ्रम की सृष्टि करती है, जिसका आस्वादन करते समय हम अपने विश्वास को स्थगित रखते हैं। यही कला और उसका सौन्दर्य है।

बिहारी अपने दोहों में इसी पर निर्भर हैं, स्वाभाविक या कृत्रिम आंगिक चेष्टाओं पर नहीं।

बिहारी में सौन्दर्य का इतना जोर है कि वे शृंगार-वर्णन में भी ऐन्द्रियता को नहीं, उसी को महत्त्व देते हैं। हम उनके कुछ प्रसिद्ध दोहों को देखें :

1. *बरन बास सुकुमारता, सब बिधि रही समाय।*
पँखुरी लगी गुलाब की गाल, न जानी जाय॥

2. *पाय महावर देन कों, नाइन बैठी आय।*
फिरि फिरि जानि महावरी, एँड़ी मीड़त जाय॥

3. *भई जु तन छबि बसन मिलि, बरनि सकै सु न बैन।*
अंग ओप आँगी दुरी, आँगी आँग दुरै न॥

इन दोहों में रंग, गन्ध और मृदुता के कारण गुलाब की पँखुड़ी, जो नायिका के कपोल से चिपकी हुई है, अलग से दिखलाई नहीं पड़ती; उसके पाँव में महावर लगाने के लिए बैठी हुई नाइन ललाई के कारण उसकी एड़ी को ही महावर की गोली समझकर मसलने लगती है और उसके अंग-विशेष की कान्ति से अँगिया ही छिप जाती है, अँगिया अंग-विशेष को नहीं छिपा पाती। ये तीनों ही बातें असम्भव हैं, लेकिन यह विभ्रम कवि ने अपनी कल्पना से उत्पन्न किया है, जिसे हम अपने विश्वास को स्थगित कर स्वीकार करते हैं। इन दोहों में इस विभ्रम से जो सौन्दर्य उत्पन्न हुआ है, वही असली चीज है, वर्णन की ऐन्द्रियता नहीं।

आचार्यों ने शब्द को ही काव्य कहा है। बिहारी कभी-कभी सिर्फ शब्द-प्रयोग के द्वारा सौन्दर्य की रचना करते हैं। उदाहरणार्थ निम्नलिखित दोहे में प्रयुक्त 'बेनी' शब्द को लिया जा सकता है :

ताहि देखि, मन! तीरथनि विकटनि, जाय बलाय।
जा मृगनैनी के सदा, बेनी परसत पाय॥

कवि अपने मन से कहता है कि जिस सुन्दरी की 'वेणी' उसके पैरों तक झूलती है, उसे देखने के बाद विकट तीर्थों की यात्रा करने की बला कौन मोल ले? कहने की आवश्यकता नहीं कि यहाँ काव्य-सौन्दर्य 'वेणी' शब्द के प्रयोग से उत्पन्न हुआ है, जो अपने भीतर 'त्रिवेणी' का अर्थ छिपाये हुए है, इस तरह बिहारी काव्य-रचना के लिए शब्द या भाषा पर निर्भर करते हैं, वर्ण्य विषय की ऐन्द्रियता पर नहीं। वे भाषा के द्वारा ही मन में सौन्दर्य का प्रकाश करते हैं, आँखों के सामने नायिका के शरीर या

अंग-विशेष को उपस्थित करने को उतना महत्त्व नहीं देते। कविता में यह सौन्दर्य-सृष्टि ही उनका मूल लक्ष्य है। पुनः कहें तो उनके लिए 'बेनी' शब्द जितना महत्त्वपूर्ण है, उतनी नायिका की वेणी नहीं। 'बेनी' शब्द महत्त्वपूर्ण न होता, तो 'चोटी' शब्द के प्रयोग से भी कविता का सौन्दर्य बना रहता, वह नष्ट नहीं होता।

बिहारी ने अपनी कविता में मनुष्य, वस्तु और प्रकृति तीनों का 'सौन्दर्य' अंकित किया है। नायिका के सौन्दर्य से सम्बन्धित कुछ दोहे हैं :

1. *नेकु हँसौंही बानि तजि, लख्यौं परत मुख नीठि।*
चौका चमकनि चौंध में, परत चौंधि सी डीठि॥

2. *सघन कुंज, घन घनतिमिर, अधिक अँधेरी रात।*
तऊ न दुरिहै श्याम यह, दीपसिखा-जी जात॥

3. *अंग अंग छवि की लपट, उपटति जाति अछेह।*
खरी पातरीऊ तऊ, लगै भरी-सी देह॥

4. *उठि ठक ठक एतो कहा, पावस के अभिसार।*
जानि परैगी देखियो, दामिनि घन अँधियार॥

5. *छप्यो छपाकर, छिति छयो तम, ससिहरि न, सँभारि।*
हँसति हँसति चलि ससिमुखी, मुख ते घूँघट टारि॥

इन दोहों में बिहारी ने नायिका की हँसी, देह-कान्ति और मुख-शोभा का वस्तुतः विलक्षण वर्णन किया है। पहले दोहे में कवि नायिका से कहता है कि तुम जरा हँसने की आदत छोड़ दो, क्योंकि तुम्हारी हँसी के कारण तुम्हारा मुख कठिनाई से दिखलाई पड़ता है। तुम्हारे आगे के जो चार दाँत हैं, उनकी चमक की चकाचौंध में देखनेवाले की दृष्टि जैसे चौंधिया जाती है। बाद के तीनों दोहे नायिका की देह-कान्ति से सम्बन्धित हैं। उनमें से पहले दोहे में नायिका की सखी कृष्ण से कहती है कि कुंज सघन है, बादलों ने भी घना अँधेरा कर रखा है, जिससे रात भी और अँधेरी हो रही है, फिर भी इस नायिका को तुम अपने साथ ले चले, तो वह दीपशिखा के समान छिपेगी नहीं! दूसरे दोहे में नायिका की देह-कान्ति का वर्णन इस रूप में किया गया है : उसके अंग-अंग से सौन्दर्य की लपट अत्यधिक मात्रा में फूट रही है, जिससे उसकी क्षीण काया भी भरी-भरी सी लगती है! तीसरा दोहा पहले दोहे का उलटा है, क्योंकि पहले दोहे में जहाँ बरसात की घनी अँधेरी रात में नायिका के नहीं छिपने का वर्णन है, वहाँ तीसरे दोहे में अजब ढंग से उसके छिप

जाने का। इसमें नायिका से कहा जाता है कि वह वर्षाऋतु में किये जानेवाले अभिसार को लेकर तर्क-वितर्क में क्यों पड़ी है? वह उठकर चल दे, क्योंकि वह देख भी ली गयी, तो ऐसी जान पड़ेगी, जैसे बादलों के अँधेरे में बिजली चमक रही है! अन्तिम दोहे में, जैसा कि ऊपर कहा गया है, नायिका की मुख-छवि का वर्णन है। चन्द्रमा छिप गया है और पृथ्वी पर अन्धकार छा गया है, जिससे नायक से मिलने जा रही नायिका डर रही है। इस पर उससे कहा जाता है कि वह डरे नहीं और अपने को सँभाले। वह चन्द्रमुखी है, इसलिए सहर्ष अपने मुख से घूँघट हटाकर आगे बढ़े। घूँघट हटाने से उसकी मुख-प्रभा चाँदनी की तरह उसके पथ को आलोकित कर देगी। कहने की आवश्यकता नहीं कि इन दोहों के वर्णन में सौन्दर्य है, ऐन्द्रियता नहीं। इन्हें देखकर विक्टर ह्युगो की यह बात सही लगती है कि कला जो धुँधलका है उसे प्रकाश में और जो प्रकाश है उसे ज्वाला में बदल देती है। अनुभव में कल्पना के योग के बिना यह सम्भव नहीं। हिन्दी के आलोचकों ने बिहारी के प्रसंग में कल्पना का उल्लेख किया है, पर उनकी कविता में इसका मुख्य कार्य क्या है, यह नहीं बतलाया। वह है सौन्दर्य-सृष्टि। उपर्युक्त दोहों में दाँतों की चमक से होनेवाली चकाचौंध, नायिका का दीपशिखा की तरह होना, उसके अंग-अंग से छवि की लपट का उभरना, बादलों के अँधेरे में उसकी दामिनी के समान प्रतीति तथा उसके मुख की चन्द्रप्रभा छिटकना—यह सौन्दर्य-सृष्टि कल्पना का ही काम है। जो कवि मनुष्य या किसी भी दृश्य के सौन्दर्य का यथावत् वर्णन करेगा, वह कलात्मक सौन्दर्य की सृष्टि नहीं कर सकेगा, इसमें सन्देह न होना चाहिए।

वस्तुओं के वर्णन में भी बिहारी ने अपना ध्यान सौन्दर्य पर ही केन्द्रित किया है। यहाँ हम उनके तीन दोहे लेंगे, जो क्रमशः कृष्ण की बाँसुरी, नायिका के कान के तरौने और उसके पाँव के बिछुए से सम्बन्धित हैं। वे हैं :

1. *अधर धरत हरि के परत ओठ डीठि पट जोति।*
   हरित बाँस की बाँसुरी इन्द्रधनुष सी होति॥

2. *लसत सेत सारी ढक्यो, तरल तर्‌यौना कान।*
   पर्‌यो मनो सुरसरि-सलिल, रबि-प्रतिबिम्ब बिहान॥

3. *सोहत अँगुठा पाय के, अनवट जर्‌यौ जराय।*
   जीत्यौ तरिवन-दुति, सु ढरि पर्‌यो तरनि मनु पाय॥

पहला दोहा कृष्ण के होंठों पर धरी हरित बाँस की बाँसुरी पर है, जिस पर उनके होंठों, आँखों और पीताम्बर की बहुरंगी छाया पड़ रही है। इससे वह इन्द्रधनुष-जैसी हो रही है! दूसरे दोहे में तरौना नामक कर्णाभूषण नायिका के सिर पर पड़े शुभ्र

अंचल के भीतर हिल रहा है। उसे देखकर लगता है कि गंगा के शुभ्र जल में प्रात:काल सूर्य का स्वर्णिम प्रतिबिम्ब दोलायमान है! इसी तरह तीसरे दोहे में नायिका ने अपने पाँव के अँगूठे में जो जड़ाऊ बिछुआ पहन रखा है, उसे देखकर यह प्रतीति होती है कि तरौने की द्युति से पराजित होकर सूर्य ही उसके पाँवों में आ गिरा है! बाँसुरी का इन्द्रधनुष में, तरौने का प्रात:कालीन सूर्य में और फिर बिछुए का भी सूर्य में बदलना कल्पना का ही चमत्कार है। यही कारण है कि इन दोहों का आनन्द कल्पना से ही लिया जा सकता है, मन की किसी अन्य वृत्ति से नहीं। जिन पाठकों के मन-मुकुर इतने स्वच्छ नहीं कि उसमें ये काल्पनिक-बिम्ब उतर सकें, वें सिर्फ फटी आँखों से देखते रह जाएँगे। निश्चय ही ये दोहे मन में किसी रस का उद्रेक नहीं करते और करते भी होंगे तो वह रस परिपाक की अवस्था तक न पहुँचता होगा।

हिन्दी की पुरानी कविता के बारे में यह कहा गया है कि उसमें प्रकृति का स्वतन्त्र रूप में वर्णन नहीं मिलता। इसी धारणा से बँधकर बिहारी के प्रकृति-वर्णन को कहीं भी साध्य न मानकर प्राय: साधन मान लिया गया है। भाष्यकारों ने कभी उसे उद्दीपन की कोटि में डाल दिया है, कभी अलंकार वगैरह के लिए उसका उपयोग दिखलाया है। बिहारी में प्रकृति-वर्णन स्वतन्त्र रूप में भी है और अलंकार वगैरह के रूप में भी। मेरी दृष्टि में जो असल चीज है वह है कवि की प्रकृति-संवेदना। इस दृष्टि से बिहारी एक बेजोड़ कवि हैं। उन्होंने प्रकृति का वैसा वर्णन किया है, जैसा आजकल के कवियों ने, यथा अज्ञेय और मुक्तिबोध। उस वर्णन में नवीनता भी है, सूक्ष्मता भी और जटिलता भी।

दूज के चाँद पर अज्ञेय की कविता है :

मेरे छोटे घर-कुटीर का दिया
तुम्हारे मन्दिर के विस्तृत आँगन में
सहमा-सा रख दिया गया।

इसी पर बिहारी का यह अद्‌भुत दोहा है :

द्वैज सुधादीधित कला, वह लखि डीठि लगाय।
मनो अकास-अगस्तिया, एकै कली लखाय॥

'दीधिति' शब्द का अर्थ है किरण। इस तरह 'द्वैज सुधादीधित कला' का मतलब हुआ—दूज के चन्द्रमा की कला। बिहारी उसे आँख भरकर देखने की सलाह देते हैं। फिर कहते हैं कि वह ऐसा लग रहा है, जैसे आकाशरूपी अगस्त के वृक्ष में अभी एक ही कली निकली है! अगस्त का फूल अर्धचन्द्रकार होता है। उसका

स्मरण करके बिहारी की प्रकृति-संवेदना की नवीनता का अन्दाजा लगाया जा सकता है।

मुक्तिबोध प्रकृति-कवि नहीं थे, लेकिन प्रकृति उनकी काव्य-संवेदना का अंग थी, जिससे उसके बिना वे कोई कविता नहीं लिख सकते थे। स्वभावत: प्रकृति उनमें सरल रूप में न आकर जटिल रूप में आती है, जैसे 'बस्ती के बच्चों की चाँदनी में खिलखिलाती कबड्डी की तस्वीर' और 'वाक्यों की पाँतों में आकाश-गंगा-सी फैली'! प्रकृति का यह जटिल इस्तेमाल बिहारी में लक्ष्य है :

1. *सोहत ओढ़े पीतपट स्याम सलोने गात।*
   मनो नीलमणि सैल पर आतप पर्‌यौ प्रभात॥

2. *चमचमात चंचल नयन, बिच घूँघट पट झीन।*
   मानहु सुरसरिता विमल जल, उछरत जुग मीन॥

3. *छप्यो छबीलो मुख लसै, नीले आँचर चीर।*
   मनो कलानिधि झलमलै, कालिन्दी के नीर॥

श्यामवर्ण कृष्ण पीताम्बर ओढ़े ऐसे सुशोभित हो रहे हैं, जैसे नीलम के पर्वत पर सुबह की पीली धूप पड़ रही है! इसी तरह नायिका के झीने घूँघट पट के भीतर उसकी चंचल आँखें चमक रही हैं, तो लगता है कि गंगा के स्वच्छ जल में दो मछलियाँ उछल रही हैं! तीसरे दोहे में नीले आँचल में छिपा हुआ नायिका का गोरा मुख ऐसे सुन्दर लग रहा है, जैसे यमुना के काले जल में चन्द्रमा झलमल कर रहा है। कहने के लिए तो इन दोहों में उत्प्रेक्षा अलंकार का प्रयोग हुआ है, जो एक सरल अलंकार है, पर इसके बाद भी मैं यदि इनमें प्रकृति का जटिल इस्तेमाल देख रहा हूँ तो इस कारण कि इनमें कवि ने प्रकृति का सीधे वर्णन न करके उसे अपने वर्ण्य का अंग बनाकर उसका वर्णन किया है। जहाँ प्रकृति साधन होती है, वहाँ अलग से उसका विशेष महत्त्व नहीं होता, लेकिन यहाँ जितना महत्त्वपूर्ण साध्य है, उतना ही महत्त्वपूर्ण साधन भी। इस बात को प्रत्येक पाठक महसूस करता है, भले वह शास्त्र के प्रस्तुत-अप्रस्तुतवाले चक्कर में पड़कर उसकी स्पष्ट अवधारणा न कर सके। इस कारण इन दोहों में प्रकृति का जो आलंकारिक इस्तेमाल किया गया है उससे हटकर मैं उसे स्वतन्त्र रूप में देखने की प्रस्तावना करता हूँ, क्योंकि बिहारी की प्रकृति-संवेदना की तीव्रता को समझने के लिए वह आवश्यक है। यदि उक्त दोहों से पाठकों को परितोष न हो, तो उन्हें बिहारी का यह दोहा देखना चाहिए :

पत्रा ही तिथि पाइए, वा घर के चहुँ पास।
नितप्रति पून्योई रहत, आनन ओप उजास॥

नायिका के सुन्दर मुख की प्रभा उसके घर के चारों ओर इस कदर छिटकती रहती है कि वहाँ रोज पूर्णिमा ही रहती है। ऐसी स्थिति में वहाँ असली तिथि का पता लगाने के लिए पत्रा देखना पड़ेगा। यहाँ भी प्रस्तुत-अप्रस्तुत का ही मामला है, लेकिन देखने की बात यह है कि बिहारी ने नायिका की मुखप्रभा की चतुर्दिक् कितनी तीव्र छटा छिटकाई है कि उससे स्थायी रूप से विराज रही पूर्णिमा का भ्रम होता है। इस भ्रम की रचना कवि ने अपनी जिस प्रकृति-संवेदना से की है, वह निस्सन्देह असाधारण रूप से गहन और पारदर्शी है। विद्वानों ने सर्जनात्मक कल्पना की मंजिलों को समझे बगैर शास्त्र का सहारा लेकर इस विलक्षण दोहे को ऊहात्मक कथन का उदाहरण मानकर निकृष्ट करार दे दिया है। जैसे वैयाकरणों को संस्कृत में 'नष्टमेधा' कहा गया है, क्या साहित्यशास्त्रज्ञ भी नष्टमेधा ही होते हैं?

अपेक्षाकृत अधिक स्वतन्त्र रूप में प्रकृति बिहारी के निम्नलिखित दोहों में आयी है, जिनका सौन्दर्य अपूर्व है :

1. *कुंजभवन तजि भवन को, चलिए नंदकिसोर।*
   फूलति कली गुलाब की, चटकाहट चहुँओर॥

2. *बिरह-जरी लखि जीगननि, कही न वहि कै बार।*
   अरी आव भजि भीतरै, बरसत आजु अंगार॥

3. *दिसि दिसि कुसुमिति देखियत, उपवन विपिन समाज।*
   मनो बियोगिनि कौ किए, सरपंजर रतिराज॥

4. *अन्त मरैंगे, चली जरैं, चढ़ि पलास की डार।*
   फिरि न मरैं मिलिहैं अली, ये निरधूम अँगार॥

5. *धुरवा होहिं न अलि इहै, धुआँ धरनि चहुँ कोद।*
   जारत आवत जगत को, पावस प्रथम पयोद॥

पहले दोहे में कृष्ण ने किसी गोपिका के साथ कुंजभवन में रात बिताई है। जब सवेरा होता है तो उन्हें जगाकर कहा जाता है कि अब भवन को प्रयाण कीजिए, क्योंकि गुलाब की कलियाँ फूलने लगी हैं और उनके चटखने का शोर चारों ओर होने लगा है। रीतिवादी आलोचक के लिए इस दोहे में जहाँ परकीया नायिका के

साथ नायक का अपने घर से बाहर रात बिताना महत्त्वपूर्ण है, वहाँ कविता के पाठक के लिए 'चटकाहट चहुँ ओर'-जैसा मोहक वर्णन। बिहारी का यह दोहा इस प्रकृति-वर्णन के लिए याद किया जाना चाहिए, या नायक-नायिका-भेद के उदाहरण के लिए? दूसरे दोहे में विरहदग्धा नायिका बरसात की रात में जुगनुओं को देखकर अपनी सखी से बार-बार कहती है कि अरी, भीतर भाग आ, आज वर्षा की बूँदों के बदले आकाश से अंगार बरस रहे हैं। इसमें भी विरहिनी की प्रलाप दशा का वर्णन देखना कविता को मार देना है। असल चीज है जुगनुओं को आकाश से होनेवाली अंगारों की बरसात के रूप में देखना। कहने की आवश्यकता नहीं कि यह प्रकृति-दर्शन है। तीसरे दोहे में वसन्तऋतु में चारों ओर वनों और उपवनों में विविध प्रकार के फूल फूले हुए दीख पड़ते हैं। ये फूल काम के बाण हैं। काम ने जैसे वियोगियों को योद्धाओं की तरह शरपंजर अर्थात् बाणों के पिंजरे में कैद कर रखा है! यहाँ भी वियोगियों के दुःख से अधिक वसन्तऋतु में चारों ओर खिलनेवाले फूलों के सौन्दर्य की उत्कटता ही लक्ष्य है। चौथे दोहे की असाधारण, बल्कि असहनीय प्रकृति-संवेदना को भी आचार्यों ने विरहिनी की प्रलाप दशा से जोड़कर नष्ट करने का प्रयास किया है। कहाँ प्रलाप की निष्प्राण रूढ़िबद्धता और कहाँ ताजगी से भरा पलाश के फूलों का यह वर्णन: अन्त में तो मरना ही है। चल, पलाश की डार पर चढ़कर जल मरें। सख़ि, ऐसे धूमरहित अंगारे फिर न मिलेंगे। क्या इस दोहे को पढ़कर मीर का यह बेजोड़ शेर याद नहीं आता है?—'गुलशन में आग लग रही थी रंगेगुल से मीर / बुलबुल पुकारी देख के—साहेब, परे-परे।' हम रीतिवाद (और लोकमंगलवाद भी क्यों नहीं?) के चक्कर में अपने महान् कवियों को भी ठीक से नहीं समझ पाते। अन्तिम दोहे में कहा गया है कि ये धुरवा अर्थात् झड़ी की डोरें नहीं हैं, बल्कि पृथ्वी पर चारों ओर फैला हुआ धुआँ है। वर्षाऋतु के प्रथम दिनों के बादल संसार को आते ही जलाते हैं। निस्सन्देह यह किसी विरहिनी की ही उक्ति है, लेकिन इसमें अंकित प्रकृति-चित्र से ध्यान हटाकर, जिसमें आरम्भ की वर्षा चारों ओर धुआँ-धुआँ-सी दिखलाई पड़ती है, उस पर उसे केन्द्रित करना क्यों जरूरी है? क्या उससे बिहारी की काव्य-संवेदना ठीक से गृहीत हो पाती है, या हम उससे भटक जाते हैं? इस प्रसंग में यह ज्ञातव्य है कि जरूरी नहीं कि प्रकृति की कविता अलग से उसकी घोषणा करके ही लिखी जाए। प्रकृति को कवि की काव्य-संवेदना का अंग होना चाहिए, जो बिहारी में दिखलाई पड़ता है, आधुनिक काल के कुछ यथार्थवादी कवियों की तरह।

जहाँ तक प्रेम की बात है, मैं इस नतीजे पर पहुँचा हूँ कि रीतिकाव्य श्रृंगार का ही नहीं, प्रेम का भी काव्य है। रीतिकाव्य-सम्बन्धी आलोचना में 'प्रेम' शब्द का प्रयोग श्रृंगार के अर्थ में भी हुआ है। मैं इस शब्द का प्रयोग इसके अपने अर्थ में ही कर रहा हूँ। यह जरूर है कि यह प्रेम अतीन्द्रिय नहीं, वह घनानन्द का प्रेम ही क्यों

न हो। प्रेम यदि मात्र भावात्मक हुआ, तो उसमें मानवीय ऊष्मा नहीं होगी। छायावादी कवियों के अशरीरी प्रेम का मखौल उड़ाते हुए नागार्जुन ने उचित ही कहा था :

फलित नहीं, पुष्पित मात्र होकर रह गया प्रेम हाय
—शरीरसम्पर्कहीन!!
व्यक्तित्व के बोझ से दब रही देह दीन
परम प्रिय है चाय, कभी कभी ओवल्टीन
सुनते हैं हम-आप, बजती है हृदयबीन
चारों ओर जल-ही-जल फिर भी पिपासित मीन
सेक्स, तेरा बुरा हो
काट लूँ गला गर हाथ में छुरा हो

यहाँ कॉडवेल को स्मरण किया जा सकता है, जिनका कहना है कि हम प्रेम अपने शरीर के माध्यम से करते हैं और सच्चे प्रेम की यह पहचान है कि प्रेमी-प्रेमिका एक साथ रहना चाहते हैं। रीतिकाल के कवियों का प्रेम ऐन्द्रिय है, पर वह शृंगार से काफी ऊपर तक उठता है। प्रमाण घनानन्द ही नहीं, बिहारी, देव और पद्माकर भी हैं।

बिहारी की रुचि को नागर कहा गया है और वह नागरता भी सामन्ती है, इसलिए उनके प्रेम को भी सामन्ती कहा जाएगा। भावना का अपने परिवेश से अनिवार्य सम्बन्ध होता है, इसलिए सामन्ती संस्कारों से मुक्ति असम्भव है, लेकिन यहाँ मैं दो बातें कहना चाहूँगा। एक तो यह कि सामन्ती समाज भी एक तरह का नहीं होता। उसके दरबारी स्तर और किसानी स्तर में बहुत भेद होता है। दूसरे, प्रेम अथवा किसी भी गहन मानवीय अनुभूति में यह क्षमता है कि वह अपने परिवेश का अतिक्रमण करके एक सामान्य और सार्वकालिक तथा सार्वभौम रूप प्राप्त कर ले। बिहारी के प्रेमसम्बन्धी दोहों में ये दोनों ही गुण दिखलाई पड़ते हैं। प्रमाण के लिए ये दोहे द्रष्टव्य हैं :

1. *उन हरकी हँसिकै इतै, इन सौंपी मुसकाय।*
   नैन मिलत मन मिलि गये, दोऊ मिलवत गाय॥

2. *लई सौंह सी सुनन की, तजि मुरली धुनि आन।*
   किए रहति रति राति दिन, कानन लाए कान॥

3. *चलत घैरु घर घर तऊ, घरी न घर ठहराय।*
   समुझि वहै घर को चलै, भूलि वही घर जाय॥

4. *गुड़ी उड़ी लखि लाल की, अंगना अँगना माँह।*
बौरी लौं दौरी फिरति, छुवति छबीली छाँह॥

5. *नेकु न जानी परत यों, पर्‌यो बिरह तन छाम।*
उठति दिया लौं नादि, हरि, लिए तिहारो नाम॥

कृष्ण और राधा दोनों अपनी-अपनी गाएँ लेकर वृन्दावन में चराने गये हैं। कृष्ण हँसकर राधा से कहते हैं कि मेरी गायों के झुण्ड में तुम अपनी गाएँ मत मिलाओ, लेकिन राधा मानती नहीं है और मुस्कुराकर उसमें अपनी गाएँ मिला देती है। बिहारी के अनुसार गायों के इस मिलाने में दोनों की आँखें मिलती हैं, तो दोनों के मन भी मिल जाते हैं! यह कोरा रीतिवाद या शृंगारवाद नहीं है, यह प्रेम की विलक्षण कविता है, जो प्रेम की गहन अनुभूति रखनेवाले कवि के भीतर ही जन्म ले सकती है। इसी तरह प्रेम की तन्मयता का जितना ही स्वाभाविक, उतना ही अद्‌भुत वर्णन दूसरे दोहे में हुआ है, जिसमें एक गोपिका ने कसम खा ली है कि वह कृष्ण की मुरली-ध्वनि के अलावा कुछ और न सुनेगी। इस कारण वह रात-दिन वन की ओर ही अपने कान लगाये रहती है! बाद के दो दोहों का महत्त्व भी उन्हें उन्माद का उदाहरण बतलाकर रीतिवादी आलोचकों ने कम करने का भरसक प्रयास किया है, जबकि वे दोहे प्रेम की ऐसी विकलता का प्रमाण प्रस्तुत करते हैं कि देखते ही बनता है। एक युवती एक युवक पर फिदा है, इसे लेकर घर-घर में गुप्तनिन्दा चल रही है, फिर भी वह क्षण-भर के लिए भी अपने घर पर नहीं ठहरती। गुप्तनिन्दा के भय से वह युवक के घर से अपने घर के लिए प्रस्थान करती है, पर भूलकर फिर वहीं पहुँच जाती है! दूसरे दोहे में युवक पतंग उड़ा रहा है। उसकी पतंग की छाया युवती के आँगन में गिरती है। युवती बावली की तरह उस छाया को छूती हुई आँगन में दौड़ती फिर रही है, क्योंकि वह छाया अस्थिर है! अन्तिम दोहे में विरह की मारी एक गोपिका शरीर से इतनी क्षीण हो गयी है कि बिस्तर पर दिखलाई नहीं पड़ती। उसकी सखी कृष्ण से कहती है कि बस आपका नाम लेने पर वह बुझते हुए दीये की तरह भभक उठती है! हाँ, प्रेम के ये दोहे बिहारी सतसई से लिए गये हैं, जिन्हें किसी ने रीति का, किसी ने शृंगार का और किसी ने धर्म का सहारा लेकर पाठकों तक पहुँचने से रोका है। मुझे अपने छात्र-जीवन में आचार्य शिवपूजन सहाय के मुँह से एक साहित्यिक सभा में चौथे दोहे की व्याख्या सुनने का अवसर मिला था। शिवपूजन बाबू की रसज्ञता प्रसिद्ध है, लेकिन उक्त दोहे की उन्होंने धार्मिक भाव से व्याख्या की थी, जिसमें 'लाल' भगवान् कृष्ण थे और 'अँगना' 'राधिकाजी'। रीतिकाल के कवियों ने राधा-कृष्ण को नायक-नयिका बना दिया था, धर्मप्राण आचार्य नायक-नायिका को फिर राधा-कृष्ण

बनाने के लिए प्रयत्नशील थे। निस्सन्देह इससे रीतिकाव्य की अपनी ऐहिक भूमि छूट जाती है। 'ऐहिक' 'सेक्युलर' या 'धर्मनिरपेक्ष' है, यह लेख के शुरू में ही स्पष्ट किया जा चुका है।

अन्त में बिहारीरचित प्रेम के इस अपूर्व दोहे को भी देख लेना चाहिए, जिसमें राधिका साक्षात् उपस्थित हैं, लेकिन देवी या भक्तिन के रूप में नहीं, गहन प्रेम में पड़ी हुई एक सामान्य युवती के रूप में :

स्याम-सुरति करि राधिका, तकति तरनिजा तीर।
अँसुवन करति तरौंस को, खिनक खरौहों नीर॥

कृष्ण गोकुल से मथुरा जा चुके हैं। एक दिन जब राधा यमुना के तट पर पहुँचती है, तो वहाँ कृष्ण के साथ बिताये गये अपने दिनों की याद कर एकटक उसे देखने लगती है। तट के नीचे यमुना का जल बह रहा है। उसी अवस्था में उसकी आँखों से आँसू की कुछ बूँदें टपकती हैं, तो क्षण-भर के लिए वे उस जल को खारा बना देती हैं! निश्चय ही यह प्रेम है, श्रृंगार नहीं। इसका मतलब दोनों के बीच के सम्बन्ध को नकारना नहीं, बल्कि सिर्फ इस तरफ संकेत करना है कि गुलाब मिट्टी से ही पैदा होता है, पर उसके बाद वह मिट्टी नहीं रह जाता, उसका अपना रूप और अपना गुण हो जाता है। गुलाब की दुनिया एक अलग दुनिया है, जिसके अपने नियम हैं। बिहारी के इन दोहों की दुनिया श्रृंगार की नहीं, प्रेम ही दुनिया है। श्रृंगार से लेकर प्रेम तक की यात्रा मानव-सभ्यता के दीर्घ विकास का परिणाम है, वह केवल श्रृंगार का मुखौटा-परिवर्तन नहीं है। दासप्रथा पर आधारित ग्रीक समाज में केवल शुद्ध भावात्मक प्रेम (Platonic Love) का अस्तित्व था, सामन्ती काल में उसने रोमाण्टिक और साहसिक प्रेम का रूप लिया और आधुनिक जनतान्त्रिक व्यवस्था में आवेगपूर्ण प्रेम का। बिहारी के प्रेम में साहसिकता नहीं, लेकिन रोमाण्टिकता की कमी नहीं है। आज के पतनशील आधुनिक समाज में प्रेम संकटग्रस्त है, क्योंकि यह मनुष्य और मनुष्य के बीच का सम्बन्ध है, और आज का समाज उससे अधिक महत्त्व मनुष्य और उपभोक्ता-वस्तुओं के सम्बन्ध को देने लगा है। ऐसी स्थिति में बिहारी के प्रेम के महत्त्व को समझा जा सकता है।

बिहारी सतसई एक क्लैसिक है। टी.एस. इलियट ने क्लैसिक की सबसे बड़ी विशेषता बतलाई है—परिपक्वता। सभ्यता की, भाषा की, साहित्य की और रचनाकार मानस की परिपक्वता। यही चीज कृति-विशेष को सार्वभौमिकता प्रदान करती है। बिहारी सतसई निश्चय ही हिन्दीभाषी जाति की सौन्दर्य-भावना और उसकी भाषिक अभिव्यक्ति की परिपक्वता का प्रतिमान है।

(2000)

बीसवीं शती की हिन्दी कविता

बीसवीं शती की हिन्दी कविता की पृष्ठभूमि में उन्नीसवीं शती के उत्तरार्ध की हिन्दी कविता है। इस काल को हम भारतेन्दु-युग के नाम से जानते हैं। भारतेन्दु-युग की कविता और उसके बाद के युगों की कविता में माध्यम को लेकर बहुत बड़ा फर्क है। पहले युग की कविता जहाँ ब्रजभाषा में लिखी गयी है, वहाँ बाद के युगों की कविता खड़ीबोली में। निश्चय ही यह बात मुख्यता को ध्यान में रखकर कही जा रही है, वर्ना पहले युग में भी खड़ीबोली में काव्य-रचना का प्रयास किया गया है और उसके बाद द्विवेदी-युग में भी कुछ दिनों तक ब्रजभाषा में काव्य-रचना खड़ीबोली के समानान्तर चलती रही है। कभी-कभी तो कवियों ने एक साथ ब्रजभाषा में भी कविता लिखी और खड़ीबोली में भी। इस प्रसंग में उल्लेखनीय बात यह है कि जो कवि हिन्दी में ब्रजभाषा को अपदस्थ कर खड़ीबोली को काव्य-रचना का माध्यम बनाने के लिए इतिहास में प्रसिद्ध हैं, उन्होंने भी ब्रजभाषा से आत्यन्तिक सम्बन्ध-विच्छेद नहीं किया और आवश्यक होने पर वे भी ब्रजभाषा के प्रयोगों से अपनी कविता को सरस बनाते रहे। दूसरी बात यह कि जब कविता में खड़ीबोली प्रतिष्ठित हो गयी, तब भी कविगण न केवल ब्रजभाषा-कविता की अनेक परम्पराओं और रूढ़ियों का अपनी कविता में उपयोग करते रहे, बल्कि उसके छन्दों और शब्द-योजना से प्रेरित होकर अपनी कविता में नयी लय और मधुर संगीत भी सम्भव करते रहे। मेरा स्पष्ट संकेत छायावाद की तरफ है। प्रसाद ने तो ब्रजभाषा से काव्य-रचना शुरू ही की थी, निराला का मुक्तछन्द ब्रजभाषा के कवित्त छन्द से ही प्रेरित है और सुमित्रानन्दन पन्त की शब्द-माधुरी के पीछे निर्विवाद रूप से ब्रजभाषा-कविता की माधुरी स्थित है। ऐसी स्थिति में भारतेन्दु-युग की कविता की संक्षिप्त चर्चा आवश्यक है।

भारतेन्दु-युग को भारतीय पुनर्जागरण से जोड़कर देखा जाता रहा है। डा. रामविलास शर्मा ने 'हिन्दी नवजागरण' की अवधारणा प्रस्तुत की है और उसे बंगाल से शुरू होनेवाले पुनर्जागरण से किंचित् विशिष्ट बतलाया है। उनके अनुसार

सन् सत्तावन का विद्रोह हिन्दी नवजागरण की पहली मंजिल था, भारतेन्दु-युग उसकी दूसरी मंजिल और भारतीय स्वाधीनता-आन्दोलन उसकी तीसरी मंजिल। इस तरह भारतेन्दु-युग के साहित्य का सन् सत्तावन के विद्रोह से सीधा सम्बन्ध है। लेकिन हिन्दी में दूसरे विद्वान् भी हैं, उदाहरणार्थ डा. नामवर सिंह, जो भारतेन्दु-युग के साहित्य में सन् सत्तावन के विद्रोह का कोई स्पष्ट चिह्न न पाकर यह कहते हैं कि कथित हिन्दी नवजागरण का सम्बन्ध उक्त विद्रोह से तो अधिक भक्ति-आन्दोलन से है। निस्सन्देह नामवरजी का कहना साधार है। लेकिन आचार्य रामचन्द्र शुक्ल से लेकर नामवरजी तक एक दूसरी बात भी कहते हैं। वह यह कि भारतेन्दु-युग में नवजागरण की चेतना जिस रूप में उसके गद्य-साहित्य में प्रकट हुई है, उस रूप में उसकी कविता में नहीं। आचार्य शुक्ल का यह कथन प्रसिद्ध है कि भारतेन्दु की कविताओं के विस्तृत संग्रह के भीतर 'आधुनिकता' कम ही मिलेगी। नामवरजी ने भी हिन्दी गद्य को ही हिन्दी नवजागरण की सबसे बड़ी देन बतलाया है। यहाँ प्रश्न यह उठता है कि क्या सचमुच भारतेन्दुयुगीन गद्य और पद्य-साहित्य के बीच की विभाजक रेखा अलंघ्य है? और क्या इस युग का गद्य-साहित्य जहाँ नवचेतना की देन है, वहाँ उसका पद्य-साहित्य ह्रासोन्मुख सामन्ती संस्कृति की?

यहाँ कुछ तथ्यों की तरफ ध्यान ले जाना आवश्यक है। भारतेन्दु-युग के कवियों ने, वे स्वयं भारतेन्दु, हों, या प्रेमघन, या प्रतापनारायण, जिस ब्रजभाषा का प्रयोग किया है, वह रीतिकाव्य की ब्रजभाषा न होकर बोलचाल की और चलती हुई ब्रजभाषा है। यहाँ जनकवि भारतेन्दु के प्रति लिखी गयी जनकवि नागार्जुन की ये दो पंक्तियाँ स्मरणीय हैं : 'हिन्दी की है असली रीढ़ गँवारू बोली / यह उत्तम भावना तुम्हीं ने हममें घोली।' प्रतापनारायण की काव्य-भाषा पर बैसवाड़ी की गहरी छाप है। यह लोकभाषा और लोकजीवन का आकर्षण ही था, जो भारतेन्दु-युग के कवियों को लोककविता के रूपों तक खींचकर ले गया था, जिसके परिणामस्वरूप उन्होंने मुक्त भाव से लावनी, कजली, खयाल और होली की रचना की। यह भी उल्लेखनीय है कि उन कवियों की धर्म-भावना भारत की प्राचीन धर्म-भावना न होकर मध्ययुगीन धर्म-भावना है, जिसमें प्रेम की प्रधानता है और जो कट्टरता की जगह वैष्णव और सूफी उदारता से युक्त है। यह मध्ययुग की उस मिली-जुली संस्कृति की देन है, जो हमारी आधुनिक चेतना का अंग है। निश्चय ही भारतेन्दु-युग की कविता में पुनरुत्थान के भी तत्त्व थे, लेकिन यह भी स्मरणीय है कि इस युग के कवियों ने दयानन्द की वैदिक चेतना की जगह उस पौराणिक चेतना को महत्त्व दिया, जिस पर उन्होंने बहुत ही कठोर प्रहार किये थे। ध्यान देने लायक एक बात यह भी है कि उन्होंने भक्ति की कविता लिखी हो, या शृंगार की, उसमें कमोबेश कवि-व्यक्तित्व की अभिव्यक्ति दिखलाई पड़ती है। इसने अनेक

स्थलों पर कवियों की सौन्दर्य-भावना को नया बना दिया है। केवल भाषा पुरानी होने से इस तथ्य को नजरअन्दाज करना गलत होगा। यह जानी हुई बात है कि इस युग के कवियों ने भारी संख्या में सामाजिक और राष्ट्रीय कविताओं की भी रचना की। आचार्य शुक्ल ने इस कविता की प्रशंसा ऊँचे शब्दों में की है और यह लक्ष्य किया है कि इसमें सबसे ऊँचा स्वर देशभक्ति की वाणी का था। इस कविता में इतिवृत्तात्मकता थी, लेकिन वह सरसता से युक्त थी। अकारण नहीं कि हिन्दी में राष्ट्रीय कविता की शुरुआत भारतेन्दु-युग से मानी जाती है और भारतेन्दु का 'हाय पंचनद, हा पानीपत'वाला राष्ट्रीयता का स्वर अनेक दशकों को भेदकर दिनकर-जैसे राष्ट्रीय कवि की कविता में सुनाई पड़ता है। इस युग के कवियों की एक विशेषता हास्य-व्यंग्य भी है, जिससे नागार्जुन-जैसे परवर्ती व्यंग्य-कवि का गहरा रिश्ता है। एक खास बात यह कि इस युग के उक्त तीनों ही महत्त्वपूर्ण कवियों ने खड़ीबोली में भी काव्य-रचना का प्रयास किया, यद्यपि वे उसे उस हद तक नहीं ले जा सके, जहाँ भाव और भाषा के बीच का अन्तर्विरोध हल हो जाता। अज्ञेय ने लिखा है कि भारतेन्दु-युग की कविता में नयी जोती हुई जमीन की खुशबू है। कहना व्यर्थ है कि यह उक्ति उक्त कविता-सम्बन्धी-अनेक बनी-बनायी धारणाओं को सही ढंग से निरस्त करती है।

द्विवेदी-युग में, जिसकी कालावधि बीसवीं शती के आरम्भिक दो दशक हैं, तीन काव्य-धाराएँ प्रवहमान दिखलाई पड़ती हैं—कभी एक-दूसरे के समानान्तर बहती हुईं, कभी एक-दूसरे से टकराती हुईं और कभी एक-दूसरे पर क्रिया-प्रतिक्रिया करती हुईं। पहली काव्य-धारा भारतेन्दु-युगवाली है, जिसमें माध्यम के रूप में केवल ब्रजभाषा स्वीकृत है। द्विवेदी-युग के दो महत्त्वपूर्ण कवि—बाबू जगन्नाथदास रत्नाकर और सत्यनारायण कविरत्न—शुद्ध ब्रजभाषा के कवि हैं। इनमें रत्नाकरजी की रुचि क्लासिकी है, तो कविरत्न की स्वच्छन्दतावादी। दोनों ही कृष्ण-काव्य के रचयिता हैं, पर प्रथम जहाँ श्रृंगारी, द्वितीय वहाँ भक्त। रत्नाकरजी की सर्वश्रेष्ठ कृति 'उद्धव-शतक' है, जो एक सौ अट्ठारह कवित्तों का संग्रह है। इसके बल पर ये बीसवीं शती के ब्रजभाषा के कवि ही नहीं माने जाते हैं, रीतिकाल के श्रेष्ठ कवियों से तुलना करने पर भी वे अनेक बार विलक्षण सिद्ध होते हैं। उनकी काव्य-कला और काव्यगत अन्तर्दृष्टि ने युग बदल जाने के बाद भी द्विवेदी-युग के कवियों में उन्हें बहुत ऊँचा स्थान दिलाया। कविरत्न उनकी तरह काव्य-कलाविद् न थे, लेकिन उनमें भाव और भाषा दोनों ही स्तरों पर एक रोमाण्टिक ताजगी है। दूसरी बात यह कि वे रत्नाकरजी के विपरीत प्रखर राष्ट्रीय चेतनासम्पन्न कवि थे। इन दोनों कवियों के बाद ब्रजभाषा में काव्य-रचना करनेवाले वे कवि आते हैं, जिन्हें आचार्य शुक्ल ने 'दो-रंगी' कवि कहा है। ये कवि ब्रजभाषा और खड़ीबोली दोनों

में कविताएँ लिखते थे और दो तरह की कविताएँ। उनकी पहली कविता जहाँ शृंगारिक होती थी, वहाँ दूसरी कविता सामाजिक और राष्ट्रीय। उनमें तीन कवि प्रमुख थे—नाथूराम शंकर शर्मा, राय देवीप्रसाद पूर्ण और गयाप्रसाद शुक्ल सनेही। थोड़ा आगे चलकर सनेही-स्कूल के ही कवि जगदम्बाप्रसाद मिश्र हितैषी हुए, जिन्होंने भाषा तो खड़ीबोली रखी, लेकिन अपनी कविताओं में मुख्यतः रीतिकाव्य की परम्परा का अनुसरण किया। 'कल्लोलिनी' उनके सवैयों और कवित्तों का अद्‌भुत संग्रह है। उन्हें लोकप्रियता भी वैसी ही प्राप्त हुई। यहीं हरिऔध-जैसे कवि भी उल्लेखनीय हैं, जिन्होंने काव्य-रचना का आरम्भ तो ब्रजभाषा में किया था, लेकिन बाद में जो खड़ीबोली में चले आये। ब्रजभाषा में रचित उनकी नौ-दस कृतियाँ हैं, जिनमें 'रस-कलस' सर्वाधिक महत्त्वपूर्ण है। यह वस्तुतः रस पर लिखा गया एक रीति-ग्रन्थ है।

इस युग की प्रतिनिधि काव्य-धारा दूसरी काव्य-धारा है, जिसके निर्माताओं में मुख्य हरिऔध, मैथिलीशरण गुप्त और रामनरेश त्रिपाठी हैं। यह सामाजिक-राष्ट्रीय काव्य-धारा है, जिसमें खड़ीबोली को न केवल अभिव्यक्ति के माध्यम के रूप में स्वीकार किया गया है, बल्कि ब्रजभाषा को अपदस्थ करने के लिए उसके विरुद्ध तीखा संघर्ष भी चलाया गया है। निस्सन्देह उसका नेतृत्व करने का श्रेय गुप्तजी को प्राप्त है। यह बात और है कि अपनी 'साकेत' जैसी सर्वश्रेष्ठ प्रबन्धात्मक कृति को भी उन्होंने ब्रजभाषा के प्रभाव से सायास नहीं बचाया। प्रमाण यह कि उसमें वर्णित उर्मिला का विरह ही रीतिकाव्य की शैली से प्रभावित नहीं है और उसमें रीतिकाव्य में प्रयुक्त अनेक छन्द ही नहीं मिलते हैं, उसमें 'अच्छा, ये पौधे कहो फलेंगे कब *लौं,*' और 'तो बरसो, *सरसै,* रहे न भूमि जली-सी'-जैसे ब्रजभाषा के प्रयोग भी मिलते हैं। भारतेन्दु-युग में मुक्तक-रचना को प्रधानता प्राप्त थी। इसमें अपवादस्वरूप ही प्रेमघन-जैसे कवि ने कभी 'जीर्ण जनपद'-जैसी प्रबन्धात्मक कृति की सृष्टि की, लेकिन द्विवेदी-युग में प्रबन्ध-रचना का जोर है। हरिऔध ने यद्यपि स्फुट कविताएँ भी कम नहीं लिखी हैं, फिर भी उनकी ख्याति का आधार उनका 'प्रियप्रवास' नामक प्रबन्ध-काव्य है। यह काव्य कृष्ण के मथुरा-गमन को विषय बनाकर रचा गया है, लेकिन इसकी नायिका राधा नये युग का नारी-चरित्र है, सामाजिक चेतना से भरपूर। दूसरी बात यह कि यह पूरा काव्य वर्णिक छन्दों में रचा गया है, जिसमें भाषा अनेक स्थलों पर अत्यन्त संस्कृतनिष्ठ है। इसके बावजूद इसमें दो मत नहीं कि पूरी तन्मयता से रचा गया यह काव्य काव्य-सौन्दर्य से इस प्रकार पूर्ण है कि इसकी उपमा सिर्फ एक पल्लवों, पुष्पों और फलों से लदे हुए वृक्ष से ही दी जा सकती है। हरिऔधजी का ही दूसरा काव्य 'वैदेही-वनवास', जो मात्रिक छन्दों में और अपेक्षाकृत सरल भाषा में रचा गया है, काव्य-

गुण में 'प्रियप्रवास' के समकक्ष कहीं नहीं टिकता। 'चोखे चौपदे', 'चुभते चौपदे' और 'बोलचाल'-जैसी कृतियों में संकलित कविताओं में उन्होंने ठेठ हिन्दी का प्रयोग किया है, लेकिन इन्हें हम उनका कोई उल्लेखनीय अवदान नहीं मान सकते।

गुप्तजी भी प्रबन्ध-कवि के रूप में ही अधिक मान्य हैं, यद्यपि उनकी ख्याति सर्वप्रथम उनकी रचना 'भारत-भारती' से फैली, जो कि 'पद्यात्मक निबन्ध' का सटीक उदाहरण है। उनकी प्रबन्धात्मक छोटी-बड़ी कृतियों में 'साकेत' के अलावा 'जयद्रथ-'वध', 'शकुन्तला', 'पंचवटी, 'यशोधरा' और 'विष्णुप्रिया' उल्लेखनीय हैं। निश्चय ही वे मुक्तककार भी थे। 'स्वदेश-संगीत', 'झंकार' और 'मंगल-घट' उनके मुक्तकों के उल्लेखनीय संग्रह हैं। प्रबन्ध-रचना के क्षेत्र में उन्होंने अनेक प्रकार के प्रयोग किये, जिनमें से एक है मुक्तकों अथवा प्रगीतों को गुम्फित कर उन्हें एक प्रबन्ध का रूप दे देना। इस दृष्टि से उनके दो काव्यों का नाम लिया जा सकता है—'द्वापर' और 'कुणाल-गीत'। इनमें 'द्वापर' उनकी सर्वाधिक सुन्दर रचना है। गुप्तजी की सबसे बड़ी विशेषता उनकी काव्य-संवेदना की आधुनिकता और गतिशीलता है। वे हिन्दी में राष्ट्रीयतावादी कवि के रूप में जाने जाते हैं। सर्वप्रथम महात्मा गाँधी ने उन्हें 'राष्ट्रकवि' की अभिधा प्रदान की थी, जिसे हिन्दीभाषी जनता का व्यापक समर्थन प्राप्त हुआ। लेकिन सच्चाई यह है कि गुप्तजी अपनी कविता में न केवल भारतीय संस्कृति के सर्वश्रेष्ठ मूल्यों के प्रवक्ता हैं, बल्कि हिन्दी कविता में सभी आधुनिक मूल्यों के प्रथम संवाहक भी। रामनरेश त्रिपाठी भी मूलतः प्रबन्ध-कवि ही थे। उन्होंने 'मिलन', 'पथिक' और 'स्वप्न' नाम से तीन खण्डकाव्य रचे, जिनकी मूल अन्तर्वस्तु गाँधीवाद से प्रभावित राष्ट्रीयता ही है। उनके खण्डकाव्यों की विशेषता यह है कि वे हरिऔध या गुप्तजी के काव्यों की तरह पौराणिक कथाओं पर आधारित न होकर कल्पना-प्रसूत कथाओं पर आधारित हैं। इसके अलावा गुप्तजी की काव्यभाषा जहाँ पं. महावीरप्रसाद द्विवेदी के गद्य से प्रभावित है, वहाँ त्रिपाठीजी की काव्यभाषा प्रांजल ही नहीं है, उसका विन्यास भी उससे हटकर है।

द्विवेदी-युग की तीसरी काव्य-धारा की इतिहास में स्वतन्त्र रूप से चर्चा होती रही है, बावजूद इसके कि इसमें द्विवेदी-युग के कई प्रतिनिधि कवि शामिल हैं साथ ही एक तरह से छायावाद के भी एक-दो कवि। सच्चाई यह है कि यह धारा द्विवेदी-युग की ही एक नवीन काव्य-धारा है, जिसका उसकी दूसरी काव्य-धारा की तरह ही भारतेन्दु-युग से गहरा सम्बन्ध है। आचार्य शुक्ल ने इस धारा को 'स्वच्छन्द-धारा' नाम दिया है और पं. श्रीधर पाठक को इसका प्रवर्तक बतलाया है। ज्ञातव्य है कि श्रीधर पाठक भारतेन्दु-युग के आखिरी दौर के कवि थे। उन्होंने अंग्रेजी के रोमाण्टिक कवियों के पूर्ववर्ती कवि गोल्डस्मिथ की क्रमशः तीन

प्रबन्ध-कृतियों का हिन्दी में अनुवाद किया—'एकान्तवासी योगी', 'ऊजड़ गाम' और 'श्रान्त पथिक' के नाम से। ये तीनों ही अनुवाद उन्नीसवीं शताब्दी के अन्तिम वर्षों में निकले थे। उनमें जो अनुवाद सर्वाधिक सुन्दर है, वह है 'ऊजड़ गाम' क्योंकि अन्य दोनों अनुवाद जहाँ खड़ीबोली में हैं, यह ब्रजभाषा में है। पाठकजी बहुत दिनों तक ब्रजभाषा और खड़ीबोली दोनों में कविताएँ लिखते रहे। उनका सर्वाधिक महत्त्वपूर्ण कविता-संग्रह 'भारत-गीत' है, जिसमें भी दोनों भाषाओं की कविताएँ हैं। वे स्वदेश-प्रेम और समाज-सुधार की भावनाओं से भी ओत-प्रोत कवि थे, लेकिन उनकी मूल चेतना स्वच्छन्दतावादी थी। इस कारण उन्होंने अपनी कविताओं में न केवल प्रकृतिप्रेम को अधिक जगह दी, बल्कि अपने समग्र काव्य में एक चित्र और संगीत से युक्त तथा अनेक बार बोलचाल की लचीली भाषा का प्रयोग किया। मैथिलीशरण गुप्त को एक सिरे से प्रबन्धकार और इत्तिवृत्तात्मक शैली में लिखनेवाला कवि माना जाता है। स्मरणीय है कि आचार्य शुक्ल के अनुसार ही वे श्रीधर पाठक-प्रवर्तित स्वच्छन्द-धारा के सर्वाधिक प्रमुख कवि हैं। निस्सन्देह उनके साथ रामनरेश त्रिपाठी, मुकुटधर पाण्डेय और बदरीनाथ भट्ट का भी उल्लेख किया जाता है। ये सभी द्विवेदी-युग के कवि हैं, लेकिन भाव, भाषा और शैली तीनों में ही अपने युग की छाप से अलग। गुप्तजी ने भारी संख्या में स्फुट कविताएँ भी लिखी हैं, जिनके संग्रहों में से कुछ का उल्लेख ऊपर किया जा चुका है। उनमें 'झंकार' विशेष महत्त्वपूर्ण है। हिन्दी में यह प्रचारित किया गया है कि गुप्तजी ने छायावाद के प्रभाव में 'झंकार' के गीत रचे, जबकि वस्तुस्थिति यह है कि वे गीत छायावादी चेतना से भिन्न स्वच्छन्द-चेतना की देन हैं, जिसकी अपनी विशेषताएँ हैं। इस दृष्टि से मैं उनके एक और संग्रह का नाम लेना चाहूँगा—'उच्छ्वास', जो उनकी आत्माभिव्यक्ति का सबसे सुन्दर उदाहरण है। इस तरह उनका काव्य-व्यक्तित्व प्रबन्धकार और मुक्तककार दोनों ही रूपों से बना है और जो भव्यता में अपना सानी नहीं रखता।

हिन्दी में उनके बाद आनेवाले कुछ कवियों, यथा माखनलाल चतुर्वेदी, सियारामशरण गुप्त, बालकृष्ण शर्मा नवीन और सुभद्राकुमारी चौहान, को लेकर एक उलझन की स्थिति है। वे पूरी तरह न द्विवेदीयुगीन कवि माने जाते हैं और न छायावादी। इस कारण उनके लिए अलग से एक काव्यधारा—राष्ट्रीयतावादी—की कल्पना की गयी है, जबकि उस धारा में उक्त कवियों में से किसी का पूरा कृतित्व नहीं समाता। कारण यह कि ये कवि राष्ट्र-प्रेम के साथ-साथ मानव-प्रेम और ईश्वरीय प्रेम के भी कवि हैं। यह सच है कि उनकी शैली में न द्विवेदीयुगीन निपट इतिवृत्तात्मकता है और न छायावादी अतिशय लाक्षणिकता। वे वस्तुतः स्वच्छन्द-धारा के कवि हैं, जो द्विवेदीयुगीन कविता और छायावादी कविता दोनों से प्रभावित

होते हुए भी अपना एक स्वतन्त्र रास्ता निकालते हुए चलते हैं और कहना चाहिए कि उन दोनों कविताओं पर एक हद तक अपना प्रभाव भी डालते हैं। यही धारा आगे चलकर भगवतीचरण वर्मा, हरिवंश राय बच्चन, रामधारी सिंह दिनकर, नरेन्द्र शर्मा, रामेश्वर शुक्ल अंचल और शिवमंगल सिंह सुमन-जैसे कवियों में अपना विकास करती है। इन कवियों को हिन्दी में उत्तर-छायावादी कहा गया है, जो काल की दृष्टि से तो ठीक है, लेकिन उनकी कविता की वक्तव्य-वस्तु की दृष्टि से नहीं। ये कवि मूलतः स्वच्छन्द-धारा के कवि हैं, जो पूर्ववर्ती काव्य-धाराओं से प्रभावित तो होते हैं, लेकिन अपने स्वतन्त्र मार्ग पर आगे बढ़ते हुए। उनमें जो मस्ती और फक्कड़पन है, उसका स्रोत श्रीधर पाठक से लेकर माखनलाल और नवीन तक हैं। उन्होंने कविता को आसमान से उतारकर जमीन पर खड़ा किया और उसे राष्ट्र-प्रेम से लेकर वैयक्तिक प्रेम तक का वाहक बनाया। ज्ञातव्य है कि उनमें से कई कवि उग्र राष्ट्रीय चेतना के ही नहीं, फासिस्ट-विरोधी चेतना के भी कवि थे। अकारण नहीं कि उनकी कविता को अभूतपूर्व लोकप्रियता प्राप्त हुई। ऐसी कविता को यदि विजयदेव नारायण साही-जैसे कवि अगम्भीरता की देन बतलाते हैं, तो वह स्पष्टतः कविता-सम्बन्धी गलत धारणा का परिणाम है। माखनलाल की 'हिमकिरीटिनी', नवीन का 'कुंकुम', बच्चन की 'मधुशाला' और दिनकर का 'कुरुक्षेत्र' निर्विवाद रूप से हिन्दी कविता की परवर्ती स्वच्छन्द-धारा की मूल्यवान उपलब्धियाँ हैं। इनमें बाकी पुस्तकें यदि स्फुट कविताओं का संग्रह हैं, तो 'कुरुक्षेत्र' नये ढंग का प्रबन्ध-काव्य है, जिसमें कवित्त और सवैया-जैसे ब्रजभाषा के पुराने छन्दों का भी अतिशय सुन्दर प्रयोग हुआ है। दिनकर ने बाद में भी 'उर्वशी'-जैसे प्रबन्ध-काव्य की रचना की, लेकिन उसे 'कुरुक्षेत्र'-जैसा महत्त्व नहीं प्राप्त हुआ।

बीसवीं शती के तीसरे दशक में हिन्दी कविता एक नयी करवट लेती है। यह नयी कविता विद्रोह की कविता है, जिसे इतिहास में छायावादी कविता कहा गया है। विद्वानों के अनुसार यह पूर्वोक्त श्रीधर पाठक-प्रवर्तित स्वच्छन्दतावादी कविता का ही विकास है। ज्ञातव्य यह है कि आचार्य शुक्ल इसे स्वच्छन्दतावादी कविता के मार्ग की बाधा मानते हैं। उनका कहना है कि स्वच्छन्दतावाद हिन्दी कविता में स्वाभाविक रूप से विकसित हो ही रहा था कि रवीन्द्रनाथ के प्रभाव से 'छायावाद' के नाम से एक नया वाद उठ खड़ा हुआ, जिसमें पश्चिमी किस्म के रहस्यवाद की प्रधानता थी और जिसकी शैली अबूझ होने की हद तक लाक्षणिक थी। तात्पर्य यह कि स्वच्छन्दतावाद जहाँ देशी था, वहाँ छायावाद एक विदेश से आयातित वस्तु, भले बँगला के माध्यम से। वस्तुस्थिति यह है कि न तो छायावाद स्वच्छन्दतावाद का बढ़ाव है, न पूर्णतः विदेशी वस्तु। स्वच्छन्दतावाद और छायावाद दोनों एक ही व्यापक स्वच्छन्दतावाद के अंग हैं। दिलचस्प है कि दोनों एक-दूसरे को प्रभावित

करते हुए भी हिन्दी कविता में एक-दूसरे के समानान्तर चलते रहते हैं। एक तरफ यदि प्रसाद, निराला और पन्त हैं, तो दूसरी तरफ माखनलाल, सियारामशरण और नवीन। जहाँ तक विदेशीपन की बात है, तो स्वच्छन्दतावाद भी नितान्त देशी न था, क्योंकि उसके पीछे भी पाठकजी द्वारा अनूदित गोल्डस्मिथ की रोमाण्टिक कृतियों की प्रेरणा थी। छायावाद के सम्बन्ध में यह सच है कि वह रवीन्द्रनाथ से प्रभावित हुआ था, लेकिन बहुत जल्दी वह हिन्दी की अपनी परम्परा का अंग भी बन गया। यदि वह पुराने विद्वानों को अजनबी लगा, तो इसलिए कि स्वच्छन्दतावाद जहाँ साधारण चाल से चल रहा था, वहाँ वह हिन्दी कविता में एक छलाँग थी। उसकी सबसे अच्छी परिभाषा आचार्य हजारीप्रसाद द्विवेदी ने दी है, जिन्होंने कहा है कि प्रथम विश्वयुद्ध के बाद नवशिक्षित युवकों पर साम्राज्यवाद का ध्वंसक रूप पूर्णतः प्रकट हो गया, जिसने उनके भीतर उपनिवेश-विरोधी चेतना की प्रबल तरंग उत्पन्न कर दी। छायावाद इसी 'बन्धनमुक्त चित्त' की कविता है। इस स्वतन्त्र चेतना ने कविता को व्यक्ति के केन्द्र पर स्थापित कर उसे व्यापक अर्थों में कवि की आत्माभिव्यक्ति बना दिया। द्विवेदीयुगीन कविता की तरह छायावादी कविता भी स्वाधीनता-आन्दोलन की ही देन थी, बल्कि उसके उग्रताभरे दौर की, लेकिन उसमें कवियों ने समाज और राष्ट्र से लेकर विश्व तक के प्रति अपनी प्रतिक्रिया निजी रूप से व्यक्त की, जिसमें गहन अनुभूति तो थी ही, कल्पना की ऊँची उड़ान भी थी। ताज्जुब नहीं कि हिन्दी कविता देखते-देखते प्रगीतात्मक हो उठी, उसकी भाषा तितली के पंखों की तरह रँग गयी और उसमें चित्र के साथ एक अतिशय मोहक संगीत सम्भव हुआ। आचार्य शुक्ल इस पूरे विकास को बहुत ही गौर से देख रहे थे। उन्होंने छायावाद को अन्ततः एक प्रक्रिया माना और अपने पुराने मत को संशोधित करते हुए इस नतीजे पर पहुँचे कि छायावाद वही नहीं है, जिसमें रहस्यवाद है, बल्कि लाक्षणिक शैली में जो कुछ प्रस्तुत किया गया हो, वह सब छायावाद के अन्तर्गत है।

छायावाद की उपलब्धियाँ महार्घ हैं। वैसे तो इसमें प्रगीतों की प्रधानता थी, प्रसाद से लेकर महादेवी तक ने इसमें असंख्य प्रगीतों की रचना की, लेकिन इसमें प्रबन्ध-रचना का प्रयास भी देखने को मिलता है। यह बात और है कि वह प्रयास कभी बड़े रूप में है और कभी छोटे रूप में। छायावाद की प्रबन्ध-काव्य के क्षेत्र में जो सबसे बड़ी देन है, वह है 'कामायनी'। 'कामायनी' नये ढंग का प्रबन्ध-काव्य तो है ही, उसकी बड़ी विशेषता यह है कि वह वस्तुतः एक प्रगीतात्मक प्रबन्ध-काव्य है। उसका जो सर्वश्रेष्ठ और सर्वाधिक आधुनिक सर्ग है, इड़ा नामक, वह शुरू से अन्त तक प्रगीतों में ही निबद्ध है। कहने की आवश्यकता नहीं कि यह काव्य आधुनिक युग के वैचारिक संघर्ष का दस्तावेज है। जिस छायावादी कवि को

व्यक्ति-केन्द्रित माना गया, उसने इसमें संकटग्रस्त विश्वमानव की चिन्ता से अपने को उद्वेलित दिखलाया है। छायावाद की भाषा प्रबन्ध-रचना के लिए निर्मित नहीं हुई थी, लेकिन प्रसादजी ने उसका उपयोग महाकाव्य की रचना के लिए किया। निश्चय ही इसमें वह भाषा क्षत-विक्षत हो गयी, लेकिन उसमें एक गजब की चमक भी पैदा हुई। यहाँ याद दिलाने की जरूरत है कि प्रसादजी ने 'प्रलय की छाया' शीर्षक प्रबन्धात्मक कविता भी लिखी है, जो उनकी अत्यन्त श्रेष्ठ कृति है। इसकी एक बड़ी खूबी है कि यह मुक्तछन्द में रचित है। आश्चर्य नहीं कि आचार्य शुक्ल ने ऐसी कविताओं में छायावाद की काव्यभूमि को विस्तृत होते हुए देखा। प्रसादजी की एक रम्य रचना उनका 'आँसू' नामक काव्य भी है, जिसका प्रत्येक छन्द अनमोल है। निराला ने भी 'तुलसीदास' नामक अपने लघु प्रबन्ध-काव्य की सृष्टि की, जिसके जोड़ की रचना किसी भी भाषा में शायद ही हो। इसका एक-एक छन्द तराशा हुआ है और पूरे काव्य का स्थापत्य इतना दृढ़ है कि उसकी एक भी ईंट खड़काई नहीं जा सकती। निराला के कवित्व ने इस उत्कर्ष को फिर नहीं प्राप्त किया। 'कामायनी' और 'तुलसीदास' दोनों ही काव्यों की विशेषता है कि वे जितना हमें अन्तर्मन की यात्रा कराते हैं, उतना ही बाहरी विश्व की। 'तुलसीदास' के बाद निराला ने दो महान् लम्बी कविताएँ लिखीं—'सरोज-स्मृति' और 'राम की शक्ति-पूजा'। 'सरोज-स्मृति' में भी एक कथा है, कवि-पुत्री के जन्म से लेकर उसकी मृत्यु तक की, लेकिन वह कथा परम्परागत कथात्मक शैली में न कही जाकर विचारात्मक शैली में कही गयी है। 'शक्ति-पूजा' स्पष्टतः एक प्रबन्धात्मक कविता है, जो राम के मानवीय रूप को आधुनिक संवेदना से संवलित करके बहुत उदात्त स्तर पर प्रस्तुत करती है। विद्वानों ने इस कविता को आधुनिक रामचरितमानस कहा है। यह असन्दिग्ध रूप से बीसवीं शती की हिन्दी की सर्वश्रेष्ठ कविता है। 'परिमल' हो, या 'अनामिका' या 'गीतिका', निराला के ये सारे कविता-संग्रह खड़ीबोली की नवोदित कविता को बहुत आगे ले जानेवाले हैं। वे जितने बड़े कवि थे, उतने ही बड़े गीतकार भी। उनके गीतों की तुलना सिर्फ तुलसीदास के पदों से की जा सकती है—शब्द-योजना से लेकर भावाभिव्यक्ति तक में।

प्रसाद ब्रजभाषा में काव्य-रचना करते हुए 'झरना' के गीतों तक पहुंचे थे, जिनमें छायावाद का प्रथम उन्मेष देखने को मिला था। निराला पद्माकर-जैसे रीतिकालीन कवियों को आत्मसात् कर 'जुही की कली' तक आये और उसमें कवित्त की लय को आधार बनाकर मुक्तछन्द का प्रवर्तन किया। पन्त की विशेषता यह है कि 'पल्लव' की भूमिका में ब्रजभाषा-काव्य पर कठोर प्रहार करते हुए भी उन्होंने उसी को ध्यान में रखकर खड़ीबोली में एक ऐसी काव्यभाषा रची, जो अपनी संगीत-माधुरी में किसी तरह उससे कम नहीं है। उनकी प्रकृति, प्रेम और

रहस्य की कविताओं ने हिन्दी कविता के पाठकों के सामने एक नयी दुनिया खोल दी, जिसका सौन्दर्य बेमिसाल था। बड़ी बात यह कि पन्तजी भीतर से एक विचारशील कवि भी थे, जिससे उनकी कविता शुरू से लेकर अन्त तक एक बेचैन आत्मा की खोजभरी विचार-यात्रा मालूम पड़ती है। वे खड़ीबोली के सर्वाधिक सृजनशील कवि हैं, जो हिन्दी कविता के सभी परवर्ती दौरों में निरन्तर सक्रिय रहे, लेकिन उनकी उपलब्धि छायावाद-काल की 'पल्लव', 'गुंजन' और 'युगान्त' की कविताएँ हैं, जिनमें अभिव्यक्ति निरन्तर मँजती गयी है, चित्र निरन्तर स्पष्ट होते गये हैं और संगीत निरन्तर निखरता गया है। 'प्रथम रश्मि', 'मौन निमन्त्रण', 'परिवर्तन', 'एक तारा', 'नौका-विहार' आदि उनकी अमर कविताएँ हैं, जिनमें हिन्दी कविता माधुर्य और औदात्त्य के एक नये स्तर पर संचरण करती है। आगे चलकर उन्होंने जो अनेक काव्य-रूपक और 'लोकायतन'-जैसा बड़ा प्रबन्ध काव्य रचा, उसका उत्स कहीं छायावाद के बिलकुल आरम्भ में रचा गया उनका खण्डकाव्य 'ग्रन्थि' हो सकती है, जिसमें एक प्रेम-कथा है। महादेवीजी छायावाद में तीसरे दशक के प्राय: अन्त में आती हैं, लेकिन रहस्य-भावना का एक मोहक प्रगीतात्मक स्वर लेकर। उनके आरम्भिक सारे गीत-संग्रह 'यामा' में संकलित हुए हैं और परवर्ती गीत 'दीपशिखा' में। महादेवीजी छायावाद की ऐसी कवयित्री हैं, जिन्होंने रहस्यवाद के बाहर बहुत ही कम पदक्षेप किया है। लेकिन इसका मतलब यह कतई नहीं है कि उनकी कविता की दुनिया अत्यन्त सीमित है। भक्तिकाल के कवियों ने जैसे अपने समय के सारे प्रश्नों को भक्ति के माध्यम से ही पकड़ लिया था, महादेवीजी ने भी अपने समय की सम्पूर्ण चेतना को, वह आधुनिक नारी से सम्बन्धित हो, या स्वाधीनता के लिए संघर्षरत भारतीय नागरिक से, या भौतिकता से त्रस्त विश्वमानव से, रहस्य के माध्यम से ही प्रतिध्वनित किया है। सामाजिक यथार्थ के प्रति वे कितनी सजग थीं, यह 'शृंखला की कड़ियाँ' नामक उनकी पुस्तक के लेखों से समझा जा सकता है। उनके सामाजिक चिन्तन के साथ उनकी कविता के सम्बन्ध के अन्त:सूत्र की तलाश करके ही हिन्दी काव्यालोचन कृतार्थ हो सकता है, अन्यथा नहीं। यह बहुत ही सन्तोष की बात है कि हिन्दी के विद्वान् छायावादी काव्य को समृद्धि की दृष्टि से भक्तिकाव्य से तुलनीय मानते हैं। निराला छायावाद की ही देन थे, जो परवर्ती हिन्दी कविता में श्रेष्ठता का प्रतिमान बन गये।

2

छायावाद के बाद हिन्दी कविता एक नये युग में प्रवेश करती है। वह युग यथार्थवाद

का है। ऐसी बात नहीं है कि द्विवेदीयुगीन और छायावादी कविता में यथार्थ के तत्त्व नहीं थे। द्विवेदीयुगीन कविता में सामाजिक और राष्ट्रीय जीवन का यथार्थ बहुत अच्छी तरह प्रकट हुआ है, लेकिन प्राय: वह गद्यात्मक है, जिससे उसमें पाठकों को प्रभावित करने का गुण तो है, लेकिन उन्हें अनुभूति-चालित करने का गुण नहीं। छायावाद में यथार्थ एक दूसरे ध्रुवान्त पर जाकर प्रकट हुआ। उसमें उसका स्वरूप इतना काल्पनिक हो गया कि उसे पहचानने में बहुत कठिनाई पेश आयी। स्वभावत: छायावाद के बाद हिन्दी कविता में चारों ओर से यथार्थ की माँग उठने लगी। तब तक परिस्थिति भी काफी कुछ बदल चुकी थी। देश में किसान-मजदूर आन्दोलन शुरू हो गये थे, स्वाधीनता-आन्दोलन में कांग्रेस के नेतृत्व से मोहभंग होने लगा था, गाँधीवाद प्रश्नों के घेरे में आ गया था, बुद्धिजीवियों की अगली कतारों में समाजवाद की विचारधारा प्रसार पा रही थी और योरोप में फासिज्म का उदय हो चुका था। इसी सबका परिणाम था कि इंग्लैण्ड की भूमि पर अँग्रेजी शिक्षाप्राप्त चन्द भारतीय युवकों के भीतर मार्क्सवादप्रेरित प्रगतिशीलता की जिस चेतना ने जन्म लिया था, उसने भारत पहुँचकर एक संगठन की गतिविधियों के माध्यम से यहाँ की मिट्टी में जड़ जमा ली और हिन्दी ही नहीं, सम्पूर्ण भारतीय साहित्य पर एक निर्णायक प्रभाव डाला। लेकिन उसकी तफसील में जाने के पहले मैं संक्षेप में हिन्दी कविता के स्वाभाविक रूप से बदलते हुए परिदृश्य की ओर संकेत करना चाहता हूँ।

डा. रामविलास शर्मा का कहना है कि यह यहाँ के प्रतिक्रियावादियों का पुराना दाँव है कि उन्हें जिस चीज का विरोध करना होता है, उसे वे विदेशी घोषित कर देते हैं। यह बात सही है, भले डा. शर्मा ने अज्ञेय से लेकर मुक्तिबोध तक का विरोध करने के लिए स्वयं इस दाँव को आजमाया हो। यह सच है कि छायावाद से लेकर प्रगतिवाद तक की प्रेरणा एक बड़ी हद तक प्रत्यक्ष वा परोक्ष रूप में विदेशों से आयी थी, लेकिन यह तो आधुनिक विश्व में विकास की सहज प्रक्रिया है। देखने की बात यह है कि बाहर से आनेवाली विचारधारा ने यहाँ की परिस्थितियों से मिलकर कौन-सा रूप अख्तियार किया है और फिर यह कि वह रूप हमारे लिए कितना अपना और कितना उपयोगी है। हम प्रगतिवाद का आन्दोलन शुरू होने के ठीक पहले की हिन्दी कविता की स्थिति पर विचार करें, तो पता चलेगा कि वह स्वयं उस दिशा की ओर बढ़ रही थी, जिस दिशा में उक्त आन्दोलन ने उसे बलपूर्वक ठेला। डा. शर्मा का यह भी कहना है कि प्रगतिवाद हिन्दी कविता का स्वाभाविक विकास है। उन्होंने द्विवेदी-युग से उदाहरण दे-देकर इसे सिद्ध किया है। मैं केवल छायावाद के अन्तिम दिनों की बात कर रहा हूँ। 1936 में प्रसाद की 'कामायनी' प्रकाशित हुई। उसका इड़ा सर्ग हमें पूँजीवाद के भयावह दुष्परिणामों से आगाह करता है, जैसे उसका चिन्ता सर्ग हमें सामन्तवाद के ह्रासोन्मुख रूप से

परिचित कराता है। 1935 में ही निराला 'सरोज-स्मृति' नामक कविता की रचना कर चुके थे, जो छायावाद में कल्पना और यथार्थ के बीच जो अन्तर्विरोध था, उसे बहुत गहरा बनाती है। यह अन्तर्विरोध 1936 में रची गयी उनकी कविता 'राम की शक्ति-पूजा' में बहुत ही कलात्मक रूप में जैसे निर्णायक बिन्दु पर पहुँच जाता है। वहीं से 'वन-बेला' होते हुए निराला 'कुकुरमुत्ता' की तरफ मुड़ जाते हैं, जिसकी चरम परिणति उनके 'नये पत्ते' की कविताओं में होती है। मजे की बात यह है कि 'कुकुरमुत्ता' से लेकर 'नये पत्ते' तक की कविताओं में प्रगतिवाद के संकीर्णतावादी रुझान और पाखण्ड से लड़ते हुए वे हिन्दी कविता को सही प्रगतिशील वा यथार्थवादी दिशा में विकसित करते हैं। पन्तजी 'युगान्त' (1935) में ही छायावाद के अन्त की सूचना दे चुके थे। 1938 में उन्होंने कालाकाँकर से 'रूपाभ' नाम की पत्रिका निकाली, जो अघोषित रूप में प्रगतिशील आन्दोलन का मुखपत्र थी। इसी के सम्पादकीय में उन्होंने छायावाद से अपना तीव्र असन्तोष प्रकट करते हुए कहा था कि आज की कविता स्वप्नों में नहीं पल सकती, इसलिए उसे कठोर धरती का आश्रय लेना पड़ रहा है। उनके इस सम्पादकीय को प्रगतिवाद का घोषणापत्र माना जाता है। क्या विडम्बना है कि जिस कवि ने 'पल्लव' की भूमिका के रूप में छायावाद का घोषणापत्र लिखा था, उसी ने छायावाद का विरोध करते हुए प्रगतिवाद का भी घोषणापत्र लिखा। 1939-40 में पन्तजी के 'युगवाणी' और 'ग्राम्या' नामक प्रसिद्ध कविता-संग्रह प्रकाशित हुए। आज इस बात की पड़ताल की जानी चाहिए कि ये दोनों संग्रह किस हद तक प्रगतिवादी आन्दोलन की देन हैं और किस हद तक पन्तजी के भीतर पैदा होनेवाले स्वाभाविक प्रगतिशील रुझान की। ज्ञातव्य है कि उक्त दोनों संग्रहों में संकीर्ण भौतिकवादियों की आलोचना करते हुए और महात्मा गाँधी का स्तवन करते हुए लिखी गयी अनेक कविताएँ दी गयी हैं। स्पष्टतः यह स्वर प्रगतिशील आन्दोलन में विसंवादी था। जिन्हें उत्तर-छायावादी कहा जाता है, उनमें से भी नरेन्द्र शर्मा और शिवमंगल सिंह सुमन-जैसे कवि प्रगतिशील आन्दोलन में शरीक हुए और उसके प्रभाव में बहुत ही मुखर कविताएँ लिखीं। यह भी यही सिद्ध करता है कि प्रगतिवाद हिन्दी कविता के लिए उतना पराया न था, जितना उसे समझा और समझाया गया था। यदि वह एकदम पराई वस्तु होता, तो निराला से लेकर सुमन तक, जो पुरानी धाराओं के कवि थे, बेहिचक उसकी अगली कतार न बनाते।

1936 में लखनऊ में प्रेमचन्द की अध्यक्षता में प्रगतिशील लेखक संघ का स्थापना-सम्मेलन सम्पन्न हुआ। उसके बाद सचेत रूप में प्रगतिशील आन्दोलन का प्रसार किया जाने लगा। इस आन्दोलन ने अपने कवियों की जो पहली पीढ़ी पैदा की, उसमें आनेवाले कवि हैं : शमशेर, केदारनाथ अग्रवाल, नागार्जुन, त्रिलोचन

और मुक्तिबोध। इनमें यदि और कोई नाम जोड़ना हो, तो वह रामविलास शर्मा का होगा, जिन्होंने आगे चलकर गम्भीरतापूर्वक कविकर्म करना त्याग दिया। ये सारे कवि न केवल प्रगतिशील लेखक संघ से सक्रिय रूप से जुड़े हुए थे, बल्कि प्रायः ये सब के सब भारतीय कम्युनिस्ट पार्टी के भी सदस्य थे। शुक्र है कि इनमें से आधे कवियों ने कविता में संघ या पार्टी के निर्देशों का अन्धानुसरण नहीं किया और जिन्होंने किया, उन्होंने भी भिन्न प्रकार की कविताएँ लिखने के लिए अपने रचनात्मक व्यक्तित्व को खुला रखा। निर्देशों के अनुसार कविता लिखनेवाले कवि हैं केदार, नागार्जुन और रामविलास। ताज्जुब नहीं कि उन्होंने अच्छी संख्या में आन्दोलनात्मक कविताएँ लिखीं, जिन्हें सामने रखकर प्रगति-विरोधी खेमे के विद्वानों ने सम्पूर्ण प्रगतिशील कविता का अवमूल्यन करने का प्रयास किया। उन्होंने इन कवियों की गम्भीर साहित्यिक कविताएँ नहीं देखीं या देखकर भी उन्हें अनदेखा किया। उनमें निश्चय ही एक नया यथार्थ अपनी पूरी ताजगी के साथ प्रकट हो रहा था। ऐसी स्थिति में उनसे यह आशा करना कि वे नागार्जुन-जैसे कवि की आन्दोलनात्मक कविताओं में जो एक उच्च कोटि की कलात्मक वक्रता थी, उसे देखते, एक दुराशा-मात्र होती। केदार का कविता-संग्रह 'युग की गंगा', नागार्जुन का कविता-संग्रह 'युगधारा' और रामविलास का कविता-संग्रह 'रूप-तरंग' आज भी इस बात का प्रमाण दे रहे हैं कि उनके माध्यम से हिन्दी कविता में कैसे यथार्थ का एक नया धरातल सामने आ रहा था। अज्ञेय ने प्रगतिशील कविता की कठोर आलोचना करते हुए कहा है कि उसकी और छायावादी कविता की रचना-प्रक्रिया में कोई फर्क नहीं है, यानी दोनों ही भावात्मक हैं। उनके अनुसार प्रगतिवाद में आकर कविता नहीं बदली, सिर्फ उसका प्रतीक-पुरुष बदल गया है। यह बात सही नहीं है। यह सच है कि केदार, नागार्जुन और रामविलास-जैसे कवियों का सामाजिक-राजनीतिक यथार्थ एक खास ढाँचे का यथार्थ है, फिर भी वह उतना सीमित और रूढ़ नहीं है, जितना उसे बतलाकर हिन्दी कविता के विकास में उसके महत्त्व को कम करने का प्रयास किया जाता है। यह सामाजिक यथार्थ छायावाद ही नहीं, द्विवेदी-युग से भी भिन्न है, क्योंकि उसमें छायावादी काल्पनिकता तो नहीं ही है, द्विवेदीयुगीन गद्यात्मकता भी नहीं है। जो नयी चीज है, वह यह कि वह एक रोमाण्टिक दौर से गुजरकर अंकित किया जानेवाला यथार्थ है, जिसमें स्वाभाविक रूप से गद्य कविता के गुणों से युक्त हो गया है।

जहाँ तक शमशेर, त्रिलोचन और मुक्तिबोध की बात है, ये प्रगतिशीलता के बृहत्तर परिवेश में काव्य-सृजन करनेवाले कवि थे। इसी का परिणाम था कि उनकी कविताओं में चित्रित यथार्थ संकीर्ण प्रगतिशीलता की सारी सीमाओं को तोड़कर चलता है और उनकी शैली भी रूढ़ न होकर निजी है। शमशेर ने राजनीतिक

चेतनावाली भी कुछ कविताएँ लिखी हैं, लेकिन वे उनकी सबसे कमजोर कविताएँ हैं। यदि उनकी ऐसी कविताओं में कोई कविता अपवाद है, तो 'अम्न का राग', जो कि सही अर्थों में एक महान् कविता है। वे वस्तुत: प्रेम और सौन्दर्य के विलक्षण गायक थे और उन्हीं के माध्यम से उन्होंने अपने युग की समस्याओं से उद्वेलित होकर अपनी कविताओं में बहुत उदात्त रूप में मानव-मूल्यों की स्थापना की। उनकी शाब्दिक मितव्ययिता, उनका सूक्ष्म लय-बोध और उनकी भव्य बिम्ब-योजना हिन्दी कविता की एक उपलब्धि है। इसका प्रमाण उनके आरम्भिक दोनों कविता-संग्रहों—'कुछ कविताएँ' और 'कुछ और कविताएँ'—में मिलेगा। त्रिलोचन अवध के लोकजीवन के अद्‌भुत चितेरे हैं। 'धरती' और 'ताप के ताए हुए दिन' इन दोनों संग्रहों में उनकी अनेक प्रकार की कविताएँ संगृहीत हैं, लेकिन हिन्दी कविता को उनकी सबसे बड़ी देन उनके सॉनेटों का संग्रह 'दिगंत' है। सॉनेट एक विदेशी काव्य-रूप है, पर हिन्दी के सुपरिचित रोला छन्द में उसकी रचना कर त्रिलोचन ने उसे हिन्दी के लिए अपना बना दिया है। वे मूलत: सामाजिक चेतनावाले कवि हैं और कविता में अन्तर्वस्तु की तरह ही उसके रूप को महत्त्व देनेवाले। उनके विपरीत मुक्तिबोध मूलत: राजनीतिक कवि हैं, लेकिन कविता में नारेबाजी और तरानेबाजी से दूर रहनेवाले। एक रूप-सजग कवि की तरह उन्होंने कविता में 'फॉर्म' को महत्त्व नहीं दिया, लेकिन फैण्टेसी के सहारे उन्होंने कविता की जो नयी संरचना प्रस्तुत की, उसने सम्पूर्ण हिन्दी कविता में एक युगान्तर उपस्थित कर दिया। मुक्तिबोध ने राजनीति को रोजमर्रा की राजनीति के रूप में न लेकर उसे आधुनिक मनुष्य की नियति के पर्याय के रूप में लिया है और क्रान्तिकारी राजनीतिक चेतनावाली अत्यधिक सशक्त कविताएँ लिखी हैं। उनका संघर्ष दोतरफा था। एक तरफ वे अस्तित्ववाद-प्रभावित नयी कविता से संघर्ष कर रहे थे और दूसरी तरफ प्रगतिशील कविता के संकीर्णतावादी रुझान से। ताज्जुब नहीं कि शमशेर और त्रिलोचन के साथ वे भी प्रगतिशील आलोचना में उपेक्षित रहे और जब तक वे जीवित रहे, उन्हें सच्चे प्रगतिशील कवि के रूप में स्वीकृत नहीं किया गया। लेकिन यह ऐतिहासिक सच्चाई है कि 1964 में उनकी मृत्यु के बाद जब उनका पहला कविता-संग्रह 'चाँद का मुँह टेढ़ा है', जिसमें उनकी महान् कविता 'अँधेरे में' संकलित है, प्रकाशित हुआ, तो नयी कविता का महल धराशायी हो गया और प्रगतिशील कविता भी वह न रह गयी, जो पहले थी।

बीसवीं शती की हिन्दी कविता के इतिहास में 'तार सप्तक' का प्रकाशन एक घटना है। यह काव्य-संकलन 1943 में प्रकाशित हुआ। इसकी योजना को लेकर पिछले वर्षों में इसमें संकलित कवियों के द्वारा काफी बातें कही गयी हैं। उससे जो तथ्य सामने आया है, वह यह कि 'तार सप्तक' वस्तुत: हिन्दी के प्रगतिशील

कवियों का आयोजन था। चूँकि उन दिनों अज्ञेय भी उनके साथ थे, इसलिए वे उसके सम्पादक बनाये गये। लेकिन उन्होंने अपनी भूमिका और वक्तव्य में कुछ इस तरह की बातें कहीं कि उसे उसके मुख्य लक्ष्य से हटकर एक प्रगति-विरोधी प्रकाशन मान लिया गया। उदाहरण के लिए उनकी एक-दो बातें देखी जा सकती हैं, जैसे यह कि उसमें संकलित कवि 'राहों के अन्वेषी' हैं और फिर यह कि 'आधुनिक युग का साधारण व्यक्ति यौन वर्जनाओं का पुंज है।' 'तार सप्तक' में संकलित सात कवियों में से चार—नेमिचन्द्र जैन, मुक्तिबोध भारतभूषण अग्रवाल और रामविलास शर्मा घोषित रूप से मार्क्सवादी थे और दो—प्रभाकर माचवे और गिरिजाकुमार—घनिष्ठ रूप से प्रगतिशील आन्दोलन से सम्बद्ध, फिर भी सम्पादक के द्वारा गलत जगह जोर डालने के कारण वह प्रगतिशीलता से भिन्न दिशा की खोज करनेवाला संकलन माना गया। पूछा जा सकता है कि जब उक्त कवि प्रगतिशील थे, तो फिर अलग से इस आयोजन की आवश्यकता ही क्या थी? इस सम्बन्ध में ज्ञातव्य है कि ये ऐसे प्रगतिशील कवि थे, जो प्रगतिशील कविता के निर्धारित ढाँचे से असन्तुष्ट थे और उसमें अन्तर्वस्तु और रूप दोनों ही क्षेत्रों में नयी जमीन तोड़ना चाहते थे। ये सामाजिकता के आग्रही थे, लेकिन कविता में व्यक्तित्व के निषेध को गलत समझते थे। 'तार सप्तक' को प्रगति-विरोधी माननेवाले विद्वानों ने न केवल यह कि उसे व्यक्तिवादी कविताओं का संकलन बतलाया, बल्कि उसकी जो पृष्ठभूमि थी, उससे भी उसको अलग करके देखा। आज यह कहने की आवश्यकता नहीं होनी चाहिए कि मुक्तिबोध तारसप्तकीय प्रगतिशील कविता की ही देन थे। उनसे लेकर डा. शर्मा तक अपनी आलोचना में उचित ही यह आग्रह करते रहे कि उसे प्रगतिशील कविताओं का ही संकलन माना जाए और उसे आधुनिकतावादी काव्य के प्रस्थान-बिन्दु के रूप में चिह्नित न किया जाए। 1951 में जब 'दूसरा सप्तक' का प्रकाशन हुआ, जिसमें प्रगीतात्मक स्वर प्रधान था, तो मुक्तिबोध और डा. शर्मा दोनों ने ही यह कहते हुए अपना क्षोभ प्रकट किया कि उसमें 'तार सप्तक' की धारा को गलत दिशा में मोड़ दिया गया है। वह किया गया हो या नहीं, लेकिन यह तथ्य है कि 'दूसरा सप्तक' स्वाधीनता-प्राप्ति के बाद हिन्दी कवियों की प्रथम अभिव्यक्ति है, जिसमें यथार्थ-बोध दबा हुआ है, लेकिन वह लुप्त नहीं है और प्रगीतात्मक स्वर की प्रधानता के बावजूद उसमें इस बात के पुष्ट संकेत हैं कि हिन्दी कविता का विकास आधुनिकतावाद से भिन्न दिशाओं में भी सम्भव है। 'दूसरा सप्तक' के कवि हैं भवानीप्रसाद मिश्र, शकुन्त माथुर, हरिनारायण व्यास, शमशेर, नरेश मेहता, रघुवीर सहाय और धर्मवीर भारती। इनमें से कोई आधुनिकतावादी नहीं है और व्यासजी, शमशेर, नरेश मेहता तथा रघुवीर सहाय तो प्रत्यक्षतः प्रगतिशील हैं। बाकी कवि भी प्रगति-विरोधी नहीं हैं। यह

जरूर है कि शमशेर हों या रघुवीर सहाय, इनमें से कोई प्रगतिशीलता की पिटी-पिटाई लीक पर चलनेवाला नहीं है। इन दोनों कवियों ने बाद में जिस रूप में अपना विकास किया, वह हिन्दी कविता-मात्र के लिए गौरव की बात है। नरेश मेहता ने भी अपना स्वतन्त्र रूप से विकास किया और धर्मवीर भारती ने भी, जिनकी कृतियाँ 'अन्धायुग' और 'कनुप्रिया' दोनों ही आधुनिक हिन्दी कविता की उपलब्धि हैं। भवानी मिश्र ने हिन्दी कविता को बोलचाल का लहजा दिया और हलके-फुलके ढंग से गम्भीर बात कहने की कला। इस सबको देखते हुए 'दूसरा सप्तक' के प्रति व्यक्त किया गया मुक्तिबोध और डा. शर्मा का क्षोभ बहुत उचित नहीं लगता। ठीक है कि प्रगीतात्मकता अथवा मोहजनित उल्लास का स्वर जीवन या समाज के कठोर यथार्थ से ताल्लुक नहीं रखता, लेकिन क्या जरूरी है कि कविता सरल रेखा में ही आगे बढ़े और कवि एक दिशा से चलकर ही अपने लक्ष्य तक पहुँचें।

यहाँ दो शब्दों की व्याख्या करना जरूरी है—'प्रयोगवाद' और 'नयी कविता'। इन दोनों शब्दों के प्रचलन के पीछे किसी न किसी रूप में सप्तकों के सम्पादक अज्ञेय ही हैं। 'तार सप्तक' की भूमिका में उसमें संगृहीत कवियों के बारे में उन्होंने कहा था कि वे कविता को 'प्रयोग' का विषय मानते हैं। इस संकलन के प्रकाशन के दो-तीन वर्षों बाद तक उसकी कोई चर्चा नहीं हुई, लेकिन धीरे-धीरे जब चर्चा होने लगी, तब विद्वानों ने 'प्रयोग' शब्द को पकड़ लिया और 'तार सप्तक' की कविता को वे प्रयोगवादी कहने लगे। 'दूसरा सप्तक' के प्रकाशन के बाद अज्ञेय ने अपने एक रेडियो साक्षात्कार में सप्तकीय कविता के लिए 'नयी कविता' नाम की प्रस्तावना की। इसी से प्रेरित होकर इलाहाबाद से जगदीश गुप्त प्रभृति विद्वानों ने 'नयी कविता' नाम से एक पुस्तक-पत्रिका निकाली, जिसका नवलेखन की दुनिया में व्यापक प्रचार हुआ। उसके बाद से विद्वान् 'प्रयोगवाद' और 'नयी कविता' को लेकर चिन्तन करते रहे हैं। कुछ विद्वानों ने 'नयी कविता' को 'प्रयोगवाद' का ही विकास माना है, तो कुछ ने 'नयी कविता' को 'प्रयोगवाद' से बिलकुल भिन्न बतलाया है। दोनों को भिन्न बतलानेवाले विद्वान एक को जहाँ यथार्थवाद से प्रभावित मानते हैं, वहाँ दूसरे को यथार्थवाद-विरोधी अस्तित्ववाद से। यदि यथार्थवाद से उनका आशय प्रगतिशील वा समाजवादी यथार्थवाद से है और अस्तित्ववाद को वे हर तरह से यथार्थवाद-विरोधी मानते हैं, तो कहना होगा कि वे दोनों जगह अतिवाद का परिचय देते हैं। सच्चाई यह है कि 'नयी कविता' 'प्रयोगवाद' से सम्बद्ध भी है और उससे अलग भी। इस तरह ये दोनों ही छायावादोत्तर हिन्दी कविता के किंचित् जटिल विकास को ही सूचित करते हैं, कुछ भी और नहीं। यह अकारण नहीं है कि 'तार सप्तक' के माचवे, गिरिजाकुमार और अज्ञेय-जैसे कवि छठे-सातवें दशकों में भी अत्यन्त सक्रिय रहते हैं और उससे आगे

जाकर अपनी कविता को बुलन्दियों पर पहुँचाते हैं। माचवे की 'नॉन-सीरियस' कविताएँ और गिरिजाकुमार के गीतात्मक प्रयोग भी निस्सन्देह हिन्दी कविता की उपलब्धि हैं। लेकिन 'तार सप्तक' की असली देन मुक्तिबोध के साथ अज्ञेय हैं। मुक्तिबोध के बारे में ऊपर कहा जा चुका है। कवि-रूप में अज्ञेय का सम्पूर्ण विकास 'तार सप्तक' के प्रकाशन के बाद का है। पाँचवें दशक के अन्तिम वर्षों में उनका युगान्तरकारी कविता-संग्रह 'हरी घास पर क्षण भर' निकला, जिसने हिन्दी कविता की भाषा को उच्चतर स्तर पर स्थापित किया और उसकी संवेदना को बिल्कुल आधुनिक रूप प्रदान किया। उनके बाकी तीन कविता-संग्रह—'बावरा अहेरी', 'इन्द्रधनु रौंदे हुए ये' और 'अरी ओ करुणा प्रभामय'—छठे दशक की देन हैं, जो कि नयी कविता का उत्कर्ष-काल है और जिसका अज्ञेय पर गहरा प्रभाव है। 1961 में उनका अन्तिम महत्त्वपूर्ण कविता-संग्रह 'आँगन के पार द्वार' प्रकाशित हुआ, जिसमें उनकी लम्बी कविता 'असाध्य वीणा' संकलित है। अज्ञेय मुक्तिबोध की 'एण्टी-थीसिस' हैं, क्योंकि उनमें प्रेम और प्रकृति की ही प्रधानता नहीं है, धीरे-धीरे वे रहस्यवादी भी होते गये हैं। लेकिन इसका मतलब यह नहीं है कि उनकी कविताओं के माध्यम से आधुनिक जीवन का यथार्थ प्रकट नहीं हुआ। यथार्थ कोई सीमित वस्तु नहीं है, न उसका कोई एक रूप है। अज्ञेय ने निश्चय ही अपने विपुल काव्य में आधुनिक जीवन के यथार्थ की संवेदना को अनेक रूपों और स्तरों पर प्रकट किया है। जो महत्त्व हिन्दी की पूर्ववर्ती कविता में मैथिलीशरण गुप्त और निराला का है, बहुत कुछ वैसा ही महत्त्व छायावादोत्तर हिन्दी कविता में मुक्तिबोध और अज्ञेय का है।

1959 में 'तीसरा सप्तक' का प्रकाशन हुआ। उसे 'दूसरा सप्तक' का बढ़ाव मानने में कोई हर्ज नहीं है, क्योंकि इसमें वही प्रगीतात्मकता और बिम्बों की वही ताजगी है। इस संकलन के उल्लेखनीय कवि हैं केदारनाथ सिंह, कुँवर नारायण, विजयदेव नारायण साही और सर्वेश्वरदयाल सक्सेना। इन कवियों ने परवर्ती वर्षों में अपने विकास को प्राप्त किया। केदारनाथ सिंह की चर्चा हम आगे करेंगे, यहाँ बाकी तीन कवियों के बारे में टिप्पणी करना आवश्यक होगा। कुँवर नारायण और सर्वेश्वर दोनों ही अस्तित्ववाद से प्रभावित थे, लेकिन दोनों के सामने अपना रचनात्मक संघर्ष भी था। कुँवर नारायण व्यक्ति के साथ समाज का तालमेल बिठाना चाहते थे और सर्वेश्वर व्यक्ति के साथ लोक का। कुँवर नारायण ने 'आत्मजयी'-जैसी प्रबन्धात्मक कृति दी और धीरे-धीरे अस्तित्ववाद के प्रभाव से छूटकर कविता में समग्र जीवन-यथार्थ को चित्रित करने के लिए सचेष्ट हुए। सर्वेश्वर का विकास भी कुछ इसी रूप में हुआ। उनकी अस्तित्व-चेतना पर अन्ततः लोक-चेतना हावी हो गयी और अपनी कविता-रचना के आखिरी दौर में वे नक्सलवादी कवि के रूप में

जाने गये। साही शुरू से ही नयी कविता में एक तरफ अस्तित्ववाद के विरुद्ध संघर्ष करते रहे और दूसरी तरफ प्रगतिशीलता की सुनिश्चित धारणा के भी विरुद्ध रहे। उनके कविता-संग्रह 'मछलीघर' से लेकर 'साखी' तक में उनका विकास एक बहुत ही सधे हुए कवि के रूप में हुआ। इन सभी कवियों ने व्यापक यथार्थ के अलग-अलग पहलुओं का अलग-अलग ढंग से चित्रण करते हुए सच्चे अर्थों में हिन्दी कविता में यथार्थवादी युग का प्रसार किया।

1960 के बाद हिन्दी कविता का परिदृश्य एक बार फिर बदलता है। नयी कविता अन्ततः मूल्यवादी कविता थी। उसमें आधुनिककालीन मूल्यगत संकट का बोध तो था, लेकिन साथ-साथ मूल्यों की स्थापना का प्रयास भी था। 'तीसरा सप्तक' के प्रकाशन के साथ नयी कविता जैसे अपने उत्कर्ष पर पहुँचकर अपना तेज खो देती है। उसकी भाषा, बिम्ब, छन्द-लय और संवेदना पुरानी पड़ने लगती है। उस समय तक भारतीय समाज और राजनीति में भी परिवर्तन के चिह्न प्रकट होने लगे थे। 1962 में चीनी आक्रमण के बाद नेहरू-युग से मोहभंग की प्रक्रिया शुरू हुई, जिसकी परिणति 1967 के आमचुनाव में हुई, जबकि उत्तर भारत के आठ-नौ राज्यों से कांग्रेस का शासन समाप्त हो गया और मिली-जुली सरकारों का एक नया दौर वजूद में आया। इन सरकारों से भी मोहभंग होते देर न लगी। इसके अलावा अन्तर्राष्ट्रीय राजनीति में भी भयानक तनाव का वातावरण था। वियतनाम में अमरीकी सेना से वियतनामी जनता अपनी स्वतन्त्रता के लिए लड़ रही थी और इधर चीन और सोवियत संघ के सम्बन्ध में दरार पड़ रही थी। भारत में पश्चिम बंगाल में 1967 के बाद नक्सलवाद का उदय हो चुका था, जिसकी प्रेरणा माओवाद से आयी थी। इस परिवेश ने हिन्दी कविता पर भी असर डाला और उसमें भी तोड़-फोड़ शुरू हो गयी। रघुवीर सहाय, केदारनाथ सिंह और श्रीकान्त वर्मा नयी कविता के कवि थे, लेकिन उन्होंने इसी दौर में आकर अपना विकास किया। नयी कविता के काल में भी रघुवीर सहाय अस्तित्ववादी धारा के विरुद्ध थे, जिस कारण नयी कविता के सिद्धान्तकार लक्ष्मीकान्त वर्मा ने उन्हें 'नया कवि' मानने से इनकार किया था। साठोत्तरी दशक में उन्होंने अपनी जनतान्त्रिक मूल्य-चेतना तो नहीं छोड़ी, लेकिन भारतीय राजनीति में जो अवसरवाद और भ्रष्टाचार हद से ज्यादा पनप गया था, अपनी कविताओं में उसकी धज्जियाँ उड़ाकर रख दीं। वे पत्रकार थे, इसलिए उनकी भाषा तो अखबारी थी, लेकिन उनकी जो व्यंग्य-वक्रता थी, वह अत्यन्त कलात्मक। कुल मिलाकर उनकी शैली आक्रामक थी, जिसने उन्हें साठोत्तरी कविता का सबसे महत्त्वपूर्ण कवि बना दिया। उनका कविता-संग्रह 'आत्महत्या के विरुद्ध' इस दौर की कविता का स्मारक है। उनकी तुलना में श्रीकान्त वर्मा का मोहभंग आक्रोश की सीमा तक पहुँच गया, जिससे उन्होंने एक आक्रामक ही नहीं,

निषेध और सिनिसिज्म की हद तक पहुँची हुई कविता लिखी। उनकी ऐसी कविताओं का संग्रह 'मायादर्पण' है। ज्ञातव्य है कि श्रीकान्त यहीं नहीं रुके और अपनी काव्य-रचना के आखिरी दौर में उन्होंने 'मगध'-जैसी कविता-पुस्तक की रचना की, जिसमें इतिहास के माध्यम से समकालीन राजनीतिक और सामाजिक यथार्थ पर विलक्षण टिप्पणियाँ की गयी हैं। केदारजी नयी कविता के लोक-चेतना-सम्पन्न कवि थे, लेकिन उनकी एक दूसरी प्रवृत्ति भी थी—नगरीय और आधुनिक। सातवें दशक में उनमें इसी प्रवृत्ति का उत्कर्ष देखने को मिला, जिससे उनके सबसे महत्त्वपूर्ण संग्रह 'जमीन पक रही है' की कविताएँ सम्भव हुईं। आगे के वर्षों में उन्होंने 'बाघ' शीर्षक से एक नये ढंग की लम्बी कविता लिखी, फिर 'उत्तर कबीर' शीर्षक से भी। डा. नामवरसिंह ने सातवें दशक की इस कविता को 'युवा कविता' की अभिधा प्रदान की, क्योंकि यह उन कवियों द्वारा लिखी जा रही थी, जो गहराई में सच्चाई और ईमानदारी से प्रतिबद्ध थे और अभी झूठ, खुदगर्जी और फरेब से भरी हुई दुनियादारी के शिकार नहीं हुए थे।

युवा कविता के अपने कवि कुछ दूसरे थे, जिनमें धूमिल और राजकमल चौधरी विशेष रूप से उल्लेखनीय हैं। धूमिल ने नयी कविता की भाषा और मूल्य-चेतना को तहस-नहस करके बदले हुए लहजे में आक्रोश से भरी एक ऐसी कविता लिखी, जो युवा कवि की मनोदशा के सर्वथा अनुरूप थी। उस लहजे में एक तरफ भदेसपन था और दूसरी तरफ बहुत ही कलात्मक मुहावरे रचने की क्षमता। आश्चर्य नहीं कि धूमिल की उक्तियाँ हिन्दी क्षेत्र में कविता के नये पाठकों के बीच सुभाषितों के रूप में प्रचलित हो गयीं। इसी समय उनकी अन्य कविताओं के साथ उनकी 'पटकथा' शीर्षक लम्बी कविता निकली, तो अतिशय लोकप्रिय हुई। लेकिन यह सब होते हुए भी धूमिल दृढ़ सामाजिक चेतना के कवि थे, जो बाद के दिनों में उग्र वामपन्थ की तरफ तो गये, लेकिन निषेध और सिनिसिज्म की ओर नहीं। वे मूलतः प्रगतिशील कवि थे, जिसने प्रगतिशील कविता की सभी रूढ़ियों का ध्वंस किया और एक भिन्न प्रकार की क्रान्तिकारी कविता का निर्माण। उनके विपरीत राजकमल अमरीकी बीट कविता और बँगला की भूखी पीढ़ी की कविता से प्रभावित थे, जिनकी स्वतन्त्रता की धारणा बहुत कुछ अराजकतावादी थी। स्वभावतः वे हिन्दी में 'अकविता' का जो आन्दोलन चला था, उसके समगोत्री कवि थे। उनमें मूल्यहीनता को मूल्य मानने की प्रवृत्ति तो है ही, अश्लीलता भी है। लेकिन इसमें दो मत नहीं कि राजकमल ने 'मुक्तिप्रसंग' शीर्षक से जो लम्बी कविता लिखी, वह इतनी सशक्त है कि कानों में सायरन की चीख की तरह बजती है। इसमें कवि ने अपने को केन्द्र में रखकर सम्पूर्ण समकालीन विश्व की परिक्रमा की है और इस तरह जैसे बिजली की कौंध में उसके विसंगतिपूर्ण और अमानवीय यथार्थ को

अनावृत करके दिखला दिया है। युवा कविता के जो और कवि हैं, वे हैं कुमारेन्द्र पारसनाथ सिंह, कमलेश, जगदीश चतुर्वेदी, सौमित्र मोहन, कैलाश वाजपेयी, लीलाधर जगूड़ी और चन्द्रकान्त देवताले। इनमें से कैलाश वाजपेयी, जगूड़ी और देवताले ने बाद में अलग-अलग ढंग से अपना विकास किया है।

आठवें-नौवें दशकों में पुनः एक पूरी नयी कवि-पीढ़ी उभरकर सामने आ जाती है, जिसमें विजेन्द्र, ॠतुराज, कुमार विकल, वेणुगोपाल और आलोकधन्वा से लेकर राजेश जोशी, अरुण कमल और उदय प्रकाश तक-जैसे कवि शामिल हैं। इन कवियों की विशेषता यह है कि ये सारे के सारे वामपंथी हैं। इस पीढ़ी के उदय के पीछे भी कुछ परिस्थितियाँ थीं, जिनमें से कुछ का उल्लेख यहाँ आवश्यक है। वे हैं स्वतन्त्रता-संघर्ष में वियतनाम की निर्णायक विजय, माओवाद का व्यापक प्रचार, भारतीय राजनीति में कम्युनिस्टों की बढ़ती हुई भूमिका, प्रगतिशील लेखक संघ का पुनर्गठन, मुक्तिबोध रचनावली का प्रकाशन तथा प्रेमचन्द जन्मशताब्दी वर्ष का आन्दोलन के रूप में मनाया जाना। उक्त कवियों में से पहले कुमार विकल, वेणुगोपाल और आलोकधन्वा नयी ऊर्जा लेकर आये थे, उनमें एक स्पृहणीय कोटि की वक्तृत्व-कला और नाटकीयता थी, जिससे उन्हें अच्छी लोकप्रियता प्राप्त हुई। लेकिन उनमें से सिर्फ आलोकधन्वा ने सही ढंग से अपना विकास किया, बावजूद इसके कि अब तक उनका एकमात्र कविता-संग्रह प्रकाशित है—'दुनिया रोज बनती है'। इस कवि ने धीरे-धीरे-अपनी कविता को अतिरिक्त क्रान्तिकारिता और नाटकीयता से मुक्त किया और उसे एक गहन और नाजुक मानवीय स्वर प्रदान किया। थोड़ा बाद में राजेश, अरुण कमल और उदय प्रकाश कविता में एक बहुत ही सरल और घरेलू स्वर लेकर आये, जो धूमिल के पेचदार मुहावरे के बाद बहुत आत्मीय प्रतीत हुआ था। परवर्ती वर्षों में राजेश और उदय में विकास के स्पष्ट चिह्न दृष्टिगोचर होते हैं, जबकि एक का मिजाज जहाँ रोमाण्टिक है, वहाँ दूसरे का यथार्थवादी। हिन्दी कविता को इन कवियों का यह भारी योगदान है कि उन्होंने उसमें से अकविता के दौर को ही समाप्त नहीं किया, कविता में फिर से प्रगतिशील मूल्यों की स्थापना की। लेकिन इस प्रसंग में यह उल्लेखनीय है कि उनकी प्रगतिशीलता यथासम्भव रूढ़िमुक्त थी और उन्होंने कविता में समाज को महत्त्व दिया, राजनीति को नहीं। यह देखकर उचित ही एक लेखक ने उनकी कविता को 'नवप्रगतिवाद' की देन कहा है। इन कवियों के समानान्तर एक दूसरी कवि-पीढ़ी भी हिन्दी में सक्रिय रही, जिसके सदस्य हैं विनोदकुमार शुक्ल, विष्णु खरे, मंगलेश डबराल, गिरधर राठी, असद जैदी और विष्णु नागर। ये सारे कवि भी प्रगतिशील वा वामपन्थी मूल्यों में ही आस्था रखनेवाले हैं, लेकिन वे कविता की किसी भी पूर्वनिर्धारित संरचना को स्वीकार करके चलनेवाले नहीं। वे विचारधारा, कविता की

अन्तर्वस्तु और उसकी संरचना इन तीनों ही मामलों में स्वतन्त्र हैं। एक खास बात यह कि वे हिन्दी की पूर्ववर्ती प्रगतिशील काव्य-धारा से ऊपरी स्तर पर कहीं भी जुड़े हुए नहीं प्रतीत होते। और तो और, उनमें 'अनेकार्थता, अस्थिर मन:प्रभावों के अंकन तथा अस्पष्ट व्यंजकता का आग्रह' भी किसी हद तक दिखलाई पड़ता है, जिससे किंचित् भिन्न अर्थ में उन्हें 'अवाँगार्द' कवि भी कहा जा सकता है। यह प्रसन्नता की बात है कि उनमें धीरे-धीरे एक स्पष्टता आती गयी है, जिससे वे आज अधिक सम्प्रेषणीय हो उठे हैं। उनमें विनोदकुमार शुक्ल और विष्णु खरे की कविता का आकर्षण विलक्षण है। विनोदकुमार शुक्ल की कविता को उनका विशिष्ट शिल्प आकर्षक बनाता है और विष्णु खरे की कविता को उनकी सटीक तथा सधी हुई वर्णनात्मकता। यहीं हमें ज्ञानेंद्रपति-जैसे कवि का भी उल्लेख करना चाहिए, यद्यपि वे शुरू से ही स्पष्ट और सम्प्रेषणीय रहे हैं। इन कवियों के साथ उन्हें रखने का यह कारण है कि वे भी अपनी भावधारा पर किसी का नियन्त्रण स्वीकार नहीं करते और एक साथ तत्सम एवं तद्भव शब्दों से बनी उनकी काव्यभाषा बहुत ही खास है। उसमें तेजी से भागने की गुंजाइश नहीं, यद्यपि सर्जनात्मकता भरपूर है। उनकी प्रतिबद्धता सिर्फ सामान्य जन के प्रति है, और किसी के प्रति नहीं। मुझे यह कहने में कोई दुविधा नहीं है कि आलोकधन्वा को छोड़ दें, तो समकालीन जीवन के संश्लिष्ट यथार्थ को इन कथित अवाँगार्द कवियों ने बेहतर ढंग से कविता में उपस्थित किया है। आठवें-नौवें दशकों में सामने आनेवाले सभी कवियों के संग्रह प्रकाशित हैं। मेरे कथन की सच्चाई जानने के लिए उनका तुलनात्मक अध्ययन उपयोगी होगा।

अन्त में मैं उस कवि-पीढ़ी का उल्लेख करना भी आवश्यक समझता हूँ, जो बीसवीं शती के अन्तिम दो दशकों में अस्तित्व में आयी है। ये कवि भी कमोबेश वामपंथी रुझान ही रखते हैं, लेकिन उनका स्वर कहीं से राजनीतिक नहीं है। उनकी कविता की पृष्ठभूमि और पार्श्वभूमि में समकालीन विश्व और राष्ट्र में घटनेवाली घटनाएँ हैं, जिनमें तीन प्रमुख हैं : सोवियत संघ का खात्मा, विश्व का एकध्रुवीय हो जाना और भूमण्डलीकरण के रूप में पिछड़े हुए देशों के बाजार पर आगे बढ़े हुए देशों का हमला। इन घटनाओं ने नवीनतम पीढ़ी के कवियों को सोचने के लिए बाध्य किया है, जिससे उनमें यथार्थ का तीखा बोध तो सम्भव हुआ है, लेकिन प्रगतिशील कवियों के स्वर में जो एक निर्णयात्मकता हुआ करती थी, वह समाप्त हो गयी है। उन्होंने कविता के किसी एक ढाँचे को भी स्वीकार नहीं किया है। यथार्थवाद और फैण्टेसी के मेल से उन्होंने अनेक प्रकार की कविताएँ लिखी हैं, जिनमें प्रचुर ताजगी है। कुमार अम्बुज, बद्रीनारायण, देवीप्रसाद मिश्र, बोधिसत्व, एकान्त श्रीवास्तव, निलय उपाध्याय, संजय कुन्दन और प्रेमरंजन अनिमेष इस पीढ़ी

के प्रतिनिधि कवि हैं। इन कवियों के भी कविता-संग्रह प्रकाशित हो चुके हैं, लेकिन स्पष्टतः वे अभी विकास के क्रम में हैं।

3

बीसवीं शती की हिन्दी कविता के सम्बन्ध में यह ज्ञातव्य है कि एक युग अथवा दौर की समाप्ति के साथ उस युग अथवा उस दौर की कविता समाप्त नहीं हो गयी है। पूर्ववर्ती युग के कवि परवर्ती युगों में भी सक्रिय रहे हैं और अनेक बार ऐसा हुआ है कि उनकी सर्वश्रेष्ठ उपलब्धि उनका युग गुजर जाने के बाद सामने आयी है। उदाहरण के लिए द्विवेदी-युग की सर्वश्रेष्ठ कृति 'साकेत' का प्रकाशन-काल है 1931, जो कि छायावाद का उत्कर्ष-काल है और 'कामायनी' का प्रकाशन-काल है 1936, जो कि प्रगतिवाद का उदय-काल है। इसी तरह मुक्तिबोध का युगान्तरकारी कविता-संग्रह 'चाँद का मुँह टेढ़ा है' प्रगतिवाद का दौर समाप्त हो जाने के बाद 1964 में सामने आया। पन्त, दिनकर, नागार्जुन, अज्ञेय, रघुवीर सहाय और केदारनाथ सिंह भी लगातार सक्रिय रहे हैं, जिससे उन्होंने विपुल काव्य की सृष्टि की है और उससे हिन्दी कविता को समृद्ध किया है। इनमे से कई कवि पूरे परिदृश्य पर भी छाये रहे हैं, जैसे नागार्जुन, अज्ञेय और रघुवीर सहाय। दूसरी बात यह कि कभी-कभी यह भी देखने में आया है कि एक युग के कवि ने दूसरे युग की कविता की नियति के निर्माण में निर्णायक भूमिका अदा की है। निराला और पन्त मूलतः छायावादी थे, लेकिन प्रगतिवाद के विकास में उनका महत्त्वपूर्ण योगदान है। इसी तरह अज्ञेय मूलतः उत्तर-छायावादी थे, लेकिन उन्होंने नयी कविता का नेतृत्व किया। मुक्तिबोध के बारे में भी यही सही है। वे मूलतः प्रगतिवादी थे, लेकिन युवा कविता ने उनमें अपना नायक पाया। तीसरी बात यह कि बीसवीं शती की हिन्दी कविता यथार्थ की दिशा में बहुत पेचीदे ढंग से विकास करती रही है। इस पेचीदगी को हम तब समझेंगे, जबकि इस विकास-यात्रा को हम द्विवेदीयुगीन गद्यात्मकता से परवर्ती कवित्व की ओर यात्रा के रूप में ही नहीं, बल्कि छायावादी कल्पनाशीलता से परवर्ती वास्तविकता की ओर यात्रा के रूप में भी देखेंगे।

(2001)

साकेत : पुनर्मूल्यांकन

प्रसिद्ध है कि मैथिलीशरण गुप्त के काव्य 'साकेत' की रचना के पीछे दो निबन्धों की प्रेरणा है। उनमें से पहला निबन्ध है रवीन्द्रनाथ का 'काव्य की उपेक्षिताएँ', जिसका प्रकाशन-काल 1899 है और दूसरा महावीर प्रसाद द्विवेदी का 'कवियों की उर्मिला-विषयक उदासीनता', जिसका प्रकाशन-काल 1908 है। रवीन्द्रनाथ ने अपने निबन्ध में संस्कृत काव्य की चार उपेक्षिताओं का जिक्र किया है—रामायण की उर्मिला, शाकुन्तलम् की प्रियंवदा और अनसूया तथा कादम्बरी की पत्रलेखा, लेकिन सर्वप्रथम और सर्वाधिक शब्दों में उन्होंने उर्मिला के बारे में लिखा है। कहते हैं, 'संस्कृत साहित्य में काव्य-यज्ञशाला के एक किनारे पर खड़ी हुई जिन कुछ अनादृताओं से मेरा परिचय हुआ है उनमें मैं उर्मिला को मुख्य स्थान देता हूँ।' उनकी दृष्टि में लक्ष्मण से भी बड़ा त्याग उर्मिला का है, क्योंकि 'लक्ष्मण ने अपनी देवतातुल्य युगल जोड़ी के लिए केवल अपना उत्सर्ग किया था, उर्मिला ने अपने से अधिक अपने स्वामी का दान किया था।' रवीन्द्रनाथ ने उर्मिला के क्रन्दन को 'विश्वव्यापी विलाप' कहकर उस पर भी अपने रहस्यवाद की हलकी छाया डाल दी है, लेकिन उनके उर्मिला-विषयक दृष्टिकोण की असली विशेषता उनके इस कथन में प्रकट हुई है : ''जब पहली बार स्वामी के साथ उसके मधुरतम परिचय के आरम्भ की वेला थी उसी मुहूर्त में लक्ष्मण सीतादेवी के रक्तचरणक्षेप के प्रति दृष्टि झुकाए वन को चले गये, जब लौटे तब इतने लम्बे समय तक प्रणय-आलोक से वंचित नववधू के हृदय में क्या वही नवीनता रह गयी थी?'' हम आगे देखेंगे कि 'साकेत' में गुप्तजी ने उर्मिला के त्याग और वंचना का वर्णन इसी मानववादी दृष्टि के आलोक में किया है। द्विवेदीजी का निबन्ध रवीन्द्रनाथ के निबन्ध के गहरे असर में लिखा गया है। एक तरह से इसे उस निबन्ध के उर्मिला-विषयक अंश का स्वतन्त्र अनुवाद भी कह सकते हैं। इसका संकेत इस बात से तो मिलता ही है कि यह निबन्ध 'भुजंगभूषण भट्टाचार्य' के छद्म नाम से छपा था, इस बात से पक्के तौर पर मिलता है कि इसमें उन्होंने रवीन्द्रनाथ के आशय को स्फुट करते हुए लिखा है,

'जो सुख विवाहोत्तर उसे मिलता उसकी बराबरी 14 वर्ष पति वियोग के बाद का सुख कभी नहीं कर सकता।'

लेकिन 'साकेत' क्या इतना ही है—दो महापुरुषों के उपर्युक्त विचारों की काव्यात्मक फलश्रुति, भले उसके पीछे पूरे नवजागरण और जनतान्त्रिक आन्दोलन के कार्यक्रम नारी-मुक्ति की चेतना हो? मेरा खयाल है कि इस भ्रम को पुष्ट करने में स्वयं गुप्तजी से लेकर हिन्दी के आलोचकों तक ने योगदान किया है। यह तथ्य है कि गुप्तजी ने पहले 'ऊर्मिला-उत्ताप' नाम से एक काव्य लिखना शुरू किया था, लेकिन यह पक्का नहीं है कि उसी का संशोधित और परिवर्धित रूप 'साकेत' है। सम्भव है, उसके कुछ अंश 'साकेत' में ले लिए गये हों, लेकिन सच्चाई यह है कि 'साकेत' एक अलग काव्य है, उसकी योजना पूर्वोक्त काव्य से बिलकुल भिन्न है। गुप्तजी की अप्रकाशित पुस्तकों की सूची में आज भी 1908-09 में रचित उनके काव्य 'ऊर्मिला' का नाम मिलता है। सन्देह होता है कि कहीं वह मूलतः 'ऊर्मिला-उत्ताप' तो नहीं? लेकिन हिन्दी क्षेत्र में यह प्रचारित हुआ कि 'साकेत' का पहला नाम 'ऊर्मिला-उत्ताप' है! फिर 'साकेत' में उर्मिला और लक्ष्मण को जो महत्त्व दिया गया है, उससे यह धारणा बन गयी कि ये दोनों उसके नायक-नायिका हैं और यह काव्य नायिका-प्रधान है! अब आलोचकों ने भ्रम-स्थापन में किस प्रकार योग दिया उसे देखें। आचार्य शुक्ल अपने इतिहास में कहते हैं, ' 'साकेत' की रचना तो मुख्यतः इस उद्देश्य से हुई कि उर्मिला 'काव्य की उपेक्षिता' न रह जाय।' इसी तरह डा. नगेन्द्र 'साकेत' पर लिखी गयी अपनी लोकप्रिय पुस्तक में उर्मिला और लक्ष्मण को इस काव्य के नायक-नायिका मानते हुए यह शास्त्रसम्मत बात बतलाते हैं कि 'उसका कार्य उर्मिला-लक्ष्मण-मिलन है।' पं. नन्ददुलारे वाजपेयी के कथन में किंचित् मौलिकता है, क्योंकि वे 'साकेत' शीर्षक अपने प्रसिद्ध निबन्ध में यह स्थापना रखते हैं कि इस काव्य में कवि ने 'साधु भरत को नायक और वियुक्ता उर्मिला को नायिका बनाया है।' 'साकेत' में चूँकि गुप्तजी ने आगे चलकर किसी न किसी तरह सम्पूर्ण राम-कथा के समावेश का लोभ दिखलाया, इसलिए उसे लेकर यह भ्रम भी फैला और फैलाया गया कि वह राम-कथा का पुनराख्यान है। 'पुनरुत्थान के कवि श्री मैथिलीशरण गुप्त' शीर्षक अपने प्रबन्ध में दिनकरजी ने लिखा है, 'पुनरुत्थान के क्रम में रामकथा-विषयक हमारी अनुभूति में जो परिवर्तन आया, वह सारा का सारा मैथिलीशरणजी के 'साकेत' में व्यक्त हुआ है।' इस मत के मूल में वही भ्रम है।

'साकेत' को उर्मिला-केन्द्रित मानने से तो उसकी संरचना त्रुटिपूर्ण प्रतीत हुई ही, ऐसा उसे रामकथा का पुनराख्यान मानने के कारण भी हुआ। आचार्य शुक्ल को इस काव्य में 'प्रबन्धत्व की कमी' दिखलाई पड़ी, क्योंकि वे घटनाविहीन होने के

कारण उर्मिला के चरित्र में प्रबन्धत्व की सम्भावना नहीं देखते थे और उसे मुक्तकों का विषय मानते थे, जिसकी पुष्टि उसके नवम सर्ग ने कर दी। दूसरे, उनकी दृष्टि में अयोध्या को कथा का मुख्य क्षेत्र बनाने के कारण उसका ढाँचा असन्तुलित हो गया। शुरू के दस सर्गों में अयोध्या से सम्बद्ध घटनाएँ वर्णित हैं, जबकि कथा के शेष भाग को जैसे-तैसे आगे के दो सर्गों में निबटा दिया गया है! 'साकेत' वाली पुस्तक में नगेन्द्र का भी कहना है कि ''कथा की गति आवश्यकता से अधिक विषम है, प्रारम्भ में अत्यन्त मन्थरता, मध्य में पूर्ण स्थिरता और अन्त में बड़ी लपक-झपक है मानो किसी को कहने-सुनने का अवसर ही न हो।'' इसका कारण उन्होंने गुप्तजी में महाकाव्योचित विराट्-दृश्य-शृंखला के चित्रण की क्षमता का अभाव और उसकी जगह मानसिकता (Subjectivity) की प्रधानता बतलाई है! दिलचस्प है कि काफी वर्षों बाद दद्दा के जन्म शताब्दी वर्ष में वे उनके काव्य का पुनर्मूल्यांकन करने बैठे तो 'साकेत' की कथात्मक संरचना में उन्हें कुन्तक की प्रबन्ध-वक्रता का एक नया रूप देखने को मिला! इतना ही नहीं, उनकी दृष्टि में यूनानी आचार्यों की नाटक के सीमित कलेवर में की गयी 'स्थानैक्य' की प्रकल्पना का यहाँ महाकाव्य के कथा-विधान के अन्तर्गत सफल प्रयोग किया गया है! वाजपेयीजी भी 'साकेत' की कथावस्तु के संघटन को त्रुटिपूर्ण—असम्बद्ध और असन्तुलित—मानते हैं, लेकिन उसका कारण यह बतलाते हैं कि कवि ने उसकी कल्पना 'अपने आरम्भिक साहित्यिक जीवन में की थी।' ये कुछ नमूने हैं, जो इस बात का प्रमाण उपस्थित करते हैं कि हिन्दी के बड़े से मँझोले आलोचक तक किसी कृति के मार्मिक साक्षात्कार के अभाव में कैसे इधर-उधर की और कभी-कभी परस्पर विरोधी बातें करते हैं।

'साकेत' का प्रकाशन-काल 1931 है और जैसा कि गुप्तजी ने स्वयं लिखा है, उसकी रचना दो वर्ष पहले ही हो चुकी थी तथा उसमें उन्हें पन्द्रह-सोलह वर्ष लगे थे। प्रश्न है कि 'ऊर्मिला-उत्ताप' या 'ऊर्मिला' को बीच में ही छोड़ देने या प्रकाशित नहीं कराने के पीछे क्या कारण था? या फिर 'साकेत' की भूमिका के इस कथन का ही क्या अर्थ है 'इस बीच में अनेक फेर-फार हुए हैं और ऐसा होना स्वाभाविक ही था'? निस्सन्देह प्रबन्ध-काव्य की रचना के क्रम में उसमें अनेक प्रकार के परिवर्तन होना स्वाभाविक है और यदि रचना-काल दीर्घ अवधि तक फैला हुआ है, तो उसमें वह अनिवार्य है, पर मैं यहाँ दूसरी बात कहना चाहता हूँ। वह यह कि परिवर्तन 'साकेत' की रचना के क्रम में तो उसमें हुए ही होंगे, असल परिवर्तन कवि की योजना में उस अन्तराल में हुआ, जो 'ऊर्मिला-उत्ताप' या 'ऊर्मिला' के 'समापन' और 'साकेत' की रचना के समारम्भ के बीच में स्थित है। इसी मौलिक परिवर्तन के कारण गुप्तजी ने पहली योजना को रद्द किया और दूसरी

योजना के कार्यान्वयन में लगे। वह परिवर्तन क्या था? उर्मिला के चरित्र में डूबकर उन्होंने यह पाया कि उसका आधार संयुक्त परिवार के आदर्श में उसकी निष्ठा है। उसी कारण विवाहोपरान्त ससुराल आते ही चौदह वर्षों के लिए उसके पति भ्रातृ-प्रेम में उससे वियुक्त हो गये और वह कुछ न बोली। उसके इसी त्याग ने उसका कद सीता से भी बड़ा कर दिया। लक्ष्मण का त्याग भी बड़ा था, पर वे अपने आराध्य और आराध्या के सन्निकट तो थे। उर्मिला बिलकुल अकेली थी और यह विष उसे बिना बोले पीना था। 'साकेत' के चतुर्थ सर्ग में गुप्तजी ने उसकी और लक्ष्मण की स्थिति का बेहद सटीक ही नहीं, सुन्दर वर्णन भी किया है। इसे कुछ संवादों में देखा जा सकता है। उर्मिला-वचन अपने प्रति : 'कहा उर्मिला ने—'हे मन! / तू प्रिय-पथ का विघ्न न बन' '; सीता-वचन उर्मिला-प्रति : 'आज भाग्य जो है मेरा, / वह भी हुआ न हा! तेरा!' और राम-वचन लक्ष्मण-प्रति : 'लक्ष्मण, तुम हो तपस्पृही, / मैं वन में भी रहा गृही। / वनवासी हे निर्मोही, / हुए वस्तुतः तुम दो ही।' इससे उर्मिला और तत्पश्चात् लक्ष्मण का महत्त्व स्पष्ट है, लेकिन इससे यह निष्कर्ष निकालना गलत होगा कि गुप्तजी ने इन दोनों को 'साकेत' की नायिका और नायक बनाया है। उन्होंने इन दोनों के त्याग के मूल में संयुक्त परिवार में इनकी निष्ठा को माना है और अपने काव्य में उसी की प्रतिष्ठा के लिए एक सर्जनात्मक प्रयास किया है। चूँकि उक्त दोनों पात्रों का त्याग उसके लिए सबसे ज्यादा था, इसलिए उन्हें उसमें अधिक स्थान मिला।

यह सत्य है कि उर्मिला का चरित्र गुप्तजी को संयुक्त परिवार तक ले गया और संयुक्त परिवार ने उन्हें कथा का केन्द्र अयोध्या—साकेत—को बनाने को विवश किया, क्योंकि दशरथ का परिवार वहीं रहता था और वह पति-पत्नी का व्यक्तिगत परिवार न होकर कई पत्नियों और कई विवाहित पुत्रों से बना संयुक्त परिवार था। गुप्तजी इस बात को लेकर सावधान थे, वर्ना जब कथा अनिवार्य रूप से वन की ओर स्थानान्तरित होती है, तो वे यह न कहते कि 'यह जंगम-साकेत-देव-मन्दिर चला!' या फिर वे राम के मुँह में अयोध्या के प्रति यह उक्ति न डालते कि 'सूक्ष्म रूप में सभी कहीं तू साथ है!' इसी तरह चित्रकूट के सम्बन्ध में भी कवि की उक्ति है : 'सम्प्रति साकेत-समाज वहीं है सारा'। आखिर यह संयुक्त परिवार क्या चीज है, जिसके प्रति मोह गुप्तजी में ही नहीं, आधुनिक युग के दूसरे महान् लेखक प्रेमचन्द में भी देखने को मिलता है? कहने की आवश्यकता नहीं कि 'गोदान' में होरी का एक दर्द यह भी है कि उसका संयुक्त परिवार टूट रहा है। स्वभावतः वह उसकी मर्यादा की हर तरह से रक्षा करने का प्रयास करता है। प्रसिद्ध समाजशास्त्री श्री एम.एन. श्रीनिवास ने अपनी प्रसिद्ध पुस्तक 'आधुनिक भारत में सामाजिक परिवर्तन' में लिखा है कि आधुनिक काल में 'हिन्दुओं की परिवार-व्यवस्था में

महत्त्वपूर्ण परिवर्तन हुए हैं, और ये प्रक्रियाएँ नये अभिजन समूहों में सबसे स्पष्ट रूप में दिखाई पड़ती हैं।' 'महत्त्वपूर्ण परिवर्तन' से उनका आशय है औद्योगिक सभ्यता के दबाव से कृषि-आधारित संयुक्त परिवार का विघटन और उसके स्थान में व्यक्तिगत परिवार का अस्तित्व में आना। आधुनिक काल के परवर्ती दौर के लेखक मुक्तिबोध ने भी संयुक्त परिवार के विघटन को बीसवीं शताब्दी के भारतीय समाज की सबसे महत्त्वपूर्ण घटना बतलाया है। भारतीय मानस 'कुटुम्ब' से 'संयुक्त परिवार' का ही बोध करता रहा है और उसकी आकांक्षा सम्पूर्ण विश्व को एक संयुक्त परिवार के रूप में देखने की रही है; 'वसुधैव कुटुम्बकम्' उसका आदर्श रहा है। ऐसी स्थिति में 'संयुक्त परिवार' पर आनेवाले संकट से यदि गुप्तजी और प्रेमचन्द-जैसे महान रचनाकार विचलित हुए, तो वह स्वाभाविक है। उन्होंने भरसक प्रयास किया है कि वे उस आदर्श को न छोड़ें और प्राणप॥ से उसकी रक्षा करें। गुप्तजी का एतत्सम्बन्धी विराट् प्रयास 'साकेत' नामक उनके महाकाव्य में साकार हुआ है। उसमें दशरथ 'सच्चे परिवार-भार-धारी' हैं और उनके परिवार के शेष पात्रों का चरित्र भी संयुक्त परिवार के प्रति निष्ठा और उसकी मर्यादा से ही निर्देशित होता है। और तो और, कैकेयी के पश्चात्ताप के पीछे भी यही चीज है, यथा उसका यह कथन : ''युग-युग तक चलती रहे कठोर कहानी— / 'रघुकुल में भी थी एक अभागिन रानी।' / निज जन्म जन्म में सुने जीव यह मेरा— / 'धिक्कार! उसे था महास्वार्थ ने घेरा'।'' मैं यहाँ 'महास्वार्थ' शब्द को रेखांकित करना चाहूँगा।

अयोध्या की केन्द्रिकता ने ही 'साकेत' की संरचना का निर्धारण किया है, जिसे समझने में विद्वानों से चूक हुई। उन्होंने यही समझा और समझाया कि अयोध्या को यह दर्जा उर्मिला के कारण मिला है, जबकि सच्चाई यह है कि उसका कारण दशरथ का परिवार है। कहा जा चुका है कि वह जहाँ जाता है, अयोध्या भी वहीं होती है। उर्मिला इस काव्य का केन्द्रीय पात्र होती, तो उसके अनेक सर्ग उसकी उपस्थिति से शून्य न होते। द्वितीय सर्ग में ही उर्मिला का केन्द्र गायब है, सप्तम सर्ग के नायक भरत हैं, अष्टम सर्ग के दूसरे खण्ड की नायिका कैकेयी, और दशम सर्ग की कथा यदि उर्मिला की स्मृति के माध्यम से प्रस्तुत की जाती है, तो एकादश सर्ग की कथा पहले एक दक्षिण से लौटे व्यवसायी द्वारा भरत को दी गयी सूचनाओं के माध्यम से और फिर हनुमान की जुबानी। गुप्तजी के अनुसार चित्रकूट को भी अयोध्या मान लें, उसकी जंगमता स्वीकार करते हुए, तो सारी घटनाएँ अयोध्या में ही घटती हैं—उर्मिला की जनकपुर से सम्बन्धित स्मृति तथा व्यवसायी और हनुमान से मालूम होनेवाली बातों के साथ। द्वादश सर्ग में अयोध्यावासियों को युद्ध का दृश्य भी वसिष्ठ अपने योग-बल से वहीं दिखलाते हैं। उस सर्ग में उर्मिला, लक्ष्मण और वसिष्ठ हैं, तो दूसरे पात्र भी, यथा माण्डवी और शत्रुघ्न। यह

सही है कि इस काव्य का समापन उर्मिला-लक्ष्मण-मिलन से हुआ है, लेकिन वह उनके संयुक्त परिवार के लिए किये गये उच्चतर त्याग के कारण, न कि उनके इस काव्य के नायक-नायिका होने के कारण। इस सर्ग में संयुक्त परिवार का आदर्श ही है, जो शत्रुघ्न को युद्ध में जाने से रोकते हुए कौसल्या कहती हैं : 'हाय! गये सो गये, रह गये सो रह जावें, / जाने दूँगी तुम्हें न, वे आवें जब आवें।' यहाँ वे अपने पुत्र और पुत्र-वधू की सहायता के लिए भी शत्रुघ्न को छोड़ना मंजूर नहीं करतीं, बल्कि उन दोनों से अधिक महत्त्व उन्हें देती हैं। अन्त में 'देखूँ, कौन छीनने मुझसे आता?' कहकर 'पकड़ पुत्र को लिपट गयीं कौसल्या माता।' उधर सुमित्रा राम-सीता के लिए अपने दूसरे पुत्र को भी न्योछावर करने को तैयार है : 'जीजी, जीजी, उसे छोड़ दो, जाने दो तुम। / सोदर की गति अमर-समर में पाने दो तुम।' भरत शत्रुघ्न से कह चुके हैं कि 'माताओं से माँग विदा मेरी भी लेना, / मैं लक्ष्मण-पथ-पथी, ऊर्मिला से कह देना।' कैकेयी की प्रतिक्रिया भी सुमित्रावाली ही है : 'भरत जायगा प्रथम और यह मैं जाऊँगी, / ऐसा अवसर भला दूसरा कब पाऊँगी।'

जहाँ तक नवम सर्ग का सवाल है, उसे 'साकेत' की संरचना को बिगाड़ने के लिए सर्वाधिक उत्तरदायी ठहराया गया है। कहा गया है कि उससे कथा का प्रवाह बाधित हुआ है, जिसका कारण उसका मुक्तकों में रचित होना भी है। यहाँ सोचने की बात यह है कि संयुक्त परिवार के आदर्श की रक्षा के लिए उर्मिला की स्वेच्छया वरण की गयी दीर्घ विरहावस्था क्या ऐसी नहीं है कि कवि थोड़ा रुककर उसकी स्थिति का अवलोकन और वर्णन करे? इस लिहाज से नवम सर्ग से 'साकेत' की कथा का प्रवाह बाधित नहीं हुआ है, बल्कि उससे उसमें भँवर बना है, निस्सन्देह बहुत गहरा भँवर। मेरे विचार में इस सर्ग का मुक्तकों में लिखा जाना भी छायावाद के प्रभाव और अनुकरण से अधिक विषय की प्रकृति की देन है। आलोचकों ने उसके विरह-वर्णन की विशेषता उसमें प्राचीन और नवीन दोनों पद्धतियों का प्रयोग बतलाया है, जबकि उसकी असली विशेषता उसकी पारिवारिकता है, जो उसे परम्परागत और नयी-पुरानी शास्त्रीय विधि से अलग ले जाती है। नवम सर्ग के बाद के तीन सर्गों को, जिनमें अयोध्या में घटित वन-गमन के पहले और बाद की कथा कही गयी है, जल्दी निबटा देने का आरोप भी बहुत संगत नहीं है। कारण यह कि उन सर्गों की कथाएँ 'प्रासंगिक' तो हैं, पर 'आधिकारिक' नहीं। आधिकारिक कथा तो वन-गमन की कथा ही है, फिर भी गुप्तजी ने उसके आगे-पीछे की कथा भी संक्षेप में कहनी चाही तो इसलिए कि जनकपुर में पली उर्मिला के बचपन से उसकी चारित्रिक दृढ़ता को समझने में मदद मिलती है और सीता-हरण तथा लंका-युद्ध की घटनाएँ वन-गमन की घटना से कार्य-कारण-रूप से सम्बद्ध हैं। अन्तिम दो सर्गों से अन्य पात्रों के अतिरिक्त उर्मिला और लक्ष्मण के चरित्र पर भी

प्रकाश पड़ता है।

आगे की बात यह कि एक सिद्ध कवि के रूप में गुप्तजी जानते थे कि निरे आदर्श का कोई मतलब नहीं है, यदि वह घोर यथार्थ के बीच से नहीं फूटता। दूसरे, पारिवारिक जीवन के गहन और विस्तृत चित्रण के बिना कोई हिन्दी का जातीय कवि नहीं हो सकता। स्वभावतः उन्होंने पारिवारिक दृष्टि से राम-कथा को देखा तो पाया कि वह पारिवारिक जीवन के यथार्थ अर्थात् कलह और आदर्श यानी त्याग इन दोनों ही दृष्टियों से सर्वोत्तम कथा है। आदर्श यथार्थ के अन्धकार में ही चमकता है, सो उन्होंने 'साकेत' की रचना की, जिसका पारिवारिक यथार्थ है राम-वन-गमन, जिसके परिणामस्वरूप ही दशरथ की मृत्यु, सीता का हरण और लंका का युद्ध हुआ, और आदर्श है उर्मिला, लक्ष्मण और सुमित्रा का त्याग, भरत की आत्मग्लानि और उनकी चित्रकूट-यात्रा तथा कैकेयी का पश्चात्ताप, साथ-साथ राम की सहायता के लिए सेना सजाकर उर्मिला, भरत, शत्रुघ्न, कैकेयी आदि का लंका जाने के लिए तैयार होना। राज्याभिषेक के बदले राम का सौतेली माँ की इच्छा और पिता की आज्ञा मानकर वन जाना तो सबके ऊपर है ही। इसी तरह नवपरिणीता सीता का भी पति के साथ वन-प्रस्थान उच्चतम कोटि का आदर्श है।

'साकेत' की कथात्मक संरचना ही बहुत कुछ निर्दोष नहीं है, उसका कथा-विन्यास भी कवि के सामर्थ्य और उसके शिल्प-कौशल का प्रमाण उपस्थित करता है। यह काव्य रामचरितमानस की छाया नहीं है, क्योंकि उसमें गुप्तजी ने रामकथा की अपने हिसाब से पुनर्रचना की है। एक ही उदाहरण पर्याप्त होगा। एकादश सर्ग में हनुमान संजीवनी लाने के लिए आकाशमार्ग से जा ही रहे थे कि उन्हें भरत के बाण से आहत होकर अयोध्या में उतरना पड़ा और वहीं से भरत से उन्हें एक योगी द्वारा दी गयी संजीवनी लेकर वे लंका लौट गये। स्पष्टतः यह कथा मानस में भिन्न ढंग से वर्णित है। लेकिन 'साकेत' की असली सफलता उसमें कथा में किये गये परिवर्तनों में नहीं, बल्कि कथात्मक प्रसंगों के विन्यास में निहित है। जिन प्रसंगों का वर्णन मानस में विस्तार से किया गया है, कई बार गुप्तजी उनका वर्णन संक्षेप में करके आगे बढ़ गये हैं, यथा भरत-मिलाप का प्रसंग, और जिन प्रसंगों को तुलसीदास ने छोड़ दिया है, या एक-दो पंक्तियों में ही चलता कर दिया है, उनका वर्णन उन्होंने विस्तार से किया है, यथा उर्मिला का विरह और कैकेयी का पश्चात्ताप। जिन प्रसंगों का वर्णन मानस में विस्तार से है, उनका वर्णन उन्होंने भी किंचित् विस्तार से किया है, तो अपनी नवोन्मेषशालिता का परिचय देते हुए, जिसके बिना कोई प्रबन्ध-कवि क्या, कवि भी नहीं हो सकता। यहाँ कुछ ऐसे प्रसंगों का जिक्र आवश्यक है। मानस में कैकेयी-मन्थरा-संवाद में मन्थरा कैकेयी की बुद्धि को उसे सौत का भय दिखलाकर पलटती है, जबकि 'साकेत' में वह

अपने तरकश से यह अमोघ बाण निकालती है : 'भरत-से सुत पर भी सन्देह, / बुलाया तक न उन्हें जो गेह!' इसी तरह मानस में राम-केवट-संवाद में जहाँ भक्ति-मिश्रित विनोद की विलक्षण सृष्टि है, वहाँ 'साकेत' में स्वयं गुहराज राम के पाँव पखारते हैं, जिससे यह एक गम्भीर प्रसंग के रूप में चित्रित है। उससे सम्बन्धित सुधास्नात पंक्तियाँ हैं :

बढ़ी पदों की ओर तरंगित सुरसरी,
मोद-भरी मदमत्त झूमती थी तरी।
धो ली गुह ने धूलि अहल्या-तारिणी,
कवि के मानस-कोष-विभूति-विहारिणी।

मानस में राम-वन-गमन के समय लक्ष्मण कैकेयी और दशरथ पर क्रोध नहीं करते, सिर्फ राम से निवेदन करते हैं कि वे उन्हें भी अपने साथ ले चलें, लेकिन प्रस्तुत काव्य में वे उग्र रूप धारण करते हैं और राम के समझाने पर रो पड़ते हैं : 'मिटा सौमित्रि का वह कोप सारा, / उमड़ आई अचानक अश्रु-धारा।' तात्पर्य यह कि मानस के लक्ष्मण की उग्रता जहाँ राम के प्रति अगाध भक्ति के कारण क्षम्य हो जाती है, वहाँ 'साकेत' में वे एक निश्छल और भावुक पात्र के रूप में सामने आते हैं। कथा में संकट-बिन्दुओं की स्वयं सृष्टि कर गुप्तजी ने किस तरह उन स्थलों पर अपनी मौलिक काव्य-शक्ति का परिचय दिया है, यह इस काव्य में देखते ही बनता है।

संयुक्त परिवार की स्थापना से यह भ्रम नहीं होना चाहिए कि गुप्तजी एक पुनरुत्थानवादी कवि थे। ऐसा तर्क देना कि जब संयुक्त परिवार इतिहास के धक्के से ध्वस्त हो रहा था, उन्होंने उसे बचाने की कोशिश की, भोलेपन से खाली न होगा। इतिहास के धक्के से बहुत सारी ऐसी चीजें भी ध्वस्त हो रही हैं, जो मूल्यवान् हैं, और उसके प्रवाह में ऐसी चीजें भी अस्तित्व में आ रही हैं, जो मानव-विरोधी हैं। ऐसी स्थिति में मूल्यवान् को बचाने और जो मानव-विरोधी है, उसे नकारने में ही प्रगतिशीलता है। अवश्य यह काम बहुत समझदारी की माँग करता है, वर्ना सारा प्रयास व्यर्थ जा सकता है। भारतीय संयुक्त परिवार एक 'कम्यून' की तरह था, जिसके सदस्य अर्जित करते थे अपनी क्षमता के अनुसार और ग्रहण करते थे अपनी आवश्यकता के अनुसार। इससे बड़ा मनुष्य का आदर्श क्या हो सकता है? कहा जा चुका है कि भारत ने पूरे विश्व को एक परिवार के रूप में देखने की आकांक्षा प्रकट की थी। कम्युनिज़्म में सर्वहारा का अन्तर्राष्ट्रीयतावाद उसका एक महत्त्वपूर्ण

सिद्धान्त है और ज्यादा दिन नहीं हुए जब भारत के समाजवादी विचारक राममनोहर लोहिया ने कहा था कि उनकी कई इच्छाओं में से एक इच्छा बिना पारपत्र के दुनिया के देशों का सफर करने की है! 'साकेत' बहुत ही सुदृढ़ रूप में एक आधुनिक काव्य है। उसके समारम्भ के पहले ही गुप्तजी ने उसमें ये पंक्तियाँ दी हैं :

राम, तुम मानव हो? ईश्वर नहीं हो क्या?
विश्व में रमे हुए नहीं सभी कहीं हो क्या?
तब मैं निरीश्वर हूँ, ईश्वर क्षमा करे;
तुम न रमो तो मन तुममें रमा करे।

विद्वानों ने इन पंक्तियों का अर्थ अपने विश्वास की रक्षा करते हुए किया है कि गुप्तजी आस्तिक हैं और राम यदि ईश्वर नहीं हैं तो वे इस बात से विचलित हैं! सच्चाई यह है कि गुप्तजी इनमें पूरी गम्भीरता से यह बयान करते हैं कि राम ईश्वर नहीं, मनुष्य हैं, और इसीलिए मेरा मन उनमें रमने को विवश है। वे दुनिया में रमे हुए नहीं हैं, मेरा ही मन उनमें रमा हुआ है! इसी के मेल में अष्टम सर्ग में राम का यह कथन है—

भव में नव वैभव व्याप्त कराने आया,
नर को ईश्वरता प्राप्त कराने आया!
सन्देश यहाँ मैं नहीं स्वर्ग का लाया,
इस भूतल को ही स्वर्ग बनाने आया।

आचार्य शुक्ल ने लिखा है कि 'साकेत' में 'रामायण के भिन्न-भिन्न पात्रों के परम्परा से प्रतिष्ठित स्वरूपों को विकृत न करके उनके भीतर ही आधुनिक आन्दोलनों की भावनाएँ...कौशल के साथ झलकायी गयी हैं।' यह युक्ति बहुत ही मार्मिक है, क्योंकि गुप्तजी की यह विशेषता है कि वे परम्परा से अपना सम्बन्ध बनाये रखते हुए उससे विद्रोह करते हैं, इसीलिए उनके पौराणिक-ऐतिहासिक चरित्रों के नवीन अथवा आधुनिक रूप को देखकर भी उन पर कोई यह आरोप नहीं लगा सकता कि उन्होंने उन्हें विकृत किया है। कदाचित् उनकी व्यापक स्वीकृति के पीछे यह बात भी है। राम के उपर्युक्त कथन के थोड़ा ही पहले वे सीता से अपने और उनके बारे में कहते हैं : 'हमको लेकर ही अखिल सृष्टि की क्रीड़ा, / आनन्दमयी नित नयी प्रसव की पीड़ा!' गुप्तजी के काव्य में इन दोनों कथनों में कोई विरोध नहीं है।

निश्चय ही 'साकेत' में केवल राम का ही नहीं, उसके बाकी पात्रों का चरित्र भी मानवीय है। उदाहरण के लिए हम उर्मिला और लक्ष्मण के चरित्र को लेकर ही देखें। दशम सर्ग में अपने बचपन की स्मृति करती हुई उर्मिला कहती है कि माँ जब

मुझे देवी-देवताओं की कथा सुनाती थीं, तो मैं उनका मजाक उड़ाती थी और मनुष्यों की कथा में आनन्द के साथ रुचि लेती थी, जिस पर वे मुझे खीझकर 'नास्तिक' करार दे देती थीं : 'चुनती नर-वृत्त मोद से, / सुनती देव-कथा विनोद से। / ...अमरों पर देख टिप्पणी, / कहतीं 'नास्तिक' खीझ माँ मणी।' यह बचपन की शरारत नहीं है, बल्कि इस बात का संकेत है कि उर्मिला का चरित्र किस मानवीय बुनियाद पर विकसित होनेवाला था। ताज्जुब नहीं कि चौदह वर्षों के बाद लक्ष्मण के अयोध्या-आगमन के अवसर पर उसकी सहेली उसकी सज्जा करने चलती है, तो वह उससे कहती है कि भूषण-वसन तो मैं धारण कर लूँगी, पर इस दीर्घ अवधि में जो मेरा पूरा यौवन नष्ट हो गया, वह कहाँ से लाऊँगी?—'पर यौवन-उन्माद कहाँ से लाऊँगी मैं? / वह खोया धन आज कहाँ सखि, पाऊँगी मैं?' ऐसा ही जवाब वह लक्ष्मण को भी देती है, जब वे उससे कहते हैं कि अब जो तुम्हारे सामने है, वह 'तुम्हारा लोलुप कामी' नहीं रहा, अब वह पूरी तरह से तुम्हारा 'स्वामी' बनने योग्य है!—

स्वामी, स्वामी, जन्म-जन्म के स्वामी मेरे!
किन्तु कहाँ वे अहोरात्र वे साँझ-सवेरे!
खोई अपनी हाय! कहाँ वह खिल खिल खेला?
प्रिय, जीवन की कहाँ आज वह चढ़ती वेला?

आगे गुप्तजी कहते हैं :

काँप रही थी देह-लता उसकी रह-रहकर,
टपक रहे थे अश्रु कपोलों पर बह-बहकर।

इसी तरह लक्ष्मण भी स्वर्ण-मृग के पीछे राम के भागनेवाले प्रसंग में सीता के यह कहने पर कि इतना निष्क्रिय होकर भी तुम कैसे क्षत्रिय हो, उन्हें उत्तर देते हैं :

मैं कैसा क्षत्रिय हूँ इसको
तुम क्या समझोगी देवी,
रहा दास ही और रहूँगा
सदा तुम्हारा पद-सेवी।

उठा पिता के भी विरुद्ध मैं,
किन्तु आर्य-भार्या हो तुम,
इससे तुम्हें क्षमा करता हूँ,
अबला हो, आर्या हो तुम!

नहीं अन्ध ही किन्तु बधिर भी,
अबला वधुओं का अनुराग,
जो हो, जाता हूँ मैं, पर तुम
करना नहीं कुटी का त्याग।

पाठक मानेंगे कि यह पद-सेवी दास की नहीं, उस मनुष्य की वाणी है, जिसका अहं आघात खाकर फुंकार उठा है। तुलसीदास ने इस प्रसंग में लक्ष्मण के ऊपर पड़ी राम और सीता-भक्ति की चादर खींचकर उन्हें नग्न मनुष्य के रूप में नहीं दिखलाया, पर गुप्तजी ने उसमें संकोच नहीं किया। क्यों? इसलिए कि उनकी पहली प्रतिबद्धता उस मानवीय यथार्थ के प्रति थी, जो आधुनिक युग की देन है।

'साकेत' इसीलिए आधुनिक काव्य नहीं है कि इसके पात्रों का व्यक्तित्व मूलतः मानवीय है, बल्कि इसलिए भी है कि उनकी प्रतिक्रिया हमेशा यथार्थवादी होती है। हमने मान लिया है कि आदर्श और यथार्थ अनिवार्यतः परस्पर विरोधी होते हैं, लेकिन गुप्तजी इस कृति में अनेक नाजुक स्थलों पर भी इस मान्यता को झुठलाते हैं। हम पात्रों की प्रतिक्रिया देखें। तृतीय सर्ग में जब लक्ष्मण को कैकेयी के षड्यन्त्र का पता चला तो उन्होंने उग्र रूप धारण किया और कैकेयी से कहा : 'भरत को मार डालूँ और तुझको, / नरक में भी न रक्खूँ ठौर तुझको!' इतना ही नहीं, वे दशरथ को लक्ष्य करके भी कहते हैं, 'बने इस दस्युजा के दास हैं जो, / इसी से दे रहे वनवास हैं जो, / पिता हैं वे हमारे या—कहूँ क्या?' यह स्वाभाविक ही था कि यथार्थ की यह झाँस पं. नन्ददुलारे वाजपेयी-जैसे रोमाण्टिक औदात्त्य के पक्षपाती आलोचकों को बर्दाश्त नहीं हुई और उन्होंने उस पर यह टिप्पणी करना आवश्यक समझा : 'ऐसे काव्य-प्रसंगों को उदात्त तो कदाचित् किसी अर्थ में नहीं कहा जा सकता।' उन्होंने वाल्मीकि रामायण के एतत्सम्बन्धी प्रसंग को याद नहीं किया, फिर उनसे यह अपेक्षा तो बेमानी थी कि केवल सन्दर्भ बदल जाने से लक्ष्मण की प्रतिक्रिया में जो नवयुगीनता आ गयी थी, उसे वे देखते। यह ठीक है कि लक्ष्मण यह भी कहते हैं कि 'मुकुट है ज्येष्ठ ही पाता हमारा', लेकिन इससे अधिक क्या उनका यह कथन सारवान् नहीं है कि 'भला वे कौन हैं जो राज्य लेवें, / पिता भी कौन हैं जो राज्य देवें? / प्रजा के अर्थ है साम्राज्य सारा...'? परम्परा के भीतर से उसके विरोध का यह एक उदाहरण है। लक्ष्मण के प्रति कैकेयी की प्रतिक्रिया भी उतनी ही यथार्थवादी है : 'खड़ी हूँ मैं, बनो तुम मातृघाती, / भरत होता यहाँ तो मैं बताती।'

संयुक्त परिवार का यथार्थ और आदर्श सर्वाधिक पूर्ण रूप में साकेत के चतुर्थ सर्ग में प्रकट हुआ है। चूँकि गुप्तजी का लक्ष्य मूल रूप में आदर्श ही है, इसलिए वह तो इसमें है ही, बिलकुल स्वाभाविक रूप में, असल में इसमें दशरथ-परिवार के शेष पात्रों की अत्यन्त यथार्थ प्रतिक्रियाएँ हैं, जिन्होंने इस काव्य में राम-कथा के

वातावरण को बदलकर रख दिया है, जिससे वह हमारे जीवन और अनुभव के और निकट आ गयी है। सुमित्रा की प्रतिक्रिया से लगता है कि लक्ष्मण की माँ होने योग्य वही थी : 'सिंही-सदृश क्षत्रियाणी, / गरजी फिर कह यह वाणी— / ...राघव, शान्त रहोगे तुम? / क्या अन्याय सहोगे तुम? / मैं न सहूँगी, लक्ष्मण! तू? / नीरव क्यों है इस क्षण तू?' कौसल्या भी कहती हैं—'समझ गयी, मैं समझ गयी, / कैकेयी की नीति नयी।' अन्त में जब कौसल्या वात्सल्य से अभिभूत हो जाती हैं और कहती हैं कि 'भरत-राज्य की जड़ न हिले, / मुझे राम की भीख मिले,' तो सुमित्रा पुनः गर्जन करती है :

स्वत्वों की भिक्षा कैसी?
दूर रहे इच्छा ऐसी।
... ...
प्राप्य याचना-वर्जित है,
आप भुजों से अर्जित है।
हम पर-भाग नहीं लेंगी,
अपना त्याग नहीं देंगी।
वीर न अपना देते हैं,
न वे और का लेते हैं।
वीरों की जननी हम हैं,
भिक्षा-मृत्यु हमें सम हैं।

इस सर्ग में सर्वाधिक महत्त्वपूर्ण प्रतिक्रिया स्वयं राम और सीता की है, जो सीधे वर्तमान युग के यथार्थ से जुड़ जाती है, यथार्थ राजनीति का, जिसमें त्याग और सेवा का स्थान सत्ता-लोलुपता ने ले लिया है, और समाज का, जिसमें दो-ढाई हजार वर्षों से स्त्री को घर की चहारदीवारी में कैद करके रखा गया है। राम की प्रतिक्रिया आदर्श का आख्यान है, लेकिन वह उघाड़ती है यथार्थ को। स्वभावतः वे जब बोलते हैं, तो लगता है, देश के वर्तमान भ्रष्ट राजनीतिक माहौल में कोई नीति-प्राण व्यक्ति बोल रहा है! सुमित्रा और लक्ष्मण की बातों से 'राम की शक्ति-पूजा' के राम की तरह, जो उसमें विभीषण के उकसावे में नहीं आते हैं, बिना उत्तेजित होते हुए वे कहते हैं :

यदि न आज वन जाऊँ मैं,
किस पर हाथ उठाऊँ मैं?
पूज्य पिता या माता पर?
या कि भरत-से भ्राता पर?

और किसलिए? राज्य मिले?
है जो तृण-सा त्याज्य, मिले,
माँ की स्पृहा, पिता का प्रण,
नष्ट करूँ, करके सव्रण?
प्राप्त परम गौरव छोड़ूँ?
धर्म बेचकर धन जोड़ूँ?

राम के इसी चरित्र पर प्रसन्न होकर गुप्तजी ने सर्ग की अन्तिम पंक्तियों में यह घोषणा की है : 'प्रस्थान,—वन की ओर, / या लोक-मन की ओर? / होकर न धन की ओर, / हैं राम जन की ओर।' इसमें मैं 'लोक' और 'जन' शब्द को चिह्नित करना चाहूँगा। ये दोनों शब्द भी आधुनिक अर्थों में प्रयुक्त हैं और 'साकेत' में यथार्थ और आदर्श के रासायनिक सम्मिश्रण की ओर संकेत करते हैं। इसी तरह की प्रतिक्रिया सीता की भी है। जब राम उन्हें वन के कष्टों से परिचित कराकर उन्हें वन जाने से मना करते हैं, तो 'पति ही पत्नी की गति है' ऐसे परम्परागत तर्कों के साथ जब वे स्वयंनिर्मित तर्क उपस्थित करती हैं, तो आधुनिक नारी की मुक्ति की आकांक्षा की बहुत ही मार्मिक और प्रभावशाली अभिव्यक्ति करती हैं :

यदि अपना आत्मिक बल है,
जंगल में भी मंगल है!
कंटक जहाँ, कुसुम भी हैं,
छायावाले द्रुम भी हैं।
निर्झर हैं, दूर्वादल हैं,
मीठे कन्द, मूल, फल हैं।
... ...
मुक्त गगन है, मुक्त पावन,
वन है प्रभु का खुला भवन।

कहने की आवश्यकता नहीं कि जो नवीनता या स्वच्छन्द-चेतना सीता की इस युक्ति में है, वह मानस की सीता की युक्ति में नहीं। मध्ययुग में वह सम्भव भी नहीं था।

षष्ठ सर्ग में नायक के वियोग में तड़पती रीतिकालीन नायिका की जगह उर्मिला एक क्षत्राणी के रूप में सामने आती है, जिसे अफसोस है कि 'यदि स्वामि-संगिनी रह न सकी, / तो क्यों इतना भी कह न सकी— / 'हे नाथ, साथ दो भ्राता का,' 'बल रहे, मुझे उस त्राता का...!' वह लक्ष्मण के भ्रातृ-प्रेम को कर्तव्य मानती

है और विरह में मर जाने की जगह जीना चाहती है, ताकि उन्हें फिर अयोध्या में देख सके। उनके लिए उसका सन्देश है कि 'यह भ्रातृ-स्नेह न ऊना हो, / लोगों के लिए नमूना हो।' बावजूद इस सबके, जिसमें असाधारणता तो है, पर अस्वाभाविकता नहीं, उनके प्रति उसकी यह युक्ति हमें प्रभावित करती है, जो एक पत्नी के हृदय से निकली हुई है : 'आराध्ययुग्म के सोने पर, / निस्तब्ध निशा के होने पर, / तुम याद करोगे मुझे कभी, / तो बस फिर मैं पा चुकी सभी।' कौसल्या का दशरथ के सुर में सुर मिलाकर विलाप करने की जगह उन्हें उनका धैर्य बँधाना भी हमें एक बुद्धिमती पत्नी के यथार्थ रूप की याद दिलाता है :

तुमने निज सत्य-धर्म पाला,
सुत ने स्वापत्य-धर्म पाला,
पत्नी पति-संग बनी देवी,
प्रिय अनुज हुआ अग्रज-सेवी।
जो हुआ सभी अविचित्र हुआ,
पर धन्य मनुष्य-चरित्र हुआ।
गौरव-बल से यह शोक सहो,
देखो हम सबकी ओर अहो।

इस संवाद में 'अविचित्र' शब्द तो महत्त्वपूर्ण है ही, क्योंकि कौसल्या दशरथ के परिवार में जो घटित हुआ, उसे साधारण और सामान्य बात मानती हैं, 'मनुष्य-चरित्र' भी महत्त्वपूर्ण है, क्योंकि मानवीय यथार्थ मानवीय पात्रों द्वारा ही उपस्थित किया जा सकता है। यदि देवता मानवीय यथार्थ के वाहक बनते हैं, तो उन्हें भी देव-लोक से धरती पर उतरकर मनुष्य की लीला करनी पड़ेगी। दशरथ का संवाद तो इस सर्ग में इतना यथार्थ है कि पाठक आहत हो जाता है। 'मैं ही अनर्थ का हेतु हुआ, / रविकुल में सचमुच 'केतु' हुआ' के रूप में आत्मभर्त्सना करते हुए वे कैकेयी का स्मरण करते हैं और दुःख की चरमावस्था में कौसल्या से कहते हैं : 'माँगो तुम भी कुछ पटरानी, / दूँ लेकर आँखों का पानी।' जब सुमन्त्र रामादि को छोड़कर अयोध्या लौटते हैं, तो दशरथ की पीड़ा इस रूप में व्यक्त होती है : 'मुझको भी वहीं छोड़ आओ, / वह रामचन्द्र-मुख दिखलाओ।' उनकी अन्तिम उक्ति तो कलेजा तोड़ देनेवाली है : 'हे जीव, चलो अब दिन बीते, / हा राम, राम, लक्ष्मण, सीते!'

अन्त में हमें भरत की प्रतिक्रिया भी देख लेनी चाहिए। राम-वन-गमन के प्रसंग में कैकेयी का क्रोध हम देख चुके हैं, चित्रकूट में वह किन शब्दों में पश्चात्ताप करती है, उसे भी देखेंगे। पहले भरत की प्रतिक्रिया। वे जब ननिहाल से अयोध्या लौटते हैं और उन्हें कैकेयी से ही यह सूचना मिलती है कि उसी ने उनके लिए

राजा से राजसिंहासन माँगा, जिसके फलस्वरूप राम को वन जाना पड़ा और दशरथ की मृत्यु हुई, तो वे 'हा हतोऽस्मि!' कहकर अचेत हो जाते हैं, फिर चेत आने पर उस पर फट पड़ते हैं। किन शब्दों में, यह देखने लायक है, क्योंकि उनकी प्रतिक्रिया जितनी ही यथार्थ है, उतनी ही आदर्श भी :

जी, द्विरसने! हम सभी को मार,
कठिन तेरा उचित न्याय-विचार।
... ...
धन्य तेरा क्षुधित पुत्र-स्नेह,
खा गया जो भूनकर पति-देह!
ग्रास करके अब मुझे हो तृप्त,
और नाचे निज दुराशय-दृप्त।
... ...
खर मँगा, वाहन वही अनुरूप,
देख लें सब—है यही वह भूप!

ऊपर की पंक्तियों में कैकेयी के राक्षसी-रूप का जो वर्णन है, वह गुप्तजी के ही वश की बात थी। उतने ही सशक्त ढंग से भरत ने लोक के प्रति अपनी प्रतिबद्धता भी जताई है, यानी यह कि राजा के रूप में वे राम की तुलना में सर्वथा अयोग्य हैं और इस कारण लोक को धोखा देकर उनके आसन पर कभी नहीं बैठ सकते। मानस में भरत की आत्मग्लानि का वर्णन है, जिसे आचार्य शुक्ल ने बहुत महत्त्व दिया है। गुप्तजी ने भरत की आत्मग्लानि का बहुत संक्षेप में, लेकिन सटीक ढंग से वर्णन किया है, जिससे उनकी संकटपूर्ण स्थिति की पूर्ण व्यंजना होती है :

कौन समझेगा भरत का भाव—
जब करे माँ आप यों प्रस्ताव!
री, हुआ तुझको न कुछ संकोच?
तू बनी जननी कि हननी, सोच!
इष्ट तुझको दृप्त-शासन-नीति,
और मुझको लोक-सेवा-प्रीति।

भरत का उज्ज्वल लोकवादी चरित्र उनकी उन बातों से अच्छी तरह प्रकट होता है, जो वे श्मशान घाट में कहते हैं :

वन चलो सब पंच मेरे साथ,
हैं वहीं सबके प्रकृत नरनाथ।

राज्य पा लें राम जनकप्राय,
राम का प्रतिनिधि भरत वन जाय।
निज प्रजा-परिवार-पालन-भार,
यदि न आर्य करें स्वयं स्वीकार,
तो चुनो तुम अन्य निज नरपाल,
जो किसी माँ का जना हो लाल।
व्यर्थ हो यदि भरत का उद्योग,
तो करें इतनी कृपा सब लोग—
इस पिता ही की चिता के पास,
मुझ अगति को भी मिले चिरवास!

राम की अस्वीकृति के बाद प्रजा के बीच से राजा चुनने की बात के पीछे, जो किसी भी माँ का पुत्र हो सकता है, स्पष्टतः गुप्तजी की आधुनिक चेतना है, जो यहाँ किसी तरह से असंगत नहीं है, क्योंकि भारत में काफी समय तक राजतन्त्र के साथ गणतन्त्र भी चलता रहा था। शत्रुघ्न को समझाने के क्रम में भी भरत ने कहा है : 'तात, राज्य नहीं किसी का वित्त, / वह उन्हीं के सौख्य-शान्ति-निमित्त— / स्वबलि देते हैं उसे जो पात्र, / नियत शासक लोक-सेवक मात्र!'

जैसा कि संकेत किया जा चुका है, 'साकेत' में गुप्तजी ने कैकेयी के पश्चात्ताप का विस्तार से वर्णन किया है। मानस में जहाँ तुलसीदास 'कुटिल रानि पछतानि अघाई' बस इतना कहकर चलते बने हैं, वहाँ इस काव्य के अष्टम सर्ग के उत्तरार्ध में उन्होंने उसे भरत से भी अधिक महत्त्व दे दिया है। क्यों? आज यह भी कहना आवश्यक नहीं कि नारी-मुक्ति गुप्तजी के काव्य का केन्द्र है। चूँकि नारी शोषण, उपेक्षा, लांछना आदि की ठोस प्रतीक है, इसलिए उससे कतराकर निकल जाना नवयुग के प्रतिनिधि कवि के लिए सम्भव नहीं हुआ। 'साकेत' में उर्मिला तो है ही, सीता और कैकेयी भी हैं, जो इसमें केन्द्रीय महत्त्व पा लेती हैं। नवम सर्ग की नायिका उर्मिला है, तो अष्टम सर्ग के पूर्वार्ध की सीता और उत्तरार्ध की कैकेयी, जिसका उल्लेख हो चुका है। अष्टम सर्ग के उत्तरार्ध में चित्रकूट-सभा में कैकेयी का जो आत्मनिवेदन है, उसके मूल में उसकी मानवीयता तो है ही, निस्सन्देह संयुक्त परिवार की मर्यादा की रक्षा भी है। यहाँ हम उसके आत्मनिवेदन के सिर्फ तीन अंशों को देखें, जो अपनी सच्चाई और मार्मिकता से पाठकों के मन को छू लेते हैं—

1. *यदि मैं उकसाई गयी भरत से होऊँ,*
तो पति समान ही स्वयं पुत्र भी खोऊँ!

2. क्या कर सकती थी मरी मंथरा दासी,
मेरा ही मन रह सका न निज विश्वासी।
3. युग-युग तक चलती रहे कठोर कहानी—
'रघुकुल में भी थी एक अभागिन रानी।'

पहला अंश जहाँ भरत को निर्दोष सिद्ध कर देता है, वहाँ दूसरा अंश कैकेयी को पूर्णत: क्षम्य ठहरा देता है, क्योंकि वह जो कुछ हुआ उसके लिए सिर्फ अपने को उत्तरदायी मानती है। यहाँ न सरस्वतीवाला अलौकिक प्रसंग है, न मंथरा को दोषी ठहराने की प्रवृत्ति। केवल कैकेयी है, एक मानवी के रूप में, और सर्वथा निष्कवच, जिससे सर्वथा वेध्य। अन्तिम अंश, जिसे पहले भी उद्धृत किया गया है, उसके प्रति ऐसी करुणा और सहानुभूति जागृत कर देता है कि पूरी सभा एक साथ चिल्ला पड़ती है—'भरत-जैसे अद्वितीय पुत्र को जननेवाली यह माँ धन्य है!' यह है आत्मनिवेदन की सच्चाई की महिमा। कहने की आवश्यकता नहीं कि काव्य में ऐसे सार्थक संवादों की रचना कर सकना निरे काव्य-कौशल से सम्भव नहीं है।

'साकेत' में गुप्तजी ने सौन्दर्य, प्रेम और श्रृंगार का जो वर्णन किया है, उसके लिए उनकी अच्छी-खासी आलोचना की गयी है। ऐसी आलोचना करनेवालों का भाव यह रहा है कि राम-कथा के साथ ऐसा व्यवहार अनुचित है, तब तो और भी, जबकि कवि वैष्णव मर्यादावाद से बँधा हुआ हो। इन आलोचकों से पूछना चाहिए था कि वैष्णव मर्यादावाद में गुप्तजी ने स्वयं अपने को बाँधा था, या वे उन्हें बाँध रहे हैं? दूसरे, वैष्णव क्या तुलसी ही थे, सूर नहीं, जिन्होंने 'मर्यादा' को तिलांजलि देकर कृष्ण और राधा तथा अन्य गोपिकाओं की प्रेम-क्रीड़ा का मुक्त भाव से वर्णन किया है? गुप्तजी रामानन्दी वैष्णव थे इसमें कोई सन्देह की बात नहीं है, लेकिन क्या रचनाकार के नाते उन्हें यह अधिकार नहीं था कि वे उसकी परिधि का अतिक्रमण कर सकें? तुलसीदास ही विशिष्टाद्वैतवाद से कितना बँधे रहे हैं? निश्चय ही डी.एच. लारेंस का यह कथन सर्वत्र और सर्वदा ध्यातव्य है कि रचना का विश्वास करो, रचनाकार का नहीं। इस कथन में जो महत्त्वपूर्ण संकेत है, वह रचनाकार की स्वतन्त्रता से सम्बद्ध है, जो अन्तत: किसी धर्म, किसी मार्ग, किसी दर्शन अथवा किसी विचारधारा में कैद नहीं। गुप्तजी के साथ जो कई दुर्घटनाएँ हुई हैं, उनमें से एक यह है कि चूँकि उन्होंने राम-कथा से विषय लेकर 'साकेत' की रचना की, इसलिए उन्हें राम-काव्य की परम्परा में ही नहीं, सीधे तुलसीदास की परम्परा में रखकर देखा गया। स्वभावत: उन्होंने 'साकेत' में जब कभी प्रेम और श्रृंगार का ऐन्द्रिय वर्णन किया, नाक-भौं सिकोड़ी गयी और कहा गया—छि:, राम-भक्त मर्यादावादी कवि की कलम से ऐसी उक्तियाँ! स्पष्टत: यह कवि का घोर स्खलन है! आलोचकों ने अपनी बनी हुई धारणा से मुक्त होकर कभी यह

जानने की कोशिश नहीं की कि गुप्तजी तुलसी की परम्परा के नहीं, वाल्मीकि, कालिदास और भवभूति की परम्परा के कवि हैं, जो झूठी नैतिकता के कायल न थे और जिनमें जीवन के प्रति पूर्ण स्वीकार का भाव था। ताज्जुब नहीं कि गुप्तजी को गाँधीवादी नैतिकता का ही कवि नहीं, गाँधी-युग का प्रतिनिधि कवि भी माना गया, बिना यह देखे हुए कि वे गाँधी की मूल विचारधारा से कितना असहमत थे। जहाँ तक 'साकेत' की बात है, उसके कई सर्गों के आरम्भ में गुप्तजी ने प्राचीन कवियों का स्मरण किया है। उन छः कवियों में से तुलसी सिर्फ एक हैं, बाकी हैं संस्कृत के कवि वाल्मीकि, भास, भवभूति, कालिदास और व्यास। इनमें से आरम्भिक चार कवियों ने राम-कथा को पूर्णतः या अंशतः अपने काव्य और नाटक का विषय बनाया है। व्यास एकादश सर्ग में इसलिए स्मरण किये गये हैं कि वे 'कपिध्वज के कृपालु कवि' हैं और उसमें हनुमान के अयोध्या-अवतरण की कथा कही गयी है। क्या इससे गुप्तजी अपनी वास्तविक परम्परा की ओर कोई इशारा नहीं करते? ज्ञातव्य है कि उन्होंने वाल्मीकि की रामायण और व्यास के महाभारत को अपने काव्य का प्रमुख उपजीव्य बनाया है, कालिदास के शाकुन्तलम् को आधार बनाकर अपना काव्य 'शकुन्तला' रचा है और भास के चार नाटकों का हिन्दी में अनुवाद किया है। भवभूति ने अपने 'उत्तररामचरितम्' में सीता की करुण मूर्ति गढ़ी है, तो उन्होंने उन्हें स्मरण करते हुए 'साकेत' के नवम सर्ग में उर्मिला की। ज्ञातव्य है कि गुप्तजी अंग्रेजीदाँ नहीं थे, लेकिन संस्कृत के अच्छे जानकार थे और शब्द-प्रयोग में 'अमरकोष' तथा संस्कृत व्याकरण उनकी सहायता के लिए सदा उनके आजू-बाजू खड़े रहते थे। ऐसी स्थिति में यह कितना दुखद है कि आलोचकों ने आँखों पर अँधेरी लगाकर सिर्फ सीध में देखा है और उनके प्रसंग में उन्हें सिर्फ तुलसी याद आये हैं! उनसे अधिक गुप्त-काव्य को तो रचनाकार सुमित्रानन्दन पन्त ने समझा है, जिन्होंने उसे सूर-तुलसी के काव्य को भी अतिक्रान्त करनेवाला कहा है और तब, जब वे बिलकुल भिन्न प्रकृति की कविता के सर्जक थे, जिसका गुप्तजी के युग के काव्य से सीधा टकराव था। उनके शब्द हैं :

सूर सूर, तुलसी शशि—लगता मिथ्यारोपण,
स्वर्गंगा तारापथ में कर आपके भ्रमण।

'साकेत' के प्रथम सर्ग के अन्त में गुप्तजी ने लक्ष्मण और उर्मिला की, जो नवविवाहित युगल हैं, प्रेम-क्रीड़ा का अत्यन्त सुन्दर वर्णन किया है, जो इस प्रकार है :

हाथ लक्ष्मण ने तुरन्त बढ़ा दिये,
और बोले—'एक परिरंभण प्रिये!'

सिमिट-सी सहसा गयी प्रिय की प्रिया,
एक तीक्ष्ण अपांग ही उसने दिया।
किन्तु घाते में उसे प्रिय ने किया,
आप ही फिर प्राप्य अपना ले लिया।

इस पर वाजपेयीजी की टिप्पणी है : 'इस प्रकार के शृंगारिक निर्देश न तो प्राचीन राम-काव्य की परिपाटी में गृहीत हैं और न इन्हें नवीन काव्यधारा का सूक्ष्म और मनोवैज्ञानिक वस्तु-चित्रण ही स्वीकार करेगा।' यहाँ 'प्राचीन राम-काव्य' से उनका आशय क्या है, यह उनसे पूछा जाना चाहिए था और जहाँ तक सूक्ष्मता और मनोवैज्ञानिकता के आग्रह की बात है, 'रचित परमाणु पराग शरीर / खड़ा हो ले मधु का आधार' से अनुकूलित छायावादी आलोचक के लिए वह स्वाभाविक है। निश्चय ही छायावादी आलोचक छायावादी कवि से कम अमूर्तता-प्रेमी न था, वर्ना वाजपेयीजी गुप्तजी के उपर्युक्त चित्र की सजीवता और संगठन के लिए उनको खुलकर दाद देते। इसी तरह प्रथम सर्ग में ही उर्मिला का जो सौन्दर्य-वर्णन है, उसे भी उन्होंने 'कामायनी' में श्रद्धा का जो रूप-वर्णन है उससे हेय ठहराते हुए खारिज किया है और कहा है कि 'साकेत काव्य की सम्पूर्ण आदर्शवादिता के होते हुए भी उसमें व्याप्त इस शरीर-पक्ष-प्रधान प्रभाव का निराकरण नहीं किया जा सकता।' अपने प्रिय काव्य की कसौटी पर किसी पूर्ववर्ती काव्य को चढ़ाकर उसे खोटा सिद्ध कर देना मुक्तिबोध से बहुत पहले की घटना है, जब उन्होंने अपने ही काव्य की कसौटी पर 'कामायनी' को खोटा सिद्ध कर दिया। वाजपेयीजी को शायद उर्मिला से सम्बन्धित ये पंक्तियाँ सर्वाधिक नागवार गुजरी हैं—'मन्दिरस्था कौन यह देवी भला? / किस कृती के अर्थ है इसकी कला?', जो स्वाभाविक है।

प्रसंगवश निवेदन है कि गुप्तजी ने उर्मिला का ही नहीं, अष्टम सर्ग में सीता का भी वैसा ही वर्णन किया है, जिससे वितृष्णा प्रदर्शित करने के बदले जरूरत है कवि-रूप में उनके दृष्टिकोण को समझने की, जो किसी तरह आलोचक के कल्पित मर्यादावाद में बँधा नहीं है। उस वर्णन की कुछ पंक्तियाँ हैं :

अंकुर-हितकर थे कलश-पयोधर पावन,
जन-मातृ-गर्वमय कुशल वदन भव-भावन।
... ...
पाकर विशाल कच-भार एड़ियाँ धँसतीं,
तब नखज्योति-मिष, मृदुल अँगुलियाँ हँसतीं।
... ...
रुकने-झुकने में ललित लंक लच जाती,
पर अपनी छवि में छिपी आप बच जाती।

ध्यान देने पर पता चलता है कि गुप्तजी ने इस वर्णन को यथासम्भव स्थूल होने से बचाया है, तथापि उसकी श्रृंगारिकता अत्यन्त स्पष्ट है। गुप्तजी तो इसके लिए पाप के ही भागी होंगे! हद तो उन्होंने नवम सर्ग में उर्मिला के विरह-वर्णन में कर दी है, जहाँ उर्मिला एक गीत में कहती हैं :

मेरे चपल यौवन-बाल!
अचल अंचल में पड़ा सो, मचलकर मत साल।
बीतने दे रात, होगा सुप्रभात विशाल।
खेलना फिर खेल मन के पहनके मणि-माल।
पक रहे हैं भाग्य-फल तेरे सुरम्य-रसाल।
डर न, अवसर आ रहा है, जा रहा है काल।
मन पुजारी और तन इस दुःखिनी का थाल,
भेंट प्रिय के हेतु उसमें एक तू ही लाल!

इसके बारे में वाजपेयीजी का कहना है कि इसमें भावना की अभिव्यक्ति ऐसे साधारण स्तर पर पहुँच गयी है, जिसकी 'साकेत' की नायिका से किसी प्रकार अपेक्षा नहीं की जाती। इस गीत की आरम्भिक दो पंक्तियाँ उद्धृत कर उन्होंने कहा है कि 'इन पंक्तियों का संकेत उर्मिला की विषय-वासना की सीमारेखा के इतने समीप पहुँचा देता है कि अन्य अवसरों पर उसके द्वारा दी गयी वीर रमणी के अनुरूप वीर-व्यवहार की शिक्षा ईप्सित प्रभाव उत्पन्न करने में असमर्थ रह जाती है'! जैसे उर्मिला के दोनों रूप परस्पर विरोधी हों और श्रृंगार के साथ वीररस की संगति नहीं बैठ सकती। उर्मिला की श्रृंगार-भावना ने उसके विरह-वर्णन में ही नहीं, पूरे काव्य में मानवीय ऊष्मा का जो संचार किया है, इसे तो वाजपेयीजी ने नहीं ही देखा, गुप्तजी ने 'साकेत' में राम-कथा के पूर्वनिर्मित मिथक को कैसे तोड़ा है, स्वभावतः इसे भी नहीं देखा। निश्चय ही इस काव्य में राम-कथा मानस की भक्ति-भाववाली राम-कथा के ढाँचे से बाहर निकली हुई है, जिसका मतलब उसका आदर्श से भी मुक्त हो जाना नहीं है।

'साकेत' प्रथमतः और अन्ततः एक मानववादी काव्य है और उसके सारे बुनियादी मूल्य आधुनिक हैं। यहाँ हमें डा. नगेन्द्र के इन कथनों से पूरा इत्तफाक है कि 'काव्य में युग-मूल्यों की स्थापना का सर्वाधिक श्रेय उन्हें (गुप्तजी को) ही प्राप्त है' और 'उनके आधारभूत मूल्य तो मानव-मूल्य ही हैं'। ये मानव-मूल्य कोई निरामिष परम्परागत मूल्य न होकर पर्याप्त क्रान्तिकारी हैं, यह 'साकेत' की आलोचना से प्रकट है, जो उसे एक परम्पराभुक्त काव्य के रूप में ही देखना चाहती है। स्वयं नगेन्द्र को देखिए, पहले मानव-मूल्यों की दुहाई, फिर उसकी आधुनिकता को परम्परा के गर्भ में डालने का उद्यम!—'श्री-सम्प्रदाय द्वारा पोषित

मर्यादावादी लोक-धर्म के अन्तर्गत उसका समावेश कर लेना उनके लिए सरल था।' मैं पाठकों से अनुरोध करता हूँ कि वे श्री-सम्प्रदाय की विचारधारा को परे रखकर इस कृति का साक्षात्कार करें, फिर नगेन्द्र की द्विवेदीयुगीन कविता के बारे में इस धारणा से भी एक हद तक छुटकारा मिल जाएगा कि वह 'श्वेतवसना संन्यासिनी' है।

'साकेत' की संरचना और आधुनिकता को लेकर हिन्दी में भ्रान्ति की स्थिति है, जबकि उसके काव्यत्व को लेकर सन्देह की। आचार्य शुक्ल-जैसे काव्य-पारखी को उसमें 'काव्यत्व का पूरा विकास' दिखलायी पड़ा था, लेकिन नयी पीढ़ी ने उनकी प्रबन्धत्व की कमीवाली आलोचना को जितना महत्त्व दिया हो, उनकी उक्त राय को गम्भीरता से नहीं लिया। वह खड़ीबोली की कविता में गुप्तजी का सिर्फ ऐतिहासिक योगदान स्वीकार करती है, जिसका मतलब यह है कि उन्होंने द्विवेदीयुग के गद्य को काव्योपयोगी बनाया, जिससे परवर्ती कविता सम्भव हुई। उसे यह समझने की फुर्सत नहीं कि कविता में ऐतिहासिक महत्त्व और साहित्यिक महत्त्व-जैसी दो चीजें नहीं होतीं। उसमें ऐतिहासिक महत्त्व का मतलब ही है साहित्यिक महत्त्व। तात्पर्य यह कि कोई भी कवि बिना सर्जनात्मक हुए न अपने युग के लिए काव्य-माध्यम का निर्माण कर सकता है, न अपने बाद के युग की कविता के लिए काव्य-भूमि का। कोई भी कविता किसी कवि की सर्जनात्मक देन को ही ग्रहण कर अपनी सर्जनात्मकता को निखारती या उसे उच्चतर स्तर प्रदान करती है। गुप्तजी की सर्जनात्मकता को समझना अभी शेष है। जहाँ तक उनके 'साकेत' की बात है, वह निश्चय ही उनकी सर्जनात्मकता का सर्वोच्च शिखर है। जितने मनोयोग से उन्होंने यह काव्य रचा है, उतने मनोयोग से अपना कोई और काव्य नहीं। इसमें उनकी काव्य-कला अपनी सम्पूर्ण क्षमता और सहज दृष्टि के साथ चरमोत्कर्ष को प्राप्त करती है। यह काव्य-कला मात्र कौशल नहीं है, इसलिए यह काव्य के ढाँचे और उसकी अन्तश्चेतना दोनों में व्याप्त है, कहना चाहिए पूरे काव्य में, जिसमें ढाँचे और अन्तश्चेतना का भी फर्क नहीं है।

इस काव्य में गुप्तजी ने बीच-बीच में काव्य-कलासम्बन्धी अपने विचार भी व्यक्त किये हैं, लेकिन उनका अपना कमाया हुआ सत्य वहाँ प्रकट हुआ है, जहाँ उन्होंने लक्ष्मण और सीता के संगम-वर्णन से प्रसन्न राम के माध्यम से कहा है : 'अभिव्यक्ति की कुशल शक्ति ही तो कला, / किन्तु आप अनुभूति यहाँ है निश्चला!' तात्पर्य यह कि उन दोनों की उक्तियों में अभिव्यक्ति की कला नहीं है, फिर भी उनमें अनुभूति स्थायी रूप से विराजमान है! जैसे 'शब्द-विधान ही काव्य है' माननेवाले आचार्य शुक्ल रसानुभूति को कविता बतला रहे हों। 'साकेत' में

काव्यत्व सहज रूप में भी दिखलायी पड़ता है और अभिव्यक्ति-कौशल के रूप में भी। ऊपर उसके विभिन्न पात्रों की जो प्रतिक्रियाएँ उद्धृत की गयी हैं, किंचित् उदारता-पूर्वक, उनमें दोनों प्रकार के काव्यत्व का साक्ष्य मिल जाएगा, फिर भी यहाँ इस विषय पर कुछ और निवेदन करना जरूरी है।

डा. नगेन्द्र ने ही लिखा है कि गुप्तजी वास्तुकार तो थे, लेकिन रत्नकार नहीं, और फिर, वे कथा-शिल्पी तो थे, लेकिन शब्द-शिल्पी नहीं। यह बात सवा सोलह आने गलत है, क्योंकि गुप्तजी का शब्द-भाण्डार ही विपुल नहीं था, उनमें शब्द गढ़ने, अपनी जरूरत के मुताबिक उन्हें ढाल लेने और फिर उनका प्रयोग करने की भी अकूत क्षमता थी। कुछ विद्वानों ने प्रचार किया है कि उनमें बीच-बीच में संस्कृत के ऐसे अप्रचलित शब्द आते हैं, जो ठोकर की तरह लगते हैं और वे तुकों पर अतिरिक्त ध्यान ही नहीं देते हैं, उन्हें अतिरिक्त महत्त्व भी देते हैं, जिससे अनेक बार उनकी कविता निरी तुकबन्दी या निरा तुकान्त पद्य होकर रह जाती है। यह प्रचार निराधार नहीं है, लेकिन जब हम उसे अन्तिम सच्चाई के रूप में स्वीकार कर लेते हैं, तो उसके अनेक सकारात्मक पहलू दृष्टि से ओझल रह जाते हैं। यह सही है कि वे 'राज्य' से तुक मिलाने के लिए 'आज्य' शब्द ले आते हैं, पर देखने की बात यह है कि वह पूरी उक्ति में नग की तरह जड़ा जाता है या नहीं, और यदि उसके प्रयोग से अवरोध उत्पन्न हुआ है, तो उस अवरोध का कोई सौन्दर्यात्मक मूल्य है या नहीं। स्मरणीय है कि शाब्दिक माधुर्य और कोमलता की अतिरिक्त रूप में चिन्ता छोड़कर गुप्तजी में हिन्दी के समस्त शब्द-भाण्डार के प्रयोग की ही प्रवृत्ति नहीं थी, उसके विस्तार का भी प्रयास था। इस दृष्टि से वे तुलसीदास के बाद हिन्दी के दूसरे कवि हैं, जिसने शब्दों के प्रति कोई छुआछूत का भाव नहीं रखा, यानी यह कि यह शब्द काव्यात्मक है और यह नहीं। उनकी सीमा थी तो यह कि उनके शब्द कोशगत अर्थ देकर ही रह जाते हैं, उससे आगे जाकर अर्थ की तरंगें उठाते या उसका वृत्त पर वृत्त बनाते नहीं चलते। लेकिन यह कोई उनकी नहीं, उनके युग की सीमा थी, साथ-साथ प्रबन्ध-रचना की भी, जो प्रसंग से बहुत दूर जाने की इजाजत नहीं देती। जब भरत कैकेयी को 'द्विरसने' कहकर सम्बोधित करते हैं तो वे उसे 'सर्पिणी' ही नहीं कहते, इस तरफ भी संकेत करते हैं कि उसने दो वरदान माँगे थे, जो दो जिह्वाओंवाली सर्पिणी के लिए स्वाभाविक है। पाठक इस शब्द के चुस्त और सटीक प्रयोग का, जो 'साकेत' की विशेषता है, आनन्द लेता है और आगे बढ़ जाता है। प्रबन्ध-काव्य उसे भी इसकी इजाजत नहीं देता कि वह अर्थ की अनेकानेक तरंगों से प्रकम्पित होता रहे। गुप्तजी के शब्द-प्रयोग की प्रकृति वैविध्यपूर्ण है, फिर भी यहाँ मैं 'साकेत' के द्वादश सर्ग से, जब अयोध्या से लंका कूच करने की सैनिक तैयारियाँ हो रही हैं, दो उदाहरण दे रहा हूँ, जो उनके शब्द-प्रयोग में निहित साहसिकता, शिल्पिता और सर्जनात्मकता की हमें हलकी-सी

झलक देते हैं :

ऐसे अगणित भाव उठे रघु-सगर-नगर में,
बगर उठे बढ़ अगर-तगर-से डगर-डगर में।
... ...
खचित-तरणि, मणि-रचित केतु झकझका रहे थे,
वस्त्र धकधका रहे, शस्त्र भकभका रहे थे।

पाठक मानेंगे कि सगर, नगर, बगर आदि शब्द केवल अनुप्रास-रचना के लिए नहीं आये हैं, बल्कि ये वर्णन में गजब की ताजगी पैदा करते हैं। ('उपर्युक्त प्रकार के अनेक भाव, जो अयोध्या में उठे, उसकी डगर-डगर में अगर और तगर की सुगन्ध की तरह फैल गये!') दूसरे उद्धरण में 'खचित-तरणि' और 'मणि-रचित' गुप्तजी के एक प्रकार के शब्द-प्रयोग की सूचना देते हैं, तो 'झकझकाना', 'धकधकाना' और 'भकभकाना' दूसरे प्रकार के शब्द-प्रयोग की। 'खचित-तरणि' और 'मणि-रचित' में केवल समान ध्वनियोंवाले शब्द नहीं हैं, बल्कि भव्य अर्थ छिपा हुआ है, जैसे अयोध्या में रात्रि में 'जो सेना की पताकाएँ फहरा रही हैं, उनमें सूर्य-कुल का चिह्न सूर्य अंकित है और मणियाँ जड़ित हैं, जिससे वे भास्वर हो रही हैं!' इसी तरह 'धकधकाना' और 'भकभकाना' भी केवल 'झकझकाना' की ध्वनि की आवृत्ति नहीं हैं, बल्कि चमक के अर्थ का विस्फोट करनेवाले शब्द हैं। इस तरह गुप्तजी के शब्द-प्रयोग का विस्तार शास्त्र से लेकर लोक तक है।

गुप्तजी की काव्य-भाषा के बारे में यह सामान्य धारणा है कि वह द्विवेदी-युग के गद्य का पद्यात्मक रूपान्तरण है। इस धारणा में सच्चाई है, लेकिन वह उनकी सम्पूर्ण काव्य-भाषा पर लागू नहीं होती। 'जयद्रथ-वध', 'भारत-भारती' या 'पंचवटी'-जैसे काव्यों की भाषा के बारे में, जिसमें लम्बे छन्दों का प्रयोग हुआ है, यह बात सही है, क्योंकि उनमें गद्य का वाक्य सफाई से बैठता चला जाता है, पर यही बात उन काव्यों के सम्बन्ध में नहीं कही जा सकती, जो छोटे या प्रगीतात्मक छन्दों में रचित हैं। 'साकेत' हर दृष्टि से गुप्तजी का प्रौढ़तम काव्य है। उसका नवम सर्ग ही प्रगीतात्मक छन्दों का कोश नहीं है, उसके बाकी अधिकांश सर्ग भी छोटे छन्दों में रचित हैं, कभी-कभी तो कोई सर्ग कठिन वर्णिक छन्द में, जिसका पहला चरण दस वर्णों का है और दूसरा ग्यारह वर्णों का। कहने की आवश्यकता नहीं कि दूसरे छोटे छन्दों के साथ इस छन्द का सौन्दर्य विलक्षण है। वैसे यह बात सही है कि छन्द छोटा हो या बड़ा, गुप्तजी वाक्य-विन्यास पर हमेशा ध्यान रखते हैं और वह उनमें कितना भी संकुचित क्यों न हो, व्यवस्थित होता है। पर यह जरूरी नहीं कि वह वाक्य-विन्यास द्विवेदीयुगीन ही हो। 'साकेत' के वे सर्ग, जिनमें बड़े छन्दों का प्रयोग है, जिससे उनमें कवि को इतिवृत्त प्रस्तुत करने में आसानी हुई है, सिर्फ

तीन हैं—अष्टम, एकादश और द्वादश। ऐसी स्थिति में इस काव्य की भाषा पर विचार करते समय इस बात को अवश्य ध्यान में रखा जाना चाहिए। इसमें गुप्तजी की भाषा सरल भी है, उसके अनेक स्तरों के साथ, और ऐसी भी कि आप उसकी ग्रन्थियों को खोलते हुए तथा उसमें प्रयुक्त शब्दों का आपसी सम्बन्ध बिठाते हुए यानी रुकते हुए ही आगे बढ़ें। निश्चय ही इससे प्राप्त होनेवाला आनन्द उच्च कोटि की काव्य-भाषा का आनन्द है, जिसका रचयिता वाक्य-शिल्पी भी है और शब्द-शिल्पी भी। स्थानाभाव के कारण यहाँ सरल भाषा के ही कुछ स्तरों के उदाहरण दिए जा रहे हैं, वह भी सिर्फ द्वितीय सर्ग से :

1. प्रकृत हिन्दी :

   मोद का आज न ओर न छोर,
   *आम्र-वन-सा **फूला सब ओर।***

2. संस्कृत शब्दों के प्रयोग से उन्नीत हिन्दी :

   हँसी रानी सुनकर वह बात,
   *उठी अनुपम **आभा अवदात।***

3. तद्‌भव शब्द के प्रयोग से सुन्दर बनी हिन्दी :

   *सजे विधु की **बेंदी** से भाल,*
   यामिनी आ पहुँची तत्काल।

4. मुहावरे से युक्त हिन्दी :

   वज्र-सा पड़ा अचानक टूट,
   *गया उनका **शरीर-सा छूट।***

5. तुकों के कारण चुस्त बनी हिन्दी :

   बिना खोले फिर भी वह नेत्र,
   *चलाने लगी वचनमय **वेत्र**।*

6. सार्थक शब्द-क्रीड़ा से युक्त हिन्दी :

   सत्य** है तो है **सत्यानाश,
   हास्य है तो है हत्या-पाश!

7. संस्कृतनिष्ठ हिन्दी :

   गृहागत चन्द्रालोक-विधान
   जँचा निज भावी शव-परिधान।

ऊपर भाषागत संकुचन की बात कही गयी है। वह तो गुप्तजी में प्राय: देखने को मिलता है और कभी-कभी तो लगता है कि उनमें शुरू में जो फैलाव था, वह धीरे-धीरे सिमटता गया है। जो सबसे बड़ी बात हुई वह यह कि उनमें गजब की एक शाब्दिक मितव्ययिता आ गयी है। औरों की बात छोड़ दें, 'राम की शक्ति-पूजा' में निराला ने जिसे अधिक शब्दों में कहा है, यथा 'जैसे ओजस्वी शब्दों का जो था प्रभाव / उससे न इन्हें कुछ चाव, न हो कोई दुराव', उसे 'साकेत' के चतुर्थ सर्ग में गुप्तजी ने काफी कम शब्दों में : 'लक्ष्मण ने प्रभु को देखा, / न थी उधर कोई रेखा।' अब मैं एक भिन्न प्रकार के फैलाव की बात कर रहा हूँ, जो कालिदास-जैसे कवियों में भी मिलता है, जब वे छन्द के आग्रह से 'कोपलोहित' को थोड़ा फैलाकर 'कोपविलोहित' कर देते हैं, अवश्य ही सौन्दर्य को बढ़ाते हुए, घटाते हुए नहीं। यदि कवि में संकुचन की ही क्षमता हुई, विस्तार की नहीं, तो वह छन्द के आग्रहों की रक्षा में और इस प्रकार अभिव्यक्ति में असमर्थ होगा। गुप्तजी जब किसी शब्द को फैलाते हैं, तो कालिदास की तरह उसके सौन्दर्य की वृद्धि करते हुए। उसका एक उदाहरण यह है :

हुए गद्गद यहीं रघुनन्दनानुज,
शिशिर-कण पूर्ण मानो प्रातरम्बुज।

स्पष्टत: 'रघुनन्दनानुज'-जैसे दीर्घ शब्द की रचना गुप्तजी ने छन्द के आग्रह से की है, लेकिन कितना सुन्दर और संगीतपूर्ण! नितान्त सरल भाषा में स्वभावत: फैलाव की प्रवृत्ति होती है, पर कहने की आवश्यकता नहीं कि गुप्तजी में उसकी मार अचूक होती है, जैसे सुमन्त्र का यह कथन—'कहाँ से यह कुमति की वायु आई, / किनारे नाव जिससे डगमगाई!' अचूक मारवाली सरल भाषा का एक उदाहरण उर्मिला का यह कथन भी है, जिसमें हिन्दी मुहावरे के प्रयोग से गजब की चुस्ती सम्भव हुई है : 'दे सकी न साथ नाथ का भी! / ले सकी न हाय! हाथ का भी!'

सफल प्रबन्ध-काव्य की रचना के लिए कवि में कथा-वर्णन की क्षमता का होना आवश्यक है। छायावाद चूँकि आत्माभिव्यक्तिमूलक काव्य था इसलिए उसमें प्रगीतों की प्रधानता थी। स्वभावत: उसके कवियों में कथा-वर्णन की क्षमता का अभाव दिखलायी पड़ता है। यह बात 'कामायनी' के रचयिता प्रसाद और 'तुलसीदास' के रचयिता निराला दोनों के लिए सत्य है। इस दृष्टि से खड़ीबोली के कवियों में गुप्तजी निर्विवाद रूप से सर्वाधिक समर्थ थे। बाद में वह चीज 'कुरुक्षेत्र' और 'रश्मिरथी' के रचयिता दिनकर में दिखलाई पड़ती है। गुप्तजी कथा तो गद्य-जैसी पूर्णता से कविता में कहते ही हैं, उसके जटिल से जटिल प्रसंगों को सफलतापूर्वक प्रस्तुत करते हुए, वे उसमें वस्तु-वर्णन और भाव-वर्णन भी उसी पूर्णता से करते हैं। 'साकेत' से वैसे कुछ वर्णनों को उद्धृत करने का लोभ छोड़ना

उसकी चर्चा के क्रम में किसी के लिए भी कठिन होगा। पंचम सर्ग में, जब राम, लक्ष्मण और सीता वन में प्रवेश करते हैं, गुप्तजी ने विस्तार से वन-वर्णन किया है, जिसके कुछ अंश हैं :

आगे-आगे भाग रहा है मोर यह,
पक्षों से पथ झाड़, चपल चितचोर यह।
मचक-मचक वह कीश-मण्डली खेलती,
लचक लचक बच डाल भार है झेलती!
कहीं सहज तरुतले कुसुम-शय्या बनी,
ऊँघ रही है पड़ी जहाँ छाया घनी!
घुस धीरे से किरण लोल दलपुंज में,
जगा रही है उसे हिलाकर कुंज में।
... ...
फैलाए यह एक पक्ष, लीला किये,
छाती पर भर दिए, अंग ढीला किये,
देखो, ग्रीवा-भंग-संग किस ढंग से,
देख रहा है हमें विहंग उमंग से।
... ...
मुस्तकगन्धा खुदी मृत्तिका है इधर,
बने आर्द्र पदचिह्न गये शूकर जिधर।

ध्यान देने लायक है कि यह सारा वर्णन अत्यन्त चित्रात्मक है और प्रायः गतिशील या क्रियाशील। कहने की जरूरत नहीं कि स्थिर वस्तुओं का चित्र खींचना तो आसान है, पर गतिशील वस्तुओं का थोड़ा कठिन। सप्तम सर्ग में भरत-शत्रुघ्न ननिहाल से लौटते हुए जब अयोध्या में प्रवेश करते हैं, तो कवि ने उसका भी विस्तार से वर्णन किया है। उसके भी कुछ अंश उक्त अंशों की तरह ही द्रष्टव्य हैं:

अनुज, देखो आ गया साकेत,
दीखते हैं उच्च राज-निकेत।
काम्य, कर्बुर, केतु-भूषित अट्ट,
गगन में ज्यों सान्ध्य घन संघट्ट।
... ...
उभय ओर सुहर्म्य पुलिनाकार,
बीच में पथ का प्रवाह-प्रसार।
बढ़ चला निःशब्द-सा रथ-पोत,
था तरंगित मानसिक भी स्रोत।

उच्च थी गृहराजि दोनों ओर,
निकट था जिसका न ओर न छोर।
राजमार्ग-वितान-सा था व्योम,
छत्र-सा ऊपर उदित था सोम।

इसी तरह एक-दो प्रकृति-वर्णन भी देखने योग्य हैं। अष्टम सर्ग में चित्रकूट में सभा रात-भर चलती रही। जब वह समाप्त हुई, तो सवेरा हो रहा था। गुप्तजी उसका वर्णन करते हैं :

मूँदे अनन्त ने नयन धार वह झाँकी,
शशि खिसक गया निश्चिन्त हँसी हँस बाँकी।
द्विज चहक उठे, हो गया नया उजियाला,
हाटक-पट पहने दीख पड़ी गिरिमाला।

इसमें प्रयुक्त 'हाटक' शब्द गौरतलब है। यह हमें यह तो बता ही देता है कि हम द्विवेदी-युग की कविता पढ़ रहे हैं, बड़ी बात यह कि यह हमें समकालीन कविता से भिन्न एक नया आस्वाद भी देता है। गुप्तजी बहुत संक्षेप में भी बहुत सुन्दर और सटीक प्रकृति-वर्णन कर सकते थे, यथा दशम सर्ग के आरम्भ का यह रात्रि-वर्णन: 'तम में क्षिति-लोक लुप्त यों, / अलि नीलोत्पल में प्रसुप्त ज्यों।' मानस में तुलसीदास ने मायामृग का इस रूप में वर्णन किया है :

कबहुँ निकट पुनि दूरि पराई। कबहुँक प्रगटै कबहुँ छपाई।
प्रगटत दुरत करत छल भूरी। येहि बिधि प्रभुहि गयी लै दूरी।

निश्चय ही यह वर्णन बहुत सजीव है, पर गुप्तजी ने इस प्रसंग को नये सिरे से रचा है, जिससे उनकी कई विशेषताओं पर प्रकाश पड़ता है। उस क्रम में मृग के सौन्दर्य का उन्होंने जो वर्णन किया है, उसे प्रकृति-वर्णन के अन्तर्गत रखते हुए हम उसे उद्धृत कर रहे हैं :

अरुण-रूप उस तरुण हरिण की
देख किरण-गति, ग्रीवाभंग,
सकरुण नरहरि राम रंग से
गये दूर तक उसके संग।

जैसा कि ऊपर कहा गया है, गुप्तजी भाव-वर्णन में भी पटु हैं। यहाँ दो-तीन उदाहरण ही पर्याप्त होंगे। 'साकेत' के द्वितीय सर्ग में दशरथ के मन:संघर्ष का यह वर्णन उनकी त्रासदी को बहुत सशक्त रूप में सामने रखता है :

वचन पलटें कि भेजें राम को वन में,
उभय विध मृत्यु निश्चित जानकर मन में,
हुए जीवन-मरण के बीच धृत-से वे,
रहे बस अर्ध जीवित, अर्ध मृत-से वे।

षष्ठ सर्ग में राम-वन-गमन के बाद दशरथ और उनके दाएँ-बाएँ स्थित कौसल्या और सुमित्रा का यह वर्णन अतिशय उदात्त है, जो किसी साधारण कवि से सम्भव नहीं :

गजराज पंक में धँसा हुआ,
छटपट करता था फँसा हुआ।
हथनियाँ पास चिल्लाती थीं,
वे विवश, विकल बिललाती थीं।

नवम सर्ग की मुक्तक-शैली यशोधरा की काव्य-शैली की तरह स्वयं आविष्कृत हो गयी है। इसमें गुप्तजी ने प्रयास किया है कि वियोगिनी उर्मिला के मन में उठनेवाली प्रत्येक भाव-तरंग को पकड़ सकें और चित्रित कर सकें। उन्होंने प्रबन्ध-काव्य के क्षेत्र में अनेक प्रकार के प्रयोग किये हैं। एक प्रयोग यह भी है, जिसके प्रसंग में यह स्मरणीय है कि उर्मिला की वियोगावधि बहुत ही दीर्घ थी। इससे एक ही उद्धरण यहाँ दिया जा रहा है, जिसमें उसकी मानसिक दशा का वर्णन है :

अब भी समक्ष वह नाथ खड़े,
बढ़ किन्तु रिक्त यह हाथ पड़े।
न वियोग है न यह योग सखी,
कह, कौन भाग्यमय भोग सखी?

हिन्दी का अध्यापक (और गुप्तजी का आलोचक भी क्यों नहीं?) इसे विभ्रम का उदाहरण बतलाकर अपने कर्तव्य की इतिश्री समझ लेगा, लेकिन जो इसके माध्यम से उर्मिला के मानस में उतरेगा, वह समझेगा कि उन्होंने एक प्राचीन पद्धति या रूढ़ि में कैसी नवीन शक्ति भर दी है। फैण्टेसी की यह मनोदशा क्या 'उत्तररामचरितम्' के राम की याद नहीं दिलाती, जो सीता के अदृश्य रहते उनका स्पर्श अनुभव करते हैं और मूर्च्छा टूटने पर उसे पहचानकर जब अपने पास उन्हें नहीं देखते हैं, तो चरम व्याकुलता की अवस्था में पूछते हैं कि क्या यह स्वप्न है? पर फिर कहते हैं कि यह स्वप्न कैसे हो सकता है, जबकि मैं सोया हुआ नहीं?

'साकेत' निश्चय ही आधुनिक हिन्दी कविता का गौरव-ग्रन्थ है।

(2003)

प्रलय की छाया : एक नारी-चरित्र की त्रासद परिणति

जयशंकर प्रसाद की 'प्रलय की छाया' शीर्षक लम्बी कविता को कालेज के दिनों में पढ़ा था। बाद में 'वाद विवाद संवाद' नामक पुस्तक में उस पर सुप्रतिष्ठित आलोचक डा. नामवर सिंह का लेख भी देखा : 'प्रासंगिकता पर पुनश्च: 'प्रलय की छाया' के माध्यम से'। लेकिन इस कविता की असाधारणता की तरफ मेरा ध्यान तीन-चार वर्ष पूर्व गया, जब मैं राष्ट्रीय कविताओं के एक बड़े संकलन 'स्वतन्त्रता पुकारती' के लिए प्रसाद से कविताओं का चयन कर रहा था। तभी से इस कविता पर मैं लिखना चाहता था। वह अवसर आज आया है।

एक समय था, जब प्रसाद के नाटकों के ऐतिहासिक आधार पर गम्भीरतापूर्वक विचार किया जाता था। उद्देश्य होता था यह देखना कि नाटक-विशेष इतिहास से कितना सटा हुआ और कितना हटा हुआ है। जाहिर है कि सटा हुआ होना एक सकारात्मक बात थी और हटा हुआ होना नाटक की एक त्रुटि समझी जाती थी। सौभाग्य से अब स्थिति बदल चुकी है। अब हिन्दी का साहित्यालोचन इतना परिपक्व हो चुका है कि वह इतिहास और रचना के फर्क को समझता है और इतिहास को सम्पूर्णत: गल्प न मानते हुए भी रचना में गल्प की तरह उसके इस्तेमाल को जायज करार देता है। मेरा खयाल है कि इतिहास का रचना में सर्वाधिक सर्जनात्मक उपयोग करनेवाले पहले लेखक प्रसाद हैं और दूसरे लेखक हजारीप्रसाद द्विवेदी।

ताज्जुब नहीं कि 'प्रलय की छाया' एक ऐतिहासिक कविता होते हुए भी इतिहास से बँधकर चलनेवाली कविता नहीं है, जिसका प्रमाण यह है कि इसमें ऐतिहासिक घटनाओं को इच्छानुसार निर्मित और संयोजित किया गया है। यह इतिहास में छूटी हुई जगहों को भरने की बात नहीं है, वस्तुत: इतिहास के समानान्तर एक रचनात्मक इतिहास वा गल्प गढ़ने की बात है। उदाहरण के लिए दो-तीन घटनाओं का उल्लेख किया जा सकता है। गुजरात को परास्त करने की कोशिश तुर्क बहुत दिनों से करते आ रहे थे। कुतुबुद्दीन ऐबक ने वहाँ के शासक

भीम द्वितीय को हरा दिया था और अनहिलवाड़ा सहित वहाँ के अनेक नगरों को लूटा तथा बर्बाद कर दिया था। तत्पश्चात् उसने गुजरात के शासन के लिए एक मुस्लिम गवर्नर की भी नियुक्ति की थी, लेकिन शीघ्र ही उसे भगा दिया गया और वह फिर स्वतन्त्र हो गया। ऐबक के बाद इल्तुतमिश ने भी गुजरात को कब्जे में करना चाहा, पर वहाँ के चालुक्यों ने उसके हमले को भी नाकाम कर दिया। इस तरह तीसरी बार जब अलाउद्दीन खिलजी ने उस पर हमला किया तो वह एक स्वतन्त्र राज्य था और उसके राजा राय करण या कर्णदेव थे। लेकिन प्रसादजी ने इस कविता में जो कुछ लिखा है उसका तात्पर्य यह है कि गुजरात अलाउद्दीन द्वारा परोक्षतः शासित राज्य था, जिसे अपनी रानी कमलावती की प्रेरणा से कर्णदेव ने पूर्ण रूप से स्वतन्त्र करने के लिए सुलतान से विद्रोह किया। पद्मिनी के जौहर से कमलावती बहुत प्रभावित हुई थी : 'उसी दिन / बींधने लगी थी विषमय परतन्त्रता।' उसने अपने रूप पर अतिशय आसक्त नरेश को विद्रोह के लिए तैयार किया, फिर तो 'एक झिटके में आज / गुर्जर स्वतन्त्र साँस लेता था सजीव हो।' इसी तरह अलाउद्दीन द्वारा चित्तौर पर आक्रमण करनेवाली घटना, जिससे पद्मिनी के जौहर करनेवाली बात जुड़ी हुई है, उसकी गुजरात-विजय के बाद घटी थी, लेकिन प्रसादजी ने बहुत साफ शब्दों में उसका बयान पहले किया है। इसमें कमलावती ही पद्मिनी से आगे जाने की बात नहीं कहती है—

पद्मिनी की भूल जो थी उसे समझाने को
सिंहनी-सी दृप्त मूर्ति धारण कर
सम्मुख सुलतान के
मारने की, मरने की—अटल प्रतिज्ञा हुई,

सुलतान भी उससे कहता है कि 'पद्मिनी को खो दिया है, / किन्तु तुमको नहीं!' इस ऐतिहासिक विपर्यय को नामवरजी ने भी लक्ष्य किया है : "अलाउद्दीन ने गुजरात पर हमला पहले किया, चित्तौड़ पर बाद में। गुजरात की रानी कमला चित्तौड़ की रानी पद्मिनी के जौहर से पहले पकड़ी गयी।"

अन्तिम प्रसंग मानिक से सम्बन्धित है। वह गुजरात-नरेश का अनुचर था, जो कमला के सुलतान द्वारा बन्दी बना लिए जाने के बाद सुलतान की हत्या करने और कमला को कर्णदेव का यह सन्देश देने के लिए कि वह शीघ्र अपनी जीवन-लीला समाप्त कर दे, चोरी से सुलतान के महल में घुसा था। वह तातारी दासियों द्वारा पकड़ लिया गया था और सुलतान ने उसे मृत्यु की सजा दे दी थी, लेकिन कमला ने उसे उससे कहकर छुड़वा दिया था। बाद का घटना-चक्र यह है कि अलाउद्दीन के एक गुलाम काफूर ने उसकी हत्या कर दी और स्वयं सुलतान बन बैठा। प्रसादजी के अनुसार पूर्वोक्त मानिक ने ही कुछ दिनों बाद हिन्दू से 'खुसरू' नामधारी

मुसलमान बनकर काफूर को भी मार डाला और इस तरह अपने स्वामी कर्णदेव का प्रतिशोध लेकर 'शासन का दण्ड किया ग्रहण सदर्प है।'

ऐतिहासिक तथ्य यह है कि काफूर (पूरा नाम मलिक काफूर) गुजरात का ही एक धनी व्यापारी था, जो गुजरात पर हमले के समय मची लूट में अलाउद्दीन के सैनिकों द्वारा बन्दी बनाया गया था। बाद में वह सुलतान को सौंपा गया और धीरे-धीरे उसका प्रियपात्र बन गया। जब अलाउद्दीन की मृत्यु हो गयी, तो उसने उसके एक नाबालिग लड़के को गद्दी पर बैठाकर बाकी लड़कों को गिरफ्तार कर लिया या उन्हें अन्धा बना दिया। इस घटना के तुरत बाद महल के पहरेदारों ने काफूर को मार दिया और हिन्दू से मुसलमान बना खुसरो नामधारी सुलतान का एक गुलाम तख्त पर बैठ गया। खुसरो मानिक ही था इसका कोई ऐतिहासिक प्रमाण नहीं है। वैसे मानिक की पूर्वकथा भी किंवदन्ती ही प्रतीत होती है। ऐसा लगता है कि मलिक काफूर और हिन्दू से मुसलमान बने खुसरो की कथाओं में भी पारस्परिक मिश्रण हुआ है। जो हो, इससे 'प्रलय की छाया' कविता को कोई आँच नहीं पहुँचती, क्योंकि यह कोई ऐतिहासिक आख्यान न होकर एक ऐतिहासिक गल्प है, सर्जनात्मकता से भरपूर।

इतिहास का पुनर्लेखन कविता नहीं है, कविता है कलात्मक उद्देश्यों से उसका पुनःसृजन। हमें यह देखकर प्रसन्नता हुई है कि किसी पौराणिक या ऐतिहासिक पात्र के परम्परा से प्रतिष्ठित स्वरूप को मनमाने ढंग पर विकृत करने को भारी 'अनाड़ीपन' समझनेवाले आचार्य रामचन्द्र शुक्ल ने प्रसादजी की ऐतिहासिक कविताओं—'अशोक की चिन्ता,' 'शेरसिंह का शस्त्र-समर्पण', 'पेशोला की प्रतिध्वनि' और 'प्रलय की छाया'—के बारे में लिखा है कि 'ये सब अतीत के भीतर कल्पना के प्रवेश के उदाहरण हैं।' यह टिप्पणी नकारात्मक न होकर सकारात्मक है, यह शुक्लजी के अगले कथन से स्पष्ट हो जाता है : 'इस प्रकार 'लहर' (उक्त चारों कविताएँ इसी संग्रह में संगृहीत हैं) में हम प्रसादजी को वर्तमान और अतीत जीवन की प्रकृत ठोस भूमि पर अपनी कल्पना ठहराने का कुछ प्रयत्न करते पाते हैं।' ध्यातव्य 'कल्पना' शब्द है, जो रोमाण्टिक वा छायावादी कवि की विशेषता ही नहीं है, उसके सृजन की मुख्य शक्ति भी है। शुक्लजी की कल्पना से जो भी अपेक्षाएँ क्यों न हों, वे उसके प्रयोग पर आपत्ति नहीं करते, इतिहास में उसके प्रयोग या प्रवेश पर भी नहीं।

2

स्पष्टतः 'प्रलय की छाया' एक चरित्र-केन्द्रित कविता है जिसमें कमलावती अपने

वर्तमान के सन्दर्भ में अपने अतीत पर दृष्टिपात करती है और उस क्रम में अपने मनोभाव और व्यवहार का निर्मम ढंग से विश्लेषण करती हुई अपनी त्रासदी का साक्षात्कार करती है। उसका चरित्र निश्चय ही सरल न होकर जटिल है, जिसका पता उसके आचार-विचार पर जरा-सा ध्यान देने से ही चल जाता है।

युवती के रूप में कमला अतिशय सुन्दर थी। गुजरात की समस्त कमनीयता जैसे उसकी अंगलतिका में एकत्र हो गयी थी। स्वभावत: उसके चरणों में विश्व का सम्पूर्ण वैभव लोटता था और 'थे प्रणत वहीं गुर्जर-महीप भी!' गुजरात की रानी बनकर वह बहुत ही सौभाग्यशाली थी, क्योंकि कर्णदेव जहाँ अपने राज्य पर शासन करते थे, वह वहाँ उनके हृदय-देश की स्वामिनी थी। उसके उन दिनों के सुख का साधारण भाषा में वर्णन सम्भव नहीं है। आप प्रसाद की भाषा में ही देखें : 'कितना सोहाग था, कैसा अनुराग था? / खिली स्वर्णमल्लिका की सुरभित वल्लरी-सी / गुर्जर के थाले में मरन्द-वर्षा करती मैं।' तत्पश्चात् मेवाड़ पर अलाउद्दीन का आक्रमण और वहाँ के राजा रतनसिंह की रानी पद्मिनी का जौहर। इस जौहर से स्त्री का महत्त्व स्थापित हुआ था और मेवाड़ के पवित्र बलिदान का आलोक चतुर्दिक् जागरण फैलाने लगा था। स्त्रियाँ सोचने लगी थीं कि उनका भविष्य भी पद्मिनीवाला ही है। इस घटना ने कमला पर बहुत प्रभाव डाला था और उसके भीतर गुजरात को स्वतन्त्र देखने की तीव्र इच्छा उत्पन्न हो गयी थी। उसने सोचा, वह 'पद्मिनी' थी, तो मैं भी 'कमला' हूँ! लेकिन वह उसकी तरह जल मरने को तैयार न थी।

उसने निश्चय किया कि वह सुलतान के विरुद्ध युद्ध करेगी :

पद्मिनी जली थी स्वयं किन्तु मैं जलाऊँगी—
वह दावानल-ज्वाला
जिसमें सुलतान जले।
देखे तो प्रचण्ड रूप-ज्वाला-सी धधकती
मुझको सजीव वह अपने विरुद्ध।

यहाँ 'रूप-ज्वाला' रूप-ज्वाला नहीं, बल्कि 'दावानल-ज्वाला' का उपमान है, क्योंकि कमला जिस युद्ध की बात करती है, वह वस्तुत: घटित होता है और वह उसमें पूरे प्राणपण से हिस्सा लेती है। लेकिन आज जब सबकुछ बीत चुका है और वह अपने उस आचरण पर पुनश्चिन्तन कर रही है, तो उसमें उसका निर्मम आत्मनिरीक्षण प्रकट हो उठा है। वह कहती है : मेरे मन में पद्मिनी के रूप को लेकर स्पर्धा का भाव था। यह ठीक है कि उसका रूप मेरे रूप से घटकर था। चित्रकर्त्री की तूलिका ने उसका चित्र भी बहुत बढ़-चढ़कर बनाया था, फिर भी वह मुझे देखने के बाद कुछ ओछी प्रतीत होती थी। लेकिन मैं पद्मिनी का दिव्य हृदय

कहाँ से लाती? मुझमें जो कमी थी, वही मुझ पर हावी हो गयी थी, वर्ना यह महत्ता को मापने की लघुता की हिमाकत थी!—

आह! कैसी वह स्पर्धा थी?
स्पर्धा थी रूप की,
पद्मिनी की बाह्य रूप-रेखा चाहे तुच्छ थी,
मेरे इस साँचे से ढले हुए शरीर के
सम्मुख नगण्य थी।
देखकर मुकुर, पवित्र चित्र पद्मिनी का
तुलना कर उससे,
मैंने समझा था यही।
वह अतिरंजित-सी तूलिका चितेरी की
फिर भी कुछ कम थी।
किन्तु था हृदय कहाँ
वैसा दिव्य?
अपनी कमी थी इतरा चली हृदय की
लघुता चली थी माप करने महत्त्व की।

कमला ने प्यार का अभिनय करके कर्णदेव को गुजरात को स्वतन्त्र घोषित करने के लिए तैयार किया। फिर तो सुलतान का क्रोध दावानल बनकर हरे-भरे गुजरात को जलाने लगा। वह युद्ध में कूद पड़ी : 'अट्टहास करती सजीव उल्लास से / फाँद पड़ी मैं भी उस देश की विपत्ति में।' उसके पति उसकी वीरता से प्रसन्न थे, वे उसे देखकर हँसते, जिसका उत्तर वह भी अपनी मुसकान से देती, लेकिन वह हँसी और मुसकान अन्ततः कृत्रिम थी, क्योंकि सुलतान की शक्ति के आगे उनकी शक्ति बहुत सीमित थी। स्वभावतः युद्ध में पराजित होकर उन्हें अपना देश छोड़ना पड़ा और वे शरण खोजने लगे। एक दोपहर को जब वे दोनों एक वृक्ष की छाया में थके हुए विश्राम कर रहे थे, तुर्कों के दल ने आक्रमण किया। कर्णदेव तो उनसे लड़ते हुए दूर निकल गये, लेकिन कमला पकड़ी गयी, सुलतान के महल में डाली जाने के लिए। अब उज्ज्वल आकाश की किरणों में प्रकट होकर पद्मिनी की प्रतिकृति उस पर व्यंग्य करने लगी। उसे याद आया उसका यह कथन कि 'अनुकरण कर मेरा', जिसे मिथ्या अभिमान में उसने समझने से इनकार किया था। लेकिन उसका वह अभिमान अभी तक दूर नहीं हुआ था जिसका प्रमाण यह था कि बन्दी बनाये जाने के बाद भी उसने सोचा कि वह पद्मिनी की भूल को दुरुस्त करके रहेगी।

वह ऐसे कि वह प्रमदा युवती की तरह नहीं, सिंहनी की तरह सुलतान के सम्मुख उपस्थित होगी और उसे मार डालेगी। यदि अपने मकसद में कामयाब नहीं हुई, तो अपनी जान दे देगी : 'पद्मिनी की भूल जो थी उसे समझाने को / सिंहनी-सी दृप्त मूर्ति धारण कर / सम्मुख सुलतान के / मारने की, मरने की—अटल प्रतिज्ञा हुई।' उक्त अभिमान के कारण ही तुर्क सैनिक जब उसे बन्दी बनाने लगे, तो उसने सगर्व उनसे कहा था कि ठीक है, ले चलो, मैं गुजरात की रानी हूँ! लेकिन उसके मन को जैसे उसकी वास्तविक स्थिति का पता था, इसलिए वह उस पर व्यंग्य से हँस उठा था। आगे की पंक्तियाँ हैं :

उस आपदा में आया ध्यान निज रूप का।
रूप यह!
देखे तो तुरुष्कपति मेरा भी
यह सौन्दर्य देखे, देखे यह मृत्यु भी
कितनी महान् और कितनी अभूतपूर्व!

कमला पहली बार सुलतान के सम्मुख पेश होनेवाली थी। यह वही सुलतान था, जो दर्पण में पद्मिनी का प्रतिबिम्ब देखकर उस पर जोरों से आसक्त हो गया था। स्वभावत: उसकी आँखों के सामने उपस्थित होने की बात से कमला को उस घोर विपत्ति में भी अपने रूप का ध्यान आ गया। लेकिन यहाँ उसने अपने रूप से सुलतान को जीतने की बात नहीं सोची। उसने अपने को पद्मिनी के बरअक्स रखकर देखा और यह सोचा कि वह जहाँ बाद में जल मरी थी, मैं वहाँ सुलतान को नहीं, तो अपने को मारकर एक अत्यन्त महत् और अभूतपूर्व मृत्यु प्राप्त करूँगी! उक्त पंक्तियों में आनेवाले शब्द 'रूप' और 'सौन्दर्य' पर जितना ध्यान दिया गया है, उतना 'मृत्यु' पर नहीं, जिससे ये कमला के विरुद्ध चली गयी हैं।

कई महीनों तक कमला अलाउद्दीन के महल में कैद रही। उसके भीतर एक द्वन्द्व शुरू हो गया था। एक तरफ वह उससे अपने पति का प्रतिशोध लेना चाहती थी और दूसरी तरफ उसके मन में अपने रूप-सौन्दर्य की अनुभूति जगाना चाहती थी। इस तरह उसके लक्ष्य दो थे—शत्रुता और रूप, लेकिन वह इनमें से किसी को भी पाने में असमर्थ थी। अन्त में उसे सुलतान के समक्ष उपस्थित किया गया, तो वह उसकी हत्या करने के लिए उद्यत हुई, लेकिन तातारी दासियों ने उसे दबोच लेना चाहा। अविचल रहते हुए उसने अपनी कमर से कटार निकाली और उसे कलेजे में मारकर आत्महत्या करने का प्रयास किया, लेकिन उसमें भी वह कामयाब नहीं हुई। 'अन्त करने का और वहीं मर जाने का / मेरा उत्साह मन्द हो चला।' 'अन्त करने का' का मतलब स्पष्ट है—'सुलतान को मारने का'। इसी समय उसके भीतर जीवन का मोह उत्पन्न हुआ, तथापि उसने रोते हुए सुलतान से कहा : 'मारकर भी क्या

मुझे मरने न दोगे तुम?' यहाँ 'मारकर' का मतलब है 'अपने को मारकर'। अन्त में सुलतान ने अनुनयपूर्वक उससे कहा कि मैंने पद्मिनी को खो दिया है, पर तुम्हें नहीं। तुम बन्दिनी हो तो मेरी प्रार्थनाओं में! उसने उसे अपनी रानी बना लिया और तब से स्वयं कमला के शब्दों में : 'यह रंगमहल बना सुवर्ण पींजरा।' लेकिन उसकी कहानी यहीं नहीं रुकती है, आगे भी चलती है।

आगे की कहानी मानिक से सम्बन्धित है, जिसका जिक्र ऊपर हो चुका है। जब कमला ने सुलतान से उसे छोड़ देने का अनुरोध किया, तो सुलतान ने यह कहते हुए उसे उपकृत किया कि 'जाने दो रानी की पहली यह आज्ञा है।' इस बात से उसे प्रसन्नता नहीं हुई, क्योंकि यह उसकी पराधीनता को दृढ़ करनेवाली बात थी। स्वभावत: वह सोचती है :

हाय रे हृदय! तूने
कौड़ी के मोल बेचा जीवन का मणि-कोष
और आकाश को पकड़ने की आशा में
हाथ ऊँचा किये सिर दे दिया अतल में।

लेकिन उसके भीतर जो दबी हुई लालसाएँ थीं, उन्होंने अन्ततः उसे अभिभूत कर लिया और वह शासन की कामना में मतवाली होकर झूम उठी। यहाँ उसने अपने पक्ष में यह तर्क भी गढ़ लिया कि कर्णदेव स्वयं तो जीवित हैं, लेकिन चाहते हैं कि मैं मर जाऊँ! हालाँकि यहाँ भी वह निर्द्वन्द्व नहीं है। वह अपने प्रति उनके प्रेम में सन्देह करती है, लेकिन बड़ी ईमानदारी से यह भी कहती है कि 'मुझमें भी कैसे कहूँ शुद्ध प्रेम था।' धीरे-धीरे कमला भारतेश्वरी बन जाती है। उसकी ठोस प्रतिशोध-भावना लोभ में रूपान्तरित हो गयी थी और वह सोचने लगी थी कि वह विजयिनी है और सुलतान उसके तलवों के नीचे है! यह उसका भ्रम था, लेकिन वह उसी भ्रम की बन्दी थी। बाद में जब काफूर ने अलाउद्दीन की हत्या कर दी, तब उसे जोरों से अहसास हुआ कि इस मायावी जगत् में जो एकमात्र सत्य है—मनुष्य होने का आत्मसम्मान, उसने भौतिक प्रलोभनों के फेरे में उसी को बेच दिया था। अपनी वास्तविक स्थिति का ज्ञान उसे तब हुआ जब खुसरू बनकर मानिक ने दास-राजवंश का अन्त कर दिया और स्वयं राजमुकुट पहन लिया। जो प्रतिशोध उसे लेना था, उसे कर्णदेव के एक अनुचर ने लिया! ताज्जुब नहीं कि अनुचर ने उसे यह कहकर धिक्कारा भी कि 'नारी यह रूप तेरा जीवित अभिशाप है / जिसमें पवित्रता की छाया भी पड़ी नहीं।' स्थिति की विडम्बना यह थी कि अब वह उसी मानिक के अधीन रहने को विवश थी। इस घटना की तीक्ष्ण कौंध उसे चीरकर रख देती है और उसमें उसके जीवन की त्रासदी पूरी तरह से दृष्टिगत हो उठती है।

इस विवरण से यह स्पष्ट है कि कमला कोई सरल चरित्र नहीं है, जिसने भारतेश्वरी बनने के लिए सुलतान अलाउद्दीन से अपने रूप का सौदा किया था। यह ठीक है कि एक दौर में उसने अपने रूप से सुलतान को पराजित करने का स्वप्न देखा और वह उसे अपने अभ्युदय के लिए सोपानवत् प्रतीत हुआ ('रूप ने बनाया रानी मुझे गुजरात की, / वही रूप आज मुझे प्रेरित था करता / भारतेश्वरी का पद लेने को'), लेकिन निर्द्वन्द्व वह उस अवस्था में भी नहीं थी और उसके आगे-पीछे तो उसके जीवन में अनेक ऐसी घटनाएँ घटती हैं, जो उसे सच्चे अर्थों में एक त्रासद चरित्र बनाती हैं। उसकी पद्मिनी से आगे जाकर प्रतिरोध करने की आकांक्षा, गुजरात को स्वतन्त्र घोषित कराना, स्वयं युद्ध में कूद पड़ना, सुलतान के महल में उसे मारने और वह सम्भव न हो तो स्वयं मर जाने की प्रतिज्ञा, उनके लिए प्रयास, मानिक को मृत्युदण्ड से बचाना और अपने पर उपकार के लिए सुलतान को मौका देने के लिए गहरा अफसोस—ये तमाम बातें उसके चरित्र की उस उज्ज्वलता की ओर संकेत करती हैं, जो कि त्रासदी का आधार होती है। सबसे ऊपर उसका अपने विगत जीवन का वस्तुगत विश्लेषण है, जो उसकी सदाशयता में कहीं से सन्देह नहीं छोड़ता। उसकी कमजोरी उसका रूपाभिमान था, जो एक दौर में उभर आया था, यद्यपि जैसा कि कहा जा चुका है, उस समय भी वह नितान्त निर्द्वन्द्व और सबकुछ भुलाकर सिर्फ अपने रूप का सौदा करनेवाली नहीं थी। उसका चरित्र वस्तुतः एक बहुत ही उलझा हुआ चरित्र है, जो एक स्त्री ही नहीं, बहुत कुछ एक पुरुष के मनोविज्ञान को भी प्रतिबिम्बित करता है।

यह आश्चर्य की बात है कि हिन्दी में इस कविता की नायिका कमलावती को एक इकहरे चरित्र के रूप में देखा जाता है, जिस पर इलजाम यह है कि उसने केवल अपने रूप से अलाउद्दीन को पराजित करने का प्रयास किया था, जो कि मानवीय और राष्ट्रीय स्वाभिमान की दृष्टि से ही नहीं, नीति की दृष्टि से भी गलत था। नामवरजी ने भी पूर्वोक्त लेख में यही लिखा है। उसमें कमला के बारे में वे कहते हैं कि 'राजशक्ति को रूप से नष्ट करने की कोशिश में वह स्वयं नष्ट हो गयी' और फिर, 'राजसत्ता को तोड़ने के इरादे से उसके अन्दर जानेवाले दरअसल एक खतरनाक खेल खेलते हैं और अक्सर विडम्बना के शिकार होते हैं।' डा. रामस्वरूप चतुर्वेदी अपनी पुस्तक 'आधुनिक कविता-यात्रा' की भूमिका में 'प्रलय की छाया' की चर्चा करते हुए उसकी 'कृष्णागुरुवर्तिका'वाली पंक्तियाँ उद्धृत करके यह टिप्पणी करते हैं : "कमला दिखाती है कि वह चित्तौड़ की रानी पद्मिनी के जौहर का बदला सुलतान अलाउद्दीन से लेना चाहती है। पर अन्तर्मन में उसकी प्रतिस्पर्धा पद्मिनी के रूप से है जो अब साक्षात नहीं, भस्म हो चुका है। यों उसका बदला अलाउद्दीन से नहीं पद्मिनी से है, जिसके लिए वह अलाउद्दीन की पटरानी बनना स्वीकार कर लेती है। प्रतिस्पर्धा के ऐसे हिंसक मनोभाव की उग्रता के बाद

फिर उसके मन में अपनी स्थिति को लेकर ग्लानि उत्पन्न होती है।'' कहने की आवश्यकता नहीं कि यह टिप्पणी, जो कमला के चरित्र को बहुत सीमित कर देती है, कविता से समर्थित नहीं है।

3

लेख के आरम्भ में ही इस कविता के असाधारण होने की बात कही गयी है। यह कविता एक ऐतिहासिक आख्यान को गल्प की सर्जनात्मकता तथा कमलावती के चरित्र को उसकी सम्पूर्ण मनोवैज्ञानिक गहराई एवं जटिलता के साथ प्रस्तुत करने के कारण तो महत्त्वपूर्ण है ही, वस्तुत: वर्णन की काव्यात्मकता के कारण विशेष महत्त्वपूर्ण है। यहाँ यह कहने की आवश्यकता न होनी चाहिए कि काव्यात्मकता विषय-वस्तु से स्वतन्त्र कोई चीज नहीं है। उदाहरण के लिए 'प्रलय की छाया' के थोड़े-से स्थल देखे जा सकते हैं।

कमला यौवन की उस अवस्था में है, जिसमें अभी वह पूर्ण परिस्फुट नहीं हुआ। उसके लिए वह कहती है : 'मेरे उस यौवन के मालती-मुकुल में / रन्ध्र खोजती थी, रजनी की नीली किरणें / उसे उकसाने को—हँसाने को।' मालती की कली रात में ही खिलती है, जैसे रात के अँधेरे में। इसी कारण रात की नीली किरणें उसके सुगठित रूप में छिद्र बनाकर प्रवेश करना चाहती थीं, जिससे उसकी पंखुड़ियाँ परिस्फुट हो सकें! नूपुरों की झनकार के अलक्तक-रंजित चरणों की लाली में घुलनेवाली बात भी उतनी ही मोहक है : 'नूपुरों की झनकार घुली-मिली जाती थी, / चरण-अलक्तक की लाली से, / जैसे अन्तरिक्ष की अरुणिमा / पी रही दिगन्तव्यापी सन्ध्या संगीत को।' रंग में शब्द के इस घुलते चले जाने की व्यंजना है मन पर हावी होती चली जानेवाली गहरी मादकता। इससे भी प्रचण्ड वर्णन यह है : 'स्मर-शशि-किरणें / स्पर्श करती थीं इस चन्द्रकान्त मणि को, / स्निग्धता बिछलती थी जिस मेरे अंग पर।' चन्द्रकान्त मणि चन्द्रमा की किरणों से द्रवित होती है, यह प्रसिद्ध है। यहाँ चन्द्रमा स्वयं काम है और चन्द्रकान्त मणि युवती कमला, जिसके अंग फिसलन से भरे थे।

'प्रलय की छाया' की सबसे प्रसिद्ध पंक्तियाँ हैं :

कृष्णागुरुवर्तिका
जल चुकी स्वर्णपात्र के ही अभिमान में
एक धूमरेखा-मात्र शेष थी;
उस निस्पन्द रंग-मन्दिर के व्योम में
क्षीणगन्ध निरवलम्ब।

यह उस कमला की उक्ति है, जिसका भ्रम टूट चुका है। उसे अपने रूप का अभिमान था और वह सोचती थी कि उसने अपने रूप से सुलतान को पराजित कर दिया, लेकिन अब उस पर सच्चाई प्रकट हो चुकी है। वह समझ गयी है कि वह रूप के अभिमान में ही नष्ट हो गयी, जैसे स्वर्णपात्र में रखी अगरबत्ती जल चुकी हो और अब उसकी एक धूमरेखा-भर बची हो, शान्त केलि-गृह के आकाश में क्षीणगन्ध और निरवलम्ब। प्राध्यापकगण इसमें छायावादी अप्रस्तुत-योजना देखेंगे और दिखलाएँगे, लेकिन यहाँ महत्त्वपूर्ण वह नहीं, उसके माध्यम से किया गया कमला का निर्मम आत्मसाक्षात्कार है। यह आत्मसाक्षात्कार जितना गहन है, भाषा और अभिव्यक्ति का परिवेश भी उतना ही गहन है।

कमला से अलग इस कविता में जीवन के प्रति मोह का प्रसाद ने जो वर्णन किया है, उसमें अनुभूति और अभिव्यक्ति का एक दूसरा ही रंग देखने को मिलता है :

कितनी मधुर भीख माँगते है सब ही—
अपना दल-अंचल पसारकर वन-राजि
माँगती है जीवन का बिन्दु-बिन्दु ओस-सा।
क्रन्दन करता-सा जलनिधि भी
माँगता है नित्य मानो जरठ भिखारी-सा
जीवन की धारा मीठी-मीठी सरिताओं से।
व्याकुल हो विश्व, अन्ध तम से
भोर में ही माँगता है
जीवन की स्वर्णमयी किरणें प्रभाभरी।

यह वर्णन अतिशय प्रभावशाली है, अपनी उदात्तता और व्यापकता के कारण। ध्यान देने पर यह स्पष्ट हो जाता है कि इसके मूल में वर्णन में वन, समुद्र और यह संसार इन तीनों का शामिल होना है। स्वाभाविक रूप से यह रवीन्द्रनाथ के इस प्रसिद्ध गीत की याद दिला देता है : 'हेरि अहरह तोमारि विरह / भुवने भुवने राजे हे। / कत रूप धरे कानने भूधरे / आकाशे सागरे साजे हे।'

इस कविता के प्रसंग में एक खास बात यह है कि इसमें अनेक बार सन्ध्या का वर्णन किया गया है और हर बार एक भिन्न प्रकार की सन्ध्या है, अपने पिछले रूप से तीखा वैषम्य रखते हुए। यह सन्ध्या बहुत ही गम्भीर वातावरण की सृष्टि करती है—आनन्ददायक भी और विषादजनक भी, जो न केवल कविता की अन्तर्वस्तु से गहन रूप से सम्बद्ध होता है, बल्कि वह अपने आपमें कविता के स्वरूप को उपस्थित करनेवाला होता है! पहली सन्ध्या यह है :

निर्जन जलधि-वेला रागमयी सन्ध्या से
सीखती थी सौरभ से भरी रंग-रलियाँ।
दूरागत वंशी रव
गूँजता था धीवरों की छोटी-छोटी नावों में।

यह समुद्र-तट पर बसा हुआ गुजरात है, जहाँ सन्ध्या-काल में सौरभयुक्त रंग-रलियाँ थमती न थीं। इस संध्या के बाद दूसरी सन्ध्या आती है—छलनापूर्ण, जिसमें कमला दिल्ली में सुलतान के महल में कैद है :

कृष्णा वह आई फिर रजनी भी;
खोलकर ताराओं की विरल दशनपंक्ति
अट्टहास करती थी दूर मानो व्योम में,
जो सुन न पड़ा अपने ही कोलाहल में।

पहली सन्ध्या से इस सन्ध्या का वैषम्य एकदम स्पष्ट है। कहना कठिन है कि भाव के अनुरूप प्रसाद के शब्द और बिम्ब बदल गये हैं, या बदले हुए शब्द और बिम्ब मन में भिन्न प्रकार का भाव जगाते हैं—त्रासद।

यही भाव आगामी सन्ध्या-वर्णन में विस्तार पाता है, उसे गहरा बनाते हुए। यह सुलतान के महल में मानिक के पकड़े जाने के ठीक पहले का वर्णन है—

एक दिन, सन्ध्या थी;
मलिन उदास मेरे हृदय-पटल-सा
लाल-पीला होता था दिगन्त निज क्षोभ से।
यमुना प्रशान्त मन्द-मन्द निज धारा में,
करुण-विषादमयी
बहती थी धरा के तरल अवसाद-सी।

और अन्त में वह भयानक सन्ध्या, जिसमें न कोई रंग है और न कोई प्रकाश, बस गहरा अन्धकार यम के टिड्डी-दलों की तरह अपने काले-काले पंखों से तमाम चीजों को ढक रहा है। आकाश में जो नक्षत्र थे, जैसे कमला का पुण्यज्योति से हीन कलुषित सौन्दर्य, नीचे कालिमा की धारा के समान गिर रहे हैं। यह दृश्य बहुत व्यापक है। विफल सृष्टि मानो प्रलय की छाया में सो रही है! देखें उस सन्ध्या का वर्णन—

अन्तक-शरभ के
काले-काले पंख ढकते हैं अन्ध तम से।

पुण्य-ज्योति-हीन कलुषित सौन्दर्य का
गिरता नक्षत्र नीचे कालिमा की धारा-सा,
असफल सृष्टि सोती—
प्रलय की छाया में।

निश्चय ही यह बिम्ब कमला की त्रासदी को उसकी पूरी भयावहता में मूर्त करता है, जिसमें वह अपने पारिवारिक अनुचर मानिक की अधीनता में ही रहने को विवश नहीं है, मानिक ने उसे धमकी भी दी है कि रानी के रूप में उसने जितने अत्याचार किये थे, उन सबका जवाब उसे प्रतिहिंसा से दिया जाएगा।

स्वभावत: उसका चिन्तन इस रूप में चलता है :

एक माया-स्तूप-सा
हो रहा है लोप इन आँखों के सामने।
देख कमलावती!
ढुलक रही है हिम-बिन्दु-सी
सत्ता सौन्दर्य के चपल आवरण की।
हँसती है वासना की छलना पिशाची-सी,
छिपकर चारों ओर व्रीड़ा की अँगुलियाँ,
संकेत करती हैं व्यंग्य-उपहास में।

आज नारीवाद का जोर है, लेकिन उसमें न नारी-चरित्र को गहराई से समझने की कोशिश है, न उसकी त्रासदी को, जो विचित्र प्रकार के चरित्रगत ही नहीं, परिस्थितिगत भी है, प्रभावशाली ढंग से प्रस्तुत करने की प्रवृत्ति। सबकुछ जैसे नारी के यौन-स्वातन्त्र्य पर आकर ठहर गया है। ऐसे में प्रसाद की इस कविता का पुनरवलोकन एक रोमांचक अनुभव है। स्मरणीय है कि यह 'कामायनी' की रचना के दौर में ही लिखी गयी, जिसका स्तर उस कालजयी कृति के सर्वथा समतुल्य है। अतिरिक्त बात यह है कि इसमें मानव-तत्त्व या जीवन-द्रव 'कामायनी' के दोनों नारी-चरित्रों—श्रद्धा और इड़ा—से ज्यादा है।

डा. रामविलास शर्मा ने ठीक लिखा है कि प्रसादजी ने निराला के मुक्तछन्द के पक्ष में कुछ नहीं कहा, लेकिन उसमें स्वयं कविताएँ लिखकर उसका समर्थन किया। उनके मुक्तछन्द में निराला के मुक्तछन्द की तरह समान ध्वनियों के आवर्त नहीं उठते, लेकिन उनकी शब्द-योजना निस्सन्देह विलक्षण है। मुक्तछन्द में रची गयी उनकी तीन कविताओं में 'प्रलय की छाया' सर्वश्रेष्ठ है। इसके द्वारा उन्होंने छन्द- सम्बन्धी पिछले प्रयोग को नयी सार्थकता तो दी ही, मुक्तिबोध-जैसे आगे

आनेवाले कवियों को भी नया मुहावरा दिया। बहुत विस्तार में जाने की जरूरत नहीं है, 'प्रलय की छाया' में आप प्रसाद की ये पंक्तियाँ पढ़ें—

नृत्यशीला शैशव की स्फूर्तियाँ
दौड़कर दूर जा खड़ी हो हँसने लगीं।

और फिर 'एक स्वप्न-कथा' में मुक्तिबोध की ये पंक्तियाँ :

इतने में दीखतीं—
मेरी ही भाँति कहीं, इसी समुन्दर की
सियाह लहरों में नंगी नहाती हैं
किरनीली मूर्तियाँ
मेरी ही स्फूर्तियाँ
निथरते पानी की काली लकीरों के
कारण, कटी-पिटी अजीब-सी शक्ल में।

इसी तरह 'प्रलय की छाया' की अभी-अभी ऊपर उद्धृत की गयी 'गिरता नक्षत्र नीचे कालिमा की धारा-सा' उक्ति रूप बदलकर मुक्तिबोध की प्रसिद्ध कविता 'चाँद का मुँह टेढ़ा है' की इन पंक्तियों में उपस्थित है :

समय का कण-कण
गगन की कालिमा से
बूँद-बूँद चू रहा
तड़ित्-उजाला बन।

(2002)

निराला : कविता के प्रति

हिन्दी के पुराने कवियों में तुलसीदास एकमात्र ऐसे कवि हैं जिन्होंने अपने काव्य में कविता के सम्बन्ध में जो स्फुट उक्तियाँ की हैं, उनसे एक मुकम्मल काव्यशास्त्र निर्मित होता है। यह काव्यशास्त्र जितना नया है, उतना ही विद्रोही भी। खास बात यह कि यह अभिजात की जगह भदेस भाषा के काव्य पर आधारित है और वह काव्य भक्ति-काव्य है, जिसे हिन्दी में बहुत कुछ लोक-काव्य का दर्जा हासिल है। तुलसीदास के बाद वह चीज हमें फिर निराला में मिलती है। निराला ने तीन रूपों में कविता पर विचार किया है—कविता के बाहर, कविता के भीतर और स्वयं कविता के द्वारा। कविता के बाहर से मतलब है उनके लेखों, पुस्तकों की भूमिकाओं और सम्पादकीय टिप्पणियों से। अपने कवि-जीवन के आरम्भिक दिनों में उन्होंने रवीन्द्रनाथ की कविता पर एक पूरी पुस्तक ही लिखी थी—'रवीन्द्र-कविता-कानन'। उसे भी इसी में शामिल करना चाहिए। कविता के भीतर कविता पर विचार करना तुलसीदास की तरह है, यानी जो कविता लिख रहे हैं, उसी में प्रसंग उपस्थित हो जाने पर कविता पर टिप्पणी कर देना। यहाँ निराला की विशेषता यह है कि उन्होंने कविता को विषय बनाकर भी कई बार पूरी की पूरी कविताएँ लिखी हैं। स्वयं कविता के द्वारा कवि के कविता-सम्बन्धी चिन्तन प्रस्तुत करने का तात्पर्य उस काव्यशास्त्र से है, जो प्रत्येक समर्थ कवि अपने कृतित्व से उपस्थित करता है। निराला कविता के बारे में कविता के बाहर या भीतर कुछ न कहते तब भी उनके काव्य से एक नये काव्यशास्त्र की प्राप्ति हिन्दी के लिए अवश्यम्भावी थी। मैं अपने आलेख के आरम्भ में ही यह निवेदन कर देना चाहता हूँ कि पिष्टपेषण से यथासम्भव बचने के लिए इसमें मैंने अपना ध्यान निराला की उस काव्य-दृष्टि पर केन्द्रित किया है, जो उनकी कविताओं में की गयी कविता-सम्बन्धी उक्तियों से प्रकट होती है। अनिवार्यत: इसमें उन कविताओं को भी समेटा गया है, जो कविता को विषय बनाकर ही लिखी गयी हैं।

2

'तुम और मैं' निराला की प्रसिद्ध कविता है। उसके आरम्भ में ही वे कविता का जिक्र करते हैं। यह कविता उनकी एक दार्शनिक वा रहस्यवादी कविता है, जिसमें वे ब्रह्म और जीव के सम्बन्ध का विवेचन करते हैं। यह सम्बन्ध बहुत ही सरल है, उत्पाद्य-उत्पादक-सम्बन्ध, जिसे समझने में कोई दिक्कत नहीं होती। वे नाना चित्रों में उसी सम्बन्ध का आख्यान करते हैं। यदि कविता है, तो उन चित्रों में ही, वर्ना उसकी अन्तर्वस्तु में कोई नवीनता नहीं है। वह एक साधारण दार्शनिक अवधारणा है। रहस्यवाद सम्बन्ध की रागात्मकता में प्रकट हुआ है, जो इस कविता की दार्शनिक कर्कशता को भुला देती है। उसमें उपमान के रूप में जो 'कविता' आती है, यहाँ हमें उसी से मतलब है। निराला की उक्ति देखिए : 'तुम विमल हृदय उच्छ्वास / और मैं कान्त-कामिनी-कविता'। ब्रह्म से जीव वैसे ही उत्पन्न होता है, जैसे विरही के हृदयोच्छ्वास से कविता फूटती है! पन्त ने भी कहा था कि 'वियोगी होगा पहला कवि / आह से उपजा होगा गान; / उमड़कर आँखों से चुपचाप / बही होगी कविता अनजान!', लेकिन वहाँ बात वहीं तक रह गयी थी, जबकि निराला में वह एक मुकम्मल अवधारणा का रूप ले लेती है, जिसे उनकी काव्य-दृष्टि की बीज-अवधारणा भी कह सकते हैं। ध्यातव्य है कि उनकी उपर्युक्त उक्ति में कविता 'जीव' है, जिसका तात्पर्य है माया से युक्त, यानी विशुद्ध न होकर अविशुद्ध। अकारण नहीं कि वह यहाँ कान्त की कामिनी है। 'कामिनी' यानी कामवेग से युक्त स्त्री। स्वभावतः निराला आगे कहते हैं, 'तुम प्राण और मैं काया. / तुम शुद्ध सच्चिदानन्द ब्रह्म / मैं मनोमोहिनी माया।' इतना ही नहीं, पण्डितों को भ्रम न हो, इसलिए वे पुनः कविता पर आते हैं : 'तुम नाद-वेद-ओंकार-सार, / मैं कवि-शृंगार, शिरोमणि'। 'कवि-शृंगार-शिरोमणि' यानी कवि का सर्वश्रेष्ठ शृंगार, जो उसकी कविता ही होती है। स्पष्ट है कि कविता अविशुद्ध ब्रह्म नहीं है, वह नाद-वेद-ओंकार नहीं है, वह शृंगार का आलम्बन, शृंगार का भाव और शृंगार रस है! शृंगार ही क्यों? इसलिए कि माया का ठोस रूप वही है। यह कविता के बारे में उस कवि की उक्ति है, जो वेदान्ती के रूप में प्रचारित ही नहीं किया गया था, बल्कि स्वयं भी अपने को वेदान्ती कहता था। स्मरणीय है कि निराला ने अपने दूसरे ही पत्र में पं. महावीरप्रसाद द्विवेदी को लिखा था—'जीवन का लक्ष्य निरे बाल्यकाल से है परमपदलाभ।' फिर उनमें माया का यह आग्रह कहाँ से आ गया? हिन्दी की मार्क्सवादी आलोचना में अभी कवियों और लेखकों में अन्तर्विरोध ढूँढ़ने का चलन खत्म नहीं हुआ, ऊपर से एक दूसरी चीज टपक गयी है—हिन्दी नवजागरण या नवजागरण-मात्र। ऐसी स्थिति में इसे निराला का अन्तर्विरोध बतला

देना और उसका स्रोत नवजागरण को घोषित कर देना, जिसके एक नेता विवेकानन्द भी थे, आसान है। लेकिन मैं इस आसान रास्ते पर न चलकर उस 'सर्जनात्मक संगति' को महत्त्व देना चाहता हूँ, जिसे अभी-अभी मेरे एक मार्क्सवादी मित्र ने ही 'आन्तरिक संगति' कहा है। यह आन्तरिक संगति प्रत्येक महान् रचनाकार के कृतित्व में होती है, जो ऊपर से अनेक बार परस्पर विरोधी या अन्तर्विरोधपूर्ण मालूम पड़ता है। आलोचना में उसी आन्तरिक संगति की खोज का महत्त्व है।

'तुम और मैं' के बाद मैं निराला की एक अन्य कविता का उल्लेख करना चाहता हूँ—'कविप्रिया', जिसका अर्थ उन्होंने इस कविता में स्वयं बतलाया है—कवि की कविता। छप्पय छन्द में लिखी गयी यह एक प्यारी कविता है, जिसमें एक हलकी-सी कथा है। कथा यह है कि कवि अपनी छोटी-सी गागर लेकर समुद्र के पास उसे भरने के लिए जाता है, तो उसकी अपार जल-राशि देखकर किंकर्तव्यविमूढ़ रह जाता है। उधर समुद्र उमड़ रहा था, इधर उसके मन में उसे अपनी गागर में भरने की खाली कल्पना। अन्ततः वह कल्पना को छोड़कर समुद्र में उतरता है और अपने घट में उसके जल को भरता है। यहाँ कवि के बारे में निराला की उक्ति गौरतलब है—'वह उतरा प्राकृत भूमि में छोड़ कल्पना-वेदना'। इसमें 'प्राकृत' शब्द बहुत ही अर्थ-व्यंजक है। यह भौतिक और लौकिक जीवन का वाचक है। यों भी पुरुष और प्रकृति की दार्शनिक श्रेणी प्रसिद्ध है, जिसमें प्रकृति पुरुष यानी ब्रह्म से भिन्न है। इस तरह इस कविता में कवि अपने कल्पना-लोक से भौतिक जीवन में उतरता है और तत्पश्चात् अपनी गागर भरने पर वह पाता है : 'क्या केवल वह सलिल? नहीं, कवि का दर्पण था / बिम्बित जिसमें सर्वचराचर का जीवन था।' जैसे ऊपर की पंक्ति में 'प्राकृत' शब्द रेखांकित करने योग्य है, वैसे ही इन पंक्तियों में 'सर्वचराचर का जीवन' यह शब्दावती। मतलब साफ है कि निराला अपनी कविता को विश्वजीवन का दर्पण बनाना चाहते हैं, मात्र ऐकान्तिक अनुभूतियों या लोकातीत अनुभवों की अभिव्यक्ति नहीं। कहने की आवश्यकता नहीं कि इस कविता में जो 'समुद्र' है, वह 'जीवन-समुद्र' या फिर 'भव-सागर' है, जिसमें अपना घट भरने के लिए नहीं, बल्कि जिसे पार करने के लिए मोक्षकामी लोग बेचैन रहते हैं। निराला ऐसे मोक्षकामी न थे, 'परमपदलाभ' को अपने जीवन का लक्ष्य बतलाने के बावजूद, या फिर यह कि वे दोनों में कोई विरोध नहीं देखते।

निस्सन्देह कविता को 'सर्वचराचर का दर्पण' बनाने के आग्रह से उसके प्रति निराला के लौकिक वा इहलौकिक दृष्टिकोण की पुष्टि ही नहीं होती है, वह आग्रह एक विद्रोह की भी सूचना देता है। विद्रोह परम्परागत काव्य-चिन्तन से, जिसमें काव्य के विषय बहुत कुछ निर्धारित हुआ करते थे। स्वच्छन्दतावादी

आन्दोलन ने पूर्वनिर्धारित काव्य-विषयों की सीमा को तोड़ दिया था और यह स्थिति उत्पन्न कर दी थी कि अब कविता राजा-महाराजाओं पर ही नहीं, भिक्षुक पर भी और हिमालय पर ही नहीं, एक तुच्छ धूलि-कण पर भी हो सकती थी। विक्तर ह्यूगो ने स्वच्छन्दतावाद की सबसे सटीक और संक्षिप्त परिभाषा दी है : 'स्वच्छन्दतावाद कविता में उदारतावाद है।' ('Liberalism in poetry is Romanticism.') यह उदारतावाद परम्परा के परिप्रेक्ष्य में एक विद्रोह है, जिसने कविता को ही नहीं, साहित्य-मात्र को बदलकर रख दिया। यहीं पर निराला की प्रौढ़-काल में लिखी गयी कविता 'कविता के प्रति' का जिक्र करना उपयुक्त होगा, जिसमें उन्होंने कविता को 'बहुजीवन की छवि' कहकर सम्बोधित किया है। इस कविता में एक ओर बहुत ही ठाठ-बाट और ऐश्वर्य के साथ कविता की पूजा-आराधना करनेवाले कवि हैं और दूसरी ओर एक दीन-हीन कवि, जिसे आशंका है कि क्या उसका दान भी स्वीकार किया जाएगा? उसके पास तो सिर्फ अश्रुपूरित आँखें हैं और प्रकम्पित हृदय। क्या उससे भी कविता के प्रति कोई भाव निवेदित हो सकता है?—

किन्तु वहीं जिसके आँसू निकले—हृदय हिला,—
कुछ न बना, कहो, कहो, उससे क्या भाव मिला?

आचार्य शुक्ल ने करुणा के भाव पर बहुत जोर दिया है। दीन-हीन कवि निराला के पास गरीबों के दु:ख से हिला हुआ हृदय और करुणा के भाव के अलावा कुछ नहीं है। एक बिलकुल नये कवि की तरह वे पूछते हैं, क्या वह काव्योपयोगी होगा, जबकि कविता को स्वरूप ही राजसी कवियों ने प्रदान किया है, जिनके पास नये-पुराने असंख्य 'भाव रसस्राव' रहे हैं? निराला एक सच्चे स्वच्छन्दतावादी की तरह, जो राज्याश्रयी कविता से हटकर 'बहु जीवन' की या जनसाधारण की कविता लिखने को उद्यत है, स्वयं कविता से प्रश्न करते हैं—

हुए कृती कवितावृत राजकवि समूह,
किन्तु जहाँ पथ-बीहड़ कंटक-गढ़-व्यूह,
कवि कुरूप, बुला रहा वन्यहार धाम
कहो, वहाँ भी जाने को होते प्राण?

राज्याश्रयी कवियों के पास कविता को पहनाने के लिए मुक्ता के हार थे, लेकिन यह कवि हाथों में वन में खिलनेवाले फूलों का हार थामे कविता का स्वागत करने को खड़ा है। यही वह मुकाम है, जहाँ से निराला की कविता यथार्थवाद की दिशा में निर्णायक मोड़ लेती है। वैसे मैं स्पष्ट कर दूँ कि उनमें सरल रेखा में कुछ भी नहीं

चलता, शुरू से उनकी कविता आड़े-तिरछे चलती रही है।

अब मेरे सामने निराला की दो ऐसी कविताएँ हैं, जो ऊपर जिस सर्जनात्मक वा आन्तरिक संगति की बात कही गयी है उसके अन्वेषण को एक चुनौती के रूप में पेश करती हैं। ये दोनों ही कविताएँ एक ही काल की रचना हैं और एक की कविता के दो प्रारूप। लेकिन इन दोनों ही कविताओं में कविता को दो रूपों में चित्रित किया गया है। पहली कविता का शीर्षक ही है—'कविता'। इसमें निराला कविता का एक सुन्दर युवती के रूप में चित्रण करते हैं और कहते हैं कि 'मैंने उसे अपनी कविता में उतारने का बहुत प्रयास किया, लेकिन सफलता नहीं मिली।' तत्पश्चात् उस युवती का यह सन्देश उनके पास पहुँचता है कि वह उन्हें शीघ्र 'उस पार' बुला रही है! संकेत स्पष्ट है कि कविता का सौन्दर्य काफी नहीं है, उसे पाने के लिए उसमें 'उस पार' की अनुभूति भी होनी चाहिए। दूसरी कविता का शीर्षक है 'शृंगारमयी'। इसमें भी कविता सुन्दर युवती के रूप में ही चित्रित है और इसमें भी कवि प्रयत्न करके भी उसे प्राप्त नहीं कर पाता। लेकिन इस कविता का अन्त भिन्न रूप में होता है। ऐसा लगता है कि कवि शृंगार की उपेक्षा कर रहा था, सो उक्त युवती प्यार से उसे अपना हार उतारकर देती है और कहती है, 'इसे पहन लो, फिर देखो, तुम्हें कैसे शृंगार की प्राप्ति हो जाती है!' इस कविता का संकेत यह है कि कविता 'शृंगारमयी' है, इसलिए शृंगार में ही वह मिल सकती है। स्वभावत: इसका शीर्षक है—'शृंगारमयी'। यह शृंगार उस पार नहीं, बल्कि इस पार की ओर अंगुलि-निर्देश करता है। एक तरफ ब्रह्म और दूसरी तरफ माया! मैं निवेदन कर दूँ कि मुझे इन दोनों में कोई विरोध नजर नहीं आता, क्योंकि ये दोनों एक-दूसरे के लिए उपयोगी हैं। ऊपर कविता के प्रसंग में निराला भले मायावादी के रूप में पेश आये हों, लेकिन वे वस्तुत: वहाँ भी माया तक सीमित नहीं रहते और ब्रह्म तक जाते हैं। इसी कारण मुझे 'कविता' और शृंगारमयी ये दोनों कविताएँ एक-दूसरे की पूरक के रूप में दिखलाई पड़ती हैं। कहना चाहिए, यहाँ आकर निराला की काव्य-दृष्टि पूरी होती है। ब्रह्म या 'उस पार' की चर्चा देखकर भड़कने की जरूरत नहीं है, यह कोई मानव-विरोधी चीज न होकर मनुष्य की अस्मिता को विस्तार देनेवाली चीज है, उसे व्यापकता प्रदान करनेवाली चीज। यहाँ मैं निराला की प्रसिद्ध कविता 'प्रेयसी' का जिक्र करना चाहता हूँ, जिसमें एक ऐसे युवक-युवती का वर्णन है, जो प्रेम में पड़कर घर छोड़कर भागते हैं और बाहर सुखमय जीवन बिताते हैं। यह कविता प्राय: उनकी 'सफलता' शीर्षक कहानी का रूपान्तरण है, लेकिन कहानी जहाँ अदृष्ट रह गयी, वहाँ कविता मुक्त प्रेम की एक महान् कविता के रूप में समादृत हुई। इसका कारण इसमें वर्णित प्रेम की श्रेष्ठता है, जो हमें आगे उद्धृत पंक्तियों में दिखलाई पड़ती है।

पूरी कविता युवती के आत्मनिवेदन के रूप में प्रस्तुत की गयी है। प्रसंग उस समय का है, जब युवक से पहली मुलाकात के बाद वह घर लौटने लगी थी, तो वह कैसे उसे निर्निमेष दृष्टि से देखता रहा था। वह कहती है:

देखते निमेषहीन नयनों से तुम मुझे
रखने को चिरकाल बाँधकर दृष्टि से
अपना ही नारी रूप, अपनाने के लिए,
मर्त्य में स्वर्गसुख पाने के अर्थ, प्रिय,
पीने को अमृत अंगों से झरता हुआ।

स्पष्टतः यह रहस्यवादी कविता नहीं है, जैसा कि उद्धरण की अन्तिम दोनों पंक्तियों से स्पष्ट है, इसके बावजूद इसमें यह दार्शनिक वा रहस्यवादी उक्ति आती है : 'अपना ही नारी रूप, अपनाने के लिए'। यहाँ निराला थोड़ी देर के लिए युवक को ब्रह्म का रूप दे देते हैं, जिसने अपना अकेलापन दूर करने के लिए अपने को ही दो हिस्सों में बाँट लिया था। वह युवती जैसे वही दूसरा हिस्सा थी, नारी, जिसे इस समय वह आत्मसात् कर फिर एक हो जाना चाहता था। ऐसी थी उसकी दृष्टि! इससे कविता रहस्यवादी नहीं हो गयी है, बल्कि इसमें वर्णित युवक के प्रेम में रहस्यवादी गहराई आ गयी है, उसे दार्शनिक आयाम मिल गया है, जिससे वह अपनी सीमा से मुक्त होकर असीम हो गया है! यही ब्रह्म और माया का सम्बन्ध है, जो निराला की कविताओं में घटित होता चलता है और उनकी कविता-सम्बन्धी धारणा के निर्माण में भी भूमिका अदा करता है।

3

निराला एक तो मूलतः रोमाण्टिक या स्वच्छन्दतावादी थे, दूसरे रचनाकार, इसलिए उन्होंने कविता का जो स्वरूप-निरूपण किया है, वह एक ओर स्वच्छन्दतावादी है और दूसरी ओर काफी कुछ आत्मपरक। आत्मपरकता उन्हीं में नहीं है, वह संसार के सारे रचनाकारों द्वारा निरूपित काव्य-लक्षणों में है, जिसे अस्वाभाविक नहीं कह सकते। अकारण नहीं है कि पश्चिम में वर्ड्सवर्थ और इलियट ने ही नहीं, वर्ड्सवर्थ और कॉलरिज ने भी कविता को भिन्न ढंग से परिभाषित किया है। उसी तरह आधुनिकतावादियों के काव्य-लक्षण भी आपस में नहीं मिलते। निराला ने अपनी दो कविताओं—'धारा' और 'मित्र के प्रति'—में स्वच्छन्दतावादी कविता का स्वरूप-निरूपण तो किया ही है, अपनी कविता का स्वरूप भी बतला दिया है। तात्पर्य कि यह निरूपण पूर्णतः वस्तुपरक नहीं है, यानी ऐसा कि हिन्दी की समग्र

छायावादी कविता पर लागू हो। 'धारा' उनकी आरम्भिक कविताओं में से है, जिसमें वे कहते हैं—

बड़े दम्भ से खड़े हुए ये भूधर
समझे थे जिसे बालिका,
आज ढहाते शिला-खण्ड-चय देख
काँपते थर-थर—
उपल-खण्ड नर-मुण्ड-मालिनी कहते उसे कालिका।

यह ठीक है कि छायावादी कविता के प्रवाह ने बड़े-बड़े विरोधियों के किले ध्वस्त कर दिए थे और अन्ततः उन पर उसकी विजय हुई थी, लेकिन इन पंक्तियों में निराला ने उस कविता के वेग और ओज के बारे में जो दावा किया है, वह पन्त और महादेवी को तो छोड़ ही दें, स्वयं प्रसाद में भी नहीं मिलता। ध्वंस इन कवियों ने भी किया था, लेकिन उतना नहीं, जितना निराला ने। अकारण नहीं कि और छायावादी कवियों की तुलना में वे देर से स्वीकृत हुए, सो यहाँ उन्होंने जिस वेग और ओज की बात की है, वह मुख्यतः उनकी अपनी कविता की विशेषता है। इस कविता के अन्त में उन्होंने जो यह कहा है कि 'जा रही मैं मिलने के लिए, / पार कर सीमा, / प्रियतम असीम के संग', यह रहस्यवाद भी सर्वाधिक उन्हीं की विशेषता है। प्रसंगवश यहाँ यह भी कहा जा सकता है कि 'धारा' रवीन्द्रनाथ की 'निर्झरेर स्वप्नभंग' शीर्षक जिस कविता से प्रभावित है, उसके सम्पर्क में भी वही सबसे ज्यादा थे।

दूसरी कविता 'मित्र के प्रति' में भी, जो उन्होंने अपने प्रौढ़-काल में ब्रजभाषा- कविता के समर्थक अपने मित्र उमाशंकर वाजपेयी को उत्तर देने के लिए लिखी थी, स्वच्छन्दतावादी कविता का शास्त्र ही प्रस्तुत किया गया है। यँह भी काफी कुछ आत्मपरक है। इसके शुरू में वर्षाकालीन हरे-भरे सरोवर के रूप में ब्रजभाषा-कविता का चित्र प्रस्तुत किया गया है, फिर ग्रीष्म-प्रभंजन के रूप में स्वच्छन्दतावादी कविता का :

बही बन्धु, वायु प्रबल
जो न बँध सकी;
देखते थके तुम, बहती
न वह थकी।
समझो वह प्रथम वर्ष,
रुका नहीं मुक्त हर्ष,
यौवन दुर्धर्ष कर्ष-
मर्ष से लड़ा;

ऊपर मध्याह्न तपन
तपा किया, सन्-सन्-सन्
हिला-झुला तरु अगणन
बही वह हवा।

यदि किन्हीं को यह सन्देह हो कि यह कविता स्वच्छन्दतावादी या छायावादी कविता का स्वरूप बतलाने के लिए नहीं लिखी गयी, तो उन्हें उसकी ये आरम्भिक पंक्तियाँ देखनी चाहिए—'कहते हो, नीरस यह / बन्द करो गान— / कहाँ छन्द, कहाँ भाव, / कहाँ यहाँ प्राण?' और फिर बाद की ये पंक्तियाँ भी—'बही तोड़ बन्धन / छन्दों का निरुपाय, / वही किया की फिर-फिर / हवा 'हाय-हाय'।' छन्दहीनता, भावहीनता और प्राणहीनता—यही वे आरोप थे, जो छायावादी कविता पर पण्डितों ने लगाये थे।

'मित्र के प्रति' कविता में एक और बात है, जो कविता में छायावाद या निराला के लोकोन्मुखता के आग्रह से हमारा परिचय कराती है। छायावाद के विरोधियों ने छायावाद को ब्रजभाषा-कविता की तुलना में नीरस और शुष्क कहा, तो निराला ने उसे झंझावात की जगह ग्रीष्म-प्रभंजन ही नहीं बतलाया, यह भी कहा कि वह तपोवन की तरह है, जहाँ मयूर और व्याल मित्र की तरह रहते हैं। यह मित्र-अमित्र के बीच अभेद का भाव है, जो उन्हें अपने देश और काल के लिए, उच्चतर लक्ष्य को ध्यान में रखने के कारण, मूल्यवान् प्रतीत हुआ। उन्होंने छायावादियों से विरोध-भाव रखनेवाले लोगों से निवेदन किया—

सोचो तो क्या थी वह
भावना पवित्र,
बँधा जहाँ भेद भूल
मित्र से अमित्र।

तुम्हीं एक रहे मोड़
मुख, प्रिय, प्रिय मित्र छोड़;
कहो, कहो, कहाँ होड़
जहाँ जोड़, प्यार?

इसी रूप में रह स्थिर,
इसी भाव में घिर-घिर,
करोगे अपार तिमिर-
सागर को पार?

कहने की आवश्यकता नहीं कि 'अपार तिमिर-सागर' राष्ट्रीय पराधीनता है, जिसे संगठित होकर पार करने के लिए निराला कवियों से अनुरोध करते हैं। स्वाधीनता निराला के काव्य का ही नहीं, उनके काव्य-चिन्तन का भी मूल प्रेरक है, इसे हमेशा ध्यान में रखना चाहिए। अब तक वे अपने काव्य 'तुलसीदास' की रचना कर चुके थे। इसमें स्वाधीनता का युद्ध और गहरे स्तर पर यानी संस्कृति के स्तर पर लड़ने की बात है। आप इस काव्य के नायक का संकल्प देखें :

करना होगा यह तिमिर पार—
देखना सत्य का मिहिर-द्वार—
बहना जीवन के प्रखर ज्वार में निश्चय—
लड़ना विरोध से द्वन्द्व-समर,
रह सत्य-मार्ग पर स्थिर निर्भर—
जाना, भिन्न भी देह, निज घर निःसंशय।

स्मरणीय है कि यह काव्य-नायक कवि है और उसने संस्कृति के स्तर पर स्वाधीनता का युद्ध कविता के द्वारा ही लड़ा था। उसके मार्ग में पत्नी की रूपासक्ति से जब विचलन आया, तो पत्नी की प्रेरणा से ही वह पुनः जाग्रत् हुआ और अपने मार्ग पर आगे बढ़ा। यहाँ निराला ने उसका बहुत ही भव्य वर्णन किया है, जिसमें महान् कविता की परिभाषा छिपी हुई है :

देश-काल के शर से बिंधकर
यह जागा कवि अशेष-छविधर
इसका स्वर भर भारती मुखर होएँगी।

अपनी वाणी को मुखरित करने के लिए कवि का देश-काल के शर से विद्ध होना आवश्यक है, क्योंकि श्रेष्ठ कविता न देशातीत होती है और न कालातीत। जैसा कि नेरूदा ने भी कहा है, उस पर जिन्दगी के कबूतर के गन्दे पंजों की छाप होनी चाहिए।

4

आलेख के शुरू में निराला में एक मुकम्मल काव्यशास्त्र मिलने की बात कही गयी है। यह सच्चाई है और उन्होंने अपनी कविताओं में भी उसे उपस्थित किया है, यानी सिर्फ कविता की परिभाषा देकर नहीं छोड़ दिया, उसकी रचना के तत्त्वों का

अलग से भी उल्लेख किया है। चूँकि वे स्वच्छन्दतावादी कवि थे, इसलिए उन्होंने स्वभावतः कल्पना को कविता का सबसे महत्त्वपूर्ण उपादान बतलाया। अंग्रेजी के सुपरिचित आलोचक सी.एम. बावरा ने, जिनकी रोमाण्टिक कविता में विशेष रुचि रही है, उसका सर्वाधिक अनिवार्य तत्त्व कल्पना को ही चिह्नित किया है। निराला का वह गीत प्रसिद्ध है, जिसमें उन्होंने 'मानस की कुसुमित वाणी' अर्थात् कविता को 'कल्पना के कानन की रानी' कहा है। इसमें और भी बातें हैं, जिन पर ध्यान नहीं दिया गया। उनमें पहली बात तो यह है कि निराला कवि-कल्पना को इतना महत्त्व देते हैं कि उसे ज्ञान या विचार से भी ऊपर स्थापित कर देते हैं, यथा 'देख तुम्हारी मूर्ति मनोहर / रहें ताकते ज्ञानी।' दूसरी बात यह कि उनकी कल्पना नयी कल्पना थी, नये युग की, नये मूल्यों का वहन करनेवाली, इसलिए उन्होंने उससे निवेदन किया कि 'मेरी अखिल पुरातन-प्रियता हर दो'। यहाँ एक परवर्ती कवि की एक कविता याद आती है, जिसमें उसने नयी पीढ़ी से कहा था : 'कल्पना करो, नवीन कल्पना करो'। कल्पना पुरानी कविता में भी अनुपस्थित नहीं है, लेकिन नये युग के स्वच्छन्द कवि ने नयी चेतना से प्रसूत कल्पना पर जोर दिया और अतिरिक्त आग्रह से। इस कल्पना में उसका ऐसा विश्वास था कि वह उसकी सृष्टि को वास्तविक सृष्टि की वस्तुओं से भी अधिक सुन्दर मानता था। अपनी 'कवि' शीर्षक कविता में निराला कवि को सम्बोधित कर कहते हैं :

फूलते नहीं हैं फूल वैसे वसन्त में
जैसे तव कल्पना की डालों पर खिलते हैं

उनका विश्वास यह तक था कि कविता-मात्र कल्पना से सम्भव होती है। इसी का परिणाम है कि उन्होंने 'सन्तकवि रविदासजी के प्रति' शीर्षक अपने सॉनेट में रैदास की कविता को भी कल्पना-प्रसूत माना है। उनसे निवेदन करते हैं :

पूज्य अग्रज भक्त कवियों के, प्रखर
कल्पना की किरण नीरज पर सुघर
पड़ी ज्यों अँगड़ाइयाँ लेकर खड़ी
हो गयी कविता कि आयी शुभ घड़ी...

मतलब स्पष्ट है : तुममें कवि-कल्पना जाग्रत् हुई, तो फिर कविता फूट पड़ी, जैसे कमल पर किरण पड़ने से वह प्रस्फुटित हो उठता है !

निराला के गीत 'कल्पना के कानन की रानी' की तरह ही 'वर्ण-चमत्कार' गीत भी सुपरिचित है। कविता की रूप-रचना के सम्बन्ध में उनका विचार जानने की दृष्टि से यह गीत महत्त्वपूर्ण है। ध्रुवक के साथ इसका पहला बन्द है :

वर्ण-चमत्कार;
एक-एक शब्द बँधा ध्वनिमय साकार।
पद-पद चल बही भाव-धारा,
निर्मल कल-कल में बँध गया विश्व सारा,
खुली मुक्ति बन्धन से बँधी फिर अपार—
वर्ण-चमत्कार!

यह बन्द इस बात का प्रमाण है कि निराला कविता को एक चमत्कार मानते हैं, वर्ण-संयोजन से घटित होनेवाला चमत्कार। वर्णों के संयोजन से शब्द बनता है और वह शब्द ध्वनि तथा रूप से युक्त होता है। रूप का स्पष्ट अर्थ है बिम्ब। इस तरह कविता वर्ण, शब्द, ध्वनि और बिम्ब से निर्मित होती है। जैसे 'साकार' का अर्थ है 'बिम्बयुक्त', वैसे ही ध्वनि यहाँ मात्र ध्वनि न होकर 'व्यंजना' है। प्रकारान्तर से निराला कविता में वर्ण, शब्द, ध्वनि और बिम्ब की योजना को महत्त्व दे रहे हैं, ध्यातव्य यह है। निश्चय ही उनके ठीक पहले के कवि के लिए कविता में 'रचना' का महत्त्व उसमें केवल खड़ीबोली का यथासम्भव सुघड़ प्रयोग था। आचार्य शुक्ल ने कहा था कि खड़ीबोली के मँजने का मतलब है हिन्दी के सब तरह के प्रचलित छन्दों में उसकी स्वाभाविक वाग्धारा का अच्छी तरह खपने योग्य हो जाना। इससे आगे द्विवेदीयुगीन कविता के लक्ष्य में कुछ न था और चूँकि इसमें मैथिलीशरण गुप्त को सर्वाधिक सफलता मिली थी, इसलिए वे अपने युग के सर्वश्रेष्ठ कवि के रूप में मान्य हुए थे। निराला का लक्ष्य उससे आगे का था। वे कविता में और भी बहुत कुछ चाहते थे, जिसका उल्लेख ऊपर हो चुका है। वे रचना में वर्ण, शब्द, ध्वनि और बिम्ब के संघटन की बात तो कहते ही हैं, 'पद' शब्द का श्लेष में प्रयोग करते हुए उसमें ऐसी भाव-धारा बहाने की बात भी कहते हैं, जो अपने निर्मल कल-कल रव से सारे विश्व को बाँध ले। यानी कविता का प्रसार जाति या राष्ट्र तक ही नहीं, सम्पूर्ण विश्व तक हो, मानव-मात्र तक। खास बात यह कि वे कविता में बन्धन और मुक्ति के द्वन्द्व की बात करते हैं। यह वाकई एक चमत्कार ही है कि भाव-जैसी मुक्त चीज कविता में वर्णों में बँधकर दूर-दूर तक अपना प्रभाव फैलाती है : 'खुली मुक्ति बन्धन से बँधी फिर अपार'!

निराला की कविता अपने अर्थ-गौरव के लिए प्रसिद्ध है। यह तभी सम्भव है, जबकि शब्द कम हों और अर्थ उनमें बहुत ज्यादा हो : 'अरथु अमित अति आखर थोरे'। इसमें ध्वनि भी कवि की सहायता करती है, जो सीमित अर्थ को तरंगों के अनेकानेक वृत्त की तरह असीमित प्रसार प्रदान करती है। यह कवि की अमुखरता या अवाचालता है, जो एजरा पाउण्ड का 'शब्दों की मितव्ययिता' है। निराला में इसका विशेष आग्रह था और इसे वे श्रेष्ठ कविता का गुण मानते थे। इसी

कारण 'बहू' में जब वे भावयुक्त मितभाषिता देखते हैं, तो उन्हें कविता याद आती है :

भावमग्न कवि की वह एक मुखरता-वर्जित वाणी...
नीरवता ही करती उसकी पूरी भाव-व्यंजना।

वैसे कविता में अमुखरता 'मौन' तक पहुँच जाती है। परवर्ती कवियों में अज्ञेय में भी इसकी बड़ी महिमा है और शमशेर में भी। 'परिमल' के आरम्भ में निराला का एक गीत है—'मौन'। इसमें वे कहते हैं : 'मौन मधु हो जाय / भाषा मूकता की आड़ में, / मन सरलता की बाढ़ में, / जल-बिन्दु-सा बह जाय।' यहाँ प्रसंग प्रेम का है, लेकिन कविता में भी जब भाषा मूक हो जाती है, तो मौन मधु की तरह आस्वाद्य हो जाता है, यह मिथक नहीं, सत्य है, जिसका निराला को काफी पहले से एहसास था। आज शब्दों के बीच की खाली जगहों को भी कविता में समझने पर बल दिया जाता है। यह निराला की भाव-व्यंजक नीरवता ही तो है? बिलकुल स्वच्छन्द कवि की तरह उन्होंने एक गीत में कविता को अयत्नज सृष्टि कहा है। उसकी रचना के लिए वे जैसे अपनी ओर से कोई प्रयास नहीं करते, वह स्वयं उनके भीतर से प्रकट होती है, जैसे उनके माध्यम से गानेवाला कोई और हो: 'तुम्हीं गाती हो अपना गान; / व्यर्थ मैं पाता हूँ सम्मान।' निराला की अपनी कविता का जो स्वरूप है, वह पूर्णत: अयत्नज नहीं हो सकती; उसमें उनके चेतन और अचेतन दोनों मानस का योगदान प्रत्यक्ष है; उसमें भाव ही नहीं, बुद्धि भी सक्रिय है, लेकिन स्वच्छन्द कविता के आदर्श के अनुरूप उन्होंने उसकी रचना के बारे में उपर्युक्त बात कही है।

इस प्रसंग में अन्तिम बात छन्द को लेकर है। पहले कुछ लोग श्रीधर पाठक की 'सांध्य-अटन'-जैसी कविता में छोटी-बड़ी और गद्यात्मक पंक्तियाँ देखकर उन्हें हिन्दी में मुक्तछन्द का प्रवर्तक कहते थे। इधर कुछ विद्वान् भारतेन्दु-युग के कवि महेश नारायण की प्रबन्धात्मक कविता 'स्वप्न' में वैसा ही कुछ देखकर उन्हें मुक्तछन्द के प्रवर्तन का श्रेय देने लगे हैं। यह सारा कुछ निराला के मुक्तछन्द को न समझने के कारण है। उनका मुक्तछन्द कविता में सिर्फ छोटी-बड़ी पंक्तियों को एक साथ रखना या उसके वाक्यों का गद्यात्मक होना नहीं है। वह मुक्तछन्द लय की एक निश्चित पद्धति पर निर्मित है, जिसमें पंक्तियाँ स्वाभाविक रूप से छोटी-बड़ी या गद्यात्मक हो जाती हैं। निश्चय ही उसका आधार कवित्त की लय है, उसी की तरह उसमें यति और विराम का नियम है और चरणों के छन्दोबद्ध न होने से होनेवाली संगीत की क्षति की सानुप्रास पद-विन्यास से पूर्ति है। वैसे कवित्त में भी छन्द के साथ सानुप्रास पद-विन्यास का चलन था। इससे आगे निराला का मुक्तछन्द कविता के क्षेत्र में एक सर्जनात्मक प्रयोग था, जिसका आधार नये युग की मुक्ति-

भावना थी। आश्चर्य नहीं कि उन्होंने छन्द की मुक्ति के सवाल को जाति की मुक्ति से जोड़ा था। इस मुक्तछन्द का सृजन छायावाद-युग में ही हो सकता था, क्योंकि वही युग युवावर्ग के 'बन्धनमुक्त चित्त' की अभिव्यक्ति था। 'परिमल' की भूमिका, 'पन्त और पल्लव' शीर्षक प्रबन्ध तथा अन्यत्र भी गद्य में निराला ने मुक्तछन्द पर विचार किया है, लेकिन वह उनकी कविता में भी है। हम 'मित्र के प्रति' शीर्षक कविता में देख चुके हैं कि 'बही तोड़ बन्धन / छन्दों का निरुपाय', उससे पहले एक पूरी कविता उन्होंने कविता को सम्बोधित कर लिखी थी और उसके आरम्भ में ही मुक्तछन्द की प्रस्तावना की थी। वह कविता है 'प्रगल्भ-प्रेम' शीर्षक, जिसकी निम्नलिखित पंक्तियाँ बहुधा उद्धृत की गयी हैं—

आज नहीं है मुझे और कुछ चाह
अर्धविकच इस हृदय-कमल में आ तू
प्रिये, छोड़कर बन्धनमय छन्दों की छोटी राह!
गजगामिनि, वह पथ तेरा संकीर्ण,
कण्टकाकीर्ण,
कैसे होगी उससे पार!
काँटों में अंचल के तेरे तार निकल जाएँगे
और उलझ जाएगा तेरा हार

यह नये युग की कविता है, जो छन्द की बँधी हुई संकीर्ण प्रणालियों से प्रवाहित नहीं हो सकती। उसके लिए विस्तृत मार्ग चाहिए, जिससे वह गजगति से अक्षत निकल सके! बाद में भी निराला ने एक गीत में कहा : 'नूपुर के सुर मन्द रहे, / जब न चरण स्वच्छन्द रहे।' यहाँ 'चरण' कविता का भी चरण है और 'स्वच्छन्द' 'मुक्त' का वाचक है। इस तरह तिर्यक् रूप में निराला यहाँ भी मुक्तछन्द की ही महिमा बतला रहे हैं। इस बात की पुष्टि आगे की इस पंक्ति से होती है, जिसमें 'छन्द' का स्पष्ट उल्लेख है : 'बहुविध प्राणों को झंकृत कर / बजे छन्द जो बन्द रहे।' ध्यान देने लायक बात यह भी है कि निराला की छन्द-मुक्तता छन्द से पूर्ण मुक्ति नहीं है। 'परिमल' की भूमिका में उन्होंने कहा था कि मुक्तछन्द वह है, जो छन्द की भूमि में रहकर भी स्वतन्त्र है। 'छन्द की भूमि' रेखांकित करने योग्य शब्द हैं। मुक्तछन्द छन्द न हो, लेकिन उसमें छन्द की गति, लय या प्रवाह अवश्य हो। उपर्युक्त प्रथम उद्धरण में वे जान-बूझकर कविता को 'गजगामिनी' कहकर सम्बोधित करते हैं, क्योंकि गजगति में सिर्फ गति नहीं होती, एक मंथर लय भी होती है। उसी तरह द्वितीय उद्धरण में भी चरण की स्वच्छन्दता पूर्ण स्वच्छन्दता नहीं है, बल्कि वह स्वच्छन्दता है, जो नृत्य की लय-गति के अधीन होती है!

5

यह जानी हुई बात है कि निराला उदग्र छायावादी कवि थे, लेकिन ऐसे, जिनमें शुरू से ही छायावाद का अतिक्रमण करने की प्रवृत्ति भी थी। छायावादी दौर में भी उन्होंने अनेक ऐसी कविताएँ लिखीं, जिनमें सामाजिक जीवन के यथार्थ का चित्रण है। लेकिन चौथे दशक के मध्य से जब हिन्दी कविता में दृश्य-परिवर्तन होने लगा तो उन्होंने मजबूती से यथार्थ की भूमि पर अपने पाँव टेके, जिसका प्रमाण 'नये पत्ते' की कविताएँ हैं। यह बात और है कि इस यथार्थवादी दौर में भी वे किंचित् परिवर्तित शैली में छायावादी और रहस्यवादी कविताएँ लिखते रहे, जिसका प्रमाण 'अणिमा' और 'बेला' के अनेक गीत हैं। अपनी काव्य-रचना के अन्तिम दौर में भी वे 'नये पत्ते' की जमीन पर खड़े नहीं दिखलाई पड़ते, भले 'गीत-गुंज' से लेकर 'सांध्य काकली' तक के गीतों में आत्मपरक रूप में ही सामाजिक-राजनीतिक जीवन का यथार्थ भी प्रकट हुआ हो। इसीलिए पहले ही निवेदन किया जा चुका है कि निराला में कुछ भी सरल रेखा में नहीं चलता, इसलिए उनके सम्बन्ध में सरलीकृत या एकांगी रूप से कुछ नहीं कहा जा सकता। बहरहाल, हिन्दी कविता जब यथार्थवादी दिशा में मुड़ी, तो सुमित्रानन्दन पन्त-जैसे कवि भी उस आन्दोलन की अगली कतार में आ गये। उन्होंने कालाकाँकर से 'रूपाभ' नाम की पत्रिका निकाली, जो एक तरह से प्रगतिशील आन्दोलन का मुखपत्र थी। 1938 में उसके एक अंक में निराला की एक कविता छपी—'और और छबि', जो इस बात का प्रमाण प्रस्तुत करती है कि इस आन्दोलन ने कविता-सम्बन्धी उनकी पूर्वधारणा को बदल दिया था। इस बात को समझने के लिए इस प्रगीतात्मक कविता को सम्पूर्ण रूप में देखना जरूरी है :

और और छबि रे यह!
नूतन भी कवि, रे यह
और और छबि!

समझ तो सही
जब भी यह नहीं गगन
वह मही नहीं,
बादल वह नहीं जहाँ
छिपा हुआ पवि, रे यह
और और छबि!

यज्ञ है यहाँ,
जैसे देखा पहले होता अथवा सुना;
किन्तु नहीं पहले की,
यहाँ कहीं हवि, रे यह
और और छबि!

इस कविता की अर्थ-मीमांसा करें तो पता चलेगा कि इसमें निराला एक बदले हुए कवि और बदली हुई कविता का संकेत दे रहे हैं। कहते हैं, यह एक भिन्न सौन्दर्य है। प्रेमचन्द ने प्रगतिशील लेखक संघ के स्थापना-सम्मेलन में अपने व्याख्यान में कहा था कि सौन्दर्य की परिभाषा बदलनी होगी। निराला जैसे बदले सौन्दर्य को अनुभव करते हैं और उसके बारे में बतलाते हैं। यथार्थवादी, कवि, प्रगतिशील कवि, एक नये ढंग का कवि है, नये प्रकार का। यह नयापन या भिन्नता किससे? स्पष्टत: छायावादी कवि से, जो यथार्थ की जगह कल्पना को महत्त्व देता था। ताज्जुब नहीं कि इसी के आस-पास हिन्दी में नये साहित्य का आन्दोलन चला, 'नया साहित्य' नाम से पत्रिका ही नहीं निकली, प्रकाशन भी शुरू हुआ। ध्रुवक के बाद गीत के पहले बन्द में निराला हिन्दी वालों को यह समझाने के लिए परेशान हैं कि कविता में सबकुछ बदल चुका है, न वह आकाश रहा, न वह पृथ्वी। बादल भी बदल चुके हैं, जिनमें वज्र छिपा रहता था। 'बादलों में निहित वज्र'—यह छायावादी औदात्त्य है, जिसका उदाहरण स्वयं निराला की कविता प्रस्तुत करती थी। मैं थोड़े ही दिन पहले लिखे गये उनके 'उत्साह' शीर्षक गीत की याद दिलाना चाहता हूँ, जिसमें उन्होंने बादलों को सम्बोधित कर कहा था—'विद्युत-छबि उर में, कवि, नवजीवनवाले! / वज्र छिपा, नूतन कविता / फिर भर दो।' ज्ञातव्य है कि यथार्थवादी आन्दोलन औदात्त्य से भी साहित्य को छुटकारा दिलाकर उसे सहज साधारण जीवन के यथार्थ की भूमि पर उतार लाया था। अन्तिम बन्द में निराला यथार्थवादी या प्रगतिशील आन्दोलन को एक यज्ञ ही बतलाते हैं, लेकिन एक फर्क के साथ। वह फर्क यह है कि इस यज्ञ के कुण्ड में एक नयी हवि दी जा रही है। पहलेवाली नहीं! कविता के सम्बन्ध में बदले हुए इस खयाल से कैसी कविताएँ सम्भव हुईं, इसका संकेत ऊपर किया जा चुका है। 'रानी और कानी', 'गर्म पकौड़ी', 'कुत्ता भौंकने लगा,', 'झींगुर डटकर बोला,' 'छलाँग मारता चला गया', 'डिप्टी साहब आए' और 'महगू महगा रहा'-जैसी कविताओं में न छायावादी कविताओं वाला सौन्दर्य है, न औदात्त्य; न वह पवि, न वह हवि।

लेकिन जैसे अपने काव्य-सृजन और काव्य-चिन्तन की जटिलता को प्रमाणित करते हुए अपनी काव्य-रचना के बिलकुल आखिरी दौर में निराला ने

सबकुछ को ईश्वरार्पित कर दिया। सरस्वती, लक्ष्मी, राम, कृष्ण, सूर्य आदि सभी उनके लिए ईश्वरीय शक्तियाँ थीं। इस दौर के एक गीत में उन्होंने सूर्य से यह याचना की कि वह उन्हें यह वरदान दे कि उनकी कविता पद्मा अर्थात् लक्ष्मी की भक्ति से, उसके चरणों के प्रसाद से, सम्भव हो : 'पद्मा के पद को पाकर हो, / सविते, कविता को यह वर दो।' कुछ वर्ष पूर्व ही उन्होंने 'देवी सरस्वती' शीर्षक अपनी प्रसिद्ध कविता में उन्हें सम्बोधित करते हुए कहा था : 'तुम्हीं चिरन्तन जीवन की / उन्नायक, भविता, / छवि विश्व की मोहिनी, / कवि की सनयन कविता।' निराला द्वारा संकेतित यथार्थवादी कविता और उनकी कविता को लक्ष्मी और सरस्वती से जोड़ने के बीच क्या कोई संगति है? निश्चय ही वह है, लेकिन ऊपरी नहीं, आन्तरिक वा सर्जनात्मक संगति। इसके सूत्र हमें तब मिलते हैं, जब हम उनकी 'देवी सरस्वती' कविता के साथ-साथ रची गयी 'महालक्ष्मी के प्रति' कविता में यह देखते हैं कि वे उन्हें 'वसुन्धरा की मधुर धारणा' के रूप में चित्रित करते हैं, ठीक उसी तरह जिस तरह 'देवी सरस्वती' कविता में वे सरस्वती को लोक और प्रकृति में व्याप्त बतलाते हैं। ऊपर उद्धृत पंक्ति में भी वे उन्हें 'विश्व की मोहिनी छवि' कहते हैं। यहाँ 'विश्व' शब्द रेखांकन के योग्य है।

इस तरह निराला ने अपनी कविताओं में भी कविता की एक भरी-पूरी धारणा उपस्थित की है, जो एक हद तक आत्मपरक होते हुए भी काफी व्यापक और पूर्ण है।

(2004)

निराला और जी. शंकर कुरुप

सूर्यकान्त त्रिपाठी निराला और जी. शंकर कुरुप दोनों एक-दूसरे के समकालीन हैं, यद्यपि एक हिन्दी के कवि थे और दूसरे मलयालम के तथा एक बंगाल में जनमे-बढ़े थे और दूसरे सुदूर केरल में। ये बीसवीं शताब्दी के आरम्भ के बाद के दशक थे, जिनमें स्वच्छन्दतावाद लगभग सम्पूर्ण भारतीय साहित्य की मुख्य चेतना बन रहा था। इसकी प्रेरणा अन्य स्रोतों से भी आयी थी, लेकिन साहित्यिक प्रेरणा के रूप में भारत के उत्तरी और दक्षिणी दोनों हिस्सों में सर्वाधिक जोर रवीन्द्र-काव्य का था। निराला का सम्बन्ध संस्कृत काव्य के साथ हिन्दी काव्य की विभिन्न परम्पराओं से भी था, यथा भक्ति-काव्य और रीति-काव्य से, तथापि वे अपने भीतर काव्य-संवेदना के नवोन्मेष और प्रसार के लिए जिस कवि के अत्यधिक ऋणी थे, वे रवीन्द्रनाथ ही थे। उन्होंने रवीन्द्र-काव्य को स्वायत्त ही नहीं किया था, उनसे कविता की नयी भाषा, नये चित्र और नया संगीत ही नहीं लिया था, हिन्दी में उनकी अनेक कविताओं का अनुवाद भी किया था। इतना ही नहीं, वे हिन्दी पाठकों को रवीन्द्र-काव्य का परिचय देनेवाले हिन्दी के पहले लेखक हैं। उन्होंने 'रवीन्द्र-कविता-कानन' के नाम से रवीन्द्रनाथ पर हिन्दी में पहली आलोचना-पुस्तक लिखी थी, जिसे पढ़कर हिन्दी के अनेक पाठक रवीन्द्र-काव्य की तरफ प्रवृत्त हुए। हिन्दीवालों को बँगला भाषा की शिक्षा देने के लिए उन्होंने 'हिन्दी बँगला-शिक्षा' के नाम से भी एक पुस्तक की रचना की थी। उसके पीछे उनका मूल उद्देश्य यही था कि हिन्दी के पाठक बँगला सीखकर रवीन्द्र-काव्य का आनन्द लें और इस तरह कविता में आरम्भ होनेवाले नये युग को समझें। कुरुप की कविता के भी अनेक प्रेरक तत्त्व हैं, लेकिन उनके लिए भी जो महत्त्व रवीन्द्रनाथ का था, किसी अन्य का नहीं। उनके शब्द हैं, 'मेरे कल्पना-क्षितिज को विस्तृत तथा आदर्श-बोध को विकसित करने में टैगोर का जितना हाथ था उतना शायद किसी और का न रहा हो।' लेकिन निराला और कुरुप दोनों के रवीन्द्रनाथ से सम्बन्ध दो तरह के थे।

निराला की विशेषता यह थी कि वे रवीन्द्रनाथ से एक तरफ प्रभाव ग्रहण

करते थे और दूसरी तरफ उनसे संघर्षरत भी थे। उनका यह संघर्ष रवीन्द्रनाथ से वैचारिक स्तर पर ही नहीं, काव्य-संवेदना और काव्य-शिल्प के स्तर पर भी था। हिन्दी के लोगों को उनका 'चरखा' शीर्षक निबन्ध याद होगा, जिसमें उन्होंने महात्मा गाँधी का पक्ष लेकर रवीन्द्रनाथ के विचारों की खरी-खरी आलोचना की थी। काव्य-संवेदना के स्तर पर उनसे उन्मेषित और अनुप्राणित होते हुए भी वे अपनी कविता में संवेदना के एक नये रूप का निर्माण कर रहे थे, जो एक तरफ काल्पनिक था, तो दूसरी तरफ वास्तविक और एक तरफ वैयक्तिक था, तो दूसरी तरफ सामाजिक, यानी एक तरफ रोमानी था, तो दूसरी तरफ क्लासिकी। कहना चाहिए कि इन दोनों का पारस्परिक विरोध ही निराला-काव्य का असली शक्ति-स्रोत है, जिसका सुन्दर साक्ष्य उनका पूर्ववर्ती काव्य प्रस्तुत करता है। इसका सबसे बढ़िया सबूत स्वयं रवीन्द्रनाथ की वे कविताएँ हैं, जिनका निराला ने अनुवाद किया है, उदाहरणार्थ 'विजयिनी' और 'वैशाख' शीर्षक कविताएँ। निराला ने न केवल इन कविताओं का शीर्षक बदल दिया है, क्रमशः 'तट पर' और 'ज्येष्ठ', बल्कि इनके आकार की दीर्घता भी कम कर दी है। मूल से अनुवाद की तुलना करने पर यह बात स्पष्ट हो जाती है कि रवीन्द्रनाथ में जहाँ फैलाव है, निराला में सान्द्रता और रवीन्द्रनाथ के बिम्ब जहाँ चित्र की तरह हैं, निराला के मूर्तिवत्। निश्चय ही यह फर्क दोनों महाकवियों द्वारा प्रयुक्त दो प्रकार के शब्दों के कारण आया है, जिसके मूल में दोनों की भिन्न प्रकार की काव्य-रचना की प्रक्रियाएँ हैं, क्रमशः सरल और जटिल। ज्ञातव्य है कि रवीन्द्रनाथ से अपना आत्यन्तिक सम्बन्ध-विच्छेद न करते हुए भी निराला ने अपनी काव्य-रचना के दूसरे यानी मध्यवर्ती दौर में अपनी यथार्थवादी चेतना का परिचय देते हुए रवीन्द्र-काव्य के स्वप्न-लोक को पूर्णतः नष्ट कर दिया, जिसका स्मारक उनकी 'खजोहरा' शीर्षक प्रसिद्ध कविता है, जिसकी नायिका बुआ वस्तुतः 'ठाकुर की विजयिनी' हैं। इस कविता की हिन्दी के डा. रामविलास शर्मा-जैसे मार्क्सवादी आलोचक द्वारा कटु आलोचना की गयी है और कहा गया है कि उसमें निराला का यथार्थ-बोध विकृति का शिकार है। वह हो भी तो यह याद रखने लायक है कि इसी दौर में उन्होंने 'कुकुरमुत्ता' से लेकर 'नये पत्ते' की किसान-सम्बन्धी कविताओं तक की रचना की। यह ठीक है कि रवीन्द्रनाथ भी धीरे-धीरे यथार्थवाद की दिशा में बढ़ रहे थे, लेकिन निराला ने जिस तरह अपने अतीत से अपने को तोड़ा, उनके लिए वह सम्भव न हुआ। शंकर कुरुप में हमें रवीन्द्रनाथ से इस तरह हटकर यथार्थवाद की तरफ आने का कोई प्रमाण नहीं मिलता। उनमें तो हमें रवीन्द्रनाथ की प्रकृति-भावना से लेकर विश्वमानव की भावना तक के विकास के स्पष्ट चिह्न मिलते हैं।

एक बात मैं यहीं पर और कह देना चाहता हूँ। वह यह कि कुरुप निराला की

तुलना में हिन्दी के दूसरे स्वच्छन्दतावादी या छायावादी कवि सुमित्रानन्दन पन्त के अधिक पार्श्ववर्ती प्रतीत होते हैं। दोनों महाकवियों के भाव-लोक और अभिव्यक्ति की समस्तरीयता में बहुत समानता है। दोनों के विकास की रेखा भी लगभग समान है—प्रकृति से मनुष्य की ओर, मनुष्य से समाज की ओर और समाज से विश्वमानव की ओर। पुनः ज्ञातव्य है कि पन्त का पूर्ववर्ती काव्य भी रवीन्द्रनाथ से आवश्यक उपादान लेकर ही निर्मित हुआ है। जैसे कुरुप की काव्य-रचना के पहले दौर में उनकी 'सन्ध्या-तारा', 'छाया', 'मुन्ना' और 'शैशव' तथा 'काल' शीर्षक कविताएँ मिलती हैं, वैसे ही पन्त के छायावादी दौर में उनकी 'एक तारा,' 'छाया', 'बालापन' और 'शिशु' तथा 'परिवर्तन' शीर्षक कविताएँ। जरूरी नहीं कि दोनों कवियों की कविताओं की अन्तर्वस्तु एक हो, यद्यपि उसमें भी किसी हद तक समानता है। असल चीज है वह रोमानी मानसिकता, जो दोनों कवियों को एक ही दिशा में ले गयी है। उक्त कविताओं के साथ यहाँ कुरुप की कुछ अन्य कविताओं को भी ध्यान में रखें, तो हमें उनकी और पन्त की उक्तियों में आश्चर्यजनक समरूपता देखने को मिलती है। उदाहरण के लिए 'सन्ध्या-तारा' शीर्षक कविता में कुरुप कहते हैं : 'पाटल-प्रभ पश्चिमी दिशा को / कान्तिमान करनेवाली, / अगाध विस्मय के उन्माद से मत्त प्रेमी की आँखें / तुम्हारा ही पीछा कर रही हैं, / नहीं निहारती हैं वे / लजीली प्रिया के ईषद् आरक्त / सुन्दर ललाट पर झलकनेवाली / स्वेद-कणिकाओं को' और 'मोह' शीर्षक अपने एक प्रसिद्ध गीत में पन्त का भी कहना है : 'छोड़ द्रुमों की मृदु छाया, / तोड़ प्रकृति से भी माया, / बाले! तेरे बाल जाल में कैसे उलझा दूँ लोचन?' इसी तरह 'काल' शीर्षक कविता में कुरुप और 'परिवर्तन' शीर्षक कविता में पन्त दोनों काल को नाग से उपमित करते हैं। कुरुप के शब्द हैं : 'ना जाने / बाँबी कहाँ है उसकी? / काल-नाग अखिल जग-मण्डल को / अपनी कुण्डली में घेरकर रेंग रहा है / कहाँ जा रहा है वह?' पन्त की उक्ति है : 'अहे वासुकि सहस्र फन! / लक्ष अलक्षित चरण तुम्हारे चिह्न निरन्तर / छोड़ रहे हैं जग के / विक्षत वक्षः स्थल पर! / ...अखिल विश्व ही विवर, / वक्र कुण्डल / दिङ्मण्डल!' कभी-कभी तो ये दोनों एक-दूसरे के इतने करीब चले आते हैं कि वे परस्पर अभिन्न प्रतीत होते हैं। 'घोषणा' शीर्षक कविता में जहाँ कुरुप कहते हैं कि 'कर दो घोषणा / कि काम सब होंगे कल, / आज तो उत्सव की वेला है!', वहाँ पन्त का 'गुंजन' में संकलित एक प्रसिद्ध गीत है : 'आज रहने दो यह गृह-काज, / प्राण! रहने दो यह गृह-काज!' एक और उदाहरण कुरुप की 'एक पुराना पन्ना' शीर्षक कविता से है, जिसकी 'उस सुन्दरी के नील नयन-गगन में / मेरा मन / धीरे-धीरे बहुत दूर तक उड़ गया'-जैसी पंक्तियाँ 'गुंजन' के ही एक अन्य गीत की इन पंक्तियों से बिलकुल मिल जाती हैं : 'तुम्हारी आँखों का

आकाश, / सरल आँखों का नीलाकाश— / खो गया मेरा खग अनजान।' इसे भी क्या संयोग ही कहेंगे कि कुरुप जब प्रकृति और प्रेम से हटकर मनुष्य और उसके समाज की समस्याओं की तरफ आये, तो पन्त की तरह उनकी अपनी काव्य-भूमि भी उनसे छूटती नजर आयी? समाजवाद या गाँधीवाद के प्रभाव में उन्होंने जो भी कविताएँ लिखी हैं, वह 'कोचम्मा' हो, या 'वह प्रश्नचिह्न', या 'नायक्कन', या 'भारतेन्दु', उनमें उनके वैचारिक विकास के क्षितिज तो उभरते हुए दिखलाई पड़ते हैं, लेकिन उनमें उनका आवेग-तरल हृदय कहीं अभिव्यक्त होता नहीं प्रतीत होता। निश्चय ही उनकी सामाजिक क्रान्तिकारी कविताओं की तुलना में उनकी 'पत्थर की दीपदानी'-जैसी शुद्ध सामाजिक कविताएँ बेहतर हैं।

जहाँ तक निराला के साथ कुरुप की तुलना की बात है, यह भी असंगत नहीं है, क्योंकि ये दोनों समकालीन तो हैं ही, प्रकृति से भिन्न होते हुए भी मूलत: एक ही भाव-धारा के कवि हैं। स्वभावत: पन्त की तरह यहाँ भी एक हद तक उनमें समानान्तरताएँ मिलती हैं। निराला ने 'जुही की कली' शीर्षक कविता लिखी, तो कुरुप ने 'वन-जुही' शीर्षक कविता, निराला ने 'यमुना के प्रति' शीर्षक कविता लिखी, तो कुरुप ने 'वृन्दावन' शीर्षक कविता और निराला ने 'बादल-राग' शीर्षक कविता-शृंखला लिखी, तो कुरुप ने 'प्रभात समीर' शीर्षक कविता। 'जुही की कली' में जहाँ कली का प्रेमी मलयपवन है, वहाँ वन-जुही का प्रभातकालीन प्रकाश! कुरुप कविता का अन्त वन-जुही के इस आत्मनिवेदन के साथ करते हैं : 'चूम लो मुझे, चूमते रहो / जब तक कि मन का तुमुल अन्धकार न मिट जाए।' निराला ने अपनी कविता की व्याख्या भी की है। उसमें जुही की कली के खिलने की जो व्याख्या है, वह उक्त पंक्तियों से पूर्णत: मेल खाती है। कुरुप की एक अन्य कविता है 'बाद का वसन्त', जिसमें एक स्थल पर निराला की जुही की कली 'पाटल-सुन्दरी' का रूप धारण कर उपस्थित है : 'यह नवल पाटल सुन्दरी / अरुण और द्युति-मय हैं गाल जिसके, / बोल ही नहीं पाती है लज्जा-निमग्न कुछ भी; / किन्तु जब प्रणयोन्मुख होता है तरुण पवन / तब रोकना चाहती है बाट उसकी / अपने सुललित निश्वासों से।' ये पंक्तियाँ क्या हमें 'जुही की कली' की 'इस पर भी जागी नहीं, / चूक-क्षमा माँगी नहीं' पंक्तियों की याद नहीं दिलातीं? 'बाद का वसन्त' में ही एक स्थल पर नायक-नायिका प्रभात का प्रकाश और मेघमाला है, जिनके बारे में कवि कहता है : 'उदयारुण का उज्ज्वल मयूख / है आरक्त आनन / मानो पी रहा है मदिरा बारम्बार, / करता है आलिंगन / आसमान पर सोई कृश मेघमाला का / जगाता है उसे चुम्बनों से ऐसे / कि हो जाते हैं मृदुल कपोल लाल।' ये पंक्तियाँ 'जुही की कली' की पंक्ति 'मसल दिए गोरे कपोल गोल' का प्रत्यक्ष पुनराख्यान मालूम पड़ती हैं। 'यमुना के प्रति' में जैसे अतीत के स्मृति-चित्र हैं, वैसे ही 'वृन्दावन' में भी। 'बादल-राग'-शृंखला की तीसरी कविता में निराला ने बादल

को अर्जुन का रूपक प्रदान किया है और अन्त में वे उससे कहते हैं : 'ऐ त्रिलोकजित्! इन्द्र-धनुर्धर! / सुर-बालाओं के सुख-स्वागत! / विजय! विश्व में नवजीवन भर, / उतरो अपने रथ से भारत!' जिस तरह इन पंक्तियों में बादल नवजीवन यानी स्वतन्त्रता का सन्देशवाहक है, कुरुप की कविता 'प्रभात समीर' की इन पंक्तियों में प्रभात-समीर भी : 'ऊपर मँडरा रही है / श्वेत-लाल-हरी मेघपताका, / हे उन्मेषदायक! / मेरी जन्मभूमि जाग उठे / और खड़ी रहे सदा इसी झण्डे की मंगलछाया में!'

बाद के वर्षों में समान भाव-भूमि के कवि होते हुए भी निराला और कुरुप का विकास किंचित् भिन्न रूपों में हुआ। निराला में जहाँ विकास की गति क्रान्तिकारी है, वहाँ कुरुप में वह आहिस्ता-आहिस्ता घटित होता है। यहाँ दो उदाहरण पर्याप्त होंगे। निराला ने 'चरखा' शीर्षक अपने निबन्ध में रवीन्द्रनाथ का विरोध करते हुए गाँधी का पक्ष लिया था और अपनी सम्पादकीय टिप्पणियों में भी अनेक बार उन्हें बहुत आदर के साथ याद किया था, लेकिन सच्चाई यह है कि वे गाँधी के प्रति तीव्र आलोचनात्मक रुख रखते थे। इसका इजहार उन्होंने अपनी काव्य-रचना के यथार्थवादी दौर में 'बापू के प्रति' शीर्षक कविता लिखकर किया, जिसके अन्त में वे कहते हैं :

बापू, तुम मुर्गी खाते यदि
तो क्या पटेल, राजन, टण्डन,
गोपालाचारी भी भजते?—
भजता होता तुमको मैं औ'
मेरी प्यारी अल्लारक्खी,
बापू, तुम मुर्गी खाते यदि!

ज्ञातव्य है कि अल्लारक्खी लखनऊ की प्रसिद्ध वेश्या थी, जिसके यहाँ निराला का आना-जाना था। इसके बरअक्स गाँधी पर लिखी गयी कुरुप की कविता 'भारतेन्दु' को रखकर देखें, तो उसका स्वर निराला की इस कविता की अपेक्षा पन्त की गाँधी के प्रति लिखी गयी अनेक कविताओं से ज्यादा मिलता है। उनकी 'भारत सन्देश' कविता में भी गाँधी का हवाला आया है। वह भी इसी तरह का है, गाँधीवाद से मोहाविष्ट। दूसरा उदाहरण रोमानी स्वप्न के भंग होने से सम्बन्धित है। निराला में यह स्वप्नभंग इतना तीखा था कि उन्होंने 'प्रेम-संगीत'-जैसी कविता लिखी, जिसमें उन्होंने कहा : 'बम्हन का लड़का / मैं उसको प्यार करता हूँ।' यह स्वप्नभंग कुरुप में भी है, लेकिन बहुत शालीन रूप में, यथा उनकी कविता 'अन्तर्दाह' की इन पंक्तियों में : 'आत्मा है आकुल मेरी क्षितिज के छोर छूने को /

तेरी दुलार-भरी रश्मियों के सहारे; / किन्तु, / कंधों पर रखे क्रूर यथार्थ के बोझिल हाथ / चाप रहे हैं चारों ओर से।' कहने की आवश्यकता नहीं कि यथार्थ का दबाव दोनों जगह है, लेकिन एक जगह जहाँ अतीत के प्रति तीव्र प्रतिक्रिया है, वहाँ दूसरी जगह उसके प्रति सिर्फ विवशता का भाव।

यह सुखद आश्चर्य की बात है कि स्वाधीन भारत में निराला और कुरुप दोनों समान रूप से निराश प्रतीत होते हैं और शैलीगत सघनता तथा विस्तार की बात छोड़ दें, तो दोनों समान शब्दों में अपनी निराशा की अभिव्यक्ति करते हैं। इस समय तक निराला अपनी मध्यवर्ती ध्वंसात्मक और यथार्थवादी शैली छोड़कर गीतों की ओर आ गये थे और गीतात्मक ढंग से ही अपनी पीड़ा की अभिव्यक्ति कर रहे थे। एक गीत में वे कहते हैं : 'निविड़ विपिन, पथ अराल; / भरे हिंस्र जन्तु-व्याल।' लगभग यही बात कुरुप की 'पथिक-गीत' शीर्षक कविता की इन पंक्तियों में भी है :

आज केवल वध-स्थलों के
रक्त की दुर्गंधि से भरी हवा चल रही है।
न दूर और न पास
कहीं भी एक ऐसा मित्र दिखाई नहीं देता
जिसने मुखौटा न पहन रखा हो।
सब ओर,
निपुण तस्कर घातकों की परछाइयाँ
हिल रही हैं।

एक अन्य गीत में निराला की उक्ति है : 'हार गया जीवन-रण, / छोड़ गये साथी-जन, / एकाकी, नैश-क्षण, / कण्टक-पथ, विगत पाथ।' कुरुप की उक्त कविता में ही हमें पुनः ये पंपितयाँ मिलती हैं :

हे मुग्धात्मन्!
अनुज की अश्रुधारा बिना पान किए
विश्व-सृष्टि के प्रारम्भ से आज तक
स्थिर-मन खड़े रहनेवाले
गगन का तम्बू खोलकर झाँको;
बताओ, दूर कहीं प्रभात दिखाई देता है?
निरुपम स्नेह की लघु-लहरियों से भरा
सरोवर कहीं दृष्टिपथ में आता है?

निराला ने जिसे सघन रूप में 'नैश-क्षण' और 'विगत पाथ' कहा है, वही तो कुरुप की पंक्तियों में फैले हुए रूप में प्रभात का कहीं नहीं दिखायी देना और कहीं भी दृष्टिपथ में सरोवर का न होना है!

जैसा कि ऊपर संकेत किया जा चुका है, शंकर कुरुप का अपना काव्य-संसार प्रकृति, मनुष्य और विश्वमानव की भावना से बना है। उन्होंने लिखा है कि "मेरे गाँव के हरे मैदान, सुनहरे खेत, ग्राम्य हृदय में मस्तक ऊँचा किये खड़े रहनेवाला प्राचीन मन्दिर, दरिद्रता में डूबा हुआ प्रतिवंश, कवि-कल्पना को अपने पास बुलानेवाली पहाड़ियाँ इन्हीं सबने मेरे हृदय को स्वप्नों से भर दिया था और फिर उन स्वप्नों को विविध रंगों से सजाया तथा वाणी देकर सजीव बनाया था।" यह वह परिवेश है, जिसमें कुरुप के भीतर कवि-दृष्टि का उन्मेष हुआ। स्पष्टत: यह परिवेश प्राकृतिक है और यदि इसमें 'दरिद्रता में डूबा हुआ प्रतिवंश' है, तो वह भी जैसे उस परिवेश का ही अंग है। इस प्रसंग में उनके सम्बन्ध में जो खास बात है वह यह कि प्रकृति को लेकर उन्होंने एक दर्शन रचने का प्रयास किया है, जैसा 'सन्ध्या-तारा' शीर्षक उनकी पूर्वोल्लिखित कविता की इन पंक्तियों से पता चलता है : 'हे आनन्द-ज्योति, / न हो जा अदृश्य, / मेरे और तुम्हारे भीतर / प्रोज्वलित है एक ही ज्योति का स्फुलिंग; / अन्यथा कैसे था यह सम्भव / कि जब तुम होती हो द्युतिमान् / चमक उठता है मेरा मन दु:ख-मुक्त!' निराला के साथ ऐसा नहीं है। उन्होंने प्राय: प्रकृति को प्रकृति के रूप में ही देखा है और उसके सौन्दर्य का उपभोग किया है, यानी उसके दार्शनिकीकरण का प्रयास नहीं किया। 'जुही की कली' की उन्होंने दार्शनिक व्याख्या अवश्य की है, लेकिन सच्चाई यह है कि वह व्याख्या उस पर आरोपित है और वस्तुत: वह कविता एक शुद्ध प्रकृति-कविता है, जिसमें पवन के स्पर्श से जुही की कली के चटखने का वर्णन है। निश्चय ही इसका यह मतलब नहीं है कि निराला ने अपनी छायावादी कविता में कभी प्रकृति का साधन के रूप में इस्तेमाल नहीं किया और उनमें उस तरह की कोई चीज नहीं मिलती है, जिसे प्राकृतिक रहस्यवाद कहते हैं। प्रकृति उनकी अभिव्यक्ति का अनिवार्य उपादान है, इसलिए साधन के रूप में वह बहुविध व्यवहृत है और 'तरंगों के प्रति'-जैसी कविताएँ भी उनमें अनेक हैं, जिनमें प्रकृति रहस्यात्मक रूप में सामने आती है, लेकिन जहाँ वे सिर्फ प्रकृति को देखते हैं, उसमें कुछ और नहीं देखते, यथा खिलखिलाती हुई चाँदनी पर लिखा गया उनका यह गीत : 'कौन तुम शुभ्र-किरण-वसना? / सीखा केवल हँसना—केवल हँसना।' प्राध्यापक-मनोवृत्ति के आलोचक इसमें प्रकृति पर मनुष्य का आरोप बतलाकर प्रकृति का महत्त्व कम करने का प्रयास करेंगे, लेकिन ध्यातव्य है कि यह प्रकृति पर मनुष्य का आरोप है, उसकी अधिक जीवन्त अनुभूति के लिए, मनुष्य के लिए प्रकृति का इस्तेमाल करके प्रकति

के महत्त्व को कम कर देना नहीं।

कुरुप और निराला दोनों की पहले दौर की प्रकृति-कविताओं में चित्रित प्रकृति सामान्य है। कुरुप की ऐसी कविताओं से यह कतई पता नहीं चलता कि यह केरल-जैसे विशिष्ट प्राकृतिक सुषमावाले प्रदेश की प्रकृति है। ठीक यही बात निराला के सम्बन्ध में भी है। उनकी प्रसिद्ध कविता 'सन्ध्या-सुन्दरी' में चित्रित सन्ध्या कहाँ की है, कुछ पता नहीं चलता, बल्कि 'बादल-राग' की वर्षा भी कहने के लिए ही बंगाल की वर्षा है, उसमें बंगाल के परिवेश की कोई जानी-पहचानी रेखा नहीं मिलती, जैसे रवीन्द्रनाथ में मिलती है। लेकिन ज्यों-ज्यों इन कवियों का अपने परिवेश से लगाव गहराता जाता है, उनकी प्रकृति स्थानीय रंग में रँगती जाती है, उसकी भौगोलिक रेखाएँ स्पष्ट होती जाती हैं। कुरुप की 'नदी-समुद्र संगम पर' का यह वर्णन आप देखें :

मैं पहुँचा
दूर पश्चिमी क्षितिज पर स्थित वंचि के
नदी-समुद्र संगम पर।
सूर्य बिम्ब की नोक,
समुद्र की छाती में भोंकी गयी कटार की मूँठ सी लग रही थी;
लहू में लथ-पथ भय-स्तब्ध तड़प रहा था समुद्र।
और रोती-कलपती आ रही थी नील-वेणी चूर्णी
जिसे स्नेहपूर्वक रोकने के लिए
बढ़ आयी उसकी सखी सागर-तट-रेखा
अपना तिरछा, पाण्डुर सैकत-कर फैलाए।

इस वर्णन को स्थान और नदी के नाम ही स्थानीय नहीं बनाते हैं, इसमें अंकित दृश्य भी उन्हीं से सम्बद्ध हैं, जिससे अन्यत्र ठीक इस दृश्य की कल्पना नहीं की जा सकती। निराला भी अपनी काव्य-साधना के अन्तिम दौर में जब स्थायी रूप से इलाहाबाद में रहने लगे, तो उनकी प्रकृति में अवध के बाग-बगीचे, खेत-पथार और विभिन्न अनाजों की फसलें सजीव हो उठीं। अवध अरहर की फसल के लिए प्रसिद्ध है। निराला के एक गीत में भी हम पाते हैं कि 'काँपी पाले से अरहर की डाली गुनागरी'! हिन्दी के सुप्रतिष्ठित समकालीन कवि केदारनाथ सिंह ठीक ही इस निराला को 'परदेश से घर लौटा हुआ कवि' कहते हैं!

मनुष्य कुरुप की कविता में पहले भी था, लेकिन प्रकृति के उपकरण के रूप में ही। वह धीरे-धीरे उससे स्वतन्त्र हुआ और जल्दी ही यह नौबत भी आई कि कवि ने उसे मनुष्य पर न्योछावर कर दिया। यह ताकत केवल प्रेम में है, इसलिए

'मेरा पुण्य' शीर्षक कविता में वह प्रकृति को अपनी प्रेमिका में ही विन्यस्त देखता है। अब उसका तारुण्य ही वसन्त है, प्रेमिका के मुक्त सघन कुन्तल ही भ्रमर-पंक्तियाँ हैं, उसका सुरभित निःश्वास ही मन्द पवन है और उसके कुचाग्र ही कुन्द-कलिकाएँ हैं! वह कहता है : 'खड़ी है यों जब मेरी नन्दन-लक्ष्मी मेरे सामने / तो मैं कैसे किसी अन्य उपवन की ओर जाऊँगा।' आकस्मिक नहीं कि प्रेमिका पर कुरुप की दृष्टि केन्द्रित हुई, तो वह सम्पूर्ण ऐन्द्रिय ऐश्वर्य के साथ उन्हें दिखलाई पड़ी। 'वह पेड़' शीर्षक कविता में : 'खड़ी थी वह / घुँघराली नील केशराशि का जूड़ा बाँधे / गुलाब-शोभित, / हिल्लोलमनोहर उरोजों पर डाले मसृण साड़ी...।' निराला छायावाद के सर्वाधिक ऐन्द्रिय कवि हैं, जिसे आलोचकों ने 'स्थूल के प्रति सूक्ष्म का विद्रोह' कहा था और जिसके प्रेम को अतीन्द्रिय बतलाया था। इस दृष्टि से कुरुप और उनमें समानता है। यह समानता इस बात को लेकर भी है कि उनका ऐन्द्रिय प्रेम उनके अतीन्द्रिय अर्थात् रहस्यवादी प्रेम में कभी बाधक न बना। दोनों समानान्तर चलते रहे, कभी-कभी मिल जाते हुए भी। निराला ने असंख्य रहस्यवादी गीत लिखे, तो कुरुप ने भी 'अन्वेषण'-जैसी बहुत ही मोहक रहस्यवादी कविता, जिसकी कुछ पंक्तियों को उद्धृत करने का लोभ छोड़ना कठिन है, यथा—

जब मैं आदिम प्रभात में जगा
तो देखा,
यह जगत् और भूतल
एक दूसरे की ओर निहारते
शोकमूक खड़े थे।
मैंने अपना वक्षस्थल शून्य पाया,
वह चली गयी थी
प्रेम की दृढ़ता की परीक्षा लेने के लिए।
हाँ,
एकाध तारक-मन्दार-सुमन
उसकी वेणी में से
गिरे पाये गये।
मैंने उसके नूपुरों का नाद सुना था
किन्तु हाय! मैंने समझा
उसे पक्षियों के गले से विनिर्गलित कलरव।
पदकमलों के अलक्तक चिह्न को

मैंने समझा
प्रभात की लालिमा,
वह छोड़कर गयी थी कनकांगुलीय
ताकि उसे मैं पहचान सकूँ
किन्तु मैंने उसे समझा सौरबिम्ब...

मनुष्य का बिम्ब धीरे-धीरे कुरुप में स्वतन्त्रता-संग्राम के योद्धा और शोषित-पीड़ित साधारण जन में विकसित होता गया है, जिसके पीछे स्पष्टतः महात्मा गाँधी के नेतृत्व में चलनेवाले उपनिवेश-विरोधी आन्दोलन और द्वितीय विश्वयुद्ध की पृष्ठभूमि में फैलनेवाली समाजवादी विचारधारा की प्रेरणा थी। ज्ञातव्य यह है कि विकास के इस दौर में कुरुप की कविता उन बुलन्दियों को न छू सकी, जिन्हें उसने प्रकृति और प्रेम के क्षेत्र में छुआ था। निराला का विकास उनकी तुलना में जटिल भी है और अधिक आत्मीय भी। उनमें प्रकृति, प्रेम, रहस्य, स्वातन्त्र्य-चेतना और जन-भावना में वैसा पार्थक्य कभी नहीं रहा, जैसा कुरुप में देखने को मिलता है। निराला उक्त सभी विषयों की कविता एक साथ यानी एक दौर में ही लिखते थे और कभी-कभी उनकी एक विषय की कविता में दूसरे विषय भी समाविष्ट रहते थे। कहना व्यर्थ है कि 'जुही की कली', 'प्रिया के प्रति', 'तरंगों के प्रति', 'जागो फिर एक बार' और 'दीन' शीर्षक उनकी कविताएँ एक दौर की ही रचनाएँ हैं। आगे चलकर जब उनका यथार्थ-बोध परिपक्व हुआ, तो उन्होंने इतिहास को भी भौतिकवादी दृष्टि से देखा और अपने किसानी परिवेश को भी। उनकी एक बड़ी विशेषता यह है कि भारतीय समाजवादी आन्दोलन हो, या स्वतन्त्रता-आन्दोलन, दोनों पर उन्होंने तीक्ष्ण आलोचनात्मक दृष्टि डाली, जिसका प्रमाण क्रमशः उनकी दो महत्त्वपूर्ण कविताएँ हैं—'कुकुरमुत्ता' और 'महगू महगा रहा'। जब परवर्ती काल में वे सिर्फ गीतों की रचना करने लगे, तब भी उनका आलोचनात्मक बोध कुन्द न हुआ, बल्कि वह और पजता गया। एक जो अन्य बात हुई वह यह कि गीतों में उन्होंने व्यक्ति और समाज के बीच की सीमाएँ तोड़ दीं और व्यक्ति के माध्यम से समाज की तथा समाज के माध्यम से व्यक्ति की कविता लिखी। कुरुप में हमें स्वतन्त्रता-प्राप्ति के बाद के वर्षों में निराशा तो मिलती है, लेकिन प्रारम्भ से ही उसके प्रति आलोचनात्मक रुख नहीं मिलता। इसी तरह उनमें वैयक्तिक भावनाओं के अतिक्रमण की चेष्टा भी नहीं है।

हिन्दी के छायावादी कवियों में विश्वमानव की सबसे प्रखर भावना जयशंकर प्रसाद में थी। स्वभावतः उनकी चिन्ता सर्वाधिक विराट् थी, जो उनके महाकाव्य 'कामायनी' में प्रकट हुई। 'कामायनी' की रचना प्रथम विश्वयुद्ध के ध्वंसावशेष पर

शुरू हुई थी और द्वितीय विश्वयुद्ध की तैयारियों के बीच समाप्त हुई। प्रसादजी साफ देख रहे थे कि विलासिता और हिंसाप्रधान सामन्ती सभ्यता के विकल्प के रूप में जो उद्योगप्रधान पूँजीवादी सभ्यता अस्तित्व में आई है, वह भी मनुष्य के लिए विनाशकारी ही है। स्वभावत: वे विश्वमानव के लिए बहुत बेचैनी से कोई नया विकल्प तलाश रहे थे। निराला की चिन्ता इतनी बड़ी नहीं थी। वे अपने देश और काल से बँधे हुए कवि थे, जिनकी रुचि अपने और अपने पड़ोसियों के जीवन के त्रासद नाटक के चित्रण में अधिक थी। उनकी तुलना में शंकर कुरुप की चिन्ता बड़ी मालूम पड़ती है, क्योंकि वे भारत-विभाजन की घोषणा के बाद होनेवाले साम्प्रदायिक नरसंहार से लेकर द्वितीय विश्वयुद्ध में घटित महाविनाश तक से आन्दोलित थे। उनका स्वर संयत रहता है, लेकिन उनकी विद्रोह-भावना छिपती नहीं है। ताज्जुब नहीं कि 'इतिहास के सपने' शीर्षक कविता में वे यही नहीं कहते कि 'भेद-भाव की सारी दीवारें / अन्धकार की उपज हैं, / क्या मनोहर प्रकाश / इसे सहन करेगा? / एक ही सत्य की ये विचित्र किरणें हैं / ये धर्म सारे', 'प्रतिकार' शीर्षक कविता में यह भी कहते हैं कि 'मैं इस अर्द्ध-द्वीप के एक टीले पर / पड़ा हुआ हूँ / जो नक्शे में दिखाई देता है / योरोप के उद्धत चरण-सा / अफ्रीका के सिर पर / पाँव रखने के लिए आतुर झुका हुआ-सा।' स्पष्ट है कि प्रेम या रहस्य की गलियों में भटकने के बाद भी कुरुप ने मनुष्य को और उसके जीवन के हाहाकार को नहीं भुलाया और उसी के लिए 'मृतसंजीवनी मन्त्र' की तलाश करते रहे। यदि वह मन्त्र उन्हें 'सौन्दर्य-बोध' में मिला, तो यह कोई चौंकनेवाली बात नहीं है। यह वस्तुत: उन-जैसे सौन्दर्यपिपासु स्वच्छन्द कवि की सर्वश्रेष्ठ उपलब्धि है, जिसे उसने कविता को दर्शन तक उठाकर प्राप्त किया है।

रवीन्द्रनाथ, निराला और शंकर कुरुप!—यह अनुभव कितना रोमांचकारी है कि उत्तर से दक्षिण तक सम्पूर्ण भारत में अपनी जातीय विशेषताओं के साथ सौन्दर्य-बोध की एक ही धारा प्रवाहित है, जिससे आधुनिक भारतीय कविता का चरित्र निर्मित होता है! कहने की आवश्यकता नहीं कि जी. शंकर कुरुप उस कविता के भाग्यविधाताओं में से एक हैं।

(2001)

निराला की कविता और डा. रामविलास शर्मा

डा. रामविलास शर्मा ने आलोचना, भाषाविज्ञान, इतिहास, राजनीति, संस्कृति आदि कई क्षेत्रों में काम किया है, लेकिन उनका आलोचना के क्षेत्र में किया गया काम सर्वोपरि है। उसमें भी अपनी निराला-सम्बन्धी आलोचना के लिए वे सर्वाधिक प्रसिद्ध रहे हैं। जब डा. शर्मा का प्रवेश विश्वविद्यालयों के हिन्दी विभाग में नहीं हुआ था, तब भी हिन्दी के आचार्य निराला पर उन्हीं की पुस्तक पढ़ने का सुझाव छात्रों को दिया करते थे। निराला पर उनके अनेक स्फुट निबन्ध भी हैं और मुकम्मल पुस्तकें भी। उनके स्फुट निबन्ध उनकी जिन दो पुस्तकों में संकलित हुए हैं, वे हैं 'विराम चिह्न' और 'भाषा, युगबोध और कविता'। निराला के समग्र साहित्य को विषय बनाकर लिखी गयी उनकी पहली पुस्तक है 'निराला', जिसका प्रकाशन-काल 1947 है और दूसरी पुस्तक 'निराला की साहित्य साधना' का दूसरा खण्ड, जिसका प्रकाशन-काल 1972 है। 'साहित्य साधना' का तीसरा खण्ड 1976 में निकला, जिसमें निराला के और उन्हें लिखे गये पत्र संकलित हैं। इसकी भूमिका में भी डा. शर्मा ने निराला की कविता के एक पक्ष—मुक्तछन्द और उसका सृजन-काल—पर विचार किया है। चूँकि उनकी निराला-काव्य की आलोचना ही हमारे लिए अधिक मानी रखती है, इसलिए इस लेख में हम उसी का जायजा लेने का प्रयास करेंगे।

निराला की कविता के तीन चरण हैं : पूर्ववर्ती, मध्यवर्ती और परवर्ती। पूर्ववर्ती काव्य उनका छायावादी काव्य है और मध्यवर्ती रहस्यवादी-यथार्थवादी। मध्यवर्ती चरण में वे एक तरफ छायावाद का अतिक्रमण करके यथार्थवाद की भूमि पर पाँव टेकते हैं और दूसरी तरफ उसके समानान्तर रहस्यवादी गीतों और कविताओं की भी रचना करते रहते हैं। परवर्ती चरण में उनकी पीछे की सारी काव्य-प्रवृत्तियाँ परिणति प्राप्त करती हैं। जो बात ध्यातव्य है, वह यह कि निराला चूँकि बहुत ही संश्लिष्ट संवेदना के कवि थे, इसलिए उनकी काव्य-रचना का कोई भी चरण सर्वथा स्वतन्त्र और निरपेक्ष नहीं है, यानी उनकी छायावादी कविता में भी

यथार्थ के तत्त्व हैं और उनकी यथार्थवादी कविता में भी छायावाद या रहस्यवाद के तत्त्व। उनकी छायावादी कविता जैसे यथार्थवादी कविता का पूर्वाभास देती है, वैसे ही यथार्थवादी कविता से ही यह संकेत मिलने लगता है कि कवि कहाँ जाकर विराम लेगा। स्मरणीय है कि यथार्थवादी काव्य-रचना के चरण के अन्त में निराला अन्तिम रूप से गीतों की ओर झुक जाते हैं। छायावाद और यथार्थवाद के तत्त्वों के संयोग से निर्मित वे गीत उनकी कविता के परवर्ती विकास का स्वरूप स्पष्ट कर देते हैं। हम इस लेख में यह देखेंगे कि डा. शर्मा ने निराला-काव्य के तीनों चरणों की आलोचना किस रूप में प्रस्तुत की है।

कुछ विद्वान् यह समझते हैं कि आलोचक के रूप में डा. शर्मा की संवेदना निराला की छायावादी कविता के तो साथ चलती है, लेकिन उनकी बाद की कविता के साथ चलने में पिछड़ जाती है। यह ठीक है कि डा. शर्मा छात्र-जीवन में निराला की शैली में गीत लिखा करते थे, लेकिन इससे वे निराला-जैसे कवि की छायावादी कविता का वस्तुपरक विश्लेषण करने की क्षमता भी रखते रहे हों, यह आवश्यक नहीं है, ठीक उसी तरह, जिस तरह स्वयं प्रगतिवादी दौर के कवि होते हुए भी वे उनकी यथार्थवादी कविता के वस्तुपरक विश्लेषण में चूक गये। यह सच्चाई है कि उनकी आलोचना के आधार पर निराला की छायावादी कविता के सम्बन्ध में भी कोई धारणा बनायी गयी, तो वह त्रुटिपूर्ण होगी। यहाँ हम निराला की छायावादी कविता के सिर्फ तीन पक्षों पर डा. शर्मा के विचार देखेंगे—रीतिकाव्य बनाम छायावाद, भौतिकता और अध्यात्म के बीच कथित अन्तर्विरोध और उनकी तीन महान कविताओं—'तुलसीदास', 'सरोज-स्मृति' और 'राम की शक्ति-पूजा'—पर की गयी उनकी टिप्पणियाँ।

डा. शर्मा के अनुसार छायावाद एक नवीन सांस्कृतिक जागरण की देन था, जिसका रीतिकाव्य से सीधा टकराव था। चूँकि निराला बंगाल में पले-बढ़े थे, इसलिए उस जागरण से वे बहुत प्रेरित हुए थे, जिसे रवीन्द्रनाथ और विवेकानन्द ने जन्म दिया था। स्वभावत: उन्होंने अपने कवि-जीवन के आरम्भ में ही 'मतवाला' में एक लेख लिखा 'कविवर बिहारी और कवीन्द्र रवीन्द्र' और उसमें इन दोनों महाकवियों का अन्तर बतलाया। इस लेख को पढ़ने पर यह स्पष्ट हो जाता है कि उनकी दृष्टि में बिहारी जहाँ एक परम्पराबद्ध क्लासिकी कवि हैं, वहाँ रवीन्द्रनाथ एक मुक्तदृष्टि वाले रोमाण्टिक कवि, जिनमें बिहारी की तुलना में कल्पनाशीलता बहुत ज्यादा है। इसमें कोई ताज्जुब की बात नहीं है कि उनका अपना झुकाव रवीन्द्रनाथ की तरफ है, बल्कि वे एक तरह से उन्हें अपने आदर्श कवि के रूप में प्रस्तुत करते हैं। डा. शर्मा इससे यह सरल निष्कर्ष निकालते हैं कि निराला सम्पूर्ण रीतिकाव्य का निषेध करते हैं। इसमें कोई सन्देह नहीं कि वे रीतिवादी नहीं थे, न रीतिकाव्य के अनुसरणकर्ता, और रीतिकवियों की काव्य-संवेदना तथा उनकी

काव्य-संवेदना में मौलिक पार्थक्य था, तथापि यह सच है कि वे रीतिकाव्य का निषेध करके चलनेवाले कवि न थे। वे विद्रोही थे, क्रान्तिकारी थे और हिन्दी कविता में नवयुग के प्रवर्तक थे, यह सही है, लेकिन अपनी परम्परा के प्रति उनका दृष्टिकोण पूर्णतः विद्रोही और क्रान्तिकारी वाला नहीं था। उसके साथ उनका सम्बन्ध सरल न होकर जटिल था—एक स्तर पर उससे मुक्ति का प्रयत्न और दूसरे स्तर पर उसे आत्मसात् करने का। कहने की आवश्यकता नहीं कि इसमें उनकी आलोचक बुद्धि हमेशा जाग्रत् रहती थी। यही कारण है कि प्रचण्ड रोमाण्टिक आवेग से युक्त होते हुए भी वे एक क्लासिकी अनुशासनवाले कवि थे। प्रसाद को छोड़ दें तो पन्त और महादेवी से यह उनका महत्त्वपूर्ण फर्क है। उनकी इसी विशेषता को देखकर प्रो. नलिनविलोचन शर्मा ने कहा था कि निराला छायावादियों में सबसे कम छायावादी थे।

रीतिकाव्य से निराला की सम्बद्धता के अनेक प्रमाण हैं। यह सम्बद्धता उनमें उसी समय से थी, जिस समय वे रवीन्द्रनाथ और विवेकानन्द के प्रभाव में आ रहे थे। 'सुकुल की बीवी' उनकी एक संस्मरणात्मक कहानी है। उसमें वे बतलाते हैं कि प्रवेशिका की परीक्षा में वे इसलिए असफल रहे थे कि उन्होंने 'गणित की नीरस कापी को पद्माकर के चुहचुहाते कवित्तों से सरस कर दिया' था! प्रसिद्ध है कि उन्होंने मुक्तछन्द का प्रवर्तन बँगला नाटककार गिरीशचन्द्र घोष के नाटकों में प्रयुक्त छन्द से प्रेरित होकर किया। इस बात में सच्चाई हो सकती है, क्योंकि उन्होंने स्वयं गिरीश बाबू के नाटकों से अपना परिचय प्रदर्शित किया है, लेकिन ज्ञातव्य है कि गिरीश बाबू द्वारा प्रयुक्त मुक्तछन्द और उनके द्वारा प्रयुक्त मुक्तछन्द एक ही नहीं हैं। दोनों मुक्तछन्द गद्यात्मक हैं, लेकिन गिरीश बाबू के मुक्तछन्द में जहाँ विराम का कोई नियम नहीं है, वहाँ निराला के मुक्तछन्द की गति पूर्णतः रीतिकवियों द्वारा बहुशः प्रयुक्त कवित्त छन्द से मिलती है, जिसमें आठ वर्णों पर विराम का नियम है। इसके अलावा निराला का मुक्तछन्द, जिसका प्रथम प्रयोग उन्होंने अपनी प्रसिद्ध कविता 'जुही की कली' में किया, उसी प्रकार सानुप्रास और संगीतपूर्ण शब्द-योजना से युक्त है, जिस प्रकार कवित्त होते थे। इसे आकस्मिक नहीं मानना चाहिए कि मुक्तछन्द की चर्चा में जिस कवित्त को बार-बार उद्धृत किया गया, वह पद्माकर का ही यह प्रसिद्ध कवित्त था—'कूलन में केलिन कछारन में कुंजन में क्यारिन में कलित कलीन किलकन्त हैं'। पन्त और पल्लव शीर्षक अपने प्रसिद्ध निबन्ध में निराला ने यह स्पष्ट किया कि 'कवित्त-छन्द हिन्दी का चूँकि जातीय छन्द है, इसलिए जातीय मुक्तछन्द की सृष्टि भी कवित्त-छन्द की गति के अनुकूल हुई है।' पद्माकर से निराला का लगाव अन्तिम दिनों तक बना रहा। इसका प्रमाण यह है कि दारागंज में उनसे जो मिलने आते थे, उन्हें वे अपनी कविताओं के साथ-साथ कभी-कभी पद्माकर के कवित्त भी सुनाया करते थे। पन्तजी ने 'पल्लव' की भूमिका में

ब्रजभाषा-काव्य पर बहुत प्रहार किये थे। निराला ने अपने उक्त निबन्ध में उसके बचाव में बहुत कुछ कहा। उसमें से मैं यहाँ उनके सिर्फ दो कथन उद्धृत कर रहा हूँ, जिनका सम्बन्ध भक्तिकाव्य से न होकर रीतिकाव्य से है :

1. ''नारियों या नायिकाओं के भेद, रसों के भेद, अलंकारों-भूषणों के भेद, छन्दों के भेद, ध्वनियों की परख, कविता-साहित्य का विश्लेषण जहाँ तक हो सकता है—आर्य-भाषाओं के किये हुए उन उपायों के अनुसार, ब्रजभाषा के काव्य-साहित्य ने सब भेदों पर लिखा, और खूब लिखा। क्या कविता-साहित्य का इतना सुन्दर विश्लेषण संसार की किसी आर्येतर भाषा ने किया?''
2. ''ब्रजभाषा के कवियों ने सौन्दर्य को इतनी दृष्टियों से देखा है कि शायद ही कोई सौन्दर्य उनसे छूटा हो—शायद ही किसी दूसरी जाति ने अपने सुख के दिन इतनी आवारगी में बिताये हों और वह जाति जाग्रत् होने के बदले काल के गर्भ में चिरकाल के लिए विलीन न हो गयी हो।''

रीतिकवियों के रीति-निरूपण को हिन्दी के विद्वानों ने बहुत कोसा है। आचार्य शुक्ल ने एक बार उसकी सीमा बतला दी और उसे संस्कृत काव्यशास्त्र की पूरी-अधूरी छाया घोषित कर दिया, तो फिर उसकी तरफ देखना ही बन्द हो गया। मुझे पुनः नलिनजी की यह बात याद आती है कि रीतिकवियों का रीति-निरूपण हिन्दी का अपना साहित्यशास्त्र निर्मित करने की दिशा में एक प्रयास था। इस दृष्टि से उस पर विचार होना ही चाहिए कि उसमें हिन्दी का कुछ अपना भी है या सब संस्कृत की अनुकृति या विकृति ही है। स्पष्टतः निराला का मत आचार्य शुक्ल और उनके अनुयायियों से भिन्न है। उनके दूसरे कथन का पूर्वार्ध आचार्य शुक्ल से समर्थित है, इसे विलक्षण संयोग ही मानना चाहिए। आचार्य शुक्ल रीति-ग्रन्थों में पाये जानेवाले रसों (विशेषतः शृंगार रस) और अलंकारों के उदाहरणों के बारे में कहते हैं, 'ऐसे सरस और मनोहर उदाहरण संस्कृत के सारे लक्षण-ग्रन्थों से चुनकर इकट्ठे करें तो भी उनकी इतनी अधिक संख्या न होगी।' रीति-काव्य की निराला द्वारा ऐसी स्वीकृति से किसी को यह भ्रम हो सकता है कि उन्हें हिन्दीभाषी जाति की चिन्ता नहीं थी, क्योंकि वे एक ह्रासोन्मुख संस्कृति के ह्रासोन्मुख काव्य को इतना महत्त्व दे रहे थे, लेकिन उनके कथन का उत्तरार्ध हिन्दीभाषी जाति की ताकत में उनके दृढ़ विश्वास को ध्वनित करता है। इस जाति ने अपने सुख के दिन रीतिकाव्य में डूब-उतराकर बिताए, लेकिन उससे वह जाग्रत् हुई, किसी कमजोर जाति की तरह सुषुप्त होकर काल के गाल में नहीं समा गयी। कहने का तात्पर्य यह कि यह जो हमारे पास रीतिकाव्य की विपुल सम्पदा है, हिन्दीभाषी जनता का जातीय कवि होने के कारण निराला उससे मुँह मोड़कर, बिना उसे आत्मसात् किये,

आगे नहीं बढ़ सकते थे।

उनकी छायावादी कविता में जो ऐन्द्रियता है—'जुही की कली' के 'मसल दिए गोरे कपोल गोल' और 'शेफालिका' के 'बन्द कंचुकी के सब खोल दिए प्यार से / यौवन-उभार ने' से लेकर 'गीतिका' के 'मौन पान करती अधरासव / कण्ठलगी उरगी' और 'प्रिय-कर-कठिन-उरोज-परस, कस कसक मसक गयी चोली' तक—वह सीधे रीतिकाव्य की देन है, यद्यपि दोनों में फर्क भी है। रीतिकाव्य में जहाँ देह की प्रधानता थी और मनोभाव दबा हुआ था, वहाँ छायावादी काव्य में घोर शृंगारिक उक्तियाँ भी मनोभाव की मोहक ज्योति से जगमगाती रहती थीं, जो पूरी कविता पढ़ने पर अच्छी तरह से स्पष्ट हो जाता था। 'जुही की कली' और 'शेफालिका' का शृंगारिक वर्णन मानवीय प्रतीत होता हो, लेकिन वह प्राकृतिक है। इसी तरह 'गीतिका' के पहले गीत में अन्ततः मधुर स्नेह के मेह की जोरों से वर्षा होती है, जो हृदय में प्रेम का अविनश्वर अंकुर उगा देती है। दूसरे गीत में भी नायिका रति तो है, पर 'सनेह-रँग घोली'। ये बातें छायावादी कवियों की शृंगार-भावना को मात्र ऐन्द्रिय नहीं रहने देतीं और उसे उच्चतर धरातल पर उठाकर रख देती हैं, लेकिन इससे निराला-जैसे कवियों की रीतिकाव्य से सम्बद्धता समाप्त नहीं हो जाती।

ऐसी बात नहीं है कि डा. शर्मा इन बातों को नहीं जानते। वे जानते हैं, लेकिन उनकी व्याख्या अपने ढंग से करते हैं। यह ढंग ऐसा है कि उससे रीतिकाव्य से निराला का सम्बन्ध छिप जाता है और उससे उनका अलगाव महत्त्वपूर्ण हो जाता है। उदाहरणार्थ उनके ये कथन देखे जा सकते हैं :

1. 'निरालाजी को अलंकारों से कम मोह नहीं है, परन्तु वह उनका मौलिक प्रयोग करते हैं', 2. 'छायावादी कवियों ने जिस तरह पुराने साहित्य का समर्थन या विरोध किया, उसमें उन्होंने ब्रजभाषा के प्रेमियों से अधिक उत्तरदायित्व का परिचय दिया', और 3. 'उनके गीतों पर ब्रजभाषा के पदों का प्रभाव दिखायी देता है। 'परिमल' की कविताओं में यह प्रभाव स्पष्ट दिखायी देता है, लेकिन उसके बाद मानो वह इस ओर से चौकन्ने हो जाते हैं।' डा. शर्मा ने निरालाकृत ब्रजभाषा-काव्य-विरोध के रूप में उनकी प्रसिद्ध कविता 'मित्र के प्रति' का हवाला दिया है। इसमें वे अपने ब्रजभाषा-काव्यप्रेमी मित्र के मुँह से ब्रजभाषा-कविता का इस रूप में चित्र प्रस्तुत करते हैं :

था सर प्राचीन सरस,
सारस हंसों से हँस;
वारिज-वारिद में बस
रहा विवश प्यार;
जल-तरंग ध्वनि; कलकल

बजा तट–मृदंग सदल;
पैंगें भर पवन कुशल
गाती मल्लार।

फिर उस पर व्यंग्य करते हुए कहते हैं : 'सत्य, बन्धु, सत्य; वहाँ / नहीं अर्र–बर्र; / नहीं वहाँ भेक, वहाँ / नहीं टर्र–टर्र।' तात्पर्य यह कि ब्रजभाषा–कविता जब बरसाती सरोवर की तरह थी, तो उसमें मेढक भी रहे होंगे और उनकी टर्राहट भी। जो लक्ष्य करने योग्य बात है, वह यह कि ब्रजभाषा–कविता का उन्होंने जो चित्र प्रस्तुत किया है, भले अपने मित्र के माध्यम से, वह किसी हद तक उससे प्रेरित उनकी अपनी अलंकृत छायावादी कविता का भी चित्र है, बावजूद इसके कि वे उसका उपहास करते हैं। रीतिकाव्य से बहुत कुछ उनका ऐसा ही सम्बन्ध था।

'अन्तर्विरोध' डा. शर्मा की निराला–सम्बन्धी आलोचना का ही नहीं, बल्कि उनकी सम्पूर्ण आलोचना का मूल शब्द है। भारतेन्दु हों, या प्रेमचन्द, या आचार्य शुक्ल, या मुक्तिबोध, उन्होंने जिसके भी साहित्य पर कलम चलाई है, उसे कमोबेश अन्तर्विरोध से ग्रस्त बतलाया है और कभी उस अन्तर्विरोध के सामाजिक स्रोत की तलाश करते हुए और कभी उसमें लेखक की मुख्य दिशा का संकेत करते हुए उसका महत्त्व स्थापित किया है। अन्तर्विरोध का यह सिद्धान्त स्पष्टत: द्वन्द्ववाद की देन है, जिसका साहित्य के क्षेत्र में प्रयोग सम्भवत: सर्वप्रथम लेनिन ने तोल्सतोय–सम्बन्धी अपने लेखों में किया था। उनका कहना था कि वर्गभेदवाले समाज में पैदा होनेवाले लेखकों में अन्तर्विरोध मिलना स्वाभाविक है, इसलिए उनके साहित्य पर उसी दृष्टि से विचार होना चाहिए, वर्ना उनके साथ न्याय न होगा। डा. शर्मा ने इस सिद्धान्त को अपनी आलोचना में कुंजी के रूप में इस्तेमाल किया और साहित्य की संवेदना की अखण्डता की परवाह किये बगैर उसे दो खण्डों में बाँट दिया। उनके अनुसार एक खण्ड स्वीकार्य था, तो दूसरा अस्वीकार्य। ज्ञातव्य है कि किसी भी साहित्यिक कृति की सौन्दर्यात्मक संवेदना अविभाज्य होती है, जिस कारण उसे पूर्णता में ही ग्रहण किया जा सकता है, आंशिक रूप से नहीं। शमशेर ने कभी कहा था कि कविता कैसी भी हो, यदि वह सफल हुई, तो उसमें स्वीकार ही होता है, और कुछ नहीं। यह सत्य है कि साहित्यिक कृति में स्वीकार्य–अस्वीकार्य सारी बातें अन्तत: एक सौन्दर्यात्मक संवेदना में परिणत होकर अपने प्रभाव की सृष्टि करती हैं। यदि ऐसा न होता, तो अधार्मिक होते हुए भी हम भक्ति–काव्य का आस्वादन न करते और एक धर्म के अनुयायी दूसरे धर्मों के साहित्य का रस न लेते। एक विचारधारा को माननेवाले लोगों के प्रिय कवि और लेखक दूसरी विचारधारा को माननेवाले कवि और लेखक भी हो सकते हैं, यह सामान्य अनुभव की बात है। किसी भी लेखक के विचारों की और भावों की छानबीन की जा सकती है, उनके अन्तर्विरोध भी दिखलाये जा सकते हैं, लेकिन

जब रचना और आस्वादन की बात उठेगी, तो भेद-बुद्धि को छोड़कर अभेद-बुद्धि से ही काम लेना होगा।

डा. शर्मा ने निराला में अनेक प्रकार के अन्तर्विरोध दिखलाये हैं और उसके साथ उनके स्रोत का संकेत करते हुए उनकी मुख्य दिशा को भी रेखांकित किया है। उनके अनुसार छायावाद 'विकासमान आधुनिक भारतीय संस्कृति के अन्तर्विरोधों का साहित्य' था, इसलिए निराला में अन्तर्विरोधों का होना लाजिमी था, लेकिन उनकी मुख्य दिशा बिलकुल सही और स्पष्ट थी। उनके शब्द हैं, 'सन् '20 से सन् '47 तक स्वाधीनता प्राप्ति की आकांक्षा उनके साहित्य की मौलिक प्रेरणा है।' निराला में जो अन्तर्विरोध सबसे प्रमुख था, वह था भौतिकता और अध्यात्म के बीच का अन्तर्विरोध। डा. शर्मा ने उसके एक मुख्य स्रोत विवेकानन्द का उल्लेख नहीं किया, जो जीवन-भर अद्वैत वेदान्त और देश-समाज के द्वन्द्व के बीच झूलते रहे। उन्होंने अपने शिष्यों को वेदान्त की शिक्षा देने के साथ उनसे यह भी कहा था कि मन्दिर की घण्टी डोलाना बन्द करो और बस्ती में जाकर भूखे और दुखी लोगों की सेवा करो। उनका मद्रास में दिया गया अन्तिम व्याख्यान प्रसिद्ध है, जिसमें उन्होंने कहा था : "हमारा देश ही हमारा जाग्रत देवता है। सर्वत्र उसके हाथ हैं, सर्वत्र उसके पैर हैं और सर्वत्र उसके कान हैं।...जिन व्यर्थ के देवी-देवताओं को हम देख नहीं पाते, उनके पीछे तो हम बेकार दौड़ें और जिस विराट देवता को हम अपने चारों ओर देख रहे हैं, उसकी पूजा ही न करें?" निराला की कविता पर अन्तर्विरोध की दृष्टि से विचार करने का यह परिणाम हुआ कि डा. शर्मा ने उसके ढेर सारे हिस्से का महत्त्व कम कर दिया और उसके प्रति पाठकों के भीतर एक पूर्वग्रह पैदा करने की कोशिश की। कभी-कभी उन्होंने उनके रहस्यवाद के कई रूप भी बतलाए, जिनमें से कुछ किसी हद तक स्वीकार्य थे, लेकिन कुल मिलाकर रहस्य और अध्यात्म को खारिज करने की उनकी प्रवृत्ति छिपाए न छिपी।

अपनी 'निराला' नामक पुस्तक में उन्होंने कहा था : 'जिन कविताओं को रहस्यवादी कहा जाता है, उन पर एक सरसरी निगाह डालने से भी यह स्पष्ट हो जाएगा कि वे छायावादी युग का सबसे कमजोर पहलू हैं।' दिलचस्प है कि निराला की 'भर देते हो' शीर्षक कविता के बारे में, जिसे अपनी अत्यन्त उत्कृष्ट रचना मानकर वे अन्त-अन्त तक लोगों को सुनाते रहे, डा. शर्मा ने यह टिप्पणी की : 'इष्टदेव किरणों से (कवि के) आँसू पोंछ लेते हैं और उसके दुखी जीवन में नये प्रभात का प्रकाश भर देते हैं। जीवन चिरकालिक क्रन्दन की तुलना में यह व्यापार कितना अवास्तविक और काल्पनिक मालूम होता है। भक्त अपने कुसुम कपोलों पर 'लोल शिशिर-कण' की मधुर कल्पना पर मुग्ध है।' यहीं पर वे सीधे कहते हैं, ' 'हमें जाना है जग के पार'—इस गीत में छायावाद का पलायनवादी पहलू दिखाई देता है।' स्पष्टतः यह सरल व्याख्या किसी भी आलोचना की, वह मार्क्सवादी हो

या गैरमार्क्सवादी, शक्ति से अधिक उसकी कमजोरी प्रकट करती है। गहन से गहन दुख में भी ईश्वर का भरोसा गुनाह है और लोक के सीमातिक्रमण की कोई भी इच्छा पलायन है! इस कसौटी पर तो रवीन्द्रनाथ की सम्पूर्ण रहस्यवादी कविता को रद्द कर देना पड़ेगा। 'साहित्य साधना' तक आकर भी डा. शर्मा का एतत्सम्बन्धी विचार बदला नहीं है, क्योंकि इसमें भी वे कहते हैं, "निराला काल्पनिक इच्छापूर्ति, आत्मप्रवंचना और रहस्यवादी रूढ़ियों के कवि भी हैं। उनके साहित्य में इस तरह की प्रवृत्तियाँ उनकी साम्राज्यविरोधी क्रान्तिकारी चेतना, उनके यथार्थोन्मुख मानवतावाद के आड़े आती हैं, उसे कमजोर करती हैं। ये प्रवृत्तियाँ उनके साहित्य में आरम्भ से लेकर अन्त तक रहती हैं और अनेक स्तरों पर उस साहित्य को प्रभावित करती हैं।" स्पष्ट है कि उन्होंने काल्पनिक इच्छापूर्ति, आत्मप्रवंचना आदि कुछ और शब्द गढ़ लिए हैं और निराला की सम्पूर्ण धार्मिकता पर प्रहार करने के लिए उनका अस्त्र के रूप में प्रयोग करने लगे हैं। जब रवीन्द्र और गाँधी के लिए उनकी धार्मिकता काल्पनिक इच्छापूर्ति, आत्मप्रवंचना और मात्र रूढ़ि नहीं थी, तो वह निराला के लिए अनिवार्यत: कैसे है? पूछा जा सकता है कि अपने युग में रवीन्द्र और गाँधी से अधिक क्रान्तिकारी, यथार्थवादी और मानवतावादी चेतना का परिचय किसने दिया? कहने की आवश्यकता नहीं कि महान् लेखकों द्वारा रचित रहस्यवादी और अध्यात्मवादी साहित्य की व्याख्या इतनी आसान होती, तो फिर क्या कहने थे! निश्चय ही निराला के विपुल धार्मिक काव्य को काल्पनिक इच्छापूर्ति, आत्मप्रवंचना और रहस्यवादी रूढ़ियों का काव्य कहकर उसके साथ न्याय नहीं किया जा सकता। शुक्र है कि 'भर देते हो' कविता में अभिव्यक्त कवि के जिस दुख का डा. शर्मा ने पहले उपहास किया था, उसके बारे में 'साहित्य साधना' में उनका कहना है : "इस कविता में दुख की अभिव्यंजना वास्तविक है, प्रभु को द्रवित करने के लिए वेदना का अभिनय नहीं किया गया, किन्तु प्रभु ने दुख दूर कर दिया, यह रहस्यवादी रूढ़ि के अनुरूप काल्पनिक इच्छापूर्ति है।" क्या आशा की जाए कि उनके बाद आनेवाला कोई मार्क्सवादी आलोचक उनकी रहस्यवादी रूढ़ि और काल्पनिक इच्छापूर्तिवाली भूल को भी दुरुस्त करेगा?

अब हम निराला की सर्वाधिक महत्त्वपूर्ण छायावादी कविताओं—'तुलसीदास', 'सरोज-स्मृति' और 'राम की शक्ति-पूजा'—के सम्बन्ध में डा. शर्मा के विचार देखें।

उन्होंने 'तुलसीदास' को काफी महत्त्व दिया है, लेकिन आधे मन से। कारण यह कि उसमें एक तो इस्लाम का विरोध है, दूसरे, रत्नावली के प्रेमाकर्षण का बहुत मनोयोगपूर्वक किया गया वर्णन है और तीसरे, उसमें वेदान्त भी है। ज्ञातव्य है कि उसमें इस्लाम के आक्रमण और इस्लामिक संस्कृति के प्रसार का विरोध-भाव से किया गया जो चित्रण है, वह बहुत सशक्त है। रत्नावली के सौन्दर्य और उसके

प्रति तुलसीदास के प्रेम के वर्णन में तो निराला की प्रचण्ड कवि-प्रतिभा का विस्फोट हुआ है, जिसे अपनी असाधारण क्षमता से उन्होंने नियन्त्रण में रखा है। ये दोनों काव्यांश 'तुलसीदास' के सर्वोत्कृष्ट स्थल हैं, लेकिन डा. शर्मा को वे नहीं सुहाए हैं। इस्लामवाले अंश की तो उन्होंने यथासम्भव उपेक्षा की है और रत्नावली को रीतिकालीन नायिका बतलाते हुए उसके प्रति तुलसीदास के प्रेम को मध्यकालीन समाज की विलासिता का विस्तार माना है। उनके शब्द द्रष्टव्य हैं : 'उसके (रत्नावली के) योगिनी रूप में मध्यकालीन नारी का नायिका-भेदवाला रूप जलकर भस्म हो गया है' और 'विलासिता का वातावरण उन्हें (तुलसीदास को) भी मोहित कर लेता है। रत्नावली में उनकी आसक्ति व्यक्तिगत कामुकता न होकर सामाजिक ह्रास का प्रतीक बन जाती है।' इस काव्य में शूद्रों की सामाजिक स्थिति का जो चित्रण किया गया है, हिन्दू समाज के पतन के कारण के रूप में, उसे उन्होंने सर्वाधिक महत्त्व देकर उजागर करने की कोशिश की है, जबकि काव्यात्मक अभिव्यक्ति की दृष्टि से वह उपर्युक्त दोनों स्थलों की तुलना में कहीं नहीं आता है। स्पष्ट है कि आलोचक के रूप में डा. शर्मा ने गलत जगह उँगली रखी है और इस तरह इस काव्य का वस्तुपरक नहीं, बल्कि आत्मपरक मूल्यांकन प्रस्तुत किया है, जिसके पीछे उनकी 'धर्मनिरपेक्ष' और 'रीतिमुक्त' विचारधारा है। जहाँ तक वेदान्त की बात है, उन्होंने उससे भी बचकर निकलने की कोशिश की है। निराला का दृष्टिकोण न हिन्दुत्ववादी था, न साम्प्रदायिक, इसलिए उनके इस्लाम-विरोध या वेदान्त-चर्चा से बचकर निकलने की आवश्यकता नहीं थी। अपने सम्प्रदायमुक्त दृष्टिकोण का परिचय उन्होंने 'महाराज शिवाजी का पत्र' नामक अपनी कविता में ही दे दिया था, जो कि मिर्जा जयसिंह के नाम लिखे गये शिवाजी के कथित छन्दोबद्ध फारसी पत्र का हिन्दी रूपान्तर है। मूल पत्र में शिवाजी कहते हैं : 'बड़ा खेद तो यह है कि मुसलमानों का खून पीने के अतिरिक्त किसी अन्य कार्य के निमित्त मेरी तलवार को मियान से निकलना पड़े।' इसमें निराला को तीव्र साम्प्रदायिक घृणा की अभिव्यक्ति दिखलायी पड़ी, इसलिए अपने रूपान्तर में उन्होंने इस अंश को छोड़ दिया और उसकी जगह अंग्रेजी साम्राज्यवाद का विरोध कर कविता को एक सामयिक सन्दर्भ देने का प्रयास किया। उनका दृष्टिकोण वही है, जो तुलसीदास का था, या फिर विवेकानन्द का—मानववादी। वैसे मध्ययुग से लेकर उन्नीसवीं शताब्दी तक के चिन्तन की अपनी सीमाएँ हैं, लेकिन इससे तुलसीदास, विवेकानन्द या निराला के मानववाद को कोई क्षति नहीं पहुँचती, क्योंकि वह निरर्थक ब्यौरों या तफसील का मोहताज नहीं। 'तुलसीदास' पर विचार मध्यकालीन भारतीय समाज में तुलसीदास की भूमिका को ध्यान में रखकर ही किया जा सकता है और प्रथमतः एक काव्य के रूप में, जो डा. शर्मा ने नहीं किया है। आज मुसलमानों के शासन को विदेशी नहीं माना जाता, क्योंकि वे भारत में

आकर यहाँ बस गये थे, लेकिन मध्यकाल में यह स्थिति न थी, बावजूद इसके कि भक्ति-आन्दोलन दोनों सम्प्रदायों के बीच सौहार्द-स्थापन का सन्देश लेकर चल रहा था और विशुद्ध नहीं, मिली-जुली संस्कृति का हामी था।

'सरोज-स्मृति' में जो प्रभावोत्पादकता है और उसमें जो कलात्मक सौन्दर्य है, उसे समझने के लिए इस कविता की संरचना पर ध्यान केन्द्रित करना आवश्यक है। उसके शीर्षक में जो 'स्मृति' शब्द है, वह केवल एक काव्य-विधा की सूचना देने के लिए नहीं, बल्कि उसमें कविता की संरचना से सम्बन्धित महत्त्वपूर्ण तथ्य छिपा है। सम्पूर्ण कविता एक 'स्मृति' है, यानी वह स्मृति के सहारे लिखी गयी है। स्वभावत: उसमें सरोज की मृत्यु के शोक से उद्दीप्त अनेक स्मृति-चित्र शुरू में क्रमहीन और बाद में क्रमबद्ध रूप से कवि के मानस में आते हैं। उन सभी चित्रों का सम्बन्ध किसी न किसी रूप में सरोज से है। प्रत्यक्षत: कभी-कभी वे निराला और उनके परिवेश से सम्बद्ध मालूम पड़ते हैं। इस प्रकार स्मृति ने इस कविता को वह रूप प्रदान कर दिया है, जिससे वह 'तुलसीदास' और 'राम की शक्ति-पूजा' से भिन्न हो गयी है। शोक की अवस्था में यही स्वाभाविक है। उसमें सर्वथा क्रमबद्ध रूप में मृत व्यक्ति की कथा कही गयी, तो वह कृत्रिम होगा, जिससे उसमें अपेक्षित प्रभावोत्पादकता सम्भव न होगी। शोकग्रस्त व्यक्ति मृत व्यक्ति को अनेक तरह से अनेक प्रसंगों में, याद करता है और एक-एक याद उसे अधिकाधिक विह्वल बनाती जाती है। ऐसी स्थिति में उससे यह माँग करना कि वह कठोरतापूर्वक सिलसिले से तमाम चीजों को याद करे, एक गैरमुनासिब बात होगी। कला यथार्थ की पुनर्रचना है, इसका यह मतलब नहीं है कि उस पर एक कृत्रिम संरचना आरोपित की जाए। देखा यह गया है कि जिस रचना में चिन्तन और भावधारा को उसकी अपनी गति और लय के साथ चित्रित कर दिया जाता है, वह अधिक शक्तिशाली हो जाती है। वहाँ पुनर्रचना का मतलब दूसरा होता है, स्वाभाविक गति और लय को नष्ट कर उसे सरल रूप में प्रस्तुत करना नहीं। ऐसी स्थिति में यह आश्चर्य की बात है कि डा. शर्मा ने 'साहित्य साधना' के दूसरे खण्ड में 'सरोज-स्मृति' की संरचना को 'तुलसीदास' और 'राम की शक्ति-पूजा' की तुलना में त्रुटिपूर्ण बतलाया है। उनकी यह बात उनकी उस टिप्पणी की याद दिला देती है, जिसमें उन्होंने 'गोदान' के स्थापत्य को अपेक्षाकृत कमजोर बतलाते हुए कहा था कि निर्माण की दृष्टि से प्रेमचन्द 'सेवासदन' को फिर से न पा सके!

'साहित्य साधना' में वे कहते हैं : " 'सरोज-स्मृति' में आन्तरिक गठन की वैसी दृढ़ता नहीं जैसी 'तुलसीदास' में है।' क्यों? इसलिए कि 'सरोज-स्मृति' में सपनों का बिखराव अपेक्षाकृत ज्यादा है। एक सपना साहित्य-संग्राम का, दूसरा सपना सरोज के शैशव-काल का, तीसरा सपना वापस आई रचनाओं को लेकर घास नोचने का, चौथा सपना सरोज द्वारा कुण्डली के फाड़े जाने का, पाँचवाँ सपना

कान्यकुब्ज कुलांगारों का, छठा सपना सरोज के विवाह का, सातवाँ सपना कवि-कर्म द्वारा स्वर्गीया कन्या के तर्पण का। डा. शर्मा के शब्दों में, ''ये सभी अंश समर्थ हैं, किन्तु एक ही सपने में गूँथे नहीं गये। इन सभी से निराला सम्बद्ध हैं, फिर भी वह केन्द्र में स्थिर नहीं हैं। कवि, कन्या, पार्श्वभूमि—इन सब पर रचनाकार की दृष्टि भटकती है, कहीं देर तक ठहरती नहीं है।'' उनकी शिकायत है कि 'सरोज-स्मृति' में निराला कथा कहने बैठते हैं, लेकिन उसे सरोज के जन्म से या अपने साहित्यिक अभ्युदय-काल से शुरू नहीं करते। पहले वे सार-रूप में सारा दुखद प्रसंग कविता के आरम्भ में रख देते हैं, फिर कविता के मध्य में कथा कहने का परम्परागत ढंग अपनाते हैं। उनके अनुसार, ''कथा कहने का यह ढंग निराला की स्वप्नशीलता का विरोधी है। स्वप्नशीलता चाहती है, एक दृश्य पर निगाह जमाए रहो, कथा-प्रवाह की माँग है, आगे बढ़ते चलो, किसी दृश्य से अटककर खड़े मत हो जाओ। निराला की आन्तरिक वृत्ति है किसी दृश्य को देखना, उससे अटकना, खड़े रह जाना। 'राम की शक्ति-पूजा' में उन्होंने कथा कहने का दूसरा ढंग अपनाया है, वह दृश्य से अटके रहते हैं, साथ ही कौशल से *काल-प्रवाह के साथ* पाठक को आगे-पीछे घुमाते रहते हैं।'' डा. शर्मा की दृष्टि में 'तुलसीदास' और 'राम की शक्ति-पूजा' ही नहीं, निराला की कविता 'वन-बेला' भी संरचना की दृष्टि से 'सरोज-स्मृति' से श्रेष्ठ है, क्योंकि '' 'सरोज-स्मृति' की तुलना में 'वन-बेला' का आन्तरिक गठन सुदृढ़ है। कारण है निराला की स्वप्न-दृष्टि, जो स्वयं पर आदि से अन्त तक जमी रहती है, इस स्वयं को पार्श्वभूमि के उपादानों से सम्बद्ध कर देती है।'' कहने की आवश्यकता नहीं कि उन्होंने स्वप्न-दृष्टि बनाम कथा-वर्णन का प्रश्न उठाकर अनावश्यक रूप से 'सरोज-स्मृति' के गठन की आलोचना की है। स्मृति के माध्यम से उसमें कथा-तत्त्व आ गये हों, उदाहरणार्थ 'याद है' से शुरू होनेवाला उसका बन्द, लेकिन वह कविता कथात्मक वा प्रबन्धात्मक कविता नहीं है कि उसमें आनेवाले क्रमहीन स्मृति-चित्रों के लिए उसकी आलोचना की जाए और उसके गठन को त्रुटिपूर्ण घोषित कर दिया जाए। यह येन-केन-प्रकारेण 'सरोज-स्मृति' को हीन ठहराने का प्रयास है। यह निराला-काव्य के एक दूसरे विशेषज्ञ पं. नन्ददुलारे वाजपेयी के मत से भी सिद्ध है, जो उनके सर्वथा विपरीत है और इसीलिए सत्य के अधिक निकट। 'कवि निराला' नामक अपनी पुस्तक में वे 'सरोज-स्मृति' के बारे में कहते हैं : 'इस दीर्घ प्रगीत का आकृतिगत शिल्प भी उतना ही सुगठित और सुव्यवस्थित है, जितना उसका भावसंयोजनात्मक शिल्प है।'

'राम की शक्ति-पूजा' निराला की सर्वश्रेष्ठ छायावादी कविता है, लेकिन पाठकों को यह जानकर आश्चर्य होगा कि डा. शर्मा ने उसे वह महत्त्व नहीं दिया, जिसकी वह अधिकारी है। इसके दो कारण हैं। पहला यह कि वह ऐतिहासिक न

होकर एक पौराणिक कविता है और दूसरा यह कि उसके नायक स्वयं निराला हैं। पौराणिक होने से कविता यथार्थ से खिसककर मिथक के पास चली गयी है और कवि-केन्द्रित होने के कारण भले उसकी सघनता बढ़ी हो, पर उसकी व्यापकता में कमी आयी है। 'निराला' नामक पुस्तक में डा. शर्मा का यह कथन देखें : 'तुलसीदास' से मिलती-जुलती कविता 'राम की शक्ति-पूजा' है। पहली रचना में रामचरित्र के निर्माता तुलसीदास का चित्रण था; इस कविता में राम ही नायक हैं। पहली कविता में उन्होंने मध्यकालीन समाज का सत्य दिया था, इस कविता की पृष्ठभूमि पौराणिक है परन्तु उसका सत्य कवि के इसी जीवन का है।'' पुनः जैसे इस कथन के अन्तिम वाक्य की व्याख्या करते हुए वे कहते हैं, 'धिक् जीवन को जो पाता ही आया विरोध', यह पंक्ति पूरी कविता का सूत्र है। कहना न होगा कि यह पंक्ति स्वयं कवि के जीवन पर खूब घटित होती है। राक्षस, वानर, लंका, समुद्र-तट, यह सब एक विशाल सेटिंग मात्र है; वास्तविक संघर्ष राम के हृदय में है। वह शक्ति की साधना कर रहे हैं और प्रश्न है कि वह विजयी होंगे या नहीं। 'तुलसीदास' में कवि एक हद तक तटस्थ है; 'राम की शक्ति-पूजा' पर कवि के अपने व्यक्तित्व की छाप है।'' रचनाकार अपनी रचना में अवश्य मौजूद रहता है और यदि वह रोमाण्टिक रचनाकार हुआ, तो उसके लिए यह अनिवार्य सत्य की तरह है। लेकिन यदि किसी रोमाण्टिक रचनाकार की रचना के बारे में ही यह बात जोर देकर और बार-बार कही जाए, तो उसका मतलब यह होता है कि रचना मूलतः उसकी आत्माभिव्यक्ति है और उसकी पौराणिकता, नाटकीयता आदि उसके मुखौटे-भर हैं। डा. शर्मा उन्हें 'एक विशाल सेटिंग मात्र' का नाम देते हैं। यह स्पष्टतः 'राम की शक्ति-पूजा'-जैसी महान् कविता को उसके रूप से अलग कर मात्र उसे अन्तर्वस्तु के रूप में ग्रहण करना है, वह भी सीमित रूप में। इससे कविता को क्या क्षति पहुँचेगी, यह बतलाने की जरूरत न होनी चाहिए। निश्चय ही 'शक्ति-पूजा' के राम के व्यक्तित्व पर निराला के व्यक्तित्व की और राम की परिस्थितियों पर कवि की अपनी परिस्थितियों की छाया है, लेकिन यह सत्य है कि निराला के व्यक्तित्व और परिस्थितियों में राम का व्यक्तित्व और उनकी परिस्थितियाँ निःशेष नहीं हो जातीं और इस तरह उस कविता की व्यापकता, विराटता और उदात्तता बनी रहती है। 'शक्ति-पूजा' में यदि हमें निराला की झलक मिलती है, तो प्रतिध्वनि के रूप में। प्रतिध्वनि को ध्वनि कहना स्पष्टतः गलत है। इस कविता की संरचना पर ध्यान दिया जाए, तो यह पता चलेगा कि इसकी केन्द्रीय वस्तु सीता की मुक्ति है, न कि राम का संघर्ष, लेकिन चूँकि यह बात बहसतलब हो सकती है, इसलिए मैं इस महत्त्वपूर्ण कविता की व्याख्या में डा. शर्मा से जो गम्भीर भूलें हुई हैं, उनमें से कुछ का उल्लेख कर इस प्रसंग को समाप्त करूँगा।

'भाषा, युगबोध और कविता' नामक पुस्तक में संकलित उनका लेख 'राम

की शक्ति-पूजा' सम्भवतः इस कविता पर हिन्दी में लिखा गया पहला लेख है। इसका लेखन-काल 1938 है। इस कारण यह काफी पुराना तो है ही, काफी प्रारम्भिक भी है। लेकिन चूँकि डा. शर्मा ने इसमें की गयी कविता की व्याख्या में कभी संशोधन की आवश्यकता नहीं समझी और वे अन्त-अन्त तक उसे सही मानते रहे, इसलिए इसे आज भी उनका प्रतिनिधि लेख मानकर उसका हवाला दिया जा सकता है। 'है अमानिशा' से शुरू होनेवाली 'शक्ति-पूजा' की चार पंक्तियाँ प्रसिद्ध हैं, जिनके अन्त में यह वाक्य आता है : 'केवल जलती मशाल'। यह इस बात का सूचक है कि मशाल अमावस्या के सघन और भीषण अन्धकार को हटाने में असमर्थ है। इसकी व्यंजना यह है कि राम के मन में रावण द्वारा पराजित होने की जो आशंका पैदा हो गयी है, उसे उनकी बुद्धि दूर नहीं कर पा रही है। इसे निराला ठीक आगे आनेवाली दो पंक्तियों में बिलकुल स्पष्ट कर देते हैं : 'स्थिर राघवेन्द्र को हिला रहा फिर-फिर संशय, / रह-रह उठता जग जीवन में रावण-जय-भय'। लेकिन डा. शर्मा की व्याख्या उलटी है : "'केवल' का प्रयोग बहुत ही प्रभावोत्पादक हुआ है। इस अन्धकार और समुद्र की उच्छृंखल क्रीड़ाओं के बीच सिर्फ एक मशाल जल रही है। हमें इसी से भावी विजय के लिए आशा मिलती है और हम धैर्य के साथ राम का दैन्य देखने के लिए प्रस्तुत होते हैं।" दूसरा प्रसंग राम के आशंकाग्रस्त मानस में सीता से हुई पहली मुलाकात के दृश्य के कौंधने से सम्बन्धित है। चूँकि उनके सामने सीता की मुक्ति का प्रश्न है, इसलिए जब वह मुक्ति सन्दिग्ध लगती है, तो उन्हें सीता से हुई पहली भेंट याद आती है—'प्रथम स्नेह का लतान्तराल मिलन / नयनों का—नयनों से गोपन—प्रिय सम्भाषण'। कहने की आवश्यकता नहीं कि यह अत्यन्त स्वाभाविक स्थिति है, जिससे राम के भीतर शक्ति का संचार भी होता है : 'हर धनुर्भंग को पुनर्वार ज्यों उठा हस्त'। लेकिन डा. शर्मा की व्याख्या विचित्र है। उनके शब्द हैं : "इसी समय राम को सीता का स्मरण होता है। यह राम की निर्बल मानसिक अवस्था का द्योतक है, कवि ने इंगित से इसे भी आगे स्पष्ट कर दिया है। क्षण-भर के लिए हम जनक की वाटिका में पहुँच जाते हैं और राम और सीता 'नयनों का—नयनों से गोपन—प्रिय सम्भाषण' देखने लगते हैं। कवि ने राम की इस चारित्रिक निर्बलता को बड़े सुन्दर ढंग से निबाहा है।" इस तरह डा. शर्मा के शुद्धतावाद ने 'शक्ति-पूजा' के सर्वाधिक सुन्दर स्थल को नष्ट करने का प्रयास किया है। निस्सन्देह उनके मार्क्सवादी होने के बाद उनका शुद्धतावाद और दृढ़ हुआ। तीसरा प्रसंग हनुमान से सम्बन्धित है। वे राम के दोनों पाँवों को अपनी दोनों हथेलियों में लिये हुए बैठे हैं। अभी वे भक्त की अवस्था में भी हैं और योगी की अवस्था में भी। भक्त की अवस्था में वे 'हैं' और योगी की अवस्था में वे 'नहीं हैं'। इस तरह साधना के मध्य भी वे साम्यावस्था को प्राप्त हो रहे हैं, यानी ब्रह्म से तदात्म। इसी बात को ध्यान में रखकर निराला उन्हें

'युग 'अस्ति-नास्ति' के एक-रूप' कहते हैं, लेकिन डा. शर्मा अपनी व्याख्या में 'अस्ति-नास्ति' को राम के चरणों से सम्बद्ध कर देते हैं, जो कि काफी ऊटपटाँग अर्थ है। देखिए: 'हनुमान भक्तिपूर्वक राम की क्रियाएँ देख रहे थे। उनके चरण अस्ति, नास्ति के दो रूप एक ही पुरुष में अपना तादात्म्य प्रदर्शित करते उन्हें दिखायी देते हैं।' तात्पर्य यह कि 'शक्ति-पूजा' की संरचना से लेकर उसके संग्रथन तक पर डॉ. शर्मा ने उतना ध्यान केन्द्रित नहीं किया, जितने की वह महान कविता अधिकारी थी।

निराला की कविता के मध्यवर्ती चरण में उनकी ये कविता-पुस्तकें आती हैं : 'कुकुरमुत्ता', 'अणिमा', 'बेला और नये पत्ते'। यह चरण इस दृष्टि से कुछ अधिक ही दिलचस्प है कि इसमें निराला-काव्य की दो धाराएँ—छायावादी-रहस्यवादी और यथार्थवादी—समानान्तर बहती हुई दिखलाई पड़ती हैं। छायावाद-रहस्यवाद के साथ यथार्थवाद के तत्त्व निराला की कविता में पहले भी थे, उदाहरण के लिए वे 'जुही की कली' के साथ 'भिक्षुक' की भी रचना कर रहे थे और 'फिर सँवार सितार लो!'- जैसे गीतों के साथ 'तोड़ती पत्थर' की भी। कभी-कभी तो एक ही कविता में ये दोनों परस्पर विरोधी तत्त्व टकराते हुए दृष्टिगत होते हैं, यथा 'प्रेयसी' से लेकर 'सरोज-स्मृति' और 'वन-बेला' तक-जैसी कविताओं में। लेकिन फिर भी पूर्ववर्ती चरण में ये दोनों तत्त्व उतना खुलकर एक-दूसरे के आमने-सामने न आए थे, उनमें उतना तीक्ष्ण विभेद न था, जितना इस चरण में देखने को मिला। एक तरफ 'कुकुरमुत्ता' तथा उसके प्रथम संस्करण की अन्य कविताएँ और दूसरी तरफ 'अणिमा' के गीत; एक तरफ 'बेला' के गीत तथा गजलें और दूसरी तरफ 'नये पत्ते' की नयी कविताएँ। निराला-काव्य का यह विकास, उसकी प्रकृति में पाया जानेवाला विभेद उसके अध्येता को विभ्रान्त बना देनेवाला था। निरालाप्रेमी कुछ विद्वानों ने उनके यथार्थवादी विकास को उनके मानसिक विक्षेप की देन बतलाकर छुट्टी पा ली, लेकिन डा. शर्मा के लिए वैसा करना बहुत आसान न था। उस समय बेहोशी में काल्पनिक इच्छापूर्ति के सपने देखने और होश में उन्हें मिटा देनेवाला सिद्धान्त उनके हाथ न लगा था, इसलिए उन्होंने निराला की कविता के इस चरण पर उड़ती हुई निगाह डाली और कुछ उलटी-सीधी बातें कहते हुए उसे चलता किया।

1940 में उन्होंने 'अनामिका' और 'तुलसीदास' की एक साथ समीक्षा की थी। उसमें उन्होंने 'अनामिका' की 'तोड़ती पत्थर', 'खुला आसमान', 'ठूँठ' आदि यथार्थवादी कविताओं के सम्बन्ध में जो टिप्पणी की थी, उसी से यह स्पष्ट हो जाता था कि निराला के भावी यथार्थवादी विकास के बारे में उनका क्या रुख होगा। उक्त कविताओं के बारे में उन्होंने कहा था कि वे निराला-तत्त्व की निर्देशक ऐसी कविताएँ हैं, 'जहाँ मानो अपने ही शब्द-माधुर्य को कवि चुनौती देकर कहता है, मैं

'दन्त कटाकटेति' भी लिख सकता हूँ।' फिर अनुमानतः 1946 में डा. शर्मा ने एक लेख लिखा—'निराला की युद्धकालीन कविता' और उसमें 'कुकुरमुत्ता', 'बेला' और 'नये पत्ते' की कुछ कविताओं पर बहुत ही संक्षिप्त टिप्पणी की, जिससे यह स्पष्ट हो जाता है कि निराला का यह काव्य उनकी रुचि के अनुकूल नही था। 'कुकुरमुत्ता' का व्यंग्य गुलाब पर नहीं, स्वयं अपने ऊपर है, क्योंकि वह संकीर्ण प्रगतिशीलता को प्रतीकित करता है। निराला उसकी स्थिति को अतिशय हास्यास्पद बनाने के लिए कविता के अन्त में यह दिखलाते हैं कि जो अपने को परब्रह्म के समान सर्वशक्तिमान् बतलाता था, उसका कलिया बनाकर नवाब की बेटी खा जाती है। डा. शर्मा निराला की समझ को ही दोष देते हुए कहते हैं कि 'शायद निरालाजी ने प्रगतिवाद को इसी तरह का उपयोगितावाद समझा था।' 'कुकुरमुत्ता' ने वस्तुतः विद्वानों को विभ्रान्त बनाया था, जिसकी सूचना उनके इस वाक्य से मिलती है : 'लोगों में इस बात पर मतभेद रहा कि निरालाजी इस कविता में किस पर व्यंग्य करना चाहते हैं।' वे 'देवी' और 'चतुरी चमार' नामक निराला की कहानियों में उनके यथार्थवाद का उत्कर्ष देखते थे, इसलिए उससे 'कुकुरमुत्ता' की तुलना करते हैं और उसमें उसे हीन ठहराते हैं : " 'देवी' या 'चतुरी चमार' के साथ 'कुकुरमुत्ता' पढ़ें तो साफ मालूम होगा कि निरालाजी का व्यंग्य पहले से निखरा नहीं है, बल्कि फीका पड़ गया है; नयी उलझनों में उनका लक्ष्य अस्पष्ट हो गया है।" 'खजोहरा' को उन्होंने साफ शब्दों में 'एक हास्य की कविता' कहा है, जिसमें 'व्यंग्य बिल्कुल दबा हुआ' है, जबकि यह कविता रवीन्द्रनाथ की प्रसिद्ध कविता 'विजयिनी' के कल्पना-लोक को ध्वस्त कर उसकी जगह यथार्थ-लोक की प्रतिष्ठा करनेवाली है। इसी तरह 'स्फटिक-शिला' एक बेजोड़ रिपोर्ताज है, लेकिन डा. शर्मा यह कहकर कि वह ऐसी वर्णनात्मक कविता है, जिसका 'मुक्तछन्द अधिक उखड़ा हुआ' है, उसका महत्त्व कम कर देते हैं। 'बेला' में निराला गजलों की तरफ इसलिए झुके थे कि वे उर्दू की गजलों की तरह हिन्दी कविता में खड़ीबोली का अधिक से अधिक साफ प्रयोग करना चाहते थे, यानी पूरे-पूरे वाक्य का प्रयोग। इस तरह गजल उन्होंने किसी फैशन के तहत नहीं लिखी थी, लेकिन डा. शर्मा ने बेहिचक उसे फिराक द्वारा प्रेरित बतलाया है। 'बेला' की भूमिका में निराला का यह कथन ध्यातव्य है : "पाठकों की हिन्दी मार्जित हो जाएगी अगर उन्होंने आधे गीत भी कण्ठाग्र कर लिए; यों आज भी ब्रजभाषा के प्रभाव के कारण अधिकांश जन तुतलाते हैं, खड़ीबोली के गीत खुलकर नहीं गा पाते।" यह स्पष्टतः उनके एक महत्त्वपूर्ण रचनात्मक संघर्ष की ओर संकेत करता है, लेकिन डा. शर्मा को इससे कोई मतलब नहीं है और वे एक के बाद एक वे शेर उद्धृत करते जाते हैं, जिनका सम्बन्ध निराला की प्रगतिशील राजनीतिक चेतना से है। निस्सन्देह उन्हें पता है कि 'बेला' की गजलों में रहस्यवाद भी है, पर वे बड़ी आसानी से उनकी कल्पनाओं को पुराना

कहकर चलते बनते हैं : ''अनेक गजलों में उन्होंने रहस्यवाद का ही रूपक बाँधा है, लेकिन कई गजलों में देश और समाज के बारे में भी बातें कही गयी हैं। नाथ के हाथ पकड़ने पर वीणा का बजना, किरण पड़ने पर कमल का खिलना, प्रभु के नयनों से ज्योति के सहस्त्रों शरों का निकलना पुरानी कल्पनाएँ हैं।'' 'नये पत्ते' की प्रसिद्ध कविता 'महगू महगा रहा' स्वाधीनता-आन्दोलनकालीन पेचीदा कांग्रेसी राजनीति के यथार्थ को निर्मम ढंग से झलकानेवाला आईना है, लेकिन वे उसे सिर्फ 'नया व्यंग्य-चित्र' कहकर उसके विस्तार को सीमित कर देते हैं।

'निराला' नामक पुस्तक का 'निरालाजी की युद्धकालीन कविताएँ' शीर्षक लेख पूर्वोक्त लेख का ही किंचित् विस्तृत रूप है। पहले लेख में डा. शर्मा ने सिर्फ 'कुकुरमुत्ता' में मिलनेवाली अस्पष्टता का सम्बन्ध 'युद्धकाल में निराला के विश्वासों के डिग जाने' से जोड़ा था। इस लेख में वे उसका विस्तार करते हुए कहते हैं : 'युद्धकाल का यह प्रभाव अनेक रूपों में निरालाजी की रचनाओं में भी दिखायी देता है।' युद्ध से निश्चय ही निराला भी प्रभावित हुए थे, लेकिन मध्यवर्ती चरण की उनकी कविताओं में उसके साथ-साथ उनकी मूल संवेदना का *विकास* लक्षित करने योग्य है, जो डा. शर्मा के अनुसार ही गद्य में, और युद्ध से पूर्व, अधिक सशक्त रूप में प्रकट हो चुकी थी। प्रश्न उठता है कि यदि युद्ध का प्रभाव ऐसा व्यापक था, तो उसने उनकी अध्यात्म-चेतना और रहस्य-भावना को क्यों नहीं प्रभावित किया था? निराला वस्तुत: एक जटिल संवेदना के रचनाकार थे, जिससे इस चरण में वे अपनी दिव्य भावना का उपहास भी करते हैं, जैसे मोहभंग की स्थिति से गुजर रहे हों, और फिर नाना रूपों में उसकी अभिव्यक्ति भी करते हैं। 'अधिवास' शीर्षक अपनी आरम्भिक कविता में उन्होंने मुक्ति का त्याग कर लोक को स्वीकार करने की बात कही थी। लेकिन मुक्ति को अन्तिम रूप से उन्होंने छोड़ा नहीं था। अन्त-अन्त तक उनकी यही स्थिति रहती है। ऐसी स्थिति में जो है, उसी के भीतर कवि-रूप में उनकी सफलता को देखना चाहिए, न कि हमारी दृष्टि में जो अनपेक्षित है, उसकी उपेक्षा या उसका अवमूल्यन करना चाहिए। शुरू से ही कविता के बाहर से कविता की खास तरह की कसौटी ढूँढ़कर लाने से उसके साथ अन्याय होना सुनिश्चित है।

दूसरे लेख में एक विशेष बात यह है कि इसमें संक्षेप में ही सही, 'अणिमा' की कविताओं पर भी विचार किया गया है। लेकिन यह विचार कैसा है? दबे हुए व्यंग्य के साथ की गयी डा. शर्मा की यह टिप्पणी देखिए : '' 'अणिमा' के गीतों में विषाद बढ़ता गया है। उसे दूर करने के लिए ज्ञानमय प्रकाश की कल्पना की गयी है। चरण स्वच्छन्द न रहने पर नूपुर के स्वर मन्द हो गये हैं। स्नेह के निर्झर बह चुके हैं और जीवन रेत-मात्र रह गया है। 'परिमल' के आँसू पोंछनेवाले इष्टदेव की तरह फिर कोई रहस्य-शक्ति सर झुकने पर कवि को धरती से उठा देती है। कभी वह

सोचते हैं कि जिसने मृत्यु को वरण किया है, उसी को जीवन मिला है।'' तत्पश्चात् वे कुछ व्यक्तियों को विषय बनाकर लिखी गयी कविताओं का उल्लेख करते हैं, फिर 'अणिमा' में यथार्थ दृश्यों का अंकन करनेवाली कई विलक्षण कविताओं के साथ दूसरी कविताओं के बारे में इतना कहना ही आवश्यक समझते हैं : ''इसके साथ कुछ ऐसी कविताएँ हैं जिनमें किसी दृश्य का वर्णन किया गया है। जलाशय के किनारे कुहरी, सड़क के किनारे की दूकानवाली कविताएँ ऐसी ही हैं। कहीं-कहीं जनसाधारण के साथ जीवन के कष्ट सहने की इच्छा प्रकट की है।'' लेख का अन्त डा. शर्मा ने निराला की तरफ इशारा करते हुए इन शब्दों में किया है : ''शाश्वत सत्य और ब्रह्मानन्द सहोदर की कल्पना से विचलित न होकर उन्होंने बताया है कि लेखक का स्थान जनता के साथ है। उसी के सुख-दुख, आशा-निराशा, विद्रोह और विजय का चित्रण करके वह अपनी वाणी सार्थक कर सकता है। देश के जीवन में एक ओर भाई-भाई की मारकाट और गृहयुद्ध की लपटें फैल रही हैं तो दूसरी ओर मजदूर वर्ग के नेतृत्व में एक महान् क्रान्तिकारी ज्वार आया है। निरालाजी के विकास की समूची परम्परा हमें सिखाती है कि इस ज्वार के साथ बढ़कर परिवर्तन की शुभ घड़ी लाने के लिए हिन्दी लेखकों और कवियों को आगे बढ़ना है।'' यह बात असत्य नहीं है, लेकिन यह पूर्ण सत्य भी नहीं है। यह अर्धसत्य है, क्योंकि डा. शर्मा ने निराला-काव्य के मध्यवर्ती चरण के एक पक्ष को नजरअन्दाज करने का भरपूर प्रयास किया है। दूसरी बात यह कि निराला के विकास की समूची परम्परा हमें जो कुछ सिखलाती है, वह बहुत पेचीदे और गहरे ढंग से, जैसा कि प्रत्येक महान् लेखक करता है, उस सरल ढंग से नहीं, जो नारे और तरानेवाले कवियों का ढंग होता है। डा. शर्मा ने उनके बारे में ऐसे लिखा है, जैसे वे उनसे भिन्न न थे।

'साहित्य साधना' में आकर 'कुकुरमुत्ता' के सम्बन्ध में अपनी स्थिति में वे थोड़ा परिवर्तन करते हैं, लेकिन उससे इस कविता की अन्तर्वस्तु पर उचित प्रकाश नहीं पड़ता। यह तो उन्होंने 'युद्धकालीन कविता' वाले लेख में ही लक्ष्य कर लिया था कि 'कुकुरमुत्ता का व्यंग्य जहाँ गुलाब को मारता है, वहाँ खुद उसे भी हास्यास्पद बना देता है', लेकिन उसकी हास्यास्पदता पर विचार केन्द्रित न किया था, बल्कि उलटे उसका जो कलिया बनाया जाता है, उसे देखकर यह कहा था कि निराला ने शायद प्रगतिवाद को उपयोगितावाद समझा है। 'साहित्य साधना' में वे कुकुरमुत्ता को सर्वहारा का प्रतीक समझनेवाले प्रगतिशीलों का उपहास करते हैं और उसे 'लुम्पेन प्रोलीटेरियट' बतलाते हैं। इस प्रसंग में उनका यह कथन देखा जा सकता है : ''कुकुरमुत्ता ने गुलाब को कैपिटलिस्ट कहा, उसे अमीरों का प्यारा बताया, उस पर साधारणों से अलग रहने का दोष लगाया। इससे कुछ प्रगति-प्रेमी आलोचकों ने उसे सर्वहारा वर्ग का प्रतीक मानकर उसका काफी वन्दन-अभिनन्दन किया है। कुकुरमुत्ता की तर्क-योजना जिस वर्ग-दृष्टि का परिचय देती है, वह प्रोलीटेरियट

की नहीं; लुम्पेन प्रोलीटेरियट की वर्ग-दृष्टि है, शहर के आवारा टुटपुँजियों का दृष्टिकोण जो क्रान्तिकारी संगठन और संघर्ष का रास्ता छोड़कर अराजकतावादी नीति अपनाता है।'' यहाँ पूछने की इच्छा होती है कि कुकुरमुत्ता को सर्वहारा-वर्ग का प्रतीक मानकर उसका वन्दन-अभिनन्दन करनेवाले प्रगतिशील कौन थे? फिर यह कि उस समय डा. शर्मा ने उसका विरोध क्यों नहीं किया? तीन दशकों बाद जब यह बात स्पष्ट हो गयी कि कुकुरमुत्ता के बड़बोलेपन के माध्यम से निराला ने संकीर्ण प्रगतिशीलता पर करारा प्रहार किया था, जो उस समय सम्पूर्ण प्रगतिशील आन्दोलन पर हावी थी, और गुलाब उनके लिए सम्पूर्ण सौन्दर्य और संस्कृति का वाचक था, सामन्त-वर्ग या पूँजीपति-वर्ग का प्रतीक नहीं, तो वे प्रगतिशीलता के बचाव में कहते हैं कि वह 'लुम्पेन प्रोलीटेरियट' का प्रतीक है! स्पष्टतः यह निराला-काव्य के सम्बन्ध में आलोचकीय अन्तर्दृष्टि का परिचय देना नहीं है, बल्कि उसके साथ कूटनीतिक खेल खेलना है।

ऊपर बेहोशी में काल्पनिक इच्छापूर्ति के सपने देखने और होश में उन्हें मिटा देनेवाले सिद्धान्त का जिक्र हो चुका है। डा. शर्मा को यह मनोवैज्ञानिक सिद्धान्त थोड़ी देर से हाथ लगा और जब लगा, तो उन्होंने उसे अपनी सुविधा और इच्छा के अनुसार निराला के सम्पूर्ण काव्य पर लागू किया। इसमें उन्हें जिसे पूरा स्वीकार करना था, उसे उन्होंने पूरा स्वीकार किया, जिसे आंशिक रूप से स्वीकार करना था, उसे आंशिक रूप से, और जिसे उन्हें अस्वीकार करना था, उसे उन्होंने अस्वीकार कर दिया। निराला के मध्यवर्ती काव्य के बारे में वे कहते हैं, ''निराला ने अपनी जिन रचनाओं में काल्पनिक इच्छापूर्ति के सपनों को मिटाया है, वे सन् '42 में प्रकाशित उनके कविता-संग्रह 'कुकुरमुत्ता' में हैं। मोहभंग के साथ भावबोध में कहीं-कहीं विकृति उत्पन्न हुई है तो वह मुख्यतः इन्हीं रचनाओं में।'' लेकिन 'इनमें केवल विकृति नहीं है, यथार्थवाद के नये तत्त्व हैं, यह भी असन्दिग्ध है।' रोमाण्टिक कविता पर सरल ढंग से लागू किए जानेवाले 'बेहोशी में देखे गये काल्पनिक इच्छापूर्ति के सपने'वाले सिद्धान्त को छोड़ दें, क्योंकि कविता बहुत ही जटिल चीज है, चाहे वह रोमाण्टिक ही क्यों न हो, तो डा. शर्मा का यह कथन विशेष आपत्तिजनक नहीं। वह इसलिए कि उसमें मोहभंग और भाव-बोध में आंशिक विकृति के साथ यथार्थवाद के नये तत्त्व की बात भी कही गयी है। 'कुकुरमुत्ता' संग्रह की कविताओं में निश्चय ही छायावाद की प्रतिक्रिया के तत्त्व हैं। वे 'गर्म पकौड़ी', 'प्रेम-संगीत, 'रानी और कानी', 'खजोहरा' और 'स्फटिक-शिला' शीर्षक कविताओं में आसानी से दिखलाई पड़ते हैं। किसी कविता में छायावाद के आभिजात्य पर चोट है, किसी में उसकी प्रेम-भावना का उपहास किया गया है तथा किसी में उसकी सौन्दर्य-भावना का और किसी में उसकी दिव्यता को भी झटका दिया गया है। यह बात निराला के एक पत्र की याद दिलाती

है, जो उन्होंने 1943 में जानकीवल्लभ शास्त्री को लिखा था और जिसमें कहा था : 'एक रोज दिल में आया जो कुछ पद्य-साहित्य में लिखा है, उसका उल्टा लिख डालूँ।' लेकिन जो बात विशेष महत्त्वपूर्ण है, वह यह कि उक्त कविताओं में प्रतिक्रिया या मोहभंगजनित विकृति के तत्त्वों के बावजूद जो यथार्थवाद उभरकर आ रहा था, वह हिन्दी कविता में नये क्षितिज का उद्‌घाटन करनेवाला था। निस्सन्देह डा. शर्मा ने अपनी आलोचना में उसे उचित महत्त्व नहीं दिया। दूसरी बात यह कि 'नये पत्ते' की जो कविताएँ इतिहास के मार्क्सवादी बोध के साथ रचित हैं, यथा 'थोड़े के पेटे में बहुतों को आना पड़ा,' 'राजे ने अपनी रखवाली की', 'दगा की', 'चर्खा चला', 'तारे गिनते रहे' आदि, उनकी भी उन्होंने कोई खास नोटिस नहीं ली। 'साहित्य साधना' में उन्होंने प्रसंगवश उनमें से एक-दो कविताओं के, यथा 'दगा की' और 'चर्खा चला', फार्म के एक-दो तत्त्वों पर विचार किया है और अन्त में एक वाक्य में सम्मिलित रूप से उन पर यह टिप्पणी की है : 'ये सारी कविताएँ घोर यथार्थवादी हैं, फैण्टेसी के बहुत नजदीक भी', जिसका एक ही मतलब हो सकता है कि वे नये ढंग की विलक्षण कलात्मकता से युक्त हैं। लेकिन डा. शर्मा ने उसकी व्याख्या नहीं की। 'नये पत्ते' की 'देवी सरस्वती' कविता की उन्होंने चर्चा की है, लेकिन किसान-सम्बन्धी अन्य कविताओं को भी चलता कर दिया है। 'महगू महगा रहा' में उन्हें कलात्मक त्रुटियाँ दिखलायी पड़ी हैं, यद्यपि उसका उपयोग कांग्रेसी राजनीति के विरोध और कम्युनिस्टों के समर्थन के लिए करने का प्रयास किया है। यह सब उन्होंने बहुत कम शब्दों में किया है। समझ में नहीं आता कि यहाँ इतनी संक्षिप्तता से काम लेने की क्या जरूरत थी, जबकि वे पौने छः सौ पृष्ठों में निराला के साहित्य पर विचार कर रहे थे। उलझन तब और बढ़ जाती है, जब आगे हम उनका यह निर्णायक कथन देखते हैं : " 'नये पत्ते' में निराला की कला का ह्रास नहीं, विकास है। जीवन को नये ढंग से देखने और चित्रित करने का प्रयास है। यह कला नये ढंग की है जिसे निखारने के लिए निराला के सामने बने-बनाए साँचे नहीं थे। निराला ने यहाँ हिन्दी कविता के विकास का नया मार्ग दिखलाया।" जब ऐसा है, तो उन्होंने निराला के इस काव्य को अपेक्षित महत्त्व क्यों नहीं दिया? इसका उत्तर भी उन्होंने वहीं दे दिया है। उसे जानने के लिए उनके ये दो कथन देखना भी जरूरी है : 1. " 'परिमल', 'अनामिका' और 'गीतिका' की श्रेष्ठ रचनाओं का जो कलात्मक स्तर है, वह 'नये पत्ते' की रचनाओं के कलात्मक स्तर से भिन्न है, ऊँचा भी है।...'परिमल', 'गीतिका', 'अनामिका' की बहुत-सी रचनाओं से ये कविताएँ अच्छी हैं किन्तु 'बादलराग (6)', 'राम की शक्ति-पूजा', 'शिशिर की शर्वरी', 'पत्रोत्कण्ठित जीवन का विष बुझा हुआ है' से इनका कलात्मक स्तर नीचा है।" 2. "निराला 'नये पत्ते' की रचनाओं में जिस तरह का यथार्थवाद प्रतिष्ठित कर रहे थे, उसका पूर्ण विकास उनकी कविता में नहीं, गद्य में

है और बहुत पहले से है।...'नये पत्ते' में इस यथार्थवाद का अवशेष है, उसकी शुरुआत वहाँ नहीं है।'' इससे जो दो बातें स्पष्ट होती हैं, उनमें से पहली यह है कि डा. शर्मा की काव्य-रुचि के जितना अनुकूल रोमाण्टिक औदात्त्य था, उतना आधुनिक यथार्थवाद नहीं, और दूसरी यह कि वे यथार्थवाद को पसन्द करते थे, तो उसके उस सामाजिक रूप को, जो उनके समय तक के कथा-साहित्य में प्रमुखता से देखने को मिलता था। निस्सन्देह रुचि की इन सीमाओं के साथ सम्पूर्ण निराला-काव्य पर विचार नहीं किया जा सकता, क्योंकि निराला की जितनी दिलचस्पी नयी रुचि को निर्मित करने में थी, उतनी ही पुरानी रुचि को ध्वस्त करने में भी। ताज्जुब नहीं कि उनकी दृष्टि में 'कुकुरमुत्ता' वैसी ही महत्त्वपूर्ण कविता थी, जैसी 'राम की शक्ति-पूजा', या फिर 'तुलसीदास'।

जहाँ तक निराला की कविता के परवर्ती अर्थात् तीसरे चरण की बात है, इसे डा. शर्मा ने दूसरे चरण से भी कम महत्त्व दिया है, जबकि इस चरण में भी उनके चार संग्रह प्रकाशित होते हैं : 'अर्चना', 'आराधना', 'गीत-गुंज' और 'सान्ध्य काकली'। ये सभी उनके गीत-संग्रह हैं, जिनमें संकलित कुल गीतों की संख्या तीन सौ से दस-बीस ही कम है। निराला का यह गीतिकाव्य इतना महत्त्वपूर्ण है कि इसके बल पर वे विद्यापति, सूर और तुलसी-जैसे महान गीतकारों की पंक्ति में बैठने के अधिकारी हो जाते हैं। डा. शर्मा इस चरण के बारे में इस तरह की राय प्रकट करते हैं : ''क्रान्तिकारी भावना पहले दो चरणों में अधिक है, तीसरे में कम। मृत्यु और दुख के गीत दूसरे-तीसरे चरणों में अधिक हैं। प्रथम चरण में उन्होंने अपने श्रेष्ठ प्रबन्ध-काव्य लिखे; तीसरे चरण में गीतों का बाहुल्य है। लोकगीतों का प्रभाव सबसे ज्यादा तीसरे चरण की रचनाओं पर है। मृदु, मसृण, सजल विशेषणों वाली शब्दावली पहले चरण में अधिक है, दूसरे-तीसरे चरणों में कम। कविता लिखने में परिश्रम से बचने, जो शब्द सामने आया, उसे किसी तरह खपाने की प्रवृत्ति तीसरे चरण में ज्यादा है। विनय के पद भी तीसरे चरण में अधिक हैं।'' इस उद्धरण का विश्लेषण किया जाए, तो यह स्पष्ट हो जाएगा कि वे निराला की परवर्ती कविता को अपेक्षित महत्त्व क्यों नहीं देते। इस कविता में उनकी पूर्ववर्ती सारी प्रवृत्तियाँ—व्यक्ति, समाज, धर्म, प्रकृति, प्रेम-शृंगार और लोक की—न केवल परिणति प्राप्त करती हैं, बल्कि ऊँचाई के एक नये स्तर पर भी पहुँचती हैं, जैसे दूध आँच खा-खाकर बहुत गाढ़ा ही नहीं, सुस्वादु भी हो गया हो। लेकिन डा. शर्मा उसमें क्रान्तिकारी भावना की कमी, मृत्यु और दुख की भावना का प्राचुर्य, प्रबन्धत्व की जगह गीतात्मकता, शब्द-प्रयोग में शैथिल्य और भक्ति-भावना का उत्कर्ष देखते हैं। ऐसी स्थिति में यह बिलकुल स्वाभाविक था कि उनका मन उसमें न रमता। ऐसा लगता है कि गीतिकाव्य के प्रति आचार्य शुक्लवाला पूर्वग्रह उनके भीतर भी कहीं-न-कहीं बना हुआ था। शब्द-प्रयोग के मामले में भी उन्होंने

शैथिल्य देखा, लेकिन शब्दों के अकृत्रिम प्रयोग से जो एक नये ढंग की सर्जनात्मकता सम्भव हुई थी, उन्होंने उसे नहीं देखा। गीतों पर लोकगीतों का प्रभाव उन्हें अच्छा लगा है, साथ-साथ लोक और अपने व्यक्तिगत जीवन की पीड़ा का गहराई से किया गया वर्णन भी, जिस कारण कुछ स्थानों पर उन्होंने 'फूटे हैं आमों में बौर', 'गोरे अधर मुसकाई', 'खेत जोतकर घर आए हैं', 'वरद हुईं शारदाजी हमारी', 'कूची तुम्हारी फिरी कानन में', 'गहरी विभावरी शीत की', 'दुख के सुख जियो, पियो ज्वाला', 'शिशिर की शर्वरी' और 'भग्न तन, रुग्ण मन'-जैसे गीत उनकी प्रशंसा करते हुए उद्धृत किये हैं, निराला की अन्तिम कविता 'पत्रोत्कण्ठित जीवन का विष बुझा हुआ है' भी। निश्चय ही ये गीत निराला के व्यापक गीत-संसार को सामने लाने की दृष्टि से बिलकुल अपर्याप्त हैं। थियोडोर एडोर्नो ने गीत को 'इतिहास की दार्शनिक धूपघड़ी' कहा है। उस दृष्टि से डा. शर्मा ने उनके गीत-संसार को विवृत नहीं किया। बाकी अनेक गीतों के भी अंश उन्होंने यत्र-तत्र उद्धृत किये हैं, कभी निराला के भाव-बोध के बारे में बतलाने के लिए और कभी उनकी काव्य-कला का परिचय देने के लिए, लेकिन जरूरी नहीं कि वे गीत उनकी दृष्टि में उत्कृष्ट और नवीन कविता के भी उदाहरण हों।

अन्त में मैं निवेदन कर दूँ कि इस लेख में जो डा. शर्माकृत निराला की कविता की आलोचना की कुछ सीमाएँ गिनाई गयी हैं, उसका मतलब यह नहीं है कि वह आलोचना महत्त्वहीन है। यह सच्चाई है कि उन्होंने अपने लेखों और पुस्तकों से निराला-काव्य के इर्द-गिर्द खड़ी की गयी दुरूहता की दीवार को ढहाकर उसमें पाठकों का प्रवेश कराया, जिसके परिणामस्वरूप ही आज उस पर विमर्श सम्भव हो रहा है और हम उनकी सीमाएँ भी देख पा रहे हैं। उनके पहले कवि-रूप में निराला मात्र एक बौद्धिक और दार्शनिक कवि माने जाते थे। उनके बाद वे देश-काल-सिद्ध एक ऐसे महान् कवि के रूप में मान्य हुए, जिसके काव्य की छवियाँ अशेष हैं। हम उन्हें देखकर गालिब की जुबानी बेशक कह सकते हैं कि 'सब कहाँ, कुछ लालः-ओ-गुल में नुमायाँ हो गयीं, / ख़ाक में क्या सूरतें होंगी, कि पिन्हाँ हो गयीं।'

(2001)

पन्त और छन्द

छन्दहीनता के इस माहौल में छन्द की चर्चा कितनी आकर्षक होगी, कहना कठिन है। रघुवीर सहाय और केदारनाथ सिंह छन्द में काव्य-रचना करनेवाले कवियों की पीढ़ी के अन्तिम कवि हैं। लेकिन इन्होंने भी अपनी प्रौढ़ावस्था में छन्द में कितनी कविताएँ लिखी हैं? निश्चय ही चार-छः से ज्यादा नहीं। एक वक्त था कि छन्द कविता का पर्याय जाना जाता था। आज गद्य और पद्य के बीच की विभाजक रेखा छन्द नहीं रहा, लेकिन यह हम सबका अनुभव है कि जब कभी हम थोड़ी देर के लिए छन्दों की दुनिया में वापस आते हैं, हमारा मन छन्दों का जादू महसूस करने लगता है, हम पर धीरे-धीरे छन्दों का संगीत छाने लगता है।

छायावाद-काल में निराला ने छन्दों के बन्धन से विद्रोह कर मुक्तछन्द का प्रवर्तन किया था। इसे लेकर इतना ज्यादा शोरगुल हुआ कि उसमें पन्त के छन्द-प्रयोग की तरफ किसी का ध्यान ही नहीं गया। स्मरणीय है कि 'पल्लव' की 'प्रवेश' शीर्षक भूमिका में पन्तजी ने विस्तार से छन्द पर विचार किया है, जिसकी प्रतिक्रिया में स्वयं निराला को कलम उठानी पड़ी थी और उन्होंने भी विस्तार से ही अपने प्रसिद्ध निबन्ध 'पन्त और पल्लव' में उनकी बातों का उत्तर दिया था। बाद में भी पन्तजी ने जब आवश्यक समझा, छन्द की चर्चा की, उदाहरणार्थ अपने काव्य-रूपकों के संग्रह 'रजतशिखर' की संक्षिप्त भूमिका में और 'छायावाद : पुनर्मूल्यांकन' नामक अपनी आलोचना-पुस्तक में।

पन्त की छन्द-सन्बन्धी मूल धारणा का ज्ञान हमें 'पल्लव' की भूमिका से होता है। यह दिलचस्प है कि 'परिमल' की भूमिका में जहाँ निराला ने मुक्तछन्द की प्रस्तावना की है, वहाँ 'पल्लव' की भूमिका में पन्तजी ने छन्द का महत्त्व बतलाया है। निराला का यह कथन प्रसिद्ध है कि 'मनुष्यों की मुक्ति कर्मों के बन्धन से छुटकारा पाना है, और कविता की मुक्ति छन्दों के शासन से अलग हो जाना।' इसके विपरीत पन्त का कहना है : ''जिस प्रकार नदी के तट अपने बन्धन से धारा की गति को सुरक्षित रखते हैं—जिनके बिना वह अपनी ही बन्धनहीनता में अपना प्रवाह खो बैठती है, उसी प्रकार छन्द भी अपने नियन्त्रण से राग को स्पन्दन, कम्पन तथा वेग प्रदान कर,

निर्जीव शब्दों के रोड़ों में एक कोमल, सजग कलरव भर, उन्हें सजीव बना देते हैं।'' यह बात और है कि छन्द के मामले में इन दोनों में से कोई अतिवादी नहीं थे, जिसका प्रमाण यह है कि निराला ने जहाँ मुक्तछन्द के साथ-साथ छन्द का भी महत्त्व स्वीकार किया, वहाँ पन्त ने छन्द के साथ-साथ 'स्वच्छन्द छन्द' की भी वकालत की। मुक्तछन्द और छन्द के बारे में निराला के शब्द हैं, ''दोनों ही सुन्दर हैं, पर दोनों के आनन्द तथा दृश्य दूसरे-दूसरे हैं, जैसे—आलाप और ताल की रागिनी। इसमें कौन अधिक आनन्दप्रद है, यह बतलाना कठिन है। पर इसमें सन्देह नहीं कि आलाप, वन्य प्रकृति तथा मुक्त काव्य स्वभाव के अधिक अनुकूल हैं।'' मुक्तछन्द के सम्बन्ध में उनसे पन्त का सिर्फ यह मतभेद था कि निराला जहाँ उसकी सफलता के लिए वर्णवृत्त का आधार आवश्यक मानते थे, पन्त मात्रा-वृत्त का। उनकी स्पष्ट मान्यता थी कि वर्णवृत्त का राग हिन्दी के उच्चारण-संगीत के अनुकूल नहीं, जबकि मात्रा-वृत्त का पूर्णतः अनुकूल है।

पन्तजी ने इस बात पर बहुत जोर दिया है कि छन्द का भाषा के उच्चारण तथा संगीत के साथ घनिष्ठ सम्बन्ध होता है और वे इस नतीजे पर पहुँचे हैं कि हिन्दी भाषा का उच्चारण और संगीत केवल मात्रिक छन्दों में ही अपने स्वाभाविक विकास तथा सौन्दर्य को प्राप्त कर सकता है। उनके अनुसार वर्णवृत्त उसके सुकुमार पदक्षेप में चाँदी के कड़ों की तरह भारी साबित होते हैं, जिससे उसकी गतिशीलता और विकृत हो जाती है। स्वभावत: वे संस्कृत भाषा के लिए उपयुक्त हैं, जिसमें शब्द नपे-तुले, कटे-छँटे और नियन्त्रित गति से चलनेवाले होते हैं। दूसरी तरफ बँगला और अंग्रेजी भाषाएँ हैं, जिनके शब्द जैसे लिखे जाते हैं, वैसे पढ़े नहीं जाते। इस कारण उनके छन्द भी हिन्दी के अनुकूल नहीं। ''हिन्दी में सोने की तोल है, उसमें आप रत्ती-भर भी किसी मात्रा को, उच्चारण की सुविधा के लिए घटा-बढ़ा नहीं सकते, उसकी आवश्यकता ही नहीं पड़ती, इसलिए बँगला छन्दों की प्रणालियों में ढलने से उसके संगीत की रक्षा नहीं हो सकती।''

कहा जा सकता है कि हिन्दी भाषा के संगीत को मात्रिक छन्द के अनुकूल मान लेने के कारण पन्तजी ने कुछ सरल निष्कर्ष निकाल लिए, जिसके परिणामस्वरूप उन्होंने हिन्दी के सवैया और कवित्त-जैसे जातीय छन्दों का विरोध किया। सवैया गणवृत्त है, लेकिन हिन्दी में कवित्त का प्रचलित रूप घनाक्षरी मात्र वर्णवृत्त, फिर भी पन्तजी ने इन दोनों छन्दों को हिन्दी के लिए विजातीय कहा। सवैया में एक ही गण की आठ बार आवृत्ति होने के कारण उन्होंने उसे संगीत की दृष्टि से एकरस और कृत्रिम बतलाया, लेकिन कवित्त के बारे में तो साफ शब्दों में कहा कि 'कवित्त छन्द, मुझे ऐसा जान पड़ता है, हिन्दी का औरसजात नहीं, पोष्यपुत्र है; न जाने, यह हिन्दी में कैसे और कहाँ से आ गया... ।' उचित ही निराला ने 'पन्त और पल्लव' में इस कथन पर तीखी प्रतिक्रिया की, यद्यपि कवित्त की रक्षा में उन्होंने जो स्वर-प्रधान राग को

स्त्री-भेद में और व्यंजन-प्रधान राग को पुरुष-भेद में रखा, वह खासा दिलचस्प है। ज्ञातव्य है कि पन्तजी के अनुसार मात्रिक छन्द में तो मात्राओं के पूर्ण उच्चारण का अवसर प्राप्त होता है, लेकिन कवित्त-जैसे मुक्तक वर्णिक छन्द में नहीं। कवित्त में एक वर्ण दूसरे से टकराता हुआ आगे बढ़ता है। उनके मत से 'कवित्त का राग व्यंजन-प्रधान है, उसमें स्वर अथवा मात्राओं के विकास के लिए अवकाश नहीं मिलता।' निराला ने कवित्त के पक्ष-समर्थन में यहाँ तक कहा कि यह जब चौताल में प्रस्तुत किया जाता है, तो इसका संगीत पुरुष-भेद में आता है और जब ठुमरी में प्रस्तुत किया जाता है, तो स्त्री-भेद में। लेकिन पन्तजी पर निराला के इन तर्कों का कोई असर नहीं हुआ और उनकी यह धारणा लगातार दृढ़ होती गयी कि हिन्दी भाषा के संगीत का पूर्ण प्रस्फुटन मात्रिक छन्दों में ही होता है और कविता तभी पूर्णता को प्राप्त करती है, जब उसमें प्रगाढ़ भाव-संगीत के साथ भाषा-संगीत का भी सन्तुलन हो। प्रमाण के लिए 'छायावाद : पुनर्मूल्यांकन' में उनका यह कथन देखा जा सकता है : 'मूल्यांकन की दृष्टि से मैं...ह्रस्व-दीर्घ मात्रिक छन्द को ही, चाहे वह बद्ध हो या मुक्त, उच्च स्थान दूँगा, क्योंकि वह हिन्दी काव्य की संगीतात्मक संवेदना के अधिक निकट है।' वे यह भी कहते हैं कि स्वर काव्य-संगीत का मूल तन्तु है और व्यंजन भावाभिव्यक्ति में केवल गौण रूप से सहायक होते हैं। उनकी मान्यता है कि स्वर भी छन्द में भाव को प्रेषणीय बनाते हैं, लेकिन स्वर पर जोर देने का उनका मतलब यह नहीं है कि व्यंजनों के बिना केवल स्वर से ही काव्य-संगीत प्रभावोत्पादक और सम्प्रेषणीय बनाया जा सकता है।

प्रसिद्ध है कि नया छन्द, नये मनोभाव की सूचना देता है। हम जब द्विवेदी-युग के बाद छायावादी काव्य-लोक में पहुँचते हैं, तो देखते हैं कि यहाँ छन्द-संगीत का एक भिन्न प्रकार का समारोह चल रहा है। द्विवेदी-युग में कवित्त, सवैया, छप्पय, कुण्डलिया, दोहा, सोरठा आदि पुराने छन्दों का प्रयोग होता रहा। मैथिलीशरण गुप्त ने हरिगीतिका और गीतिका छन्द का बहुश: प्रयोग किया। छायावाद में ये छन्द प्राय: बहिष्कृत रहे। प्राय: इसलिए कि प्रसाद, निराला और महादेवी में ये छन्द यत्र-तत्र मिल जाते हैं। जो बात क्रान्तिकारी है, वह यह कि पन्त ने इन छन्दों का बिलकुल प्रयोग नहीं किया। द्विवेदीयुगीन वर्णवृत्तों के उनके द्वारा प्रयोग का तो प्रश्न ही नहीं था। कभी उन्होंने ऐसा किया भी तो उन्हें मात्रिक बनाकर। बहुत कुछ यही बात उर्दू बहरों के सम्बन्ध में भी है। द्विवेदी-युग के अनेक कवि हिन्दी में कई उर्दू बहरों में भी कविता लिखते थे। बाद में जब-तब प्रसाद और निराला ने भी उनमें काव्य-रचना की, लेकिन पन्त ने एकबार छोड़कर फिर कभी वह नहीं किया। उन्होंने सिर्फ 'ग्रन्थि' में एक उर्दू बहर में कविता लिखी, जिसे हिन्दी में पीयूषवर्षी नाम दिया गया है। यह चीज क्या कवि-रूप में पन्त के नये मनोभाव की सूचना नहीं देती, जो उन्हें छायावाद का सर्वश्रेष्ठ प्रतिनिधि बनाता है?

रोमाण्टिक कवियों के सम्बन्ध में यह आम धारणा है कि उनकी कविता तो सशक्त भावनाओं का अनायास विस्फोट होती है, फिर उन्हें छन्द-वन्द की क्या परवाह? लेकिन यह एक मिथक ही है, क्योंकि संसार की सभी भाषाओं की रोमाण्टिक कविता छन्दों में ही लिखी गयी है और उसके रचयिताओं में से कुछ ने तो छन्द-सम्बन्धी विलक्षण सजगता का परिचय दिया है। पन्तजी ऐसे कवियों में से ही हैं। सबूत के तौर पर 'पल्लव' की पूर्वोल्लिखित भूमिका देखी जा सकती है, जिसमें उन्होंने अनेक परिचित-अपरिचित छन्दों के नाम ले-लेकर उनकी सांगीतिकता और प्रभावोत्पादकता पर विचार किया है, उदाहरणार्थ हरिगीतिका, रोला, रूपमाला, राधिका, प्लवंगम, पीयूषवर्षी, चौपई और सखी। ये छन्द बड़े भी हैं और छोटे भी। हरिगीतिका यदि अट्ठाईस मात्राओं का छन्द है, तो सखी चौदह मात्राओं का। स्वभावत: ये कथात्मक छन्द भी हैं और प्रगीतात्मक भी। पन्त इन छन्दों पर विचार करते हुए जैसे उनकी आत्मा में पैठ गये हैं। इससे छन्दों के प्रति उनकी सजगता का ही नहीं, आत्मीयता का भी पता चलता है।

छायावादी कविता चूँकि आत्माभिव्यक्तिमूलक थी, इसलिए उसमें प्रगीत-मुक्तकों का जोर था। इस कारण उसमें ज्यादातर ऐसे छन्दों का प्रयोग किया गया, जो छोटे और गेय थे। पन्तजी ने चौदह मात्राओं से लेकर सोलह मात्राओंवाले छन्दों का विशेष प्रयोग किया। उन छन्दों का नाम लेना जरूरी है। चौदह मात्राओंवाला जो छन्द उन्हें विशेष प्रिय था, वह है सखी। इस छन्द में 'पल्लव' में भी उन्होंने 'विसर्जन' शीर्षक कविता लिखी, लेकिन इसका अत्यधिक उपयोग उन्होंने 'गुंजन' की कविताओं में किया। दिलचस्प है कि 'चाँदनी' शीर्षक से इस संग्रह में दो कविताएँ हैं और दोनों ही सखी छन्द में ही हैं, यथा 'जग के दुख-दैन्य शयन पर' और 'नीले नभ के शतदल पर'। इससे इस छन्द के प्रति पन्तजी के आकर्षण का अनुमान लगाया जा सकता है। पन्द्रह मात्राओंवाला छन्द है चौपई, जिसमें चौपाई से एक मात्रा कम होती है। इस छन्द में भी उन्होंने 'पल्लव' से लेकर 'गुंजन' तक में अनेक कविताएँ लिखीं। इस छन्द की याद दिलाने के लिए 'पल्लव' की दो कविताओं का नाम लेना काफी होगा—'विश्ववेणु' ('हम मारुत के मृदुल झकोर') और 'वीचिविलास' ('अरी सलिल की लोल हिलोर')। इस छंद में रचित इन कविताओं से भी अधिक प्रसिद्ध 'गुंजन' का यह प्रगीत है : 'लाई हूँ फूलों का हास'। लेकिन पन्तजी को पन्द्रह मात्राओं के चौपई छन्द से अधिक प्रिय सोलह मात्राओंवाले छन्द रहे हैं—शृंगार, पद्धरि और पादाकुलक। बहुत कम लोग जानते हैं कि उनकी 'मौन निमन्त्रण' शीर्षक प्रसिद्ध कविता 'स्तब्ध ज्योत्स्ना में जब संसार' शृंगार छन्द में रचित है, साथ-साथ 'गुंजन' के 'तुम्हारी आँखों का आकाश' और 'आज रहने को यह गृह-काज'-जैसे प्रगीत भी। और तो और, यदि टेक को छोड़ दें, तो 'भावी पत्नी के प्रति' कविता का छन्द भी यही है। पद्धरि और पादाकुलक में बहुत समानता है। पहले छन्द में सिर्फ

अन्त में गुरु-लघु होता है, जबकि दूसरे छन्द में लघु-गुरु। 'पल्लव' की 'उच्छ्वास' कविता का 'मेखलाकार पर्वत अपार' वाला बन्द जहाँ पद्धरि में रचित है, वहाँ 'गुंजन' का 'झर गयी कली, झर गयी कली!' प्रगीत पादाकुलक में। निराला ने 'सरोज-स्मृति' शीर्षक अपनी महान् कविता इन्हीं दोनों छन्दों में लिखी है।

छायावाद-काल में पन्तजी ने लम्बे छन्दों में से मुख्यत: तीन का प्रयोग किया है—सरसी, ताटंक और वीर का, जो क्रमश: सत्ताईस और तीस-तीस मात्राओं के छन्द हैं। 'गुंजन' में संगृहीत उनकी प्रसिद्ध कविता 'अप्सरा' ('निखिल कल्पनामयि अयि अप्सरि! / अखिल विस्मयाकार!') सरसी छन्द में है और 'पल्लव' की क्रमश: 'छाया' ('कौन, कौन तुम परिहत वसना / म्लान मना भू पतिता सी') और 'बादल' ('कभी अचानक, भूतों का सा / प्रकटा विकट महा आकार) शीर्षक कविताएँ ताटंक और वीर छन्द में। इस काल में छोटे छन्दों के प्रति पन्तजी का ऐसा रुझान था कि उन्होंने सत्ताईस और तीस मात्राओं के छन्दों को भी तोड़कर छोटा बना लिया है और एक चरण को दो चरणों में विभक्त कर दिया है।

कविता में आत्माभिव्यक्ति का दौर गुजर जाने के बाद जब यथार्थवाद का युग आरम्भ हुआ, जिसे हम सुविधा के लिए प्रगतिवाद कहते हैं, तो छन्दों ने भी अपनी भंगिमा बदली। पन्तजी छोटे छन्दों से लम्बे छन्दों की तरफ मुड़े और 'युगवाणी' तथा 'ग्राम्या' की कविताओं में ज्यादातर रोला, शक्तिपूजा, सरसी, सार तथा समान सवैया-जैसे छन्दों का प्रयोग किया। इनमें से पहले दो छन्द चौबीस-चौबीस मात्राओं के हैं, तीसरा सत्ताईस मात्राओं का, चौथा अट्ठाईस मात्राओं का और पाँचवाँ बत्तीस मात्राओं का। रोला पन्तजी को बाद में भी प्रिय रहा है। 'युगान्त' की प्रसिद्ध कविता 'ताज' ('हाय! मृत्यु का ऐसा अमर, अपार्थिव पूजन?') में ही उन्होंने छन्द-सम्बन्धी अपनी बदली हुई मनोदशा का संकेत दे दिया था। 'युगवाणी' की अनेक कविताएँ उन्होंने इस छन्द में रचीं, जिनमें 'दो लड़के' और 'अनामिका के कवि' शीर्षक उनकी उल्लेखनीय कविताएँ भी हैं। 'ग्राम्या' की 'खिड़की से' और 'दिवास्वप्न'-जैसी कविताएँ भी इसी छन्द में रचित हैं। शक्तिपूजा छन्द का मामला बहुत मनोरंजक है। 'युगवाणी' की 'नवदृष्टि' कविता में पन्तजी ने छन्दों के बन्धन के टूटने की बात छन्द में ही कही : 'खुल गये छन्द के बंध, / प्रास के रजत पाश, / अब गीत मुक्त, / औ' युगवाणी बहती अयास!' ज्ञातव्य है कि यह वही छन्द है जिसमें निराला ने 'राम की शक्ति-पूजा' की रचना की है। इस छन्द का विशेष प्रयोग पन्त ने 'ग्राम्या' की 'ग्राम नारी', 'ग्राम देवता', 'मजदूरनी के प्रति' आदि करीब दर्जन-भर कविताओं में किया। लेकिन सरसी छन्द 'ग्राम्या' में अनुपस्थित है और उसमें लिखी गयी अनेक कविताएँ 'युगवाणी' में ही मिलती हैं, यथा 'संकीर्ण भौतिकवादियों के प्रति' ('हाड़-मांस का आज बनाओगे तुम मनुज समाज?'), 'रूपनिर्माण', 'पलाश' और 'पलाश के प्रति' आदि। इसके विपरीत सार छन्द का करीब-करीब बराबर प्रयोग 'युगवाणी' और

'ग्राम्या' दोनों में ही देखने को मिलता है। नमूने के तौर पर 'युगवाणी' की कविता 'नारी' ('मुक्त करो नारी को मानव! चिर बन्दिनि नारी को') और 'ग्राम्या' की कविता 'कहारों का रुद्र नृत्य' ('रंग रंग के चीरों से भर अंग, चीरवासा-से') को देखा जा सकता है। इस काल में पन्तजी द्वारा प्रयुक्त बड़े आकार के छन्दों में अन्तिम समान सवैया है, जिसमें उन्होंने 'ग्राम्या' की 'वे आँखें' ('अन्धकार की गुहा सरीखी / उन आँखों से डरता है मन'), 'वह बुड्ढा' आदि प्रसिद्ध कविताएँ रची हैं। यहाँ भी लम्बे छन्दों के चरणों को कभी-कभी उन्होंने तोड़कर दो चरणों में विभक्त कर लिया है, लेकिन यहाँ एक नयी बात यह देखने में आती है कि वे दो चरण अपने विन्यास से एक चरण होने का अपेक्षाकृत अधिक आभास देते हैं।

अपनी काव्य-रचना के परवर्ती काल में पन्तजी पुनः छोटे छन्दों की तरफ मुड़े, लेकिन बड़े छन्दों को उन्होंने छोड़ा नहीं, क्योंकि छोटे छन्द जहाँ प्रगीत के अनुकूल होते हैं, वहाँ बड़े छन्द कथात्मक कविता के। स्मरणीय है कि युगवाणी-ग्राम्या के बाद पन्तजी ने अनेक रूपक ही नहीं लिखे, छोटे-बड़े प्रबन्ध-काव्यों की भी रचना की। छोटे छन्दों में इस बार उन्होंने बारह मात्राओं के छन्द लीला और सोलह मात्राओं के तुलसीदास द्वारा अत्यधिक सुपरिचित बना दिए गये छन्द चौपाई का प्रयोग किया। ताज्जुब नहीं कि 'रजतशिखर' के, जो पन्तजी के रूपकों का संग्रह है, करीब दर्जन-भर गीतों में लीला छन्द ('शुभ्र कान्ति रही बरस') प्रयुक्त है। उनके अन्य रूपक-संग्रहों, यथा 'शिल्पी' और 'सौवर्ण', में भी अनेक गीत इस छन्द में निबद्ध हैं। चौपाई का प्रयोग पन्तजी ने 'युगान्त' से शुरू कर दिया था। उसकी कविता 'गा, कोकिल, बरसा पावक कण!' का छन्द तो चौपाई है ही, 'ग्राम्या' की कविता 'भारतमाता ग्रामवासिनी' का छन्द भी चौपाई ही है, लेकिन इस छन्द का खुलकर प्रयोग उन्होंने 'अतिमा' की 'बाहर-भीतर', 'ऊषाएँ', 'अतिमा' आदि कविताओं में किया। छोटे छन्दों से बड़ा और बड़े छन्दों से छोटा एक बहुत ही सुन्दर लयवाला छन्द है माली, अट्ठारह मात्राओं का, जिसका बहुत ज्यादा प्रयोग पन्तजी ने 'लोकायतन' में किया है। इस छन्द के काव्य-जगत् में प्रतिष्ठाता वस्तुतः वे ही हैं, क्योंकि प्रसाद, निराला और महादेवी में से किसी ने इस छन्द का प्रयोग नहीं किया। प्रसाद ने तो इसे छुआ ही नहीं, निराला में इसकी सिर्फ कुछ छिटपुट पंक्तियाँ मिलती हैं और महादेवी में सिर्फ एक गीत में इसका प्रयोग हुआ है। पन्तजी 'युगान्त' के प्रसिद्ध गीत 'बाँधो, छवि के नवबन्धन बाँधो' की टेक में सर्वप्रथम इस छन्द की लय से आकृष्ट हुए थे। माली से थोड़ा बड़ा छन्द है हंसगति, बीस मात्राओं का। इसमें तो 'लोकायतन' का एक पूरा सर्ग रचकर उन्होंने इसे सम्मान दिया है। इसकी लय का अनुमान इसके इन दो चरणों से लगाया जा सकता है : 'वाणी, शुभ्र नितम्बमयी वीणा पर / बरसाओ चित्पावक कण स्वर्णिम स्वर'।

रोला छन्द के बारे में ऊपर कहा जा चुका है। यह शायद पन्तजी का सर्वाधिक

प्रिय छन्द है, जिसका प्रयोग उन्होंने कई तरह से किया है, कभी इसे अतुकान्त बनाकर और कभी इसके यति और विराम के नियमों में मनोवांछित परिवर्तन करके। 'युगवाणी' और 'ग्राम्या' में तो इस छन्द का कमोबेश प्रयोग हुआ ही है, 'युगान्तर' की अनेक कविताएँ, जो महात्मा गाँधी और रवीन्द्रनाथ के प्रति श्रद्धांजलिस्वरूप लिखी गयी हैं, इसी छन्द में रचित हैं। उन कविताओं में 'कवीन्द्र रवीन्द्र के प्रति' शीर्षक कविता उल्लेखनीय है, जो लम्बी तो है ही, अतुकान्त भी है। पन्त की 'स्वर्णकिरण' और उससे अधिक 'स्वर्णधूलि' में इस छन्द का उपयोग हुआ है। गीतों को छोड़ दें, तो 'रजतशिखर', 'सौवर्ण' और 'शिल्पी' के तो सारे रूपक इसी छन्द में निबद्ध हैं। बाद में पन्तजी के जो भी संग्रह निकले, प्रायः सभी में उन्होंने इस छन्द से काम लिया। उनमें 'पतझर' और 'समाधिता' विशेष रूप से उल्लेखनीय हैं। 'पतझर' की तो करीब आधी कविताएँ रोला में ही लिखी गयी हैं। निश्चय ही आधुनिक कवियों में त्रिलोचन के अलावा और कोई पन्त-जैसा रोला-प्रेमी नहीं हुआ। कहने की आवश्यक़ता नहीं कि त्रिलोचन के सॉनेट प्रायः रोला में ही लिखे गये हैं। रोला के बाद परवर्ती काल में पन्तजी ने लम्बे छन्दों में सार और समान सवैया का प्रयोग जारी रखा। 'स्वर्णकिरण', 'स्वर्णधूलि', 'अतिमा', 'पतझर', 'गीतहंस', 'किरण-वीणा' और 'समाधिता' में सार छन्द बहुतायत से प्रयुक्त हुआ है। 'अतिमा' की 'कूर्मांचल के प्रति' शीर्षक लम्बी कविता इसी छन्द में रचित है। लगभग यही स्थिति समान सवैया की भी है। इस छन्द का प्रयोग हमें विशेषकर 'स्वर्णकिरण', 'स्वर्णधूलि', 'अतिमा', 'पतझर' और 'गीतहंस' में मिलता है। 'स्वर्णकिरण' की 'हिमाद्रि' शीर्षक पन्तजी की प्रसिद्ध और लम्बी कविता का छन्द यही है।

लेकिन छन्द-प्रयोग के क्षेत्र में पन्तजी की असली विशेषता स्वतन्त्र रूप में विभिन्न छन्दों का प्रयोग नहीं, बल्कि एक ही कविता में विभिन्न छन्दों का प्रयोग है। इस तरह उन्होंने असंख्य कविताओं में असंख्य प्रकार के छन्दों का मिश्रण कर अपनी कविता की दुनिया में विलक्षण संगीत-सृष्टि और सौन्दर्य-सृष्टि की है। छन्दों के इस मिश्रण की परम्परा बहुत पुरानी है। वैदिक साहित्य में इसे 'प्रगाथ' कहा गया है। संस्कृत के लौकिक साहित्य में यह देखने को नहीं मिलता, लेकिन अपभ्रंश से लेकर हिन्दी के प्राचीन काल तक में यह उपस्थित है। आज इसे संयुक्त छन्द के नाम से जानते हैं, जिसका बढ़िया उदाहरण हिन्दी के छप्पय और कुण्डलिया छन्द हैं, क्रमशः रोला और उल्लाला तथा दोहा और रोला के योग से निर्मित। लेकिन संयुक्त छन्द के प्रयोग की एक पद्धति और है, जो प्रगाथ की तरह नियमित न होकर अनियमित होती है। प्रगाथ में जहाँ दो-तीन छन्दों के संयोग में एक क्रमबद्धता रहती है, साथ ही तुक की विशिष्ट योजना द्वारा विभिन्न छन्दों के मेल से बन्द बनाने की प्रवृत्ति, वहाँ अनियमित संयुक्त छन्द में ये बातें नहीं होतीं। इसमें कवि मनमाने ढंग से विभिन्न छन्दों के चरण एक के बाद दूसरा रखता चला जाता है, जिसमें तोड़ा तुक का आग्रह

भी दिखलायी पड़ता है। इसके अलावा प्रगाथ में जहाँ प्राय: समान प्रवाहवाले छन्दों का संयोग घटित होता है, वहाँ अनियमित संयुक्त छन्द में विषम प्रवाहवाले छन्दों के चरणों की भी योजना की जा सकती है। पन्तजी ने नियमित और अनियमित दोनों प्रकार के संयुक्त छन्द रचे हैं और ज्ञातव्य है कि उन्होंने अनियमित संयुक्त छन्द को 'स्वच्छन्द छन्द' का नाम दिया है। नियमित संयुक्त छन्द का प्रयोग उनमें 'वीणा' से ही शुरू हो जाता है। इसी संग्रह को लें, तो इसकी कुछ कविताओं को छोड़कर बाकी कविताएँ कई छन्दों के मेल से बने प्रगीतों के रूप में हैं। इस काल की नियमित संयुक्त छन्द में लिखी गयी पन्तजी की सबसे प्रसिद्ध कविता है—'मोह' ('छोड़ द्रुमों की मृदु छाया'), जिसका पहला, दूसरा और चौथा युग्मक चौदह मात्राओंवाले हाकलि छन्द में है और तीसरा युग्मक पन्द्रह मात्राओंवाले चौपई छन्द में। युग्मकों के बाद जो तीस मात्राओं का लम्बा चरण आता है ('बाले! तेरे बाल जाल में कैसे उलझा दूँ लोचन?'), वह ताटंक छन्द का चरण है और उसके बाद चौदह मात्राओं की जो पंक्ति आती है ('भूल अभी से इस जग को!'), वह पुन: हाकलि में है। 'वीणा' में एक स्वच्छन्द छन्द में रचित कविता भी है (संख्या 59), जिसकी आरम्भिक कुछ पंक्तियों से ही इसकी स्वच्छन्दता स्पष्ट हो जाती है। 'गहन कानन! / व्रत से पोषित विघ्न सदृश पावस नदगर्जन / करता है गतिरोध- / नियति सा कुंचित, कोमल दर्शन!' बतलाने की जरूरत नहीं होनी चाहिए कि इसका प्रत्येक चरण अलग-अलग छन्द का है।

मुक्तछन्द बनाम स्वच्छन्द छन्द की चर्चा ऊपर आ चुकी है। निराला और पन्त दोनों ने ही इन दोनों शब्दों का प्रयोग पर्यायवाची रूप में किया है, लेकिन जैसा कि हमने देखा है, 'मुक्तछन्द' मूलत: निराला का प्रयोग है और 'स्वच्छन्द छन्द' पन्त का—और दोनों कवियों के अनुसार इनमें यह फर्क है कि मुक्तछन्द की रचना का आधार जहाँ कवित्त-जैसा वर्णवृत्त है, वहाँ स्वच्छन्द छन्द की रचना का आधार एक या एकाधिक मात्रावृत्त। छन्द का पक्षसमर्थन करने के बाद पन्तजी ने स्वच्छन्द छन्द की प्रशंसा में कहा है, "इस मुक्तछन्द अर्थात् स्वच्छन्द छन्द की विशेषता यह है कि इसमें भाव तथा भाषा का सामंजस्य पूर्णरूप से निभाया जा सकता है। हरिगीतिका, पद्धरि, रोला आदि छन्दों में प्रत्येक चरण की मात्राएँ नियमित रूप से बद्ध होने के कारण भावना को छन्द के अनुसार ले जाना, किसी प्रकार खींच-खाँचकर उसके ढाँचे में फिट कर देना पड़ता है, कभी पादपूर्ति के अनावश्यक शब्द भी रख देने पड़ते हैं!...मुक्त काव्य आन्तरिक ऐक्य, भावजगत् के साम्य ढूँढ़ता है।" फिर साफ शब्दों में कहते हैं, 'अन्य छन्दों की तरह मुक्त काव्य (अर्थात् स्वच्छन्द छन्द) भी हिन्दी में ह्रस्व-दीर्घ मात्रिक संगीत की लय पर ही सफल हो सकता है।' कहने की आवश्यकता नहीं कि पन्तजी के इस 'स्वच्छन्द छन्द' को निराला ने असली मुक्तछन्द नहीं माना और इसे मूलत: मात्रिक छन्द ही मानते हुए यह कहा कि बाकी मात्रिक छन्दों से यह सिर्फ इस

दृष्टि से भिन्न होता है कि इसके चरण सम न होकर विषम होते हैं। इस कारण उन्होंने इसके लिए 'विषममात्रिक छन्द' की अभिधा का प्रयोग किया।

पन्तजी ने अपनी तीन प्रलम्ब कविताओं—'उच्छ्वास', 'आँसू' और 'परिवर्तन'—को स्वच्छन्द छन्द में रचित बतलाते हुए एक दूसरी बात कही है। वह यह कि स्वच्छन्द छन्द में रचित कविता में जब भिन्न गतिवाले छन्द प्रयुक्त हों, तो उसके पूर्व लय को विराम दे देना चाहिए। उक्त तीनों ही कविताओं में छन्द-परिवर्तन के पूर्व ऐसा हुआ है, लेकिन वस्तु-स्थिति यह है कि ये कविताएँ स्वच्छन्द छन्द अर्थात् अनियमित संयुक्त छन्द की कविताएँ न होकर नियमित संयुक्त छन्द की कविताएँ हैं। उनकी विशेषता सिर्फ यह है कि उनमें समान प्रवाहवाले ही नहीं, विषम प्रवाहवाले छन्दों का भी संयोग घटित हुआ है। कभी-कभी जरूर उनके छन्दों में स्वच्छन्दता झलक उठती है, पर वैसे स्थल गौण हैं। पन्तजी के स्वच्छन्द छन्द का असली रूप 'ग्राम्या' की 'ग्राम युवती' और 'युगवाणी' की 'पुण्य प्रसू'-जैसी कविताओं में प्रकट हुआ है। ये दोनों ही कविताएँ क्रमशः समान और विषम प्रवाहवाले अनेक छन्दों में रची गयी हैं। उदाहरणार्थ 'ग्राम युवती' के आरम्भिक बन्द के सात चरण पाँच छन्दों में रचित हैं : 'उन्मद यौवन से उभर (पदपादांकुर) / घटा सी नव असाढ़ की सुन्दर (राम) / अति श्याम वरण, / श्लथ मन्द चरण (अखण्ड), / इठलाती आती ग्राम युवति (पादाकुलक) / वह गजगति / सर्पडगर पर! (सखी)' पादाकुलक में कवि ने छूट लेकर अन्त में लघु-गुरु की जगह तीन लघु का प्रयोग किया है और सखी में उसे तोड़कर दो चरणों में लिखा है। इसी तरह 'पुण्य प्रसू' के पहले छन्द के चार चरणों में तीन छन्दों का प्रयोग हुआ है : 'ताक रहे हो गगन? (शिव) / मृत्युनीलिमा गहन गगन? (कज्जल) / अनिमेष, अचितवन, काल-नयन? (पादाकुलक) / निःस्पन्द शून्य, निर्जन, निःस्वन? (पादाकुलक)' इस बन्द में प्रयुक्त छन्दों में भी कवि ने अन्त की मात्राओं में परिवर्तन करने की वैसी ही छूट ली है, जैसी 'ग्राम युवती' के पहले बन्द में प्रयुक्त छन्दों में ली थी। हिन्दी कवि के लिए यह आम बात है। जिस मात्रा में पन्तजी ने नियमित संयुक्त छन्द में कविताएँ रची हैं, उस मात्रा में तो उन्होंने अनियमित संयुक्त छन्द में कविताएँ नहीं रचीं, फिर भी अनियमित संयुक्त छन्द में रची गयी कविताओं की संख्या उनमें बहुत कम नहीं है। वे उनमें शुरू से लेकर अन्त तक मिलती हैं।

एक दिलचस्प बात यह है कि हिन्दी कविता में मात्रिक छन्द-संगीत के सबसे बड़े समर्थक पन्त की कविता में भी एक वह दौर आया, जब उन्होंने 'छन्द की पायलें' उतार दीं और 'कला और बूढ़ा चाँद' की मुक्तछन्द में लिखी गयी नब्बे कविताओं का प्रणयन किया। इस प्रसंग में जो खास बात है वह यह कि निराला ने छायावादी काल में जहाँ मुक्तछन्द की रचना कवित्त की लय और यति को लेकर की थी, वहाँ पन्त ने इसे भी छोड़ दिया और सीधे बातचीत की लय और यति अथवा विराम को

लेकर अपनी कविताएँ लिखीं। इस कारण 'कला और बूढ़ा चाँद' की कविताओं में प्रयुक्त मुक्तछन्द की तुलना यदि निराला की मुक्तछन्द में रची गयी कविताओं से की जा सकती है, तो वे कविताएँ 'जुही की कली' और 'प्रेयसी' न होकर 'नये पत्ते' की उनकी किसान-सम्बन्धी कविताएँ होंगी, यथा 'कुत्ता भौंकने लगा', 'झींगुर डटकर बोला' आदि। मुक्तछन्द की दिशा में उठाया गया पन्त का यह कदम वस्तुतः कविता की मुक्ति की दिशा में उठाया गया कदम है। 'कला और बूढ़ा चाँद' उनकी महत्त्वपूर्ण काव्य-कृतियों में से एक है, यह समकालीन कविता के प्रमुख कवि केदारनाथ सिंह के साक्ष्य से भी प्रमाणित है।

अन्त में : छन्द काव्य-कला का अतिशय महत्त्वपूर्ण अंग है, जिस पर पन्तजी ने अपना असाधारण अधिकार प्रदर्शित किया है। उन्होंने उचित ही छन्द के प्रसंग में भाषा के संगीत की चर्चा की है। कहने की आवश्यकता नहीं कि छन्द इस संगीत को अत्यधिक उत्कर्ष प्रदान कर एक मायावी लोक की सृष्टि करता है। छन्द से इस कारण काव्य-भाषा का आत्यन्तिक विच्छेद अपेक्षित नहीं है, क्योंकि यह संगीत से वाद्ययन्त्र की जुदाई की तरह होगा। यही कारण है कि छन्द का प्रयोग प्राचीनकाल में ही नहीं, संसार की सभी भाषाओं में आधुनिक काल में भी हुआ है। पन्तजी आधुनिक काल के ही कवि थे, जो 'कला और बूढ़ा चाँद' की कविताओं की रचना करने के बाद फिर छन्द की तरफ वापस आ गये और पुनः दो दशकों तक असंख्य विधियों से असंख्य छन्दों को अत्यन्त जटिल रूप में मिलाकर काव्य-सृष्टि करते रहे। उनका सम्पूर्ण काव्य क्या है ? एक संगीत-पर्व। क्या यही बात एक हद तक निराला के साथ भी सच नहीं है, जिन्होंने मुक्तछन्द का प्रवर्तन करने के बाद अपनी तीनों महान् कविताएँ— 'तुलसीदास', 'सरोज-स्मृति' और 'राम की शक्ति-पूजा'—छन्द में ही लिखीं और अपनी काव्य-रचना के अन्तिम दौर में फिर छन्द की तरफ लौट आये और अपने गीतिकाव्य की रचना की? आज हिन्दी कविता में मुक्तछन्द को एक सुविधा मान लिया गया है और उसमें और गद्य में कोई फर्क नहीं रह गया है। कविता के संगीत की चर्चा शमशेर के साथ बन्द हो चुकी है। सोचने की बात है, क्या हिन्दी कविता में छन्द और संगीत की सम्भावनाएँ अन्तिम रूप से निःशेष हो गयी हैं ?

(2000)

असाध्य वीणा : एक पाठ-विश्लेषण

अज्ञेय की 'असाध्य वीणा' शीर्षक यह कविता सर्वप्रथम 1961 में उनकी कविता-पुस्तक 'आँगन के पार द्वार' में छपकर आयी थी। चूँकि यह उनकी पहली लम्बी कविता थी, इसलिए उस समय भी इसने पाठकों और विद्वानों का ध्यान खींचा था। लेकिन 1964 में मुक्तिबोध की मृत्यु के साथ उनके कविता-संग्रह 'चाँद का मुँह टेढ़ा है' में उनकी लम्बी कविता 'अँधेरे में' संगृहीत हुई, तो उसकी इतनी व्यापक चर्चा हुई कि उसके शोर में 'असाध्य वीणा' की चर्चा बिलकुल खो गयी। कभी किसी आलोचक ने उसका जिक्र किया भी, तो यह दिखलाने के लिए कि 'अँधेरे में' कैसे इसकी तुलना में एक श्रेष्ठ कृति है ? ऐसा नहीं है कि यह कविता हिन्दी में भुलाई जा चुकी है, इसे भी एक श्रेष्ठ लम्बी कविता माननेवाले विद्वान् हिन्दी में हैं, लेकिन यह सत्य है कि इस कविता ने प्रशंसा से अधिक विरोध अर्जित किया है और यह मुक्तिबोध की कविता 'अँधेरे में' क्या, धूमिल की लम्बी कविता 'पटकथा' से भी कम लोकप्रिय साबित हुई है। इसका कारण क्या हो सकता है ? हमारी दृष्टि में इसका कारण यह है कि उक्त दोनों कविताएँ जहाँ मूलतः राजनीतिक अन्तर्वस्तुवाली कविताएँ हैं, वहाँ 'असाध्य वीणा' एक रहस्यवादी कविता है। रहस्यवाद में भी अपने ढंग से यथार्थवाद के तत्त्व होते हैं, लेकिन प्रकटतः वह यथार्थवाद-विरोधी होता है। जिस भाषा और साहित्य में यथार्थवाद का जोर हो और जिसे बोलने और बरतनेवाले कठिन जीवन-संघर्ष में रत हों, उसमें रहस्यवाद के प्रचार-प्रसार का बहुत अवसर नहीं हो सकता। स्वभावतः यह कविता हिन्दी की एक बहुत कुछ उपेक्षित लम्बी कविता है। 'आँगन के पार द्वार' में रहस्यवादी कविताएँ अच्छी संख्या में हैं। ताज्जुब नहीं कि जब यह पुस्तक प्रकाशित हुई थी और उस पर अज्ञेय को साहित्य अकादेमी का पुरस्कार प्राप्त हुआ था, तो प्रभाकर माचवे ने उन्हें 'आधुनिक कबीर' कहा था। 'आधुनिक कबीर' तो डा. नामवर सिंह ने नागार्जुन को भी कहा है, लेकिन दोनों के कहने में फर्क है। माचवे ने अज्ञेय को वह उनके रहस्यवाद के कारण कहा था और नामवरजी ने वह नागार्जुन

को उनकी व्यंग्य-क्षमता के कारण कहा है, जिसका एक ठोस सामाजिक सन्दर्भ है।

यह दिलचस्प है कि 'असाध्य वीणा' को लेकर अब तक कोई बहुत सार्थक चर्चा नहीं हुई है। यह भी लक्ष्य किया गया है कि यह एक रहस्यवादी कविता है, लेकिन इसकी अन्तर्वस्तु पर पर्दा डालने या उसे भिन्न रूप में पेश करने की भी कोशिश की गयी है। कई बार तो कविता को ज्यों की त्यों पड़ा रहने दिया गया है और सिर्फ उसके शिल्प को चर्चायोग्य समझा गया है। इन बातों को हम कुछ बाद में देखेंगे, सबसे पहले यह देखना जरूरी है कि इस कविता में अभिव्यक्त रहस्यवाद का स्वरूप क्या है? इसी से किसी हद तक इसकी संरचना भी निर्धारित हुई है।

'असाध्य वीणा'-सम्बन्धी आलोचनात्मक चर्चा में इस बात का जिक्र मिलता है कि इस कविता पर जापान के जेन-सम्प्रदाय का प्रभाव है, जो कि बौद्ध धर्म का एक सम्प्रदाय है, लेकिन इससे ज्यादा और कुछ नहीं। इस कविता में, जो कि एक कथात्मक कविता है, स्वभावत: दो नाम मिलते हैं, दो पात्रों के, जिनमें से एक है वज्रकीर्ति और दूसरा केशकम्बली अथवा प्रियंवद केशकम्बली। जेन-सम्प्रदाय का सम्बन्ध बौद्ध धर्म की हीनयान शाखा से न होकर महायान शाखा से है, क्योंकि उसी का प्रसार तिब्बत से लेकर चीन, जापान आदि तक में हुआ था। वज्रकीर्ति विद्वानों के अनुसार एक महायानी दार्शनिक ही थे, जिनका अनुयायी इस कविता में केशकम्बली मालूम पड़ता है। इस केशकम्बली से यह भ्रम हो सकता है कि वह भारतीय दर्शनशास्त्र के ग्रन्थों में उल्लिखित अजित केशकम्बली नामक दार्शनिक है। लेकिन ऐसा है नहीं। क्योंकि 'असाध्य वीणा' में केशकम्बली को कहीं भी अजित केशकम्बली नहीं कहा गया है, बल्कि उसकी जगह उसे खाली प्रियंवद या प्रियंवद केशकम्बली कहा गया है। दर्शनशास्त्र के ग्रन्थों में अजित केशकम्बली के सम्बन्ध में मिलनेवाला संक्षिप्त विवरण यह है:

कहा जाता है कि महात्मा बुद्ध के समकालीन जो अन्य छ: दार्शनिक थे, उनमें एक अजित केशकम्बली भी थे। ये प्रारम्भिक भौतिकवादी दार्शनिक थे, जिनकी मान्यता यह थी कि भिक्षा, त्याग या पूजा-जैसी कोई चीज नहीं होती है। न तो फल-जैसी कोई चीज होती है और न अच्छे या बुरे कार्यों का कोई परिणाम। इस लोक से परे कोई लोक नहीं है। माता-पिता के बिना सन्तान नहीं हो सकती। इस संसार में ऐसा कोई साधक या ब्राह्मण नहीं है, जो उस उच्च अवस्था में पहुँच गया हो, जहाँ उसे पूर्णता प्राप्त हो गयी हो और जहाँ उसने इस लोक और इससे परे के लोक को समझ लिया हो और अनुभव कर लिया हो। मनुष्य चार तत्त्वों से बना हुआ है। जब वह मर जाता है, तो क्षिति नामक तत्त्व क्षिति अर्थात् पृथ्वी में, जल नामक तत्त्व जल में, अग्नि नामक तत्त्व अग्नि में और वायु नामक तत्त्व वायु में लौट जाता है। उसकी चेतना अन्तरिक्ष में विलीन हो जाती है। चार व्यक्ति उसे अरथी पर

चढ़ाकर उस स्थान पर ले जाते हैं, जहाँ वह जला दिया जाता है और उसकी पूजा का अन्त भस्म में होता है। मृत व्यक्ति के लिए दान-दक्षिणा देने का सिद्धान्त मूर्खतापूर्ण है। उससे किसी प्रकार के लाभ की बात करना सरासर झूठ है। मूर्ख और बुद्धिमान् दोनों प्रकार के मनुष्य शरीर का अन्त हो जाने के बाद समाप्त हो जाते हैं और मृत्यु के बाद उनका अस्तित्व नहीं होता है। अजित केशकम्बली के व्यक्तिगत जीवन के बारे में प्राय: कुछ भी नहीं मालूम। सिर्फ इतना जिक्र मिलता है कि वे केशकंम्बली इसलिए कहे जाते थे कि मनुष्य के बालों से बना हुआ कम्बल पहनते थे। सभी पहनावों में यह सबसे अधिक तकलीफदेह था, क्योंकि यह जाड़े में ठण्ढा हो जाता था और गर्मी में गर्म। भदेस तो यह था ही, साथ-साथ इससे दुर्गन्ध भी निकलती थी।

जाहिर है कि 'असाध्य वीणा' के केशकम्बली ये नहीं हो सकते। 'असाध्य वीणा' के केशकम्बली भौतिकवादी नहीं, बल्कि भाववादी हैं, जिसका स्रोत बौद्ध धर्म की महायान शाखा है। ईसा की पहली शताब्दी में कुछ विचारकों के एक समूह ने, जो अपने को बुद्ध के अनुयायी कहते थे, पुराने और असली बौद्ध धर्म को हीनयान कहकर तिरस्कृत करना शुरू किया और अपने मार्ग को महायान का नाम दिया। महायान की सबसे बड़ी विशेषता यह थी कि भौतिकवादी बौद्ध दर्शन के विपरीत वह उपनिषदों के भाववादी दर्शन से प्रेरित था, यद्यपि इस बात को छिपाने की वह भरपूर चेष्टा करता था। औपनिषदिक भाववाद उस समय प्रारम्भिक अवस्था में था, लेकिन महायानी दार्शनिकों ने बौद्ध रंग देकर ही सही उसका बहुत अधिक विकास सम्भव कर दिखाया। उनमें सर्वाधिक प्रसिद्ध दार्शनिक थे नागार्जुन। उनका मत शून्यवाद के नाम से प्रसिद्ध है। उसके अनुसार भौतिक जगत् की सारी चीजें शून्य हैं। दूसरे शब्दों में प्रकृति एक मृग-मरीचिका के अलावा कुछ नहीं। अन्तिम सत्य भी एक शून्यता है, जिसका मतलब यह है कि उसमें न किसी प्रकार का विकास हो सकता है, न उसकी अभिव्यक्ति सम्भव है और न उसमें किसी तरह की अनेकता या विविधता ही है। विकास और अभिव्यक्ति तथा अनेकता और विविधता उस जगत के लक्षण हैं, जो वास्तविकता का नहीं, हमारी प्रतीति का विषय है। इन लक्षणों से रहित वास्तविकता भी शून्यवाद में शून्यता के रूप में ही समझी गयी है। इसका सीधा मतलब यह है कि पूर्ण अथवा अन्तिम वास्तविकता पूरी तरह से हमारे भौतिक अनुभव से परे है। यह हमारे सभी प्रकार के भौतिक विचारों से भी अतीत है। प्रचलित अर्थों में उसके बारे में कोई सिद्धान्त नहीं रचा जा सकता। यदि अन्तिम वास्तविकता का अनुभव किया जा सकता है, तो मानसिक सजगता की एक रहस्यात्मक विधि से ही, जिसे 'प्रज्ञा-पारमिता' कहा गया है।

नागार्जुन के शून्यवाद के बाद महायानी बौद्धों की एक दूसरी शाखा अस्तित्व

में आयी। ये महायानी बौद्ध योगाचार कहे गये और उनका सिद्धान्त विज्ञानवाद के रूप में जाना गया। विज्ञानवाद में भी भाववाद का अच्छा विकास हुआ, जिसका श्रेय असंग और वसुबन्धु नामक दो दार्शनिकों को है। उन्होंने योग पर अत्यधिक बल दिया, क्योंकि उनकी पद्धति थी ध्यान और समाधि, जिसके द्वारा वे चेतना को प्रत्येक बाहरी वस्तु से हटाकर शुद्ध आन्तरिक वस्तु से लगाना चाहते थे, जिससे कि सर्वोच्च दार्शनिक बोध तक पहुँच सकें। ऊपर जापान के जिस जेन-सम्प्रदाय का जिक्र किया गया है, उसका सम्बन्ध महायान की इन्हीं दार्शनिक शाखाओं से है। इसका आरम्भ ईसा की छठी शताब्दी में चीन में हुआ, लेकिन इसका अत्यधिक प्रसार परवर्ती काल में जापान में हुआ। जेन अथवा ध्यान-सम्प्रदाय का सिद्धान्त यह है कि बुद्ध ने जिस सम्बोधि की प्राप्ति की थी, उसे किसी भी बाहरी साधन के द्वारा किसी तक पहुँचाया नहीं जा सकता। इस कारण सारी सैद्धान्तिक शिक्षा और अनुष्ठान बेकार हैं और ध्यान अथवा किसी व्यक्ति की मूल प्रकृति की एकाग्रता ही वह मार्ग है, जिससे कोई अपने भीतर बुद्धत्व की अनुभूति कर सकता है। ग्रन्थों और अनुष्ठान-सम्बन्धी आडम्बर के प्रति पूर्ण अनादर भाव रखने के कारण जेन-सिद्धान्त बहुत लोकप्रिय हुआ। जैसी कि सूचना मिलती है, पिछले दशकों में अपने अतर्कबुद्धिवाद और अन्त:प्रज्ञात्मकतावाद के कारण इसने पश्चिम-यूरोपीय तथा अमरीकी दार्शनिकों को भी बेहद आकर्षित किया है।

पश्चिम की नयी विचारधारा के प्रति अज्ञेय का आकर्षण एक सुपरिचित तथ्य है। छठे दशक के अन्तिम वर्षों में एक नयी बात यह हुई कि उन्होंने यूरोप के बाद पूर्वी एशिया के जापान-जैसे देश का भी भ्रमण किया। इस क्रम में वे जापान की कविता के साथ-साथ उसके धर्म और संस्कृति के भी प्रत्यक्ष सम्पर्क में आये। स्वभावत: उन पर उसका अच्छा प्रभाव पड़ा, जिसका प्रमाण 1959 में प्रकाशित उनका 'अरी ओ करुणा प्रभामय' नामक कविता-संग्रह है, जिसमें अनेक जापानी कविताओं का अनुवाद संगृहीत है। इस पुस्तक की भूमिका में अज्ञेय ने जो कुछ लिखा है, वह 'असाध्य वीणा' शीर्षक कविता की पृष्ठभूमि को समझने की दृष्टि से बहुत उपयोगी है। उनके शब्द हैं : 'जापान के 'जेन' बौद्ध सम्प्रदाय की विचार और साधना पद्धतियों का, और तत्सम्बन्धी साहित्य और वृत्त का भी, लेखक आभारी है।' जेन-सम्प्रदाय की ओर उन्हें ले जाने के पीछे पश्चिमी झुकाव भी है, इसकी सूचना भी उनके कथनों से मिलती है। इसके अलावा भी उन्होंने कई बातें कही हैं, जिन्हें जानना जरूरी है, यथा : ''चीन और जापान की चित्रकला और जापान की काव्यकला से, पश्चिम के कई कवियों ने नयी दृष्टि पायी। हम भारतवासी, जो केवल 'पूर्व' होने के नाते 'दूर-पूर्व' और पश्चिम के बीच में आते हैं, इन देशों की कला से उतने दूर नहीं हैं, जितने फ्रांस या जर्मनी के कवि थे। फिर

भी हम उनसे नयी दृष्टि पा सकते हैं—उनकी परम्परा में भारत की जो देन रही, उसी के तद्देशीय रूप से भी। जापानी 'जेन' भारतीय 'ध्यान' का ही रूप है, किन्तु 'जेन' का साहित्य भण्डार आज के भारतीय लेखक के लिए भी कितना स्फूर्तिप्रद है!'' यहाँ यह भी विचारणीय है कि अज्ञेय ने अपनी कविता में पूर्व-पश्चिम का जो प्रभाव लिया है, वह कितना वांछनीय है। इस प्रसंग में उनका यह कथन ध्यातव्य है कि 'बन्द घर में प्रकाश पूर्व या पश्चिम या किसी भी निश्चित दिशा से आता है—पर खुले आकाश में वह सभी ओर से समाया रहता है, इसी में उसका आकाशत्व है।' स्पष्टतः महत्त्वपूर्ण उक्त प्रभाव नहीं, बल्कि कविता का स्वरूप और उसकी अन्तर्वस्तु है, जो उस प्रभाव से निर्मित हुई है।

2

हिन्दी में आधुनिक काल में लम्बी कविता बहुत पहले से लिखी जा रही है। सुमित्रानन्दन पन्त ने 'परिवर्तन' शीर्षक लम्बी कविता लिखी थी और जयशंकर प्रसाद ने 'प्रलय की छाया' शीर्षक। इन दोनों ही कविताओं में कवि क्रमशः विचार और कथा का सूत्र पकड़कर आगे चले थे। तात्पर्य यह कि पहली कविता की लम्बाई का कारण यदि विचार है, तो दूसरी कविता की लम्बाई का कारण कथा। इन कविताओं के बाद निराला ने भी छायावादी दौर में तीन लम्बी कविताएँ लिखीं—'तुलसीदास', 'सरोज-स्मृति' और 'राम की शक्ति-पूजा'। 'तुलसीदास' यद्यपि एक अन्तर्मुखी प्रबन्धकाव्य के रूप में जाना जाता है, उसका मूल स्वरूप सौ बन्दों में रची गयी एक लम्बी कविता का है। 'सरोज-स्मृति' एक नये ढंग की लम्बी कविता है, जिसे निराला ने सरोज और अपने आपसे सम्बन्धित स्मृतियों को गूँथकर तैयार किया है। 'राम की शक्ति-पूजा' निश्चय ही एक कथात्मक कविता है, लेकिन उसमें भी कवि का जोर मनोभावों के चित्रण पर है, जैसे 'प्रलय की छाया' में प्रसाद का। लेकिन 'लम्बी कविता' एक नये काव्य-प्रकार के रूप में मुक्तिबोध की मृत्यु के बाद उन्हीं की कविताओं पर विचार करने के क्रम में अस्तित्व में आयी। उनकी ज्यादातर कविताएँ लम्बी हैं और उनमें कथा के तत्त्व भी हैं, लेकिन उन्होंने स्वयं अलग से लिखकर यह बतलाया है कि उनके लम्बी होने का कारण कुछ और है। इसका रहस्य उनकी रचना-प्रक्रिया में निहित है। वे कविता लिखते थे, तो उनकी भावधारा में अनेक प्रकार के प्रासंगिक भावस्रोत आकर मिलते जाते थे, जिससे न केवल उसका आकार लम्बा हो जाता था, बल्कि उसका स्वरूप भी बहुत कुछ अनिर्दिष्ट हो जाता था, यद्यपि संवेदनात्मक उद्देश्य स्पष्ट रहने से उसकी दिशा कभी

अँधेरे में न खोती थी। यह सुज्ञात है कि उसमें उनकी कल्पना-शक्ति का अत्यधिक योगदान होता था, जिसकी अतर्क्यता के चलते उन्होंने स्वयं उसे 'फैण्टेसी' कहकर पुकारा है।

समकालीन हिन्दी काव्यालोचन में 'लम्बी कविता' के चर्चा में आने के पहले ही, जैसा कि हमने देखा है, 'असाध्य वीणा' शीर्षक कविता प्रकाश में आ चुकी थी, लेकिन किसी ने इसे 'लम्बी कविता' के रूप में ग्रहण नहीं किया। सबने यही समझा कि यह कथा का सहारा लेकर चलनेवाली एक लम्बे आकार की कविता है। बाद में जब मुक्तिबोध से प्रेरित होकर युवाकवि धड़ाधड़ लम्बी कविताएँ लिखने लगे, तो इस कविता की तरफ भी ध्यान गया और इसकी गिनती भी लम्बी कविताओं में की जाने लगी, यद्यपि इसके प्रति आलोचकों का रुख बहुत अनुकूल न था। कहने की आवश्यकता नहीं कि 'पटकथा' के साथ 'इस व्यवस्था में' (लीलाधर जगूड़ी), 'खण्ड खण्ड पाखण्ड पर्व' (मणि मधुकर), 'लुकमान अली' (सौमित्र मोहन) और 'मुक्तिप्रसंग' (राजकमल चौधरी) ये सभी लम्बी कविताएँ एक दौर की ही रचनाएँ हैं। 'असाध्य वीणा' 'अँधेरे में' के साथ-साथ इन सभी कविताओं से अपनी प्रकृति और आकृति में बहुत कुछ भिन्न है, इसलिए लम्बी कविताओं की चर्चा के प्रसंग में इस पर उतना ध्यान नहीं दिया जा सका, जितने की यह अधिकारी है।

डा. रामस्वरूप चतुर्वेदी ने लिखा है कि 'असाध्य वीणा' एक जापानी लोककथा पर आधारित कविता है। यह सम्भव है, पर इस प्रसंग में ज्ञातव्य यह है कि इसके स्वरूप को भारतीय बनाने के लिए अज्ञेय ने भरसक प्रयास किया है। इस कविता का परिवेश तो भारतीय है ही, इसमें आनेवाले दो पात्रों के नाम भी भारतीय हैं, यथा वज्रकीर्ति और प्रियंवद केशकम्बली। सम्भव है, वज्रकीर्ति महायानी दार्शनिक धर्मकीर्ति के अनुकरण पर गढ़ा हुआ नाम हो, जैसा कि प्रियंवद केशकम्बली अजित केशकम्बली के अनुकरण पर गढ़ा हुआ नाम है। जैसा कि ऊपर संकेत किया गया है, वज्रकीर्ति एक महायानी दार्शनिक हुए हैं, लेकिन धर्मकीर्ति की ख्याति उनकी तुलना में बहुत ज्यादा रही है। इस कविता का केशकम्बली एक पूरी तरह से काल्पनिक चरित्र है, क्योंकि ऐतिहासिक केशकम्बली के विपरीत वह एक महायानी दार्शनिक के अनुयायी के रूप में हमारे सामने आता है। इस तरह कहा जा सकता है कि इस कविता के चरित्र यथार्थ न होकर बहुत दूर तक कवि की कल्पसृष्टि हैं। यह उसकी कोई त्रुटि न होकर उसकी सर्जनशीलता का प्रमाण है। लोककथा जिस रूप में भी प्रचलित हो, इस कविता में उसे जो रूप प्रदान किया गया है, पूरी तफसील के साथ, वह अज्ञेय का अपना है।

आखिर इस कविता की अन्तर्वस्तु क्या है और इसमें कवि ने क्या कहना

चाहा है? इसमें एक वीणा है, जो असाध्य है, यानी जो किसी से सध नहीं पाती, जिसे कोई बजा नहीं पाता। यह वीणा कहाँ से आयी? अज्ञेय राजा के माध्यम से कहते हैं :

यह वीणा उत्तराखण्ड के गिरि-प्रान्तर से
—घने वनों में जहाँ तपस्या करते हैं व्रतचारी—
बहुत समय पहले आई थी।
पूरा तो इतिहास न जान सके हम :
किन्तु सुना है
वज्रकीर्ति ने मन्त्रपूत जिस
अति प्राचीन किरीटी-तरु से इसे गढ़ा था—
उसके कानों में हिमशिखर रहस्य कहा करते थे अपने,
कन्धों पर बादल सोते थे,
उसकी करि-शुण्डों-सी डालें
हिम-वर्षा से पूरे वन-यूथों का कर लेती थीं परित्राण,
कोटर में भालू बसते थे,
केहरि उसके वल्कल से कन्धे खुजलाने आते थे।
और—सुना है—जड़ उसकी जा पहुँची थी पाताल-लोक,
उसकी गन्ध-प्रवण शीतलता से फण टिका नाग वासुकि सोता था।
उसी किरीटी-तरु से वज्रकीर्ति ने
सारा जीवन इसे गढ़ा :
हठ-साधना यही थी उस साधक की—
वीणा पूरी हुई, साथ साधना, साथ ही जीवन-लीला।

इस विवरण से यह स्पष्ट है कि यह वीणा वस्तुतः कोई वीणा न होकर आध्यात्मिक सत्य का मूर्तिमान् रूप है। यह सत्य किसी साधारण व्यक्ति ने नहीं, वज्रकीर्ति-जैसे साधक ने अपने सम्पूर्ण जीवन की तपस्या से उपलब्ध किया था। अज्ञेय ने उसकी साधना को 'हठ-साधना' कहा है, जिसके दोनों ही अर्थ हो सकते हैं—'हठपूर्वक की गयी साधना' और 'हठयोग के माध्यम से की गयी साधना'। हठयोगवाली बात निरी कल्पना नहीं है, क्योंकि वज्रकीर्ति, जो धर्मकीर्ति का प्रतिरूप हो सकते हैं, शून्यवाद और विज्ञानवाद के बीच समन्वय की स्थापना करनेवाले दार्शनिक थे। वीणा की रचना जिस वृक्ष से की गयी थी, उस वृक्ष को अज्ञेय ने 'किरीटी-तरु' कहा है, जिसका मतलब सभी वृक्षों का किरीट अथवा सिरमौर हो सकता है। यह वृक्ष अतिशय पुराना था, बहुत ही ऊँचा, उतना ही

छतनार, कोटरोंवाला और जिसकी छाल बहुत ही कड़ी थी। उसकी जड़ पाताल-लोक में पहुँची हुई थी, जिससे अपना फण टिकाकर वासुकि नाग नींद लिया करता था। यह भव्य वृक्ष जीवन का प्रतीक है, जो एक साथ प्राचीन, उच्च, व्यापक, दृढ़ और गहन है, और वीणा उसके सत्य की प्रतीक, जिसे कोई साधक ही लम्बी साधना के बाद उपलब्ध कर सकता है। कविता में थोड़ा ही आगे-बढ़ने पर केशकम्बली कहता है : 'कलावन्त हूँ नहीं, शिष्य, साधक हूँ— / जीवन के अनकहे सत्य का साक्षी।' इसमें 'जीवन का सत्य', 'अनकहा' और 'साक्षी' तीनों ही महत्त्वपूर्ण हैं। 'जीवन का सत्य' वही है, जिसका अभी-अभी ऊपर उल्लेख किया गया है। 'अनकहा' का आशय यह है कि अभी तक वह अकथित अथवा अप्रकट है। केशकम्बली को भी उस सत्य का अनुभव हो चुका है, इसलिए वह अपने को उसका साक्षी बतलाता है। प्रश्न यह उठता है कि जीवन का वह सत्य, जिसे वीणा प्रतीकित करती है, वस्तुतः है क्या? संक्षेप में वह जीवन का उसके पूरे विस्तार में और सम्बन्धों के साथ तीव्र अनुभव है, ऐसा कि उसमें अनुभवकर्ता का अस्तित्व विलीन हो जाए। यह अवस्था तीक्ष्ण एकाग्रता अथवा ध्यान के द्वारा ही उपलब्ध की जा सकती है। ताज्जुब नहीं कि इस कविता में अनेक बार 'ध्यान' शब्द का प्रयोग किया गया है। ऊपर केशकम्बली का जो कथन उद्धृत किया गया है, उसके आगे हमें उसके ये शब्द मिलते हैं : 'वज्रकीर्ति! / प्राचीन किरीटी-तरु! / अभिमन्त्रित वीणा! / ध्यान-मात्र इनका तो गद्‌गद विह्वल कर देनेवाला है।' यहाँ 'ध्यान' शब्द अपने पूरे अर्थों में प्रयुक्त नहीं है, फिर भी उससे इस बात का संकेत मिल जाता है कि यह इस कविता का बीज-शब्द है।

'असाध्य वीणा' की कहानी संक्षेप में यह है कि एक राजा के पास वज्रकीर्ति द्वारा निर्मित एक ऐसी वीणा थी, जिसे कोई बजा नहीं पाता था। अन्ततः उसके निमन्त्रण पर एक बार प्रियंवद केशकम्बली नामक एक साधक उसकी सभा में उपस्थित हुआ, जिसने वीणा को साधकर दिखला दिया। उससे ऐसा संगीत अवतरित हुआ कि उससे राजा-रानी को क्रमशः अपने जीवन को धर्म-भाव से उत्सर्ग करने और प्रेम को जीवन में सर्वश्रेष्ठ स्थान देने की प्रेरणा प्राप्त हुई। जो श्रोता थे, उन्हें उससे अपना-अपना काम्य मिल गया। तत्पश्चात् केशकम्बली नमस्कार करके जिस गुफा से आया था, उसी को लौट गया। कहानी सुनाने के बाद अज्ञेय कहते हैं कि 'युग पलट गया।' इसका मतलब यह हुआ कि इस घटना का युगान्तरकारी प्रभाव हुआ। अब आप यह देखें कि केशकम्बली ने वीणा को कैसे साधा? वस्तुतः यही इस कविता की मुख्य वस्तु है, जिसे कवि ने विस्तार से वर्णित किया है। वादक ने पहले वाद्य को उठाकर अपनी गोद में रख लिया। फिर धीरे-

धीरे उस पर झुककर उसके तारों पर अपना माथा टेक दिया। देखनेवालों के मन में आशंका पैदा हुई कि वह कहीं सो तो नहीं रहा है, हारकर तो नहीं वाद्ययन्त्र पर झुक गया है? क्या वीणा सचमुच ऐसी है, जिसे कोई नहीं बजा सकता? अज्ञेय ऐसी सभी आशंकाओं का निराकरण करते हुए कहते हैं :

पर उस स्पन्दित सन्नाटे में
मौन प्रियंवद साध रहा था वीणा—
नहीं, स्वयं अपने को शोध रहा था।
सघन निविड में वह अपने को
सौंप रहा था उसी किरीटी-तरु को।

अन्तिम दो पंक्तियाँ बहुत ही मार्मिक हैं, जिनका मतलब यह है कि साधक अपने लक्ष्य को यानी जीवन-सत्य को तभी प्राप्त कर सकता था, जबकि वह जीवन को समर्पित हो जाए, यानी जीवन और उसके बीच कोई भेद न रह जाए। आगे भी अज्ञेय ने कहा है :

भूल गया था केशकम्बली राज-सभा को :
कम्बल पर अभिमन्त्रित एक अकेलेपन में डूब गया था
जिसमें साक्षी के आगे था
जीवित वही किरीटी-तरु...

केशकम्बली के इस विस्मरण में उसकी एकग्रचित्तता थी, उसके ध्यान में जीवनरूपी महावृक्ष के अलावा और कुछ न था। पुनः कवि के शब्दों में, 'सम्बोधित कर उस तरु को, करता था / नीरव एकालाप प्रियंवद।' तात्पर्य यह कि अपने परिवेश का विस्मरण उसके लिए जीवनरूपी महावृक्ष का स्मरण था। सच पूछा जाए तो इस स्मरण में ही इस कविता का ऐश्वर्य और उत्कर्ष निहित है।

3

केशकम्बली ध्यानावस्था में सर्वप्रथम जीवनरूपी महावृक्ष को सम्बोधित कर उसका उदात्त रूप प्रस्तुत करता है। वह बतलाता है कि कैसे हजारों बार झर-झर करते पतझड़ ने उसे उजाड़ा और मर्मर करते वसन्त ने सँवारा है, पता नहीं कितनी रिमझिम बरसातों में कितने जुगनू उस पर टिमिमिटाये हैं, दिन में भौरों ने उसे गुंजारित किया है और रात में झिल्ली ने उसे अपना अविराम मंगलगान सुनाया है, साथ ही सुबह-शाम अपरिचित पक्षियों की आनन्दपूर्ण क्रीड़ा-ध्वनि उसकी डाली-

डाली को प्रकम्पित कर गयी है। वह वृक्ष विशाल तो है ही, वह पूरे वन-प्रदेश का अग्रज है, आश्रयस्थल, अपनी छाया से बहुतों को त्राण देनेवाला और अपने पत्तों के कारण जैसे वन में सुनाई पड़नेवाली ध्वनियों का मूर्तिमान् रूप। केशकम्बली उस महावृक्ष को सम्बोधित कर कहता है : 'मैं तुझे सुनूँ, / देखूँ, ध्याऊँ / अनिमेष, स्तब्ध, संयुत, निर्वाक् '। इस उक्ति में दो शब्द विशेष रूप से गौर करने लायक हैं—'ध्याऊँ', जिसका सम्बन्ध 'ध्यान' करने से है और 'संयुत', जिसका मतलब महावृक्ष से जुड़ने से है। आगे वह ठीक ही कहता है कि वीणा उसकी गोद में है, लेकिन वह स्वयं महावृक्ष की गोद में बैठा प्रसन्नता से भरा बालक है! वह वीणा को बजाना चाहता है, लेकिन उसके माध्यम से स्वर तो उस महावृक्ष का ही निकलेगा। स्मरण दिलाने की जरूरत नहीं कि जो जीवन-सत्य है, वह जीवन की ही अभिव्यक्ति है। इस तरह वीणा का गान महावृक्ष का ही गान होगा, लेकिन उसके माध्यम से वह कब गाएगा? निश्चय ही तब, जब साधक जीवन को पूरी तरह अपने को सौंप देगा या उसमें अपने को विलीन कर देगा।

वह महावृक्ष से कहता भी है—'तेरे दोलन की लोरी पर झूमूँ मैं तन्मय'। इस पंक्ति में उपर्युक्त बालक से 'लोरी' की संगति तो ध्यान देने लायक है ही, 'तन्मय' शब्द भी ध्यान देने लायक है। जीवन से दूर रहकर, बिना उसमें मिले, कोई जीवन के सत्य को नहीं पा सकता। असल चीज है जीवन, यानी वह महावृक्ष। वीणा तो उसका निष्क्रिय अंग है, अंगी तो वही है, रस और प्रकाश से भरा हुआ। वह प्रकाश स्मृति का भी है और श्रुति का भी। अज्ञेय ने 'स्मृति' और 'श्रुति' इन दोनों शब्दों का प्रयोग सामान्य अर्थ में किया है, लेकिन इनकी ध्वनि स्मृति-ग्रन्थों और श्रुति यानी वेदों तक जाती है। कहा जा चुका है कि इस कविता में जिस दर्शन की प्रेरणा ली गयी है, वह महायानी दर्शन हिन्दू दर्शन का अविरोधी है। किरीटी-तरु अतिशय प्राचीन है, इसलिए जैसा कि डा. चतुर्वेदी ने लिखा है, उसने अपने भीतर वन्य-जीवन के बहुविध अनुभवों को समो रखा था। इस तरह उसका स्मरण करने का मतलब उसके पूरे अतीत-अनुभव को स्मरण करना है; उसे अपने को सौंपने का मतलब उसकी पूर्णता में उसे अपने को सौंपना है, उसके अनुभव के पूरे सौन्दर्य और पूरी विभीषिका के साथ। यही कारण है कि अज्ञेय ने कविता के अगले चार बन्दों में वन्य जीवन का चित्र खींचा है, जो अपनी सजीवता और आकर्षण में असाधारण है। उनमें से कम से कम दो चित्र अवश्य द्रष्टव्य हैं। पहला चित्र वन के सौन्दर्य का है और दूसरा उसकी विभीषिका का। स्वभावतः पहला चित्र कोमल है और दूसरा कठोर। लक्ष्य करने योग्य है कि दोनों चित्र छोटे-छोटे अनेक चित्रों के योग से निर्मित हैं।

पहला चित्र :

हाँ, मुझे स्मरण है :
बदली—कौंध—पत्तियों पर वर्षा-बूँदों की पटपट।
घनी रात में महुए का चुप-चाप टपकना।
चौंके खग-शावक की चिहुँक।
शिलाओं को दुलराते वन-झरने के
द्रुत लहरीले जल का कल-निनाद।
कुहरे में छनकर आती
पर्वती गाँव के उत्सव-ढोलक की थाप।
गडरिए की अनमनी बाँसुरी।
कठफोड़े का ठेका। फुलसुँघनी की आतुर फुरकन।
ओस-बूँद की ढरकन—इतनी कोमल, तरल, कि झरते-झरते मानो
हरसिंगार का फूल बन गयी।
भरे शरद के ताल, लहरियों की सरसर-ध्वनि।
कूँजों का क्रेंकार। काँद लम्बी टिट्टिभ की।
पंख-युक्त सायक-सी हंस-बलाका।
चीड़-वनों में गन्ध-अन्ध उन्मद मतंग की जहाँ-तहाँ टकराहट।
जल-प्रपात का प्लुत एकस्वर।
झिल्ली-दादुर, कोकिल-चातक की झंकार-पुकारों की यति में
संसृति की साँय-साँय।

इस चित्र के सौन्दर्य को प्रकट करने के लिए उसका विश्लेषण कतई आवश्यक नहीं है। बस सिर्फ इस ओर ध्यान दिलाना है कि चूँकि प्रसंग वीणा-वादन का है, इसलिए केशकम्बली के माध्यम से अज्ञेय ने अपना ध्यान सिर्फ नाना प्रकार की ध्वनियों पर केन्द्रित किया है। ऊपर किरीटी-तरु का जो चित्र आता है, उसमें भी ध्वनि पर ही कवि का ध्यान केन्द्रित है। यहाँ भी पटपट, टपकना, चिहुँक, कल-निनाद, थाप, बाँसुरी, ठेका, फुरकन, झरना, सरसर, क्रेंकार, काँद, टकराहट, प्लुत एकस्वर, झंकार, पुकार आदि सारे शब्दों का सम्बन्ध तीव्र या मन्द ध्वनि से ही है। 'पंख-युक्त सायक-सी हंस-बलाका'-जैसी पंक्ति में ध्वनि का उल्लेख नहीं है, लेकिन इससे जो चित्र बनता है, उसमें हंसों और बगलों के पंखों की सरसराहट छोड़े हुए बाण की सनसनाहट-सी सुनाई पड़ती है। ध्वनियों का यह संसार ही वन्य जीवन का संसार है, जिसे अपनी स्मृति के माध्यम से केशकम्बली सजीव करता है!

दूसरा चित्र वन के भयानक दृश्यों को सामने लाता है। यहाँ भी कवि का

ध्यान ध्वनियों पर ही है। वह चित्र है :

हाँ, मुझे स्मरण है :
दूर पहाड़ों से काले मेघों की बाढ़
हाथियों का मानो चिंघाड़ रहा हो यूथ।
घरघराहट चढ़ती बहिया की।
रेतीले कगार का गिरना छप्-छड़ाप।
झंझा की फुफकार, तप्त,
पेड़ों का अरराकर टूट-टूटकर गिरना।
ओले की कर्री चपत...
घाटियों में भरती
गिरती चट्टानों की गूँज—
काँपती मन्द्र गूँज—अनुगूँज—साँस खोयी-सी,
धीरे-धीरे नीरव।

चिंघाड़, घरघराहट, छप्-छड़ाप, फुफकार, अरराना, कर्री चपत और गिरती चट्टानों की गूँज, ये सब ध्वनियाँ ही हैं, डरावनी। इस बन्द में कुछ कोमल चित्र भी हैं, जैसे 'ऐंठी मिट्टी का स्निग्ध घाम में धीरे-धीरे रिसना' और 'हिम-तुषार के फाहे धरती के घावों को सहलाते चुपचाप।' अज्ञेय को दाद देनी चाहिए कि उन्होंने मिट्टी के रिसने और घावों को सहलाने की सूक्ष्म ध्वनि भी सुन ली है। अगले बन्द में ध्वनि ही ध्वनि है। उदाहरणार्थ :

मुझे स्मरण है
हरी तलहटी में, छोटे पेड़ों की ओट, ताल पर
बँधे समय वन-पशुओं की नानाविध आतुर-तृप्त पुकारें;
गर्जन, घुर्घुर, चीख, भूँक, हुक्का, चिचियाहट।
कमल-कुमुद-पत्रों पर चोर-पैर द्रुत धावित
जल-पंछी की चाप।
थाप दादुर की चकित छलाँगों की।
पन्थी के घोड़े की टाप अधीर।
अचंचल धीर थाप भैंसों के भारी खुर की।

गर्जन, घुर्घुर, चीख, भूँक आदि तो ध्वनियाँ हैं ही, चाप, थाप, टाप भी ध्वनिसूचक शब्द ही हैं। इसका क्रम अगले बन्द में भी बना रहता है और उसमें आनेवाले एक से एक कोमल और सूक्ष्म दृश्य कोई न कोई ध्वनि ही उत्पन्न कर जाते हैं। सिहरन, गुंजार और झरना क्रियापद का प्रयोग इसके प्रमाण हैं। इस बन्द के आखिरी चरण में

कवि ने 'लीयमान' शब्द का प्रयोग किया है, जो कि पूरी कविता की अन्तर्वस्तु से सामंजस्य रखनेवाला है।

किरीटी-तरुरूपी जीवन की नाना प्रकार के स्वरों के रूप में अवधारणा करनेवाला स्वरसिद्ध केशकम्बली तीव्र स्मरण के माध्यम से जीवन को अर्पित होने के बाद जो कुछ कहता है, उस पर ध्यान देना इस कविता के मर्म को समझने की दृष्टि से आवश्यक है। उसके शब्द हैं :

मुझे स्मरण है
और चित्र प्रत्येक
स्तब्ध, विजड़ित करता है मुझको।
सुनता हूँ मैं
पर हर स्वर-कम्पन लेता है मुझको मुझसे सोख—
वायु-सा नाद-भरा मैं उड़ जाता हूँ।...
मुझे स्मरण है—
पर मुझको मैं भूल गया हूँ :
सुनता हूँ मैं—
पर मैं मुझसे परे, शब्द में लीयमान।

इस उद्धरण में केशकम्बली कहता है कि 'हर स्वर-कम्पन लेता है मुझको मुझसे सोख'। तात्पर्य यह कि जीवन के प्रति उसका समर्पण स्वर के माध्यम से ही सम्भव होता है। वही उसके मैं-पन अर्थात् उसकी ऐकान्तिकता से उसे मुक्त करता है। विराट् की अनुभूति, वह विराट् जीवन ही क्यों न हो, इसी मार्ग से सम्भव है। केशकम्बली अभी अपने निजी अस्तित्व से छुटकारा पाकर पूरी तरह से जीवन की विराटता में लय हो गया है। वह कहता है कि मैं अपने आपको भूल गया हूँ। मैं शब्द सुन रहा हूँ, पर अपने आपसे परे होकर। इस तरह मैं उस शब्द में पूरी तरह से विलीन हो रहा हूँ। यहाँ पुनः कवि ने 'लीयमान' शब्द का प्रयोग किया है। अगले और उसके नीरव एकालाप से सम्बन्धित अन्तिम बन्द में भी केशकम्बली कहता है : 'मैं नहीं, नहीं! मैं कहीं नहीं!' वह किरीटी-तरु को लगातार 'स्वर-सँभार' और 'नादमय संसृति' कहकर सम्बोधित करता है और उससे निवेदन करता है कि वह उसे उसकी अकिंचनता को भूलकर आच्छादित कर ले। वह अपने को गूँगा कहता है और यह कामना करता है कि उसके गूँगेपन को किरीटी-तरु के 'सोए स्वर-सागर का ज्वार डुबा ले!' यदि यह कहा जाए कि अज्ञेय कवि थे, स्वयं एक स्वर-साधक, इसलिए उन्होंने जीवन की अवधारणा, भले केशकम्बली के माध्यम से,

स्वर-संघात के रूप में की, तो वह असंगत न होगा।

अन्त में केशकम्बली जिन शब्दों में संगीत में अवतरित होने के लिए किरीटी-तरु का आह्वान करता है, वह देखने लायक है :

तू उतर बीन के तारों में
अपने से गा
अपने को गा—
अपने खग-कुल को मुखरित कर
अपनी छाया में पले मृगों की चौंकड़ियों को ताल बाँध,
अपने छायातप, वृष्टि-पवन, 'पल्लव'-कुसुमन की लय पर
अपने जीवन-संचय को कर छन्दयुक्त,
अपनी प्रज्ञा को वाणी दे!
तू गा, तू गा—
तू सन्निधि पा—तू खो
तू आ—तू हो—तू गा! तू गा!

ध्यातव्य है कि इन पंक्तियों में ताल भी है, लय भी, छन्द भी है और वाणी भी। स्वर-साधक की व्याकुलता जब चरमबिन्दु पर पहुँच जाती है, तो वह जीवन से भी निवेदन करता है कि वह स्वर में रूपान्तरित होकर चरम सान्निध्य को प्राप्त करे, वह हर तरह से अपने को स्वर में खो दे; वह भी नया अस्तित्व प्राप्त करे, वह भी नये सिरे से सम्भव हो।

साधक के इस व्याकुलतापूर्ण निवेदन के बाद अचानक वीणा झंकृत हो उठती है। कवि के अनुसार उससे जो संगीत अवतरित होता है, वह स्वयंभू है, जिसमें ब्रह्मा का अखण्ड और अशेष आलोकमय मौन सोया रहता है। 'संगीत' और 'मौन' का विरोध यहाँ ध्यान देने लायक है। संगीत स्पष्टतः स्वर है, लेकिन वस्तुतः वह अँधियारे अन्तस् को आलोकित कर देनेवाला 'महामौन' है। ठीक इसी तरह कविता में जिस किरीटी-तरु और उसके वन्य परिवेश को केशकम्बली स्मरण करता है, उसमें अपने को विलीन करने के लिए, वह भी कुछ नहीं यानी शून्य है। वीणा के बज उठने की खुशी में जब राजा 'साधु! साधु!' कहता हुआ अपने सिंहासन पर से उतरकर उसकी ओर बढ़ता है, तो वह कहता है :

श्रेय नहीं कुछ मेरा :
मैं तो डूब गया था स्वयं शून्य में—
वीणा के माध्यम से अपने को मैंने

सब-कुछ को सौंप दिया था—
सुना आपने जो वह मेरा नहीं,
न वीणा का था :
वह तो सब-कुछ की तथता थी—
महाशून्य
वह महामौन
अविभाज्य, अनाप्त, अद्रवित, अप्रमेय
जो शब्दहीन
सबमें गाता है।

इन पंक्तियों को इस कविता की केन्द्रीय पंक्तियाँ कहा जा सकता है, क्योंकि इन तक पहुँचकर इसका अर्थ पूरी तरह से स्पष्ट हो जाता है। महायान की शून्यवादी शाखा के अनुसार सबकुछ शून्य है। उपनिषदें तो परमात्मा को भी शून्य कहती हैं, जिसकी अनुभूति ज्ञान की सामान्य पद्धति के द्वारा सम्भव नहीं है, उसे साधना की खास अवस्था में ही जाना जा सकता है, जो कि एक रहस्यात्मक अवस्था है। यहाँ केशकम्बली भी कहता है कि 'मैं तो डूब गया था स्वयं शून्य में'। उसकी यह अवस्था ऐसी थी, जिसमें उसने अपने अस्तित्व को वन्य जीवन के सम्पूर्ण अनुभवों से युक्त किरीटी-तरु को पूर्णत: न्यौछावर कर दिया था। वह राजा से कहता है कि आपने जो स्वर सुना, वह न तो मेरा था, न वीणा का। वह तो वस्तुत: किरीटी-तरु और वन का यथार्थ था, जो महाशून्य और महामौन के अलावा और कुछ नहीं। उसके अनुसार वह महामौन अखण्ड है, अनात्म है, अद्रवणशील अथवा अभेद्य है और असीम है। है तो वह शब्दहीन, लेकिन सबमें उसी का शब्द, उसी का गान सुनायी पड़ता है। यहाँ आकर शून्य और उसकी अनुभूति के अलावा कुछ शेष नहीं रह जाता है।

आखिर इस शून्य-साधना से क्या फायदा है ? अज्ञेय ने यह वीणा के स्वर का श्रोताओं पर जो असर पड़ता है, उसके माध्यम से बतलाया है। राजा को वह स्वर जयदेवी द्वारा गाये जानेवाले मंगलगान के रूप में सुनायी पड़ा, जिसका उस पर यह असर हुआ : 'ईर्ष्या, महदाकांक्षा, द्वेष, चाटुता / सभी पुराने लुगड़े-से झर गये, निखर आया था जीवन-कांचन / धर्म-भाव से जिसे निछावर वह कर देगा।' रहस्यवादी यह नहीं मानते कि उनकी साधना जीवननिरपेक्ष होती है। उनके अनुसार रहस्य-साधना से जीवन-कांचन निखार को प्राप्त करता है और उसके बाद धर्म की चरितार्थता में न्यौछावर हो जाता है। रानी को वीणा का स्वर बादलों में कौंध की तरह दिखलायी पड़ा, जो उसे बतला गयी कि सारा राजसी शृंगार और सज्जा

अन्धकार के कण हैं और प्रकाश एक ही है—प्यार। रानी निश्चय करती है कि सब छोड़कर उसी प्यार को सिद्ध करेगी। अज्ञेय ने लिखा है कि बाकी जितने श्रोता थे, उन्हें जैसे उस स्वर के श्रवण से अपना काम्य प्राप्त हो गया। यहाँ उन्होंने उसका जो विवरण प्रस्तुत किया है, उसे उनके सधे हुए कवित्व को जानने के लिए देखना जरूरी है। यहाँ जान-बूझकर उससे एक लम्बा अंश उद्धृत किया जा रहा है :

किसी एक को नयी वधू की सहमी-सी पायल-ध्वनि।
किसी दूसरे को शिशु की किलकारी।
एक किसी को जाल-फँसी मछली की तड़पन—
एक अपर को चहक मुक्त नभ में उड़ती चिड़िया की।
एक तीसरे को मण्डी की ठेलमठेल, गाहकों की आस्पर्द्धा-भरी बोलियाँ,
चौथे को मन्दिर की ताल-युक्त घण्टा-ध्वनि।
और पाँचवें को लोहे पर सधे हथौड़े की सम चोटें
और छठे को लंगर पर कसमसा रही नौका पर लहरों की अविराम थपक।
बटिया पर चमरौधे की रुँधी चाप सातवें के लिए—
और आठवें को कुलिया की कटी मेंड़ से बहते जल की छुल-छुल।
इसे गमक नट्टिन की एड़ी के घुँघरूँ की—
उसे युद्ध का ढोल :
इसे संझा-गोधूली की लघु टुन-टुन—
उसे प्रलय का डमरु-नाद।
इसको जीवन की पहली अँगड़ाई
पर उसको महाजृम्भ विकराल काल!

इस विवरण में सारी ध्वनियाँ अच्छी ही नहीं हैं, कुछ बुरी भी हैं, जैसे 'जाल-फँसी मछली की तड़पन', 'युद्ध का ढोल', 'प्रलय का डमरु-नाद' और 'महाजृम्भ विकराल काल', लेकिन इनका आशय भी बुरा नहीं है। जो दूसरों की पराधीनता की पीड़ा के प्रति संवेदनशील हैं, उन्हें वीणा का स्वर जाल में फँसी हुई मछली की तड़फड़ाहट के समान महसूस होता है और ज़ो धर्म-युद्ध के पक्षधर हैं, उन्हें युद्ध के डंके की चोट की तरह। इसी तरह जो पाप के विनाश के लिए प्रलय के आकांक्षी हैं, उन्हें वह ध्वनि शिव के ताण्डव के समय डमरु से निकलनेवाले नाद के समान प्रतीत होती है और जो मृत्यु के आकांक्षी हैं, उन्हें विकराल काल की जँभाई की तरह। जो दशा वीणा के साधक की हुई, वही श्रोताओं की भी। कवि के शब्दों में : 'इयत्ता सबकी अलग-अलग जागी, / सन्धीत हुई, / पा गयी विलय।'

यहाँ 'सन्धीत' शब्द ध्यातव्य है, क्योंकि इसका अर्थ बोध या ध्यान में आने से सम्बन्धित है। साधक की तरह श्रोताओं ने भी महावृक्ष और वन की सत्ता में अपनी सत्ता को विलीन कर दिया। कहा जा चुका है कि अज्ञेय ने शून्य-साधना के प्रभाव को युग-परिवर्तन कर देनेवाला बतलाया है। जो बात लक्ष्य करने योग्य है वह यह कि उन्होंने यह भी कहा है कि 'उठ गयी सभा। सब अपने-अपने काम लगे।' इसका मतलब यह है कि उनका ध्यान जीवन से पलायन करने पर नहीं, बल्कि अपने को महाशून्य में लय रखते हुए अपना जीवन-व्यापार चलाने पर है।

4

हिन्दी की नयी आलोचना में 'असाध्य वीणा' की उपेक्षा का कारण इसकी अन्तर्वस्तु का रहस्यवादी होना है। जैसा कि संकेत किया जा चुका है, रहस्यवादी भी अपनी पद्धति को पलायनवादी या जीवननिरपेक्ष नहीं मानते। रवीन्द्रनाथ का उदाहरण हम सबके सामने हैं। रहस्यवाद व्यक्ति के अहं को एक विराट् सत्ता में विसर्जित करने की प्रेरणा देता है। वह विराट् सत्ता ब्रह्म भी हो सकता है, मिथकीय रूप में सम्पूर्ण मानवता भी और काल्पनिक रूप में जीवन भी। लेकिन सवाल विराट् में व्यक्ति के सीमित अस्तित्व के विलय का नहीं, उस पद्धति का है, जिससे वह विलय वस्तुत: सम्भव हो सकता है। यहाँ यह कह देना भी आवश्यक है कि आधुनिक चिन्तन सिन्धु में बिन्दु के पूर्ण विलय को आदर्श स्थिति नहीं मानता। उसके अनुसार आदर्श स्थिति वह है, जिसमें बिन्दु अपना अलग अस्तित्व रखते हुए सिन्धु की असीमता के अनुभव से युक्त हो। अपना अलग अस्तित्व बनाये रखना जरूरी है, ताकि व्यक्ति अपने पूरे व्यक्तित्व के साथ अपने व्यक्ति-जीवन अथवा समाज-जीवन में सक्रिय हो सके। यदि व्यक्ति ने अपना व्यक्तित्व गँवा दिया, तो उसकी किसी प्रकार की सक्रियता का कोई अर्थ नहीं होगा, क्योंकि वह सक्रियता एक यन्त्र की सक्रियता से अधिक कुछ नहीं होगी। रहस्यवादी मन:साधना या ध्यान के द्वारा विराट् सत्ता में अपने को विलीन करने की बात कहते हैं, जबकि अनुभव यह बतलाता है कि मनुष्य की चेतना का विकास व्यवहार से अलग रहकर केवल कल्पनालोक में नहीं हो सकता। मनुष्य बदले, विकास करे, जीवन या समाज को समर्पित हो जाए, इसके लिए जरूरी है कि वह कर्मक्षेत्र में उतरे और समाज में जाकर काम करे। 'असाध्य वीणा' के अन्त में अज्ञेय ने यह जरूर कहा है कि 'सब

अपने-अपने काम लगे', लेकिन सिर्फ इतने से रहस्यवाद की जीवनसापेक्षता सिद्ध नहीं हो जाती। अपने अहं का विसर्जन कल्पना में तो एक साधारण बात है, लेकिन वास्तविकता में एक विकट और जीवनव्यापी प्रक्रिया।

यहाँ मुक्तिबोध का स्मरण आवश्यक है, क्योंकि उन्हें अज्ञेय का एण्टी-थीसिस माना जाता है और उनकी कविता 'अँधेरे में' को जाने-अनजाने 'असाध्य वीणा' के विरोध में रखकर देखा गया है। यह सिद्ध करने की आवश्यकता नहीं कि अज्ञेय की कविता जहाँ ऐकान्तिक साधना की कविता है, वहाँ मुक्तिबोध की कविता ज्वलन्त राजनीतिक अन्तर्वस्तु वाली कविता, जिसका सार है फासिज्म-विरोध, यद्यपि इस कविता की व्याख्या भी कई आलोचकों ने कवि के आत्मसंघर्ष और अस्मिता की खोज की कविता के रूप में करने की कोशिश की है। मुक्तिबोध ने 'कामायनी : एक पुनर्विचार' नामक अपनी पुस्तक में 'कामायनी' के समरसतावादी दर्शन की आलोचना बहुत ही कठोर शब्दों में यही कहकर की है कि वह रहस्यवादी है और इस कारण व्यवहारनिरपेक्ष। ऐसी स्थिति में समरसता की प्राप्ति एक मिथक है, यथार्थ नहीं। स्वभावतः वे सत्-चित्-आनन्द की जगह सत्-चित्-वेदना की ही बात नहीं करते हैं, उसके पूर्व 'सकर्मक' विशेषण लगाना भी आवश्यक समझते हैं। तात्पर्य यह कि उनके लिए सत्-चित्-वेदना का तभी कोई मतलब है, जबकि वह सकर्मक यानी सक्रिय हो। प्रगतिशील साहित्य में श्रमजीवी वर्ग से एकता स्थापित करने की बहुत बात की जाती थी। मुक्तिबोध ने वहाँ भी कर्मण्यता की बात की और 'गुँथे तुमसे, बिंधे तुमसे' शीर्षक अपनी कविता में कहा :

वेदना में हम विचारों की
गुँथे तुमसे,
बिंधे तुमसे,
व आवेष्टित परस्पर हो गये
कर्मण्य-क्षिप्रा-तीर पर!!

डा. रामस्वरूप चतुर्वेदी ने इस कविता की व्याख्या इसे एक साहित्यिक कविता मानकर की है और कहा है कि इसमें अज्ञेय के 'रचनादर्शन की सबल अभिव्यक्ति' हुई है। वह 'रचनादर्शन' यह है कि कवि अपने अहं का विलय रचना के विस्तार यानी उसके युग-युग के सन्दर्भों में करके ही कृतकार्य होता है। किसी भी श्रेष्ठ कविता में अर्थ के अनेक स्तर होते हैं, इसलिए कठोरता के साथ उसे एक अर्थ तक ही सीमित नहीं रखा जा सकता, यह सही है, और यह भी सही है कि कला-साधना भी किसी हद तक धर्म-साधना की तरह ही है, तथापि डा. चतुर्वेदी

कृत इस कविता की व्याख्या से सहमत नहीं हुआ जा सकता, क्योंकि जैसा कि हमने ऊपर देखा है, वह कविता के पाठ से समर्थित नहीं है। दूसरी बात यह कि 'असाध्य वीणा' को 'आँगन के पार द्वार' की श्रेष्ठ रहस्यवादी कविताओं से अलग करके देखना उचित न होगा। इसकी एक कविता में अज्ञेय कहते हैं : 'यह महाशून्य का शिविर, / असीम, छा रहा ऊपर : / नीचे यह महामौन की सरिता / दिग्विहीन बहती है।' इसी तरह एक दूसरी कविता में : 'अरी ओ आत्मा री, / कन्या भोली क्वाँरी / महाशून्य के साथ भाँवरें तेरी रची गयीं।' कहने की आवश्यकता नहीं कि यही वह मनोलोक है, जिससे 'असाध्य वीणा'-जैसी कविता की सृष्टि हुई है। अज्ञेय का रहस्यवाद साम्प्रदायिक नहीं है, क्योंकि वह किसी खास सम्प्रदाय तक सीमित नहीं है। जैसा कि उन्होंने स्वयं कहा है, उन्होंने मुक्त आकाश की तरह सभी दिशाओं से आनेवाले प्रकाश को ग्रहण किया है। लेकिन इसे लेकर दो राय नहीं हो सकती कि उनकी जीवनदृष्टि भौतिकवादी न होकर भाववादी है।

कविता की सार्थकता अन्ततः उसके कविता होने में है और वह जब पाठकों पर अपना सौन्दर्यात्मक प्रभाव डालने में सफल हो जाती है, तो उसे उसके विचार-दर्शन या विशिष्ट प्रकार के भाव-बोध के आधार पर रद्द नहीं किया जा सकता। कहने की आवश्यकता नहीं कि 'असाध्य वीणा' एक अत्यन्त श्रेष्ठ कविता है और अज्ञेय के काव्य में उसका वही महत्त्व है, जो प्रसाद के काव्य में 'प्रलय की छाया' का और निराला के काव्य में 'राम की शक्ति-पूजा' का। यदि डा. चतुर्वेदी भी ऐसा ही मत रखते हैं, तो उससे असहमत होने का कोई कारण नहीं है। अज्ञेय की इस परवर्ती कविता में जैसे उनकी सम्पूर्ण सर्जनात्मक प्रतिभा अपनी सम्पूर्ण सिद्धियों के साथ उद्‌भासित हो उठी है। इसे प्रत्यक्ष करने के लिए इसके दो-तीन पक्षों पर बहुत विस्तार में न जाते हुए भी दृष्टि डालना आवश्यक है।

'असाध्य वीणा' की जो चीज सबसे पहले प्रभावित करती है, वह है इसमें प्रयुक्त छन्द और लय। कुँवर नारायण ने ठीक लक्ष्य किया है कि इस कविता की लय सोलह मात्राओंवाले छन्द पर आधारित है। सोलह मात्राओं का छन्द तो चौपाई भी है, लेकिन 'असाध्य वीणा' का छन्द चौपाईवाले छन्द का सहारा लेकर नहीं चलता। वह यदि सहारा लेता है, तो पादाकुलक या पद्धरि छन्द का। इन दोनों छन्दों में सिर्फ यह अन्तर है कि पहले के अन्त में जहाँ लघु-गुरु का विधान होता है, वहाँ दूसरे में गुरु-लघु का। निराला ने 'सरोज-स्मृति' में इन दोनों ही छन्दों का पूरी स्वतन्त्रता लेते हुए प्रयोग किया है। चरणान्त में उन्होंने लघु-गुरु या गुरु-लघु की बन्दिश को नहीं माना है और आवश्यकता के अनुसार मात्राओं का प्रयोग किया है। उदाहरणार्थ कविता की प्रथम पंक्ति 'ऊनविंश पर जो प्रथम चरण' में ही अन्त में लघु-गुरु या गुरु-लघु का प्रयोग न होकर लघु-लघु का प्रयोग है। प्रस्तुत कविता में

सोलह मात्राओंवाले उक्त छन्दों की लय का आधार तो लिया गया है, लेकिन इसका असली सौन्दर्य यथास्थान उस लय को खण्डित करके अभिव्यक्ति को गद्य के स्तर पर उतार लाने में निहित है। इसमें अज्ञेय ने आवश्यक विराम से काम लिया है, जिससे कविता में एक साथ पद्य और गद्य दोनों की लय का सौन्दर्य सम्भव हो पाया है। एक उदाहरण से यह बात स्पष्ट होगी। कविता के आरम्भ में ही कवि किरीटी-तरु का वर्णन करते हुए कहता है :

उसके कानों में हिम-शिखर रहस्य कहा करते थे अपने,
कन्धों पर बादल सोते थे,
उसकी करि-शुंडों-सी डालें
हिम-वर्षा से पूरे वन-यूथों का कर लेती थीं परित्राण, ।
कोटर में भालू बसते थे,
केहरि उसके वल्कल से कन्धे खुजलाने आते थे।
और—सुना है—जड़ उसकी जा पहुँची थी पाताल-लोक, ।
उसकी गन्ध-प्रवण शीतलता। से फण टिका। नाग वासुकि सोता था।

इस उद्धरण में पाँच स्थलों पर पूर्ण विराम-चिह्न के द्वारा विराम सूचित किया गया है। पूरी कविता में यही स्थिति है। यदि कवि ने पादाकुलक वा पद्धरि छन्द पर आधारित कविता की लय में बीच-बीच में विराम न डाला होता और इस तरह उसमें गद्य की लय न पैदा की होती, तो इस कविता की लय बिलकुल सपाट साबित होती और तब पाठकों पर उसका प्रभाव नहीं पड़ता। कहने की आवश्यकता नहीं कि गद्य की लय अन्ततः बातचीत की स्वाभाविक लय है, जिससे युक्त कर अज्ञेय ने इस कविता के विषममात्रिक छन्द-प्रवाह में नयी लज्जत पैदा कर दी है।

छन्द-लय की तरह ही इस कविता की भाषा में भी आकर्षण है। अज्ञेय की प्रसिद्धि इसलिए है कि उन्होंने काव्य-भाषा में संस्कृत शब्दों का प्रयोग कर उसे नयी ओजस्विता और गम्भीरता प्रदान की, लेकिन इस बात पर ध्यान नहीं दिया गया है कि खास तौर से अपने परवर्ती काल में उन्होंने तद्भव शब्दों का भी छूटकर प्रयोग किया है और अपनी अभिव्यक्ति को एक नयी चमक और एक नये रस से भरने की कोशिश की है। कुछ विद्वानों का कहना है कि उनमें यह चीज दिखावे के रूप में है, क्योंकि पिछले दौर में हिन्दी की सर्जनात्मक भाषा को आंचलिकता और क्षेत्रीयता का स्पर्श प्रदान करने का चलन रहा है। अज्ञेय-जैसे गम्भीर सर्जक पर ऐसा आरोप लगाकर चलते बनना ठीक नहीं है। उससे बेहतर यह है कि उनकी काव्य-भाषा की प्रकृति और उसमें होनेवाले विकास को ठहरकर देखा जाए, क्योंकि कोई भी काव्य-मर्मज्ञ इस बात को स्वीकार करेगा कि तत्सम शब्दों के साथ या उनसे

स्वतन्त्र रूप में उन्होंने तद्भव शब्दों का जो प्रयोग किया है, उससे निस्सन्देह एक नया सौन्दर्य सम्भव हुआ है। ऊपर 'हाँ, मुझे स्मरण है : / बदली—कौंध—पत्तियों पर वर्षा-बूँदों की पटपट' से शुरू होनेवाला लम्बा उद्धरण दिया गया है। उसमें बदली, कौंध, पत्तियाँ, बूँदें आदि प्रचलित तद्भव शब्द तो हैं ही, कूँज (क्रौंच पक्षी) और काँद (क्रन्दन)-जैसे अप्रचलित तद्भव शब्द भी हैं, जो सम्भव है, हिन्दी के किसी सुदूरवर्ती क्षेत्र में या उसके पार्श्ववर्ती प्रदेश में प्रचलित हों। निश्चय ही यह हिन्दी की काव्य-भाषा को समृद्ध करना ही है। 'कूँजों का क्रेंकार। काँद लम्बी टिट्टिभ की'-जैसी पंक्तियों में तद्भव और तत्सम का जो एकत्र प्रयोग किया गया है, वह अलग से अपना सौन्दर्य रखता है। अज्ञेय तत्सम शब्दों का प्रयोग करें या तद्भव शब्दों का, वे जो भी करते हैं सुरुचि और शालीनता के साथ। इसका पाठकों के मन पर बहुत अच्छा असर पड़ता है।

नयी पीढ़ी के विद्वानों ने सामाजिक यथार्थ के नाम पर भाषागत आभिजात्य के विरोध में आन्दोलन चलाया है। ज्ञातव्य है कि भाषा को सीधे वर्ग से जोड़कर देखना उचित नहीं है। दूसरी बात यह कि भाषा वर्गीय संस्कारों से प्रभावित होती है, लेकिन उच्च वर्गों के सारे संस्कार त्याज्य नहीं होते। सुरुचि और शालीनता यदि यथार्थ को छिपाने के लिए प्रयोग में लायी जाती है, तो वह त्याज्य है, लेकिन यदि वह अभिव्यक्ति के उत्कर्ष के रूप में सामने आती है, तो वरेण्य है। 'असाध्य वीणा' की भाषा को उसकी अन्तर्वस्तु के सन्दर्भ में ही देखना उचित होगा। यह कोई सामाजिक और राजनीतिक क्रान्ति की कविता नहीं है कि इसकी भाषा में सुरुचि और शालीनता देखकर उससे नाक-भौं सिकोड़ी जाए। यह तो इस कविता की भाषा की उपलब्धि है, क्योंकि यह कवि की अभिव्यक्ति के उत्कर्ष का प्रमाण प्रस्तुत करती है। एक और बात जो ध्यान देने लायक है वह यह कि अज्ञेय की काव्य-भाषा में उच्च कोटि की तराश है, मुक्तिबोध के शब्द लेकर कहें, तो 'ज्यामितिक काट का सौन्दर्य'। मुक्तिबोध ने इन शब्दों का प्रयोग खास प्रकार की नयी कविता की आलोचना में किया है, लेकिन जरूरी नहीं कि जो चीज उनके लिए काम्य न हो, वह दूसरों के लिए भी न हो। 'ज्यामितिक काट का सौन्दर्य' अज्ञेय की काव्य-भाषा की एक अन्य उपलब्धि है, बल्कि सम्पूर्ण हिन्दी काव्य-भाषा की उपलब्धि, ठीक वैसे ही जैसे मुक्तिबोध की अभिव्यक्ति का अनगढ़पन या उसमें पाया जानेवाला कृत्रिम तराश का अभाव।

'असाध्य वीणा' की भाषा में छन्द और लय का संगीत ही नहीं है, तीक्ष्ण ऐन्द्रियता से सम्भव होनेवाली चित्रात्मकता भी है। उसमें जो ध्वनि-चित्र हैं, उनकी तरफ ऊपर संकेत किया जा चुका है। यहाँ मैं एक ही और ध्वनि-चित्र की तरफ ध्यान दिलाना चाहता हूँ, क्योंकि उसमें श्रोताओं पर ध्वनि के प्रभाव का भी वर्णन

व्यंजित है। प्रसंग उस समय का है, जब 'अलस अँगड़ाई लेकर मानो जाग उठी थी वीणा: /किलक उठे थे स्वर-शिशु।' अज्ञेय कहते हैं :

नीरव पद रखता जालिक मायावी
सधे करों से धीरे धीरे धीरे
डाल रहा था जाल हेम-तारों का।

मानना पड़ेगा कि यह अभिव्यक्ति कालिदास और रवीन्द्रनाथ के समकक्ष है, जिसे आभिजात्य-विरोधी आन्दोलन के प्रभाव में अस्वीकार नहीं किया जा सकता। किरीटी-तरु के भव्य चित्रण का आभास भी हमें मिल चुका है। यहाँ मैं एक बहुत ही छोटे और कोमल दृश्य-चित्र की ओर पाठकों का ध्यान आकर्षित करना चाहूँगा। वह चित्र है :

ओस-बूँद की ढरकन—इतनी कोमल, तरल, कि झरते-झरते मानो
हरसिंगार का फूल बन गयी।

ओस की बूँद जब नीचे गिरती है, तो पृथ्वी के स्पर्श से हरसिंगार के फूल की आकृति प्राप्त कर लेती है। यहाँ निराला का एक प्रसिद्ध गीत याद आता है, जिसमें उन्होंने कहा है, 'मालती खिली, कृष्ण मेघ की।' यहाँ जल की बूँदें धरती पर आने पर मालती का फूल बन जाती हैं, जबकि अज्ञेय में ओस-बूँद हरसिंगार का फूल। गौर करने पर पता चलेगा कि अज्ञेय की उक्ति में प्रसंगवश अधिक कोमलता है, निरीक्षण की सूक्ष्मता भी। स्थानाभाव में 'असाध्य वीणा' के अन्य दृश्य-चित्र यहाँ प्रस्तुत नहीं किये जा सकते। पाठकों से अनुरोध है कि वे सीधे कविता में ही चित्रों का आनन्द लें, जो कि एक प्रदीर्घ चित्रशाला की तरह है। उसकी वीथियों में घूमने से उन्हें जो आनन्द मिलेगा, वह उन्हें निश्चय ही हिन्दी की कोई दूसरी कविता न दे सकेगी।

ऊपर 'लम्बी कविता' का जिक्र भी किया गया है और कहा गया है कि 'असाध्य वीणा' में जो कथात्मकता है, वही उसकी संरचना का निर्धारण करती है। कुँवर नारायण ने वर्णनात्मक कविता के लिए उतनी कथात्मकता को अपर्याप्त माना है और कहा है कि उसी के कारण इस कविता में थोड़ी एकरसता आ गयी है। उनके कहने का आशय यह है कि यदि इसमें कथातत्त्व पुष्ट होता तो इसमें घटनाएँ घटतीं, जिनसे पैदा होनेवाली नाटकीयता पाठकों को ऊब से बचाए रखती। निस्सन्देह इस कविता में एक क्षीण कथा का सहारा लिया गया है, लेकिन इसका स्वरूप वर्णनात्मक कवितावाला नहीं है। इसका आकार लम्बा है, लेकिन वस्तुत: यह एक वर्णनात्मक कविता न होकर आत्माभिव्यक्तिमूलक कविता है। आचार्य

शुक्ल ने निराला के 'तुलसीदास' को अन्तर्मुख प्रबन्ध-काव्य कहा था। इस कविता में अज्ञेय ने यह कमाल कर दिखलाया है कि यह जितनी ही अन्तर्मुख है, अपनी चित्र-योजना के कारण उतनी ही बहिर्मुख। बाहर-भीतर का जो सन्तुलन उन्होंने इस कविता में साधा है, वह उन जैसे कुशल शब्द-साधक के ही वश की बात थी। जैसे अंगूर के पतले छिलके में उसका रस भरा रहता है, कथा के बहुत ही झीने आवरण में अज्ञेय ने इस कविता में अपने कथ्य का आधान किया है।

कविता में केशकम्बली के आने, उसके वीणा को साधने, उसका राजा-रानी से लेकर राजसभा में उपस्थित अन्य लोगों तक पर प्रभाव पड़ने और फिर केशकम्बली के वन को लौट जाने के साथ राजसभा के उठने के अलावा कोई महत्त्वपूर्ण घटना नहीं घटती, लेकिन अज्ञेय ने बहुत ही प्रवीणता के साथ इस कविता में नाटकीयता सम्भव की है। इसमें राजा और केशकम्बली का सम्वाद तो है ही, बहुत ही नाटकीय रूप में केशकम्बली के एकालाप को प्रस्तुत किया गया है, किरीटी-तरु को सम्बोधित करने से लेकर अपनी स्मृति का विवरण देने तक। बाद में श्रोताओं पर अलग-अलग जो प्रभाव पड़ा, उसका वर्णन भी कम नाटकीय नहीं है। कविता का समापन भी बिलकुल कथात्मक ढंग से हुआ है। ऐसी स्थिति में कुँवरजी की यह बात बहुत संगत नहीं लगती कि यह कविता किंसी हद तक एकरस है। हाँ, डा. नामवर सिंह की इस बात से सहमत हुआ जा सकता है कि लम्बी होते हुए भी 'असाध्य वीणा' की मूल संरचना वर्तुलाकार है, इसलिए यह अन्ततः एक प्रगीत है। प्रगीतात्मक कविता में अनुचिन्तन या अनुभूति की प्रधानता होती है, जबकि लम्बी कविता ऐतिहासिक घटनाओं की द्वन्द्वात्मकता का चित्रण करते हुए आगे बढ़ती है, जैसे मुक्तिबोध की ही कविता 'अँधेरे में'। उसकी तुलना में 'असाध्य वीणा' निस्सन्देह एक आत्मपरक कृति है, लेकिन इससे वह जितने महत्त्व की अधिकारी है, उसमें कोई कमी नहीं आती। 'अँधेरे में' की तरह इस कविता ने भी पूर्णता के साथ अपने लक्ष्य को प्राप्त किया है। स्वभावतः उसी की तरह यह भी हिन्दी में एक श्रेण्य कविता के रूप में मान्य हो रही है।

(2000)

हरी घास का बल्लम

केदारनाथ अग्रवाल की एक विस्मृतप्राय कविता है :

हरी घास का बल्लम
गड़ा भूमि पर
सजग खड़ा है,
छह अंगुल से नहीं बड़ा है।
मन होता है :
मैं उखाड़कर इसे मार दूँ,
कुण्ठा को गढ़ में पछाड़ दूँ,
जहाँ गड़े हैं भूले मुरदे
वहाँ गाड़ दूँ!

इसमें तीन-चार बातें ध्यान देने लायक हैं : एक तो हरी घास, दूसरे बल्लम, तीसरे कुण्ठा और चौथे पूरी कविता में कवि का तेवर। अलग-अलग इन बातों से भी अधिक महत्त्वपूर्ण इनका आपसी सम्बन्ध है। बल्लम हरी घास का है, अथवा हरी घास केवल हरी घास न होकर बल्लम है! इस बल्लम का काम है कुण्ठा को उसके गढ़ में परास्त करना। कुण्ठा के प्रति ही कवि ने ऐसा तेवर क्यों अपनाया? इसलिए कि नयी कविता में इसका बहुत जोर था और इसे एक मूल्य के रूप में स्थापित करने की चेष्टा की जा रही थी, जिसके केदार एक प्रतिबद्ध कवि होने के कारण विरुद्ध थे। कुण्ठा से नयी कविता का क्या सम्बन्ध था, यह दुष्यन्त कुमार की उन दिनों प्रसिद्ध एक कविता से मालूम होता है, जिसमें उन्होंने कहा था : 'मेरी कुण्ठा / रेशम के कीड़ों सी / ताने-बाने बुनती, / तड़फ तड़फकर / बाहर आने को सिर धुनती, / स्वर से / शब्दों से / भावों से / औ' वाणी से कहती-सुनती, / गर्भवती है / मेरी कुण्ठा-क्वाँरी कुन्ती!'

उक्त चारों बातों में भी सबसे महत्त्वपूर्ण है हरी घास और फिर उसका बल्लम के रूप में प्रयोग। यह हरी घास यों तो प्रकृति है, लेकिन कविता में वह

शब्द है। कवि के पास शब्द के अलावा और क्या है? उसी का वह जैसे चाहे प्रयोग करता है—मार के रूप में, या प्यार के रूप में, अस्त्र के रूप में, या सौन्दर्य-साधन के रूप में। आपत्ति की बात वहाँ होती है, जहाँ कवि को अपने शब्दों का भरोसा नहीं होता और वह उससे इतर साधनों का सहारा लेता है। केदार को ज्यादातर अपने शब्दों का भरोसा रहा है और कभी उन्होंने इतर साधनों का सहारा लिया है, तो अपनी राजनीतिक कविताओं में।

यह खेद की बात है कि डा. रामविलास शर्मा ने उनकी राजनीतिक कविताओं को ही ज्यादा महत्त्व दिया है और उन कविताओं की किसी हद तक उपेक्षा की है, जिनमें केदार ने सिर्फ अपने शब्दों का बल्लम चलाया है और जिनमें वे ज्यादा बड़े कवि के रूप में सामने आते हैं। ऐसी बात नहीं है कि उनमें राजनीतिक अथवा आन्दोलनात्मक कविता लिखने की क्षमता नहीं है। वह क्षमता भी उनमें है और अपनी अनेक कविताओं में उन्होंने उसका उपयोग भी किया है, लेकिन आलोचक का ज्यादा ध्यान शब्द की जगह अर्थ पर होने के कारण उसने राजनीतिक दल-विशेष की सही नीतियों के मेल में चलनेवाली कविताओं को अत्यधिक महत्त्व दिया है और यहाँ तक कि उन्हीं के आधार पर कवि का समग्र रूप में मूल्यांकन और स्थान-निरूपण तक कर डाला है। राजनीतिक अथवा आन्दोलनात्मक कविता के सम्राट् हैं नागार्जुन। उसमें उनके शब्द ही अस्त्र बन जाते हैं, जिससे उसके महत्त्व-स्थापन के लिए किसी इतर साधन का सहारा नहीं लेना पड़ता। शब्द-कवि होने के कारण वे अनेक बार इसकी परवाह भी नहीं करते कि उनकी कविता का अर्थ राजनीतिक दल-विशेष की नीतियों के मेल में जा रहा है या विरोध में। उनकी ऐसी कविता में शब्द ही अथ और वही इति हैं। केदार की राजनीतिक कविताएँ सामान्यतया उनकी कविता की तरह मात्र शब्दाश्रयी नहीं, दोनों श्रेष्ठ कवियों में इस प्रसंग में यह ध्यान देने लायक फर्क है। केदार ने मुख्यत: अपनी गैरराजनीतिक अथवा गैरआन्दोलनात्मक कविताओं में कवि-कर्म अधिक पूर्ण रूप में किया है, मुझे कहना यह है।

जिन कविताओं में शब्द ही बल्लम बन गये हैं, वे उनकी कौन-सी कविताएँ हैं? मैं निवेदन करूँ कि इसे लेकर विषयगत फर्क नहीं है, यदि है तो मात्रा का। स्वभावत: प्रेम हो या प्रकृति, मजदूर हो या किसान, राजनीति हो, या मन की आस्था-अनास्था, केदार ने इन्हें लेकर लाजवाब कविताएँ लिखी हैं, यानी ऐसी शब्द-सृष्टि की है, जिसका आकर्षण विलक्षण है।

सर्वप्रथम मैं उनकी एक प्रेम-कविता उद्धृत करता हूँ :

माँझी न बजाओ बंशी मेरा मन डोलता।
मेरा मन डोलता है जैसे जल डोलता,
जल का जहाज जैसे पल-पल डोलता।

माँझी न बजाओ बंशी मेरा प्रन टूटता
मेरा प्रन टूटता है जैसे तृन टूटता
तृन का निवास जैसे बन-बन टूटता।

माँझी न बजाओ बंशी मेरा तन झूमता
मेरा तन झूमता है तेरा तन झूमता
मेरा तन तेरा तन एक बन झूमता।

केदार मूलतः रोमानी कवि हैं, लेकिन इस गीतात्मक कविता में उन्होंने सहज भाव से अपने को कविता से अलग रखा है। रोमानी कवि की एक प्रवृत्ति लोकभाषा के साथ-साथ लोकगीतों की तरफ जाने की भी होती है। वह भी इसमें प्रत्यक्ष है। ऐसा लगता है कि वैयक्तिक आवेग के साथ सामाजिक या लौकिक होना अथवा शिष्ट भाषा एवं शिष्ट कविता के साथ लोकभाषा एवं लोकगीतों से सम्पृक्त होना प्रगतिशील कवियों के लिए कोई परस्पर विरोधी बात नहीं थी। केदार का यह गीत क्या है, जैसे एक उत्कृष्ट लोकगीत है, जिसमें एक केवट के प्रति उसकी प्रिया का आत्मनिवेदन है। ऐसा लगता है कि रात का वक्त है और मल्लाह नदी में नाव पर वंशी फूँक रहा है। वंशी का स्वर साफ-साफ उसकी प्रिया तक पहुँचता है और उसे व्याकुल कर देता है। वह उससे अनुरोध करती है कि तुम वंशी बजाना बन्द करो, क्योंकि उससे मेरा मन प्रकम्पित हो रहा है, जैसे जल, जैसे जल में खड़ा जहाज। स्पष्टतः यह केवट की प्रिया के हृदय से उठती हुई पुकार है, केवट के लिए। शायद उसने प्रण किया था कि प्रेमवश रात में वह कभी उसे रोककर न रखेगी, जिससे कि उसका मछली मारनेवाला या नाव खेनेवाला व्यवसाय बाधित न हो। यह वंशीस्वर उसके प्रण को डिगा रहा है, नष्ट कर रहा है, जैसे जंगलों में आँधी में पक्षियों के घोंसले नष्ट हो जाते हैं। अन्त में उसका कामवेग इतना प्रबल हो जाता है कि वह कहती है कि वंशी की धुन सुनकर मेरा शरीर झूम रहा है, जैसे उधर तुम्हारा शरीर। वह कल्पना करती है कि वह अपने मांझी से सम्पृक्त हो गयी है और दोनों के शरीर एक साथ झूम रहे हैं!

इस गीत का मन पर जो प्रभाव पड़ता है, वह छायावादी गीतों से भिन्न है। क्यों? इसलिए कि यह गीत अपने ढाँचे में बिलकुल अलग है। टेक की पंक्ति इसमें भी है, लेकिन वह परिवर्तित रूपों में दुहराई जाती है। दूसरे, टेक के बाद इसमें अन्तरे नहीं आते हैं, बल्कि उसे लेकर तीन-तीन पंक्तियों की तीन इकाइयाँ या तीन बन्द बनते हैं। बिलकुल लोकगीतों की तरह कवि ने शब्दों की आवृत्ति की है, यथा पहली पंक्ति का 'मेरा मन डोलता' दूसरी पंक्ति के भी शुरू में है। इसी तरह बाकी दोनों इकाइयों में भी। तुकों के प्रयोग में भी कवि ने कृत्रिमता नहीं बरती है। यदि

'मन' से 'जल' और 'पल' की तुक मिलाई गई है, 'प्रन' से 'तृन' की और 'तन' से 'तन' की ही, तो कवि को इसकी चिन्ता नहीं है, क्योंकि लोकगीत लय के सहारे चलते हैं, उत्तम कोटि की तुकों के सहारे नहीं। यही बात मात्रा के प्रयोग के सम्बन्ध में भी है। कवि ने यहाँ भी मात्रा पर लय को महत्त्व दिया है। इसी कारण गीत के पहले बन्द में मात्राओं की संख्या प्रत्येक पंक्ति में अलग-अलग है, क्रमशः पच्चीस, चौबीस और इक्कीस। दूसरे बन्द में भी ऐसा ही है, पर वह लय की सघनता और पूर्णता के कारण है, शिल्पसम्बन्धी अतिरिक्त सजगता के कारण नहीं। तीसरे बन्द में जरूर तीसरी पंक्ति इक्कीस की जगह बाईस मात्राओं की है। इसके अलावा जो एक अन्य महत्त्वपूर्ण बात है, वह यह कि इस गीत में बहुत थोड़े शब्दों का प्रयोग किया गया है और उनमें कोई शब्द लाक्षणिक नहीं है। सारे के सारे शब्द सरल और प्रचलित हैं। छायावादी काल में ऐसे गीतों की कल्पना असम्भव थी, जिनमें लाक्षणिकता और रचना-शिल्प पर अतिरिक्त रूप से ध्यान न दिया गया हो और लोकगीतों की तरह केवल लय पर निर्भर रहा गया हो। शब्दों का काम भी लय से ही लिया गया हो। इस तरह यह गीत एक लोकगीत बन गया है, अपनी सहजता और अकृत्रिमता के कारण। लोकभाषा और लोकगीतों की तरफ झुकाव की बात छायावाद के बारे में भी कही गयी थी, क्योंकि वह स्वच्छन्द काव्य था, लेकिन सच्चाई यह है कि एक-दो उदाहरणों को छोड़ दें, तो छायावाद की गति लोक-विरुद्ध थी। सिर्फ निराला यहाँ भी अपवाद हैं। उनमें छन्द पर लय की और शिष्ट भाषा पर लोकभाषा तथा शिष्ट काव्य पर लोककाव्य की प्रधानता अनेक स्थानों पर देखी जाती है। कहने की आवश्यकता नहीं कि छायावादियों में केदार निराला के ही सर्वाधिक निकट थे। एक समय था कि उन्होंने 'बालेन्दु' उपमान से निराला का अनुसरण कर गीतों की रचना की थी, बहुत कुछ वैसी ही समस्त पदावली में, लेकिन यह उस समय की बात है, जब वे युवावस्था के आरम्भिक वर्षों में थे। प्रस्तुत गीत उनकी एक प्रौढ़ रचना है, जिसमें उनका रंग-ढंग और उनका तेवर निराला से बिलकुल भिन्न है।

केदार की प्रेम-कविताओं की एक अन्यतम विशेषता है, उनकी ऐन्द्रियता। छायावाद में अतीन्द्रियता का जोर था, इतना कि प्रसाद और निराला में पायी जानेवाली ऐन्द्रियता की आलोचना की गयी। अस्वाभाविक नहीं कि नागार्जुन ने छायावादियों को लक्ष्य कर लिखी गयी अपनी प्रसिद्ध कविता में उनके 'तन-सम्पर्कहीन प्रेम' का मजाक उड़ाया है। केदार में प्रेम-प्रसंग में शरीर को लेकर कोई कुण्ठा या अपराध-भाव नहीं है। इस दृष्टि से उनमें प्रेम और काम एकात्म हैं, जैसे वे कालिदास में हैं। वहाँ प्रेम की ऐसी धारणा नहीं है कि वह शरीर के सम्पर्क से अपवित्र हो जाता है। केदार में पूरी गम्भीरता के साथ शरीर की स्वीकृति है। उनके

असंख्य गीत और कविताएँ इसका प्रमाण हैं। इसे भी स्वाभाविक ही कहेंगे कि उनकी एक कविता है 'खजुराहो के मन्दिर', जिनके बारे में वे कहते हैं—

याद दिलाते हैं हमको उस गये समय की
जब पुरुषों ने उमड़-उमड़कर—
रोमांचित होकर समुद्र-सा,
कुच-कटाक्ष वैभव-विलास की
कला-केलि की कामिनियों को
बाहुपाश में बाँध लिया था,
और भोग-सम्भोग-सुरा का सरस पान कर
देश-काल को, जरा-मरण को भुला दिया था।

छायावादी पन्त का वह प्रगीत प्रसिद्ध है, जिसमें उन्होंने प्रकृति पर एक मानवी के सौन्दर्य को वार दिया था। केदार ठीक उसके विपरीत जाकर अपनी एक छोटी कविता में कहते हैं : 'न छुए आकाश मुझे / न छुए वातास, / छुए तो बस छुए मुझे / रूप का प्रश्वास, / पौ फटे का हास।' कहना जरूरी नहीं कि 'पौ फटे का हास' भी प्रकृति का नहीं, एक रूपसी का है। 'माँझी न बजाओ बंशी' गीत का जोड़ीदार गीत है 'धीरे उठाओ मेरी पालकी'। उसमें तो कवि ने साफ शब्दों में कहा है : 'बेला है मनसिज के ज्वाल की'। यह मनसिज-ज्वाला और उससे मिलनेवाली ऊष्मा हर तरह से मानवीय है, जिससे केदार की प्रेम-कविताएँ ओत-प्रोत हैं। यह है 'माँझी न बजाओ बंशी' गीत की पंक्ति 'मेरा तन तेरा तन एक बन झूमता' की प्रभावोत्पादकता का रहस्य, जिसे समझने में जितनी चीजें मददगार हों, लेकिन जो अपने को व्यक्त करने की दृष्टि से स्वयं समर्थ है। बाकी पंक्तियों के साथ भी ऐसा ही है। यही है केदार का कविता के अपने शब्दों पर भरोसा करना।

प्रेम और प्रकृति में से केदार में कौन प्राथमिक है और कौन द्वितीय स्थान पर, कहना मुश्किल है। प्रेम से भी अधिक उन्होंने प्रकृति की कविताएँ लिखी हैं, जो चित्रात्मक तो हैं ही, अन्य अनेक विशेषताओं से भी युक्त हैं। उदाहरण के लिए यह उनकी एक छोटी-सी प्रकृति-कविता—

जल रहा है
जवान होकर गुलाब;
खोलकर होंठ :
जैसे आग
गा रही है फाग।

गुलाब अपने पूरे शबाब पर है, जिसे देखकर लगता है कि वह खिला क्या है, जैसे जल रहा है। जलना उसके गहरे अग्नि की लपटों के समान रंग को सूचित करता है। उसकी खुली हुई पंखुड़ियाँ उसके होंठ हैं। होंठ जब खुलते हैं, तो आदमी कुछ बोलता है। यह गुलाब अपने होंठों से कुछ गा रहा है। क्या गा सकता है वह? कवि का कहना है 'फाग', क्योंकि जवानी का राग तो वही है। चूँकि वह साक्षात् दहकता हुआ बड़ा-सा अंगारा है, इसलिए लगता है कि स्वयं आग फाग गा रही है!

जैसा कि संकेत किया गया है, केदार अपनी प्रकृति-कविताओं में चित्रों के लिए प्रसिद्ध हैं। यदि उनकी ऐसी कविताओं से सारे चित्र इकट्ठे किए जाएँ, तो एक अत्यन्त भव्य चित्रशाला सज उठेगी। कविता में अच्छे चित्रों का निर्माण कवि-कर्म की चरम सफलता का प्रतिमान है, क्योंकि ये चित्र ऐसी सृष्टि होते हैं, जिसे केवल शब्दों से रचा जाता है। उचित ही इनका नाम 'शब्द-चित्र' दिया गया है। इन चित्रों की विशेषता यह है कि वस्तु दृश्य हो, या श्रव्य, या स्पृश्य, या घ्रातव्य, या आस्वाद्य, उसका रूप शब्दों के माध्यम से ही खड़ा किया जाता है, किसी और माध्यम से नहीं। कभी-कभी शब्द रेखाचित्र-मात्र होते हैं, जिनमें पाठक अपनी कल्पना से रंग भरते हैं। इसे भी कवि की सफलता ही मानना चाहिए कि पाठक की कल्पना को उत्तेजित कर कम से कम शब्दों में उसने उसमें अपेक्षित वस्तु को साकार कर दिया है, या उसे उसकी संवेदना करा दी है। केदार के प्रकृति-चित्रों की विशेषता यह है कि वे प्रेम या शृंगार के चित्रों की तरह ही ऐन्द्रिय हैं। एक कविता में उन्होंने कहा है : 'झाड़ी के एक खिले फूल ने / नीली पंखुड़ियों के / एक खिले फूल ने / आज मुझे काट लिया / ओठ से, / और मैं अचेत रहा / धूप में।' इसी तरह उनकी एक अन्य कविता है : 'दिन अच्छा है / नटी नदी के तट-नितम्ब की तरह / खुला है / पानी जिसको मधुर चाव से / परस रहा है।'

ऊपर उद्धृत कविता में भी ऐन्द्रियता है और प्रचण्ड, यद्यपि स्थूल नहीं। गुलाब जल रहा है, क्योंकि वह जवान है। उसके भीतर काम की लपटें उठ रही हैं, जिससे वह आरक्तवदन हो रहा है। कामप्रज्ज्वलित वह साक्षात् अग्नि बन गया है, जो अपने होंठ खोलकर फाग का राग अलाप रहा है। फाग होली के अवसर पर गाया जानेवाला गीत है, जो उद्दाम शृंगार-भाव से भरपूर होता है।

प्रकृति और प्रेम का यह पारस्परिक सम्बन्ध ही केदार को दोनों की एकता तक ले गया है। प्रकृति और प्रेम में कहीं कोई मिलन-बिन्दु है? प्रकृति को जड़ कहा गया है और प्रेम चेतन मनुष्य के मन का भाव है, फिर इनमें एकता कैसी? पुरानी कविता में इसीलिए प्रकृति को सजीव रूप देते हुए भी उद्दीपन तक सीमित रखा जाता था, लेकिन केदार दोनों को मिला देते हैं, यानी उनमें प्रकृति में प्रेम है और प्रेम में प्रकृति। केदार की 'प्यार और प्रकृति' शीर्षक कविता में यह बात बहुत

स्पष्ट है, जिसमें वे कहते हैं : 'धूप / पीता है फूल, / प्यार की पलक-पंखुड़ियाँ खोले' अर्थात् फूल अपनी प्रेमपूर्ण आँखों से धूप के रूप का पान कर रहा है! इसी तरह 'नाच होता है / हिरन की आँखों में / मोरपंखी, / नाच में / हिलती है / मदन-महीप की कलँगी।' प्रसिद्ध है कि मयूर कामातुर होकर ही मयूरी को आकर्षित करने के लिए अपने पंख फैलाकर नृत्य करता है। हिरन की आँखों में वही नृत्य हो रहा है। वह काम-नृत्य है, क्योंकि उसमें कामदेव की पगड़ी में लगा तुर्रा हिल रहा है! केदार के कवि-कर्म की सफलता इस बात में है कि वे जानते हैं कि कविता शब्द-विधान है। वे शब्द तो ऐसे चुनकर लाते ही हैं, जो अर्थ को व्यक्त करने में सवार्धिक समर्थ हों, उन्हें खास क्रम और लय भी प्रदान करते हैं। स्वभावतः यदि उनके शब्दों को बदल दिया जाए और उनके क्रम को भंग कर लय को बाधित कर दिया जाए, तो कविता नष्ट हो जाएगी, हमारे पास सिर्फ फुलझड़ी का जला हुआ तार रह जाएगा!

ऐसी बात नहीं है कि केदार प्रेम और प्रकृति के ही कवि हैं। उनकी मूल प्रकृति सौन्दर्यवादी है, लेकिन कवि-रूप में उनका असली सरोकार तो इस इहलौकिक जगत् से है। यदि प्रकृति ही कहना हो, तो उस प्रकृति से, जो पुरुष की विपरीतार्थक है, उस माया से, जो ब्रह्म की विरोधी है, भले वह प्रकृति पुरुष की और माया ब्रह्म की शक्ति भी हो! यह प्रकृति और यह माया ही केदार के लिए सत्य है। ताज्जुब नहीं कि एक कविता में उन्होंने कहा है कि 'हम यहीं रहते हैं / न पूछो—कहाँ? / मनस्वी आकाश / के नीचे, / वादियों / पहाड़ों के बीच, / दुधार नदियों के साथ खेलते / कूदते /हँसते-गाते, / जीते।' उन्हें इस पर गर्व भी है, क्योंकि कविता के अन्त में कहते हैं, 'कोई है / जो हमारी / बराबरी कर सके।' यह जो इहलौकिक जगत् है, उसमें सिर्फ आकाश, नदियाँ, पहाड़ और वादियाँ ही नहीं हैं, श्रमिक और कृषक भी हैं, जो शोषण का शिकार भी हैं और उसके विरुद्ध संघर्षरत भी। यह संघर्ष केदार के लिए सौन्दर्य-विरोधी चीज नहीं है, बल्कि वे तो संघर्ष में भी सौन्दर्य देखते हैं। यही कारण है कि उनमें प्रकृति के भी ऐसे चित्र बहुत मिलते हैं, जिनमें वह संघर्षरत है, यथा यह चित्र :

तेज धार का कर्मठ पानी,
चट्टानों के ऊपर चढ़कर,
मार रहा है घूँसे कसकर,
तोड़ रहा है तट चट्टानी।

इसके साथ एक और कविता भी उद्धृत की जा सकती है, जिससे यह पता चलता है कि सौन्दर्य और संघर्ष को लेकर उनके भीतर कशमकश भी है, लेकिन दोनों में से कोई उन्हें छोड़ने को तैयार नहीं :

ओस के संवेद्य मौनाकाश में हो
या सुगन्धों की सुखावह साँस में हो,
हो न हो यह जिन्दगी मेरी
कहीं अटकी हुई है।
छोड़ता हूँ—छोड़ती मुझको नहीं
तलवार मेरी।
बह रही है धार मेरी
उठ रही ललकार मेरी।

इस कशमकश की परिणति अन्ततः इस रूप में दिखलायी पड़ती है कि केदार सौन्दर्य को त्यागने की बात कौन कहे, उसी को संघर्षरत मजदूर का भी चरम लक्ष्य बतलाते हैं। अपनी प्रसिद्ध कविता 'हथौड़े का गीत' के अन्त में उन्होंने मजदूर-वर्ग से कहा है : 'मार हथौड़ा / कर कर चोट / दुनिया की जाती ताकत हो, / जल्दी छवि से नाता जोड़!' इस तरह इस कवि को सरल-सपाट प्रगतिशील कवि के रूप में लेना ठीक न होगा। केदार के काव्य-लोक में भी अपने ढंग की चक्करदार गलियाँ और गहनता है। बिना उसके वे हिन्दी के श्रेष्ठ कवियों की पाँत में उस जनता द्वारा न बैठाए जा सकते थे, जो कबीर-सूर-तुलसी से लेकर निराला तक की कविता का आस्वाद लेती रहती है।

जहाँ तक मजदूर की बात है, उसका हमें उनकी कविता में यह चित्र मिलता है :

जो जीवन की धूल चाटकर बड़ा हुआ है,
तूफानों से लड़ा, और फिर खड़ा हुआ है,
जिसने सोने को खोदा—
लोहा मोड़ा है,
जो रवि के रथ का घोड़ा है,
वह जन मारे नहीं मरेगा—
नहीं मरेगा।

जो जीवन की आग जलाकर आग बना है,
फौलादी पंजे फैलाये नाग बना है,
जिसने शोषण को तोड़ा,
शासन मोड़ा है,
जो युग के रथ का घोड़ा है,
वह जन मारे नहीं मरेगा—
नहीं मरेगा।

कहने की आवश्यकता नहीं कि आधुनिक युग में श्रमिक जन की अनश्वरता का यह आख्यान जितना ओजस्वी है, उतना ही प्रभावशाली। स्मरणीय है कि ओजस्विता शब्द का गुण है। केदार ने अपनी इस कविता में ऐसे ओजस्वी शब्दों की योजना की है, जो श्रमिकवर्ग की शक्ति के प्रकटीकरण में पूरी तरह से समर्थ हैं। ये शब्द तूफ़ान, लोहा, रवि, रथ, घोड़ा, आग, फौलादी पंजा, नाग और युग हैं। इसके अलावा इसमें बड़ा होने, लड़ने, खड़ा होने, खोदने, मोड़ने और तोड़ने-जैसे क्रियापद भी हैं। ये सारे शब्द आपस में मिलकर अत्यन्त भव्य चित्र का निर्माण करते हैं। पहले बन्द में श्रमिक जन के लघु और फिर बृहत् होने तथा लड़ने में धराशायी होने और फिर उठ खड़े होने का चित्रात्मक वर्णन है, फिर उसी तरह खान में खुदाई कर सोना प्राप्त करने और लोहे को भी मोड़ देने का। आगे उसे जो 'रवि के रथ का घोड़ा' कहा गया है, वह उसके 'प्रचण्ड शक्तिमान्' होने का सूचक है। इस प्रगीतात्मक कविता का शिल्प भी बहुत कुछ लोकगीतों वाला ही है, जिनमें थोड़े परिवर्तन के साथ आवृत्ति का बहुत महत्त्व होता है। दूसरे बन्द में पुनः पहले बन्द की आरम्भिक पंक्तियों की तरह ही श्रमिक जन की विशेषता वर्णित है, चित्रात्मक ढंग से ही, जो जीवन की अग्नि को प्रज्ज्वलित कर स्वयं अग्नि बन गया है। मजदूर-वर्ग सर्वाधिक कष्ट और अभाव में अपना जीवन बिताता है, लेकिन जीवन से वह भागता नहीं, जूझता है और जूझते-जूझते जिजीविषा का मूर्तिमान् रूप बन जाता है। दूसरी पंक्ति का चित्र अत्यधिक ओजस्वी है। श्रमिक जन वर्ग-शत्रु के लिए नाग की तरह भयंकर है। उसके फौलादी पंजे जैसे उसका फण हैं! पहले बन्द में बाद की जो दो पंक्तियाँ हैं, उन्हें इस बन्द की बाद की दोनों पंक्तियाँ सन्तुलित करती हैं। शोषण को खत्म करना नहीं, तोड़ना और शासन को बदल देना नहीं, मोड़ना अभिव्यक्ति में कवित्व सम्भव करनेवाले महत्त्वपूर्ण शाब्दिक विचलन हैं। इन्हीं पंक्तियों की तरह 'रवि के रथ का घोड़ा' को 'युग के रथ का घोड़ा' सन्तुलित करता है। कविता की प्रभावोत्पादकता का उत्स केदार का यही काव्य-शिल्प है। विद्वानों का ध्यान इस बात पर तो है कि वे प्रकृति से लेकर मानव-सौन्दर्य तक के उपासक कवि हैं, लेकिन इस बात पर नहीं कि नागार्जुन की तरह ही वे उत्कृष्ट काव्य-शिल्पी हैं। शब्द कैसे होने चाहिए, उनका संयोजन कैसा हो, चित्र कैसे बनाये जाएँ, शब्दों की आवृत्ति कहाँ की जाए, लय को कहाँ उठाया और कहाँ गिराया जाए, साथ ही कहाँ उसे तोड़ दिया जाए, कविता को कहाँ पहुँचाकर छोड़ दिया जाए अथवा टिप्पणी लगानी हो, तो उसके अन्त में कैसी टिप्पणी लगाई जाए, यह वे खूब जानते हैं। जो लोग उनमें माधुर्य या ओज का अनियन्त्रित विस्फोट देखते हैं, वे गलती पर हैं। उनमें भाव-विस्फोट उच्च कोटि के कलात्मक संयम के साथ हुआ है। यदि वह कहीं अनियन्त्रित या असंयमित मालूम पड़ता है, तो इसलिए कि वह नियन्त्रण या संयम कुछ नये ढंग का होता है, जिससे पहले से

पाठक और विद्वान् परिचित नहीं होते। कुल मिलाकर केदार की काव्य-कला लोककविता के बहुत करीब है।

केदार में मजदूर बहुत हैं, लेकिन उनकी असली पृष्ठभूमि तो गँवई है, जिससे किसान भी उनमें स्वाभाविक रूप से आये हैं। उदाहरणार्थ यह कविता :

हल चलते हैं फिर खेतों में,
फटती है फिर काली मिट्टी,
बोते हैं फिर बिया किसान,
कल के जीवन के वरदान,
फिर उपजेगा उन्नत-मस्तक सिंह-अयाली नाज,
फिर गरजेगी कष्ट-विदारक धरती की आवाज।

कहने की आवश्यकता नहीं कि यह कविता प्रथम पाठ से ही मन पर एक विलक्षण प्रभाव डालती है, जिसका कारण इसकी आरम्भिक चार पंक्तियों में बालकविता-जैसी सरल भाषा का प्रयोग है, यद्यपि ध्यान देने पर उनमें अंकित चित्र उतने सरल नहीं लगते। हल चलने से काली मिट्टी का फटना एक सजीव चित्र है, 'काली' शब्द पर ध्यान दें, तो अतिरिक्त रूप से सार्थक, किसान के पुरुषार्थ का प्रतीक। 'बिया' शब्द शिष्ट भाषा नहीं, लोकभाषा से ही उठाया गया है। उन्हें कल के जीवन का वरदान बतलाना बीज से पैदा होनेवाले अन्न या फसल की तरफ ध्यान दिलाना है। 'उन्नत-मस्तक सिंह-अयाली नाज' का उदात्त चित्र तो कालिदास-जैसे कवियों की याद दिलाता है। यह तने हुए भूरे बालोंवाली बालियों से भरे गेहूँ के खेत का चित्र है! यह चित्र किसान के अपराजेय शौर्य की तरफ भी संकेत करता है। अन्तिम पंक्ति में तो केदार ने कमाल कर दिया है। गेहूँ की खड़ी फसल को 'सिंह-अयाली' कहने के बाद वे धरती की सिंह-गर्जना का भी जिक्र करते हैं, जो सभी कष्टों को विदीर्ण कर देनेवाली होगी। धरती का कष्ट अन्न की पूर्ति से ही दूर होगा और वह किसान ही कर सकेंगे, इस अर्थ को विशिष्ट काव्यात्मक शब्दों के माध्यम से कितना सशक्त बनाकर प्रस्तुत किया गया है! इसीलिए आरम्भ में ही निवेदन किया गया है कि केदार अपनी कविताओं में प्राय: शब्द का ही भरोसा करते हैं, किसी शब्देतर साधन का नहीं। यह है चौपाई, चौपई और सरसी छन्दों के योग से बना उनका नया छप्पय।

जैसा कि आरम्भ में ही कहा गया है, केदार ने भी कुछ ऐसी राजनीतिक अथवा आन्दोलनात्मक कविताएँ लिखी हैं, जो सिर्फ अपने अर्थ के कारण ही नहीं, अपनी शाब्दिक संरचना के कारण भी महत्त्वपूर्ण हैं। इसमें कोई शक नहीं कि कविता अर्थ ही नहीं, शब्द के असंख्य सूत्रों से भी बाहरी दुनिया से जुड़ी होती है,

तथापि उसकी एक अपनी दुनिया भी होती है। बिना अपनी इस पहचान के वह कला-कृति नहीं हो सकती। उसमें अर्थ, भाव, आशय, उद्देश्य, सन्देश, यथार्थ, विद्रोह आदि तमाम चीजें हो सकती हैं, लेकिन कविता की अपनी पहचान अथवा अस्मिता न हुई, तो उसमें वह जादुई असर न होगा, जो कला की विशेषता है। केदार की एक कविता है 'कौंसिलघर की मैना', जिसमें राजनीति तो है ही, अपने कलात्मक विधान के कारण सौन्दर्यात्मक प्रभाव उत्पन्न करने की क्षमता भी है। कविता कांग्रेसी राज में एक क्रान्तिकारी नेता के लेजिस्लेटिव कौंसिल का सदस्य बनाये जाने पर लिखी गयी है। केदार उसे 'मैना' तो कहते ही हैं, मैना के पूरे व्यवहार को सधे हुए व्यंग्यात्मक शब्दों में चित्रित करते हैं। यही है गद्य को कविता में बदलने की विधि, जो एक रहस्यमयी सर्जनात्मक प्रक्रिया से सम्पन्न होती है। कविता है :

गुम्बज के ऊपर बैठी है, कौंसिलघर की मैना।
सुन्दर सुख की मधुर धूप है, सेंक रही है डैना॥
तापस वेश नहीं है उसका, वह है अब महरानी।
त्याग-तपस्या का फल पाकर जी में बहुत अघानी॥
कहता है केदार सुनो जी! मैना है निर्द्वन्द्व।
सत्य अहिंसा आदर्शों के, गाती है प्रिय छन्द॥

एक तो नेता को मैना बना देना ही काफी उपहासास्पद है, दूसरे, उसके कौंसिलघर के गुम्बज पर डैना फैलाए सुन्दर सुख की मधुर धूप सेंकने का वर्णन उसे व्यंग्य-बाण से बेध देना है। अब उसके शरीर पर खद्दर के नहीं, राजसी वस्त्र हैं! कौंसिल की मेम्बरी के रूप में उसे जैसे आजादी के लिए किये जानेवाले उत्सर्ग और संघर्ष का पुरस्कार मिल गया है! इससे वह अतिशय तृप्त है। 'अघानी' शब्द व्यंग्य के कारण ही उस विकृत रूप में प्रयुक्त हुआ है, जो बहुत ही मारक है। अब वह मैना यानी नेता संघर्ष का नहीं, सत्य-अहिंसा का राग अलाप रहा है, निर्द्वन्द्व भाव से। 'छन्द' शब्द का प्रयोग भी यहाँ कम मारक नहीं। यह है केदार की नयी कुण्डलिया, दोहा और रोला नहीं, सार और सरसी छन्दों के मिश्रण से बनी। इस कविता का सीधा प्रभाव जैसे यह सोचने का अवसर ही नहीं देता कि यह अपने भीतर शब्दों का कैसा रचाव छिपाये हुए है और वह प्रभाव उसी रचाव की देन है।

मेरे एक मित्र, जिनका जीवन पार्टी का कार्य करते, प्रेस में प्रूफरीडरी करते, बच्चों को पढ़ाते या फिर उनके लिए पुस्तकें लिखते बीता है, केदार को आस्था और सौन्दर्य का कवि कहते हैं। इस शीर्षक से उन्होंने उन पर एक लेख भी लिखा है। ये दोनों शब्द—आस्था और सौन्दर्य—इतने महत्त्वपूर्ण हैं कि डा. रामविलास शर्मा

के निबन्धों के सर्वश्रेष्ठ संग्रह का यही नाम है। यह वस्तुतः एक श्रेणी है, जिसमें आस्था का सम्बन्ध अन्तर्वस्तु से और सौन्दर्य का सम्बन्ध कला से है। केदार को आस्था और सौन्दर्य का कवि कहने का मतलब यह है कि उनमें आस्था भी है और सौन्दर्य भी। यह मान्यता विवादास्पद नहीं हो सकती, लेकिन मैं उन्हें 'आस्था के सौन्दर्य' का कवि कहना पसन्द करूँगा, क्योंकि उनकी अनेक कविताओं में आस्था का सौन्दर्य देखते ही बनता है, जो उनकी विशिष्ट पदरचना से सम्भव हुआ है। मुझे यहाँ केदार की दो लाजवाब कविताएँ याद आ रही हैं, जिनमें से पहली में उन्होंने जीवन को अधिक से अधिक सार्थक बनाने पर जोर दिया है और दूसरी में इस संसार और इस संसार की सुन्दरता की अनश्वरता में अपना दृढ़ विश्वास व्यक्त किया है। केदार की काफी कविताएँ ऊपर उद्धृत की जा चुकी हैं, पर इन दो कविताओं के बिना उनके काव्य-लोक की झाँकी अधूरी रहेगी :

1. *टूटें न तार तने जीवन-सितार के,*
   ऐसा बजाओ इन्हें प्रतिभा की ताल से,
   किरणों से, कुंकुम से, सेंदुर-गुलाल से,
   लज्जित हो युग का अँधेरा निहार के।

   टूटें न तार तने जीवन-सितार के,
   ऐसा बजाओ इन्हें ममता की ज्वाल से,
   फूलों की उँगली के कोमल प्रवाल से,
   पूरे हों सपने अधूरे सिंगार के।

   टूटें न तार तने जीवन-सितार के,
   ऐसा बजाओ इन्हें सौरभ के श्वास से,
   आशा की भाषा से, यौवन के हास से,
   छाया बसन्त रहे उपवन में प्यार के।

2. *हम न रहेंगे—*
   तब भी तो यह खेत रहेंगे,
   इन खेतों पर घन घहराते
   शेष रहेंगे,
   जीवन देते,
   प्यास बुझाते,
   माटी को मदमस्त बनाते,
   श्याम बदरिया के लहराते केश रहेंगे।

हम न रहेंगे—
तब भी तो रति-रंग रहेंगे,
लाल कमल के साथ
पुलकते भृंग रहेंगे,
मधु के दानी,
मोद मनाते,
भूतल को रससिक्त बनाते,
लाल चुनरिया में
लहराते अंग रहेंगे।

ये दोनों ही कविताएँ प्रगीतात्मक हैं और दोनों के छन्द तथा लय भिन्न हैं। मैं पुनः यह बात दुहराना चाहता हूँ कि केदार बहुत ही शिल्पसजग कवि हैं, इसलिए उनकी प्रत्येक ऐसी कविता की एक स्वतन्त्र प्रगीतात्मक संरचना होती है, जिसमें लोकगीतों की तरह थोड़े परिवर्तन के साथ आवृत्ति का बहुत महत्त्व होता है। कोई चाहे तो इस संरचना को वर्तुलाकार कह सकता है, लेकिन जाहिर है कि केदार अपने गीतों में सिर्फ एक ही धुरी पर नहीं घूमते, घूमते हुए कुछ दूरी भी तय करते हैं, जैसे पृथ्वी की दो गतियाँ हैं, दैनिक और वार्षिक। पहले गीत में वे जीवन-सितार के तारों को बजाने के लिए कसने को कहते हैं, पर इस कौशल के साथ कि वे टूट न जाएँ। फिर उनका परामर्श है कि उन्हें प्रतिभा के ताल से बजाया जाए, साथ-साथ किरण, कुंकुम, सिंदूर और गुलाल से भी। केदार के शब्द रसगुल्ले की तरह हैं, रस से भरे हुए। जब वे सिंदूर-गुलाल की बात करते हैं, तो काले अन्धकार के लज्जित होने की बात संगत सिद्ध होती है। लेकिन ध्यान देने की बात 'युग' शब्द का प्रयोग है, जो गीत को वैयक्तिक धरातल से उठाकर एक सामाजिक धरातल पर प्रतिष्ठित कर देता है। तात्पर्य यह कि कवि चाहता है कि व्यक्ति अपनी प्रतिभा का उपयोग समाज और देश के लिए करे। किरण, कुंकुम, सिंदूर और गुलाल जीवन में जो कुछ सौन्दर्य और प्रकाश से युक्त है, उसके लिए हैं। दूसरे बन्द में 'ममता की ज्वाल' प्रचण्ड शब्दावली है, जो समाज और देश से असाधारण आत्मीयता स्थापित करने की व्यंजना करती है। आगे की दो पंक्तियों में 'फूलों की उँगली का कोमल प्रवाल' तो ध्यातव्य है ही, 'सिंगार के अधूरे सपनों के पूरे होने' की बात उससे भी अधिक ध्यातव्य है, क्योंकि केदार समाज और देश के साथ व्यक्ति को भी महत्त्व देते हैं, उसकी सौन्दर्य और प्रेम-भावना को। फूलों के समान उँगलियों की नोक को 'कोमल प्रवाल' कहना उन-जैसे रागी, कल्पनाशील और सौन्दर्यप्रिय कवि से ही सम्भव था। अन्तिम बन्द का सौन्दर्य तब प्रकट होता है, जब सितार के तारों को

सौरभ के श्वास, आशा की भाषा और यौवन के हास से बजाने की बात कही जाती है। यहाँ भी 'प्यार' है, जिसके उपवन में हमेशा वसन्त के छाए रहने की कवि कल्पना करता है। सामाजिक प्रगति का प्रमाण व्यक्ति का सुख है, यह वह हमें अनजाने ही जना देता है। दूसरी कविता में केदार की शिल्पसजगता का पता इस बात से चलता है कि पहले बन्द में उन्होंने प्रकृति-सौन्दर्य का वर्णन किया है और दूसरे बन्द में 'रति-रंग' और मानव-सौन्दर्य का। इसमें 'लाल कमल के साथ / पुलकते भृंग रहेंगे' को भी मनुष्य से जोड़कर ही समझना चाहिए। ये प्रेमी-प्रेमिका हैं। 'लाल चुनरिया में लहराते अंग' उरोज हैं, यह स्पष्ट करना जरूरी है।

डा. शर्मा ने एक बार बातचीत के सिलसिले में मुझसे कहा था कि जो कवि 'मानव-यातना' का गहराई से वर्णन नहीं करता, वह बड़ा नहीं हो सकता। इस दृष्टि से केदार के काव्य में इस चीज की खोज एक सार्थक खोज होगी। अभी मैं उनकी एक अनास्थापूर्ण कविता के सौन्दर्य-निरूपण के साथ इस लेख को समाप्त करता हूँ, जिससे इस बात का संकेत मिलता है कि उनमें सिर्फ हर्ष, उल्लास, जिजीविषा और युयुत्सा ही नहीं है, निराशा, दुःख और अनास्था भी है। कविता है :

मेरे मन का सुआ घुमक्कड़ बागीचों का,
हरी डाल पर नहीं, ठूँठ पर आ बैठा है
जैसे पत्ता एक बचा हो गिर जाने से
पतझर में जो बोध कराता है सावन का,
हरियाली जब फूट निकलती है पेड़ों से
बूढ़े मन में भी तरुणाई की उमंग से।
क्यों बैठा है? क्या बिसूरता सुधि में खोया?
नहीं जानता है दुनिया का पण्डित कोई।
उसके पंख हरे पत्ते हैं नहीं पेड़ के;
वह सावन है बाहर से, भीतर से पतझर।

स्वाभाविक रूप से यह कविता निराला की कविता 'ठूँठ' की याद दिलाती है, जिसमें एक वृद्ध विहग ठूँठ पर 'बैठता कुछ कर याद'। निराला ने तो ठूँठ या वृद्ध विहग के बारे में अलग से कुछ नहीं बतलाया, लेकिन केदार साफ शब्दों में कहते हैं—'मेरे मन का सुआ'। प्रेम, सौन्दर्य, संघर्ष और जिजीविषा के इस कवि के मन में किस बात का गहरा दुःख है? सच्चाई यह है कि बिना इस दुःख के जीवन पूरा नहीं होता है, फिर यदि हर्षोल्लास के कवि को कोई बहुत गहरा दुःख भी है, निराश और अकेला कर देनावाला, तो उसमें आश्चर्य की कोई बात नहीं। यह स्वर

केदार की कविता को प्रामाणिक ही बनाता है, उसे कहीं से कमजोर नहीं करता। देखना यह है कि अपनी निराशा और अकेलेपन को कैसे उन्होंने कलात्मक ढंग से प्रभावशाली बनाया है। सर्वप्रथम 'शुक' की जगह 'सुआ' शब्द ही एक गहन आत्मीयता से उक्त है। तत्पश्चात् उसके हरे रंग के कारण उसे पतझड़ के वृक्ष में लगा रह गया एक हरा पत्ता समझना कैसी मोहक कल्पना है, समझा जा सकता है। लेकिन अन्त में कवि कहता है : 'उसके पंख हरे पत्ते हैं नहीं पेड़ के; / वह सावन है बाहर से, भीतर से पतझर।' उसके बहुत गहन दुःख से ये पंक्तियाँ फूटी हैं : 'क्यों बैठा है? क्या बिसूरता सुधि में खोया? / नहीं जानता है दुनिया का पण्डित कोई।' निराला के 'ठूँठ' से इस कविता को मिलाकर देखने पर यह स्पष्ट होता है कि यह उसकी तुलना में एक अधिक जटिल रचना है। 'ठूँठ' में भी ठूँठ के साथ एक विहग है, जो उसके व्यतीत वैभव पर विषण्ण है और इस कविता में भी सुए के साथ एक ठूँठ है, जो उसके जीवन को प्रतिच्छायित करता है। लेकिन सुआ तो हरा है, जिसके बारे में कवि को कहना पड़ता है कि 'वह सावन है बाहर से, भीतर से पतझर'। यहाँ एक फर्क के साथ सुआ और ठूँठ दोनों एकात्म हो जाते हैं। वह फर्क यह है कि ठूँठ जहाँ बाहर-भीतर दोनों से पतझड़ है, वहाँ सुआ बाहर से सावन, पर भीतर से पतझड़। इसी बात को दुनिया का कोई पण्डित भी नहीं जानता। दस पंक्तियों की यह कविता अतुकान्त है और अपने वाक्य-विन्यास में गद्यात्मक भी, पर मन पर ऐसा गहरा विषाद छोड़ जाती है कि हर्षोल्लास के कवि के रूप में प्रसिद्ध केदार के बारे में पाठक सोचता ही रह जाता है।

(1999)

‘ब्रह्मराक्षस’ का अर्थ

‘ब्रह्मराक्षस’ मुक्तिबोध की अत्यधिक प्रसिद्ध कविताओं में से एक है, कहना चाहिए, इसकी ख्याति ‘अँधेरे में’ के बाद ही है। सर्वप्रथम यह बनारस से प्रकाशित होनेवाली लघु पत्रिका ‘कवि’ के अप्रैल, 1957 के अंक में प्रकाशित हुई थी। अनुमानत: इसका रचनाकाल 1957 ही है, यद्यपि इसमें अन्तिम संशोधन मुक्तिबोध ने 1962 में किया। इस कविता के सम्बन्ध में एक विशेष बात यह है कि जब यह ‘कवि’ में प्रकाशित हुई, तो इसकी तरफ पोलिश शोधकर्त्री अग्न्येश्का का ध्यान भी गया, जिसका जिक्र मुक्तिबोध-सम्बन्धी आलोचना में कई बार मिलता है।

मुक्तिबोध को आत्मसंघर्ष का कवि कहा गया है। इसमें सन्देह नहीं कि उनमें आत्मसंघर्ष अत्यन्त प्रखर रूप में मिलता है, लेकिन ज्ञातव्य है कि यह संघर्ष सिर्फ उनका न होकर पूरे मध्यवर्ग का है, जिसके वे एक सदस्य थे। दूसरी बात यह कि उनके आत्मसंघर्ष के अनेक पहलू हैं। ‘ब्रह्मराक्षस’ कविता में आत्मसंघर्ष व्यक्ति और समाज, आत्म और विश्व तथा भीतर और बाहर के बीच है, जो हम आगे देखेंगे। उससे पहले हम यह जान लें कि यह कविता दो खण्डों में विभाजित है। पहले खण्ड में कवि ने ब्रह्मराक्षस के असामान्य व्यवहार का चित्रण किया है, फिर दूसरे खण्ड में उसके आत्मसंघर्ष का। दोनों खण्ड अपने चित्रण की दृष्टि से बेजोड़ हैं और अपने भीतर अर्थ की कई-कई परतें छिपाये हुए हैं। मुक्तिबोध की कविता चिन्तन से गहरा सरोकार रखती है, इसलिए उसको समझने के लिए उनकी वैचारिक अवधारणाओं से परिचय आवश्यक है। यह सही है कि उनमें कठिनाई जितनी शाब्दिक स्तर पर है, उससे अधिक वैचारिक स्तर पर। उनकी सफलता इस बात में है कि वे ज्ञान को संवेदना में और संवेदना को ज्ञान में रूपान्तरित करने में एक साथ सफल होते हैं।

जैसा कि कविता के शीर्षक से ही स्पष्ट है, इसका विषय एक ब्रह्मराक्षस है। ब्रह्मराक्षस का मतलब है ब्रह्मपिशाच। शास्त्र के अनुसार वह ब्राह्मण, जो मनुष्य-योनि में पापकर्म करता है, मरने पर प्रेत-योनि पाता है और ब्रह्मराक्षस या ब्रह्मपिशाच

बन जाता है। इस कविता के ब्रह्मराक्षस का पाप यह था कि वह कर्म से विरत रहकर अपने विचार और कार्य में सामंजस्य स्थापित करना चाहता था। यह उसके मनुष्य-योनि में होने के समय की बात है। स्वभावत: वह मरने के बाद मोक्षलाभ करने के बदले एक प्रेत हो गया।

कविता में ब्रह्मराक्षस के प्रेतोचित व्यवहार का वर्णन करने के पहले मुक्तिबोध ने उसके परिवेश का वर्णन किया है। शहर के बाहर, जहाँ अनेक मकानों के खण्डहर हैं, एक पुरानी और परित्यक्त बावड़ी है। बावड़ी उस चौड़े कुएँ या छोटे तालाब को कहते हैं, जिस तक पहुँचने के लिए चारों तरफ से सीढ़ियाँ बनी होती हैं। इस बावड़ी का जल बहुत गहरा है। उसमें उसकी अनेक सीढ़ियाँ डूबी हुई हैं। जल को थाहा नहीं गया, लेकिन देखने से ही उसकी गहराई का आभास हो जाता है। ठीक वैसे ही, जैसे कोई बात समझ में न आ रही हो, लेकिन महसूस हो रहा हो कि उसमें कुछ गहरा मतलब है। बावड़ी के चारों ओर गूलर के पेड़ खड़े हैं, जिनकी डालें आपस में उलझी हुई हैं। उनकी डालों से उल्लुओं के भूरे और गोल घोंसले लटक रहे हैं। वे भी परित्यक्त हैं, यानी उनमें उल्लू नहीं रहते। कहने की आवश्यकता नहीं कि मन में भय उत्पन्न करनेवाली निर्जनता का यह बहुत सटीक चित्रण है। हवा में जंगल की हरी कच्ची गन्ध बसी हुई है। यह गन्ध अनजानी और व्यतीत किसी श्रेष्ठ वस्तु के होने का सन्देह मन में उत्पन्न कर देती है। वह वस्तु भूलती नहीं, हमेशा दिल में एक खटके-सी लगी रहती है। बावड़ी की मुँडेरों पर टगर के सफेद फूल खिले हुए हैं, तारों-जैसे। इस दृश्य का मुक्तिबोध ने बहुत सुन्दर वर्णन किया है : 'बावड़ी की इन मुँडेरों पर / मनोहर हरी कुहनी टेक / बैठी है टगर / ले पुष्प-तारे श्वेत।' उसी के पास लाल कनेर के फूलों का एक गुच्छा लटक रहा है। यह जैसे खतरे के सिगनल का काम कर रहा है, क्योंकि उधर बावड़ी का मुँह खुला हुआ है और आसमान की ओर ताक रहा है।

इस परिवेश-वर्णन के बाद ब्रह्मराक्षस का वर्णन शुरू होता है। वह अभी बावड़ी के गहरे जल में घुसा हुआ है। उसमें डुबकियाँ भी लगाता है, जिससे उसके मुँह की आवाज की अनुगूँज सतह पर सुनाई पड़ती है, साथ-साथ पागलों-जैसे उसकी बड़बड़ाहट के शब्द भी। अनुमान होता है कि उसके शरीर पर बहुत गन्दगी जमी है, जिसे दूर करने के लिए वह नहाता है और पंजों से अपने शरीर के अंगों को लगातार रगड़ता रहता है। मैल फिर भी नहीं छूटता। यहाँ मुक्तिबोध ने कहा है कि ब्रह्मराक्षस 'पाप-छाया' से मुक्त होने के लिए निरन्तर स्नान करता है। डा. रामविलास शर्मा ने इस पाप को अस्तित्ववाद—व्यक्ति का अपराध-बोध—से जोड़ा है, जो कि गलत है। ब्रह्मराक्षस का पाप व्यक्तिगत नहीं है। उसकी समस्या एक सामाजिक समस्या है। पूरे शिक्षित मध्यवर्ग की। उसका पाप यह था कि

आत्मकेन्द्रित रहकर यानी जनता से जुड़े बगैर उसने अपने को बदलना चाहा। कीर्केगार्ड के अनुसार व्यक्ति के अपराध-बोध से उसका ईश्वर से साक्षात्कार होता है। मुक्तिबोध धार्मिक नहीं थे। कविता में उनका अभिप्राय बिलकुल भिन्न है। इसलिए इसकी अस्तित्ववादी व्याख्या का प्रयास निरर्थक है।

ब्रह्मराक्षस के व्यवहार का वर्णन आगे दूर तक चलता है। वह चूँकि एक बुद्धिजीवी का प्रेत है, इसलिए नहाते समय वह बेचैनी के साथ कोई अनोखा स्तोत्र और मन्त्र बुदबुदाता है। इतना ही नहीं, उसके मुँह से धाराप्रवाह शुद्ध संस्कृत में गालियाँ निकलती हैं। उसके माथे की लकीरों को देखकर लगता है कि वह लगातार आलोचनात्मक मुद्रा में है। मुक्तिबोध कहते हैं, 'प्राण में संवेदना है स्याह!!' तात्पर्य यह कि ब्रह्मराक्षस के मन में भी कालिख जमी है। दिलचस्प यह है कि जल में डूबी बावड़ी की दीवारों पर जब सूर्य की किरणें तिरछे गिरती हैं, तो उसे लगता है कि सूर्य ने उसकी श्रेष्ठता स्वीकार कर झुककर उसे नमस्ते किया है। यह चित्र देखने लायक है :

किन्तु गहरी बावड़ी
की भीतरी दीवार पर
तिरछी गिरी रवि-रश्मि
के उड़ते हुए परमाणु जब
तल तक पहुँचते हैं कभी
तब ब्रह्मराक्षस समझता है, सूर्य ने
झुककर नमस्ते कर दिया।

इसी तरह बावड़ी की दीवार से जब कभी चाँदनी की किरण अपना रास्ता भूलकर टकराती है, तो उसे लगता है कि चाँदनी ने भी उसकी वन्दना की है और उसे ज्ञान-गुरु मान लिया है! यह ऊँचे आकाश का उसके आगे विनत होना था। इस बात को वह रोमांचित हो-होकर अनुभव करता था।

उपर्युक्त दृश्य से और उत्तेजित होकर अपनी महानता के प्रति आश्वस्त ब्रह्मराक्षस तमाम इतिहास, दर्शन और विज्ञान की नयी व्याख्या करने लगता था, उस पुरानी बावड़ी के गहरे जंल में नहाता हुआ। मुक्तिबोध ने इतिहास, दर्शन आदि का जो जिक्र किया है, उसमें सुमेरी और बैबिलोनी जन-कथाओं तथा वैदिक ऋचाओं से लेकर आज तक के सभी सूत्र, मन्त्र और सिद्धान्त आते हैं। इतिहासकारों, दार्शनिकों, विचारकों और गणितज्ञों में उन्होंने मार्क्स, एंगेल्स, रसेल, टायन्बी, हाइडेगर, स्पेंसर, सार्त्र और महात्मा गाँधी सबका उल्लेख किया है। इससे स्पष्ट है कि वह ब्रह्मराक्षस किसी मामूली ब्राह्मण का नहीं, बल्कि बहुत ही विद्वान् ब्राह्मण

का प्रेत है। कवि ने ब्रह्मराक्षस को लिया ही इसलिए है कि ब्राह्मण परम्परा से बुद्धिजीवी होता रहा है। यह बुद्धिजीवी विद्वान् तो है ही, प्रगतिशील भी है, क्योंकि इसकी मुख्य समस्या का सम्बन्ध समाज के हित में अपने को बदलने से है।

ब्रह्मराक्षस बावड़ी के गहरे जल में डुबकियाँ लगा-लगाकर अत्यधिक उत्साह से विभिन्न दर्शनों और विचारों की अपव्याख्या करता हुआ जब स्नान करता है, तो जल आन्दोलित हो उठता है। उससे आपस में उलझे हुए शब्दों के भँवर बनते हैं, जिनमें प्रत्येक शब्द अपने प्रति-शब्द को भी काटता हुआ होता है। शब्दों का वह रूप अपने बिम्ब से ही जूझता हुआ विकृत आकार धारण कर लेता है। उस बावड़ी में उस समय ध्वनि अपनी प्रतिध्वनि से ही लड़ती दिखलायी पड़ती है। ब्रह्मराक्षस उत्साह में है, पर स्वभावतः मानसिक रूप से अतिशय असामान्य अवस्था में। विक्षुब्ध बावड़ी का वर्णन किसी हद तक उसकी मनोदशा को भी झलकाता है। वह वर्णन नीचे उद्धृत किया जा रहा है, क्योंकि वह अत्यन्त सशक्त है :

...ये गरजती, गूँजती, आन्दोलिता
गहराइयों से उठ रहीं ध्वनियाँ, अतः
उद्भ्रान्त शब्दों के नये आवर्त में
हर शब्द निज प्रतिशब्द को भी काटता,
वह रूप अपने बिम्ब से ही जूझ
विकृताकार-कृति
है बन रहा
ध्वनि लड़ रही अपनी प्रतिध्वनि से यहाँ।

मुक्तिबोध कविता को मार्मिक बनाते हुए कहते हैं कि उस ध्वनि को टगर के फूल, करौंदी के फूल और गूलर के पेड़ सभी सुनते हैं। कवि भी उन्हें सुनता है। वह ध्वनि वस्तुतः एक त्रासदी का प्रतीकात्मक आख्यान है, जो अभी बावड़ी में देखने को मिल रही है। क्या थी वह त्रासदी? यह कि एक सत्यशोधक, जिसे मनुष्य-योनि के बाद प्रेत-योनि प्राप्त हुई, अपने उद्देश्य में बुरी तरह से विफल हुआ।

ब्रह्मराक्षस वस्तुत सत्यशोधक था। सत्य की प्राप्ति के लिए मनुष्य-योनि में उसने जो विकट आत्मसंघर्ष किया था, उसका बहुत ही गहन वर्णन कविता के दूसरे खण्ड में है। सर्वप्रथम इसमें मुक्तिबोध ने उसके व्यक्तित्व की कल्पना स्फटिक-निर्मित एक प्रासाद के रूप में की है, जिसमें ऐसी संकीर्ण सीढ़ियाँ बनी हुईं थीं, जिन पर चढ़ना बहुत ही मुश्किल था। वे सीढ़ियाँ काली थीं और अँधेरे में डूबी हुई। उन्होंने जैसे यह स्पष्ट कर दिया है कि 'व्यक्तित्व वह कोमल स्फटिक प्रासाद-सा', वैसे ही सीढ़ियों के बारे में यह बतला दिया हे कि 'वे एक आभ्यंतर निराले

लोक की' सीढ़ियाँ थीं। सत्यशोधक उन पर चढ़ता था और उतरता था, फिर चढ़ता था और लुढ़क जाता था। इस कारण उसके पैरों में मोच आ जाती थी और छाती पर अनेक जख्म बन जाते थे। यह उसका आत्मसंघर्ष है, जो उसके भीतर एक पूर्ण व्यक्तित्व की प्राप्ति के लिए चला करता था। पूर्ण व्यक्तित्व की प्राप्ति कैसे सम्भव थी? यह तभी हो पाता, जबकि वह अपने व्यक्तित्व का पूर्णतया समाजवादी रूपान्तरण कर लेता। बुरे और अच्छे के बीच का संघर्ष जितना उग्र होता है, उससे अधिक उग्र अच्छे और उससे अधिक अच्छे के बीच का संघर्ष होता है। यहाँ संकेत से मुक्तिबोध ने बतला दिया है कि सत्यशोधक के भीतर सामन्तवादी और पूँजीवादी संस्कारों एवं मूल्यों के बीच नहीं, बल्कि पूँजीवादी और समाजवादी संस्कारों एवं मूल्यों के बीच संघर्ष की स्थिति थी। उसकी गलती यह थी कि वह पूँजीवाद से, अर्थात् व्यक्ति-चेतना से पूर्णत: पिण्ड छुड़ाकर एक शत-प्रतिशत समाजवादी व्यक्तित्व की प्राप्ति करना चाहता था। व्यक्ति-चेतना का पूर्णत: निषेध न तो अपेक्षित है, न सम्भव, इसलिए सत्यशोधक को अनिवार्यत: अपने उद्देश्य में सफलता थोड़ी और असफलता अधिक मिली। एक दूसरी बात यह थी कि वह जो भी हासिल करना चाहता था, वह कर्म और व्यवहार के क्षेत्र से दूर रहकर; अपने कमरे में बन्द, मात्र अपने चिन्तन के द्वारा। स्वभावत: उसे ज्यादातर विफलता ही हाथ लगी।

स्पष्ट है कि मुक्तिबोध हर तरह से पूर्ण समाजवादी व्यक्तित्व का लक्ष्य रखनेवाले कवि नहीं थे। उनके लिए अपने निजी व्यक्तित्व का बहुत महत्त्व था, जिसे निश्चय ही वे व्यक्तिवाद से अलग करते थे। लेकिन यदि कोई व्यक्ति हर तरह से पूर्ण समाजवादी व्यक्तित्व को अपना लक्ष्य बनाए और उसके लिए मर्मान्तक मानसिक पीड़ा उठाए, तो इसे वे एक बड़ी बात समझते थे। उनका कहना था कि नैतिकता के मानदण्ड गणित की तरह सटीक हों, आत्मचेतन और सूक्ष्म, यह सम्भव नहीं है, फिर भी यदि कोई उनके लिए प्रयत्न करता है और उसमें व्यथा पाता है, तो यह स्पृहणीय है। समाजवादी नैतिकता गणित के नियमों की तरह पूर्ण होती है, इशारा इस मान्यता की तरफ है। उस अतिरेक पर पहुँची हुई नैतिकता की उपलब्धि सदा से कठिन रही है। निम्नलिखित गूढ़ पंक्तियों का आशय यही है :

...अतिरेकवादी पूर्णता
की ये व्यथाएँ बहुत प्यारी हैं...
ज्यामितिक संगति-गणित
की दृष्टि से कृत
भव्य नैतिक मान

आत्मचेतन सूक्ष्म नैतिक भान—
...अतिरेकवादी पूर्णता की तुष्टि करना
कब रहा आसान
मानवी अन्तर्कथाएँ बहुत प्यारी हैं!!

इस आत्मसंघर्ष में पड़े हुए सत्यशोधक अर्थात् ब्रह्मराक्षस के दिन-रात, जब वह मनुष्य-योनि में था, बड़ी बेचैनी से कटते थे। दिन में जब सूर्य निकलता, तो उसे लगता कि चिन्ता की रक्तधारा प्रवाहित हो उठी है और रात में जब चन्द्रमा उदय लेता, तो उसे महसूस होता कि उसकी किरणें उसके घावों और उद्विग्न भाल पर बँधी हुई सफेद पट्टियाँ हैं। पूरे आकाश पर फैले हुए तारे उसे गणित के दशमलव-बिन्दुओं की तरह चारों ओर छितराए नजर आते थे। उन्हीं के मैदान में वह मारा गया। अब उस मैदान में उसकी लाश पड़ी है। मुक्तिबोध के शब्दों में, 'वक्ष-बाँहें खुली फैलीं / एक शोधक की।' स्पषटत: यहाँ वे सत्यशोधक के अत्यधिक तीखे आत्मसंघर्ष का वर्णन कर रहे हैं, जो उसके लिए जानलेवा साबित हुआ। 'शोधक' शब्द ध्यान देने लायक है, क्योंकि इससे यह संकेत मिलता है कि ब्रह्मराक्षस मनुष्य-योनि में अपने गलत चिन्तन और अकर्मण्यता के कारण अपनी मंजिल न पा सका, लेकिन वह अन्ततः एक नकारात्मक नहीं, बल्कि सकारात्मक चरित्र है। मुक्तिबोध उसकी सीमाओं से परिचित हैं, लेकिन उसके संघर्ष को सहानुभूति ही नहीं, आशंसा के भाव से देखते हैं। पहले जो पंक्ति उद्धृत की गयी है, 'स्फटिक प्रासाद'वाली, उसमें उन्होंने उसके व्यक्तित्व को स्पृहा के साथ 'कोमल' अर्थात् संवेदनशील कहा है।

आगे पुन: वे प्रासाद की सुनसान सीढ़ियों का वर्णन करते हैं, जिन पर चढ़ना बहुत मुश्किल था और जो ब्रह्मराक्षस के भाग्य में ही बदा था। उसकी समस्या यह थी कि वह चिन्तन और कर्म में सामंजस्य स्थापित न कर सका था। यह कठिन कार्य सबके वश का नहीं। उसके लिए वही अभिशप्त था। जैसा कि कहा जा चुका है, उसके लिए उसने बहुत प्रयास किया, लेकिन उसे कोई रास्ता दिखलाने वाला न मिला, सो वह अपने उद्देश्य में चूकता रहा। मुक्तिबोध ने लिखा है : 'उस भाव-तर्क व कार्य-सामंजस्य-योजन- / शोध में / सब पण्डितों, सब चिन्तकों के पास / वह गुरु प्राप्त करने के लिए / भटका!!' तात्पर्य यह कि गुरु की खोज में वह लगातार भटकता रहा, लेकिन परिवर्तित यानी पूँजीवादी युग में उसे गुरु न मिला। पूँजीवादी युग में वह सम्भव भी नहीं था, क्योंकि उसमें किसी को ज्ञान नहीं दिया जाता है, गुरु लोग अपनी कीर्ति का व्यवसाय करते हैं। उनका ध्यान अपने लाभ के लिए किये गये कार्यों पर रहता है, जिनसे वे धन प्राप्त कर सकें। इस धन में लिप्त

मन सत्य का धोखा अर्थात् मरीचिका ही खड़ी कर सकता था। इस तरह सत्यशोधक की खोज पूरी न हुई। इस प्रसंग में मुक्तिबोध की कहानी 'ब्रह्मराक्षस का शिष्य' को भी याद किया जा सकता है, जिसमें एक व्यक्ति गुरु की ही तलाश करता हुआ ब्रह्मराक्षस से मिलता है, जो अन्त में उसे यह बतलाता है कि वह इस योनि को इसलिए प्राप्त हुआ कि उसके पास जो ज्ञान था, उसे लोक को अर्पित नहीं किया था, यानी उसे लेकर अपने तक ही सिमटा रहा था।

प्रस्तुत कविता का ब्रह्मराक्षस जब मनुष्य-योनि में था, तो आत्मनिष्ठ था, लेकिन उसकी आकांक्षा थी कि वह विश्वनिष्ठ बने। इस कारण उसके भीतर एक बे-बनाव अर्थात् अन्त:संघर्ष की स्थिति बनी रहती थी। वह अपने को लघु समझता था और सार्वजनीनता को ही महान् मानकर उसके प्रति समर्पित न होने के कारण मन में हमेशा विषण्ण रहता था। इसके बाद मुक्तिबोध ने जो कुछ कहा है वह बहुत महत्त्वपूर्ण है, खास तौर से हिन्दी की उस प्रगतिशील काव्यधारा के प्रसंग में, जो व्यक्तित्व की लघुता को कोई महत्त्व न देकर उसे समाज के लिए न्यौछावर कर देना चाहती थी। मुक्तिबोध का कथन है :

मेरा उसी से उन दिनों होता मिलन यदि
तो व्यथा उसकी स्वयं जीकर
बताता मैं उसे उसका स्वयं का मूल्य
उसकी महत्ता!

व उस महत्ता का
हम सरीखों के लिए उपयोग,
उस आन्तरिकता का बताता मैं महत्त्व!!

इस कथन का एक-एक शब्द मूल्यवान् है, स्वर्णाक्षरों में लिखने योग्य। मुक्तिबोध कहते हैं कि सत्यशोधक की परेशानी बहुत कुछ बेमतलब थी। वह अपने आपको हीन मानकर जो समाज के चरणों में अपने स्व को विसर्जित करना चाहता था, उसकी जरूरत नहीं थी। कारण यह कि समाज के साथ-साथ व्यक्ति की निजता का भी महत्त्व है। उसके अभाव में व्यक्ति संवेदनशील प्राणी न रहकर एक यन्त्र बन जाएगा। इस तरह मध्यवर्ग के जो बुद्धिजीवी अपने व्यक्तित्व से छुटकारा पाने में असमर्थ हैं, उनके लिए यह ज्ञातव्य है कि उनके स्व, उनके भीतरी जगत् और उनकी आन्तरिकता का भी महत्त्व है। उसे सुरक्षित रखते हुए समाज को समर्पित होना है, न कि उसे त्यागकर। ऐसी स्थिति में सत्यशोधक का भीतर और बाहर के

संघर्ष में पड़कर समाप्त हो जाना एक विकट त्रासदी थी। इस कविता की निम्नलिखित पंक्तियाँ उचित ही बार-बार उद्धृत की गयी हैं :

पिस गया वह भीतरी
औ' बाहरी दो कठिन पाटों बीच,
ऐसी ट्रैजेडी है नीच!!

ब्रह्मराक्षस बावड़ी में स्नान करता हुआ लगातार पागलपन-भरे प्रतीकों के माध्यम से अपने दुखद अन्त की ही कहानी कहता रहता है कि किस तरह वह अपने कमरे में ही सारा सोच-विचार करता रहा और अन्ततः समाप्त हो गया। उसका समाप्त होना या मरना किसी सघन झाड़ी के अँधेरे और कँटीले कोटर में मरे हुए पक्षी की तरह लुप्त हो जाना था। मुक्तिबोध यहाँ पर दो बातें कहते हैं। एक तो यह कि 'वह ज्योति अनजानी सदा को खो गयी' और दूसरी यह कि 'यह क्यों हुआ! / क्यों यह हुआ!!' कहा जा चुका है कि सत्यशोधक एक सकारात्मक चरित्र है। इस कारण उसकी अन्तःसंघर्षजनित पीड़ा का भी उन्होंने उपहास नहीं किया है, जिसका प्रमाण यह है कि जहाँ उन्होंने उसे उसके निजी व्यक्तित्व का महत्त्व बतलानेवाली बात कही है, वहाँ भी कहा है कि 'व्यथा उसकी स्वयं जीकर' अर्थात् वे जो भी उसे बतलाते, उसकी तकलीफ का गहराई से एहसास करते हुए। इसी कारण वे उसे 'अनजानी ज्योति' कहकर याद करते हैं। 'अनजानी' इसलिए कि सत्यशोधक इस संसार में अलक्षित रह गया। इसके अलावा उनकी चिन्ता यह जानने की है कि वह अपने उद्देश्य में विफल क्यों रहा और उसका अन्त इतना त्रासद क्यों हुआ? कहने की आवश्यकता नहीं कि इसका उत्तर कविता में वे दे चुके हैं। इसके बाद भी यदि वे यह सवाल उठाते हैं, तो इसलिए कि उस पर गम्भीरतापूर्वक पाठक ध्यान दें।

अन्त में मुक्तिबोध ने बहुत ही मार्मिकता के साथ यह कहा है कि वे उस ब्रह्मराक्षस का शिष्य होना चाहते हैं, उसकी त्रासदी से द्रवित, जिससे कि वह जिस कार्य को अधूरा छोड़ गया है, उसे तर्कसंगत परिणति तक पहुँचा सकें। उसकी वेदना का स्रोत उसका अधूरा कार्य या उद्देश्य ही है। उसी से वह हमेशा बेचैन बना रहता है और असामान्य व्यवहार करता है। निष्कर्ष यह कि मुक्तिबोध की आकांक्षा अपनी निजता को सुरक्षित रखते हुए कर्म-क्षेत्र में उतरकर अपने व्यक्तित्व के सामाजिक रूपान्तरण की है।

(2001)

‘अन्त:करण का आयतन’ से साक्षात्कार

‘अन्त:करण का आयतन’ भी मुक्तिबोध की एक प्रसिद्ध कविता है। यह उनकी एक लम्बी कविता है, जिसकी पंक्तियाँ उनसे सम्बन्धित आलोचना में बार-बार उद्धृत की जाती रही हैं, भले इस पर समग्र रूप में कभी विचार नहीं किया गया। ‘मुक्तिबोध रचनावली’ (खण्ड दो) में दी गयी सूचना के अनुसार यह कविता सर्वप्रथम ‘कृति’ के मार्च, 1960 के अंक में प्रकाशित हुई थी। यह सूचना तो सही है, लेकिन ‘रचनावली’ के इसी खण्ड के ‘कुछ कवितांश’ शीर्षक परिशिष्ट में पृ. 484 से 487 तक (प्रथम संस्करण) एक कविता का अंश संकलित कर जो सूचना दी गयी है, वह गलत है। वस्तु-स्थिति यह है कि उक्त अंश थोड़े उलट-फेर और अन्तर के साथ इसी कविता का अंश है, जबकि उसे एक स्वतन्त्र कविता का अंश बतलाया गया है, जिसका सम्भावित रचना-काल 1962-63 है। मुक्तिबोध की कविताएँ ‘अपार’ और ‘अथाह’ हैं और उनके लेखन का ढंग भी कुछ खास था, इसलिए यदि उनकी किसी कविता के अंश को लेकर ऐसा भ्रम उत्पन्न होता है, तो वह स्वाभाविक है।

इसी कविता के आसपास लिखी गयी उनकी एक अन्य कविता है : ‘ओ काव्यात्मन् फणिधर’ । यह कविता भी पहली बार ‘कृति’ में ही प्रकाशित हुई थी, उसके नवम्बर-दिसम्बर, 1960 के अंक में। दोनों कविताओं का शिल्प लगभग एक है। पहली कविता में मुक्तिबोध का काव्य-सर्प यात्रा करता है और दूसरी कविता में उनकी काव्य-संवेदना। पहली कविता स्पष्टत: उनकी कविता का वह रूप प्रस्तुत करती है, जो उनके लिए वांछनीय है। दूसरी कविता उनकी संवेदना के विस्तार का पता देती है, यद्यपि वे कहते हैं कि ‘अन्त:करण का आयतन संक्षिप्त है’! गहन आत्मचरित्रात्मक स्पर्श दोनों ही कविताओं में है, यद्यपि पहली में अप्रकट रूप में और दूसरी में पूर्णत: प्रकट रूप में। दूसरी कविता के आरम्भ में ही मुक्तिबोध कह देते हैं कि चूँकि उनकी संवेदना अत्यन्त सीमित है, इसलिए वे ऐसे नहीं कि उनके साथ कोई व्यक्ति आत्मीयता अनुभव कर सके! इस बात से उन्हें

बहुत बेचैनी होती है, क्योंकि उनकी संवेदना विस्तृत होने के लिए निरन्तर सक्रिय है। उनके शब्द हैं, 'पर, क्या करूँ / यह छाँह मेरी सर्वगामी है!' 'छाँह' आत्मपरकता की संकेतक है। यह छाँह ही यात्रा करती है, चतुर्दिक् फैलती है, इसलिए पुनः कह सकते हैं कि मुक्तिबोध व्यक्तित्व के विकास के पक्ष में थे, उसे छोड़ने के पक्ष में नहीं।

उक्त छाँह के बारे में कवि की इस उक्ति को देखना जरूरी है :

हवाओं में अकेली साँवली बेचैन उड़ती है
कि श्यामल-अंचला के हाथ में
तब लाल कोमल फूल होता है
चमकता है अँधेरे में
प्रदीपित द्वन्द्व-चेतस् एक
सत्-चित्-वेदना का फूल
उसको ले
न जाने कहाँ किन-किन साँकलों को
खटखटाती वह...

चूँकि वह 'छाँह' है, इसलिए 'साँवली' और 'श्यामल-अंचला' है, लेकिन यह मुक्तिबोध का व्यक्तित्व है, जो सत्-चित्-वेदना से युक्त है। इस वेदना को लिये पता नहीं वह कहाँ-कहाँ भटकता है। ध्यातव्य है कि उन्होंने जो सत्-चित्-आनन्द था, उसे सत्-चित्-वेदना में परिणत कर दिया, जिसका सीधा अर्थ है पीड़ामय यथार्थ-बोध। जब जन-जीवन, इतिहास की निर्मात्री जनता और मनुष्यता इतने कष्ट में है, तो यथार्थ का बोध आनन्ददायक कैसे हो सकता है? लेकिन मुक्तिबोध की विशेषता है कि उनका पीड़ामय यथार्थ-बोध परस्पर विरोधी सामाजिक शक्तियों के बीच चलनेवाले द्वन्द्व के बोध से भी युक्त है, जिससे उनके निराशाग्रस्त या 'सिनिक' होने की आशंका दूर हो जाती है। वे जानते हैं कि इसी द्वन्द्व के द्वारा व्यवस्था बदलती है और इतिहास विकास करता है। साधारण यथार्थवादी कवियों से यह उनका महत्त्वपूर्ण फर्क है, जो उन्हें ब्रेख्त और नेरूदा की पाँत में बैठा देता है।

पूरी कविता छोटे-बड़े दस खण्डों में विभाजित है, यद्यपि कवि ने 'ओ काव्यात्मन् फणिधर' की तरह इसे स्पष्ट रूप से खण्डों में नहीं बाँटा है। इनमें से अधिकांश खण्डों में, जैसा कि ऊपर संकेत किया गया है, मुक्तिबोध की काव्य-संवेदना की यात्रा का वृत्तान्त अंकित है। सर्वप्रथम वह संवेदना पूँजीपतियों के पास जाती है और उन्हें जगाने का प्रयास करती है, लेकिन वे दरवाजा नहीं खोलते। तब वह उनके स्वप्नों में वर्ग-संघर्ष का भयानक कोलाहल भर देती है। वे देखते हैं कि

नीला आकाश निरन्तर नीचे उतरता आ रहा है, जिससे उसकी छत से टकराकर उनके सिर और चेहरे लहूलुहान हो जाते हैं। चारों ओर एक डरावना और उजाड़ प्रकाश फैला हुआ है। वे घबड़ाकर जग पड़ते हैं और चिन्ताक्रान्त होकर सोचने लगते हैं कि 'बेबीलौन सचमुच नष्ट होगा क्या?' यह उनका 'अनिवार्य-सा भवितव्य' है, जिसे मुक्तिबोध स्पष्टतः प्रतीकों के माध्यम से उपस्थित करते हैं। यह भी उनकी विशेषता है कि वे अपनी प्रतीकात्मक और फैण्टेसीवाली रचनाओं में प्रतीकों और फैण्टेसी का अर्थ साफ करते चलते हैं, जिससे पाठकों को उनका आशय ठीक-ठीक ग्रहण करने में कठिनाई न हो। यह चीज उनकी कविता की संरचना या बनावट को क्षतिग्रस्त नहीं करती, बल्कि हमें यह सूचना देती है कि उनकी रचना-प्रक्रिया अचेतन और चेतन दोनों ही स्तरों पर सक्रिय रहती है और दोनों के बीच आवाजाही होती रहती है। कहने की आवश्यकता नहीं कि बेबीलौन आधुनिक पूँजीवादी सभ्यता का प्रतीक है।

इस खण्ड के अगले अंश में भग्नस्वप्न पूँजीपतियों को पूँजीवादी व्यवस्था द्वारा पैदा की गयी प्रभावशाली संस्कृति, उस सभ्यता की महार्घ्य उपलब्धियाँ, उसके आदर्श और उन आदर्शों के महान् भाष्यकार, जिनमें विचारकों से लेकर कवि तक शामिल हैं, याद आते हैं, क्योंकि वे सब नष्ट होनेवाले हैं। पाठकों को 'अँधेरे में' कविता के उस फासिस्ट जुलूस की याद होगी, जिसमें उद्योगपतियों और विद्वानों के साथ प्रकाण्ड आलोचक तथा जगमगाते कविगण भी चल रहे हैं! मुक्तिबोध सामाजिक संघर्ष की कविता लिखते हुए पूँजीवादी सभ्यता के किसी भी पक्षधर को नहीं भूलते, वे उद्योगपति हों, या विचारक, या कवि-लेखक। उक्त महान् भाष्यकारों को पूँजीवादी लोग प्रतापी सूर्य समझते हैं, लेकिन वे कहते हैं कि इस सूर्य के भीतर विकराल काले धब्बे हैं, जिनसे गिद्धों का दल निकलता है और पृथ्वी पर झपट्टा मारता है। ये गिद्ध अपनी नुकीली चोंच से हमारी आँखें निकालकर खा जाएँगे और इस तरह हमें अन्धा बना देंगे, जिससे कि हम सत्य को न देख सकें। कवि की संवेदना इस दृश्य की कल्पना करती है और ग्लानि तथा विरक्ति से भर उठती है। उसे मितली आने लगती है, क्योंकि उसके गिर्द जैसे पीली धूल के बगूले उठने लगते हैं और उनमें म्युनिसिपैलिटी के गन्दे कागजों का कचरा उड़ने लगता है।

लेकिन यह मुक्तिबोध की काव्य-संवेदना की यात्रा का एक पड़ाव है। कविता के अगले खण्ड में वह यात्रा के दूसरे पड़ाव पर पहुँचती है, तो भिन्न दृश्य देखती है। अब वह पूरे पहाड़ों पर स्तब्ध खड़ी है और उसकी आँखों के सामने मैदानी इलाकों में, जहाँ साधारण जन बसते हैं, गहन वर्ग-संघर्ष छिड़ा हुआ है :

गगन में, भूमि पर, सर्वत्र दिखते हैं
तड़प मरते हुए प्रतिबिम्ब
जग उठते हुए द्युति-बिम्ब
दोनों की परस्पर-गुँथन
या उलझाव लहरीला
व उस उलझाव में गहरे,
बदलते जगत् का चेहरा!!

लक्ष्य करने योग्य है कि इन पंक्तियों में 'प्रतिबिम्ब' और 'द्युति-बिम्ब' संघर्षरत दो पक्ष हैं, मरणशील और प्रगतिशील सामाजिक शक्तियों के। 'प्रतिबिम्ब' काला होता है, इसलिए मुक्तिबोध ने जान-बूझकर अपर पक्ष के लिए 'द्युति-बिम्ब' का प्रयोग किया है। उनकी दूसरी जो उक्ति ध्यान देने लायक है, वह यह है कि इसी गहन संघर्ष में संसार का चेहरा बदलता है, यानी क्रान्तिकारी परिवर्तन होता है। पूर्वी यूरोप के देशों और सोवियत संघ में कथित समाजवादी व्यवस्था के ध्वस्त होने के बाद कुछ लोगों को ऐसा लग सकता है कि मुक्तिबोध वर्ग-संघर्ष के मिथक में कैद होकर ये बातें कह रहे हैं। लेकिन वास्तविकता यह है कि जहाँ भी गलत व्यवस्था है, जनता संघर्षरत है और उसका वह संघर्ष वर्ग-संघर्ष ही है, कुछ और नहीं। उसे देखने के लिए इतिहास से प्राप्त वह भेदक दृष्टि चाहिए, जो मुक्तिबोध के पास थी। मतलब यह कि 'यह कथा नहीं है, यह सब सच है, हाँ भई!!'

मुक्तिबोध की बड़ी भारी विशेषता यह है कि उनकी कविता में संघर्ष ही संघर्ष नहीं है, उसमें शान्ति के क्षेत्र भी हैं। इसी कारण वह सम्पूर्ण जीवन को घेरती है, जिससे उसमें एक तरह की पूर्णता है। 'अन्तःकरण का आयतन' में आगे उनकी काव्य-संवेदना अनेक समुद्रों को पार कर दूरवर्ती देशों में पहुँचती है और वहाँ अपने अपरिचित, लेकिन प्रियतर जनों का चरण-स्पर्श करती है, उन्हें सीने से लगाती है, उनके घरों में घूमती है और लैम्प जलाती है, उनकी लौ बड़ी करती है। उन प्रियतर जनों में प्रेमी-युगल भी हैं, जिन्हें मधुर एकान्त में वह अपने संवेदनात्मक ज्ञान के ताजे पारिजात भेंट करती है। वे जब मुग्ध होकर एक-दूसरे का आलिंगन करते हैं और प्रणय-संवाद में डूब जाते हैं, तो कवि की सम्पूर्ण चेतनाग्नि उनकी अनुभवजन्य ज्ञानात्मक संवेदना को आत्मसात् कर लेती है। फिर उसके सामने जो मनोहर दृश्य प्रस्तुत होता है, वह यह है : गहन आत्मीयता की सघन छायावाले अँधेरे वृक्ष के नीचे सुगन्धयुक्त एकान्त में खड़ी 'नीलतन दो चन्द्र-रेखाएँ' अर्थात् उपर्युक्त प्रेमी-युगल जब अपनी चेतनाओं को परस्पर संयुक्त करते हैं, तो भभककर उनसे आग निकल पड़ती है। ये ऐसे निष्कर्ष हैं, जिन्हें देखकर प्रेमी-युगल चमत्कृत हो उठते

हैं। मुक्तिबोध के अनुसार प्रेम की सारी पुरानी सीमाओं का अतिक्रमण कर एक-दूसरे से एकाकार होनेवाले ये प्रेमी विद्रोही हैं। वे 'अँधेरे औ' उजाले के भयानक द्वन्द्व' की पीड़ा से गुजरकर यहाँ तक पहुँचे हैं। स्वभावतः वे उनकी सामाजिक क्रान्तिकारी चेतना का भी स्रोत बन जाते हैं। इस तरह उनकी क्रान्तिकारिता का उद्गम-बिन्दु है सामाजिक बन्धनों से परे आत्माओं के मिलन पर आधारित मनुष्यों का प्रेम। कविता का यह अंश भी द्रष्टव्य है :

कि मेरी छाँह
अपनी बाँह फैलाती
व अपने प्रियतरों के ऊष्म-श्वस् व्यक्तित्व
की दुर्दान्त
उन्मद बिजलियों में वह
अनेकों बिजलियों से खेल जाती है,
व उनके नेत्रों को दीखते परिदृश्य में
वह मुग्ध होकर फैल जाती है,
जगत्-सन्दर्भ अपने स्वयं के सर्वत्र फैलाती
अपने प्रियतरों के स्वप्न, उनके विचारों की वेदना जीकर,
व्यथित अंगार बनती है;
हिलगकर, सौ लगावों से भरी,
मृदु झाइयों की थरथरी
उतरती है खदानों के अँधेरे में
वह और अगले स्वप्न का विस्तार बनती है।

स्पष्ट है कि प्रेमियों के व्यक्तित्व में दौड़नेवाली उन्मद बिजलियाँ कवि को अनेकों दूसरी बिजलियों से खेलने की प्रेरणा देती हैं, उनकी आँखों के परिदृश्य में पहुँचकर वह सारे संसार में व्याप्त हो जाता है, उनके स्वप्नों और विचारों को आत्मसात् कर वह व्यथायुक्त अंगार में बदल जाता है और रोमांचित हो-होकर अँधेरे खदानों में उतरता है, जहाँ कार्यरत मजदूरों से एकात्म होकर व भविष्य का स्वप्न प्राप्त करता है।

आगे की पंक्तियों में मुक्तिबोध का स्वर मस्ती से भर उठता है और वे अपनी छाँह अर्थात् अपनी काव्य-संवेदना के बारे में, जो कि प्रेम से प्रेरित और विस्फूर्जित है, कहते हैं :

कि वह तो भटकती रहती
व ज्यादा स्याह होती है
हृदय में वह किसी के सुलगती रहती

उलझकर, मुक्तिकामी श्याम गहरी भीड़ में चलती
उतरकर, आत्मा के स्याह घेरे में
अचानक दृप्त हस्तक्षेप करती है
सिखाती सीखती रहती,
परखती, बहस करती और ढोती बोझ
मेहनत से,
जमीनें साफ करती है,
दिवारों की दरारें पूरती-भरती,
व सीती फटे कपड़े, दिल रफू करती,
किन्हीं प्राणांचलों पर वह कसीदा काढ़ती रहती
स्वयं की आत्मा की फूल-पत्ती के नमूने का!!

वह संवेदना खदानों में उतरने के बाद से भटकते रहने से गर्द-गुबार से और स्याह हो जाती है, लेकिन उसका व्यवहार एक तरफ क्रान्तिकारी है—लोगों के दिलों में सुलगते रहना, मुक्तिकामी जनता के जुलूस में चलना, जो आत्माएँ भीतर से स्याह हैं, उनमें पैठकर जोरदार हस्तक्षेप करना, लोगों को सिखाने के माध्यम से स्वयं भी सीखते रहना, सच्चाई को जानना, बहस-मुबाहिसा करना और श्रमिकवर्ग से एकात्मता कायम करना—तथा दूसरी तरफ अत्यन्त मानवीय—फटे कपड़े ही नहीं सीना, दिलों को भी रफू करना तथा लोगों के प्राणांचलों पर कसीदाकारी करना, अपनी सुन्दर विस्तृत आत्मा की फूल-पत्ती के नमूने काढ़ देना। इसी का विस्तार कविता के आगामी खण्ड में भी देखने को मिलता है, जिसमें मुक्तिबोध कहते हैं कि उनकी काव्य-संवेदना नये-नये रास्तों पर भटकती रहती है, जिसमें उदास और दुःखी लोगों को सान्त्वना देती है, खाइयों, घाटियों और पहाड़ों के कगारों पर मिलनेवालों को प्यार से लिपटाकर और चूमकर उनके भीतर विश्व-चेतस् अग्नि प्रज्वलित कर देती है। तब उनकी गरम साँसों से वैसी ही क्रान्तिकारी लपट फूटती है, जैसी ऊपर अँधेरे वृक्ष के नीचे प्रेमी-युगल के मिलन से फूटी थी।

संवेदना की व्यापकता के परिणामस्वरूप कवि का जैसे व्यक्तित्वान्तरण हो जाता है, जिससे वह खुलकर न्याय के पक्ष में खड़ा हो जाता है। वह कहता है कि मामला प्रेम का हो, या युद्ध का और वह संसार में कहीं भी हो, सर्वत्र उसका एक अपना पक्ष है। सर्वत्र वह उपस्थित है, कभी साक्षात्, कभी अपने आत्मीय प्रतिनिधि के माध्यम से—

मैं देखता क्या हूँ कि—
पृथ्वी के प्रसारों पर
जहाँ भी स्नेह या संगर,

वहाँ पर एक मेरी छटपटाहट है,
वहाँ है जोर गहरा एक मेरा भी;
सतत मेरी उपस्थिति, नित्य-सन्निधि है।
एक मेरा भी वहाँ पर प्राण-प्रतिनिधि है
अनुज, अग्रज, मित्र
कोई आत्म-छाया-चित्र!!

यहीं पर वे पंक्तियाँ आती हैं, जो मुक्तिबोध को एक प्रतिबद्ध ही नहीं, पक्षधर कवि के रूप में उपस्थित करती हैं। उनकी उल्लम्बबाहु घोषणा है :

धरती के विकासी द्वन्द्व-क्रम में एक मेरा छटपटाता वक्ष,
स्नेहाश्लेष या संगर कहीं भी हो
कि धरती के विकासी द्वन्द्व-क्रम में एक मेरा पक्ष
मेरा पक्ष, नि:सन्देह!!

'धरती का विकासी द्वन्द्व-क्रम' स्पष्टत: मार्क्स और एंगेल्स द्वारा निरूपित वह वर्ग-संघर्ष है, जो आदिम समाज के बाद सभ्यता के विकास का मूल कारक है। इस तरह ये पंक्तियाँ इस बात का ठोस प्रमाण प्रस्तुत करती हैं कि मुक्तिबोध मार्क्सवादी विचारधारा में विश्वास रखते थे। यहाँ यह कहने की जरूरत इसलिए आ पड़ी है कि हिन्दी में कभी-कभी इस बात को लेकर भी शंका उठाई जाती है। यह जरूर है कि वे स्तालिनवादी नहीं थे। यह उनके सर्जनात्मक कृतित्व से तो सिद्ध होता ही है, उनकी दो टिप्पणियों—'कम्यूनिज्म का संक्रमण-काल' और 'साम्यवादी राष्ट्रों की नयी समस्या'—से भी सिद्ध होता है, जिनमें उन्होंने अस्तालिनीकरण की प्रक्रिया का जोरदार समर्थन किया है।

इसके बाद कवि के सामने जनपथ का दृश्य आता है, जिससे जनसाधारण गुजरता रहता है। यह दृश्य उसे अलौकिक प्रतीत होता है, क्योंकि जनसाधारण के प्रति उसके मन में विलक्षण आत्मीयता रही है। अपनी 'सहर्ष स्वीकारा है' शीर्षक प्रगीतात्मक कविता में उसने जनता से कहा था : 'जाने क्या रिश्ता है, जाने क्या नाता है / जितना ही उँड़ेलता हूँ, भर-भर फिर आता है / दिल में क्या झरना है?' इस कविता में भी पूर्वोक्त दृश्य और अपने ऊपर पड़नेवाले उसके प्रभाव का वर्णन वह इन शब्दों में करता है :

मुझको तो समूचा दृश्य धरती की सतह से उठ,
नवल आकाश के प्रत्यक्ष मार्गों-सेतुओं
पर चल रहा दिखता

व उस आकाश में से बरसते मुझ पर
सुगन्धित रंग-निर्झर और
छाती भीग जाती है, व आँखों में
उसी की रंग-लौ कोमल चमकती-सी।

तत्पश्चात् मुक्तिबोध की कल्पना फैण्टेसी के स्तर पर पहुँच जाती है। उनके सामने एक काला चेहरा भयानक हँसी हँसता हुआ प्रकट होता है। वे कहते हैं कि वह 'मेरी अँधेरी खाइयों में / कार्यरत कमजोरियों के छलभरे षड्यंत्र का / केन्द्रीय संचालक' है, जो उन्हें अज्ञात गुफाओं में कैद रखता है, जिससे कि स्फूर्ति के साथ वे कर्म-जगत् तक नहीं पहुँच पाते। उसका मुकाबला करने के लिए उनका मन गुफाओं तक जाता है, तो यह पाता है कि उनकी दीवारों पर जो आईने लगे हैं, उनमें कोई चेहरा अविकृत रूप में नहीं दिखलाई पड़ता, न उनका अपना, न संसार का। जो दिखलाई पड़ता है वे विकृत और उद्भ्रान्त प्रतिबिम्ब हैं। यह मुक्तिबोध की आत्मसमीक्षा है, जो उनकी जगत्-समीक्षा या सभ्यता-समीक्षा के साथ चलती रहती है। इसी से उनकी कविता में वह जोर है, जो किसी अन्य प्रगतिशील कवि में देखने को नहीं मिलता। यहाँ वे विकट प्रश्न करते हैं। पूछते हैं कि ये आईने साफ क्यों नहीं किये गये? उनकी पुनर्रचना क्यों नहीं की गयी? इस रूप में तो वे किसी काम के नहीं हैं! उनका संकेत स्पष्टत: आत्मसंघर्ष के द्वारा आत्म पर विश्व को स्थापित करने की ओर है।

फिर उन्हें एक जादुई संगीत सुनायी पड़ता है, जो क्रमश: पास आता जाता और प्रकाश में परिवर्तित होता जाता है। स्वर किरणों में बदलता है और किरणें वाक्यों में। उन वाक्यों में 'सहस्रों पीढ़ियों ने विश्व का / रमणीयतम जो स्वप्न देखा था', वह अंकित है, जो वस्तुत: वह मानववाद है, जिसकी इतिहास में एक सुदृढ़ परम्परा है। फिर यह चमत्कार होता है कि वह स्वप्न उपर्युक्त गन्दे-अँधेरे आईनों में एक आकृति का रूप लेकर प्रकट होता है। आकृति कैसी है? कहते हैं, 'प्रतेजस-आनना / प्रतिभामयी मुख-लालिमा / तेजस्विनी लावण्य-श्री / प्रत्यक्ष, / बिलकुल सामने!!' यहाँ मुक्तिबोध का स्वर किस कदर मस्ती से भर उठा है, देखने लायक है : 'शायद शमा कोई अचानक मुसकराई थी'। उनके भीतर गहन संवेदनाओं के कई रंग-बिरंगे फानूस झलमला उठते हैं। लेकिन तभी अपने कन्धे पर उन्हें एक ठंढा स्पर्श महसूस होता है और वे काँप उठते हैं। उनके सामने काला लबादा ओढ़े एक चेहरा है, जो चीखते हुए शब्दों, लेकिन सुरीली आवाज में उनसे कहता है कि तुम मुझसे भागो मत, क्योंकि समाज में जो द्वन्द्व चल रहा है, उसका समाधान कल्पना या स्वप्न के द्वारा सम्भव नहीं है। यह द्वन्द्व अपनी तर्कसंगत परिणति प्राप्त

करके ही हल होगा, समन्वय के द्वारा नहीं। समन्वय एक झूठी चीज है। सत्य है क्रान्ति, जिसमें सारे सूर्यों में विस्फोट हो जाएगा, उनके केन्द्र ध्वस्त हो जाएँगे और उड़कर सम्पूर्ण ब्रह्माण्ड में उनके टुकड़े बिखर जाएँगे। वह स्याह परदे से ढँका चेहरा अन्त में उनसे यह कहता है कि तुम सूर्यों के विनाश में योग दो, क्योंकि बिना संहार के सृजन सम्भव नहीं है। सहसा कवि में एक उद्वेग पैदा होता है और वह उस आकृति पर टूट पड़ता हुआ उसका आवरण उठाकर फेंक देता है। अब वह निर्वाक् है, क्योंकि उसके सामने और कोई नहीं, वह प्रतेजस-आनना ही है, 'लावण्य-श्री मित्र-स्मिता'। इस 'मित्र-स्मिता' शब्द पर गौर किया जाना चाहिए, जिसका अर्थ सूर्य के समान स्मितवाली है, मित्रवत् मुस्कुराने वाली नहीं, क्योंकि आगे यह पंक्ति आती है : 'जिसने अँधेरे आईने में सिर उठाया था।' कवि फिर कहता है कि सहस्रों पीढ़ियों ने विश्व का जो रमणीयतम स्वप्न देखा था, वह उसी का मूर्तिमान् रूप है। इस स्वप्न का मन पर जो प्रभाव पड़ता है, उसका कवि कृत वर्णन देखे बगैर इस कविता की शक्ति और सौन्दर्य से परिचय न होगा, इसलिए यहाँ वह उद्धृत है, यह जानते हुए भी कि काव्य-समीक्षा को उद्धरणबहुल बनाना उचित नहीं और उसमें जोर विश्लेषण पर होना चाहिए, आस्वादन पर नहीं :

स्वप्न के आवेश में यह जी
सुकोमल चाँदनी की मन्द नीली श्री
क्षितिज पर देख,
फसलों के महकते सुनहले फैलाव
में ही चला जाता है
व आँखों में चमकतीं चाँद की लपटें
हृदय में से
निकलती आम्र-तरु-मधु-मंजरी की गन्ध।

जो विद्वान् मुक्तिबोध की काव्य-भाषा को ऊबड़-खाबड़ कहते हैं, वे उनकी कविता में भाषा का यह मिजाज भी देखें, साथ ही यह कि उनकी विचारधारा कितनी मानवीय थी। स्मरणीय है कि यह वही स्वप्न है जो संहार और नाश की बात कहता है। मुक्तिबोध की कविता को समझने का मतलब ही है संहार और सृजन के बीच के, क्रान्ति और सौन्दर्य के बीच के सम्बन्ध को समझना।

कवि आगे बढ़ता है और आम्र-मंजरी का एक दूधिया गुच्छा तोड़ लेता है। वह यह देखकर चकित होता है कि उसके प्रत्येक फूल में उसके प्रियजनों का तेज-स्मित चेहरा झाँक रहा है। घबड़ाकर वह उस गुच्छे को वापस डाल में लगा देता है, चेहरे फिर मुस्कुराने लगते हैं और इस जादू में वह फँसता चला जाता है। यहाँ

मुक्तिबोध आत्मसमीक्षात्मक दो मार्मिक पंक्तियाँ लिखते हैं : 'मुझको तोड़ने की बुरी आदत है / कि क्या उत्पीड़कों के वर्ग से होगी न मेरी मुक्ति!!' तात्पर्य यह कि वे स्वीकार करते हैं कि अपने वर्ग के लोगों को वे उनके वर्ग-डाल से अलग करते रहे हैं, क्योंकि वे उत्पीड़क वर्ग से सम्बद्ध हो गये हैं। वे इसके लिए चिन्तित हैं कि कब उस वर्ग के प्रभाव से मुक्त होंगे? उन्होंने अपने आलोचनात्मक लेखों में भी यह कहा है कि नये कवि निम्नमध्यवर्ग में पैदा होते हैं, लेकिन आगे जाकर अवसरवाद के प्रभाव में उससे विश्वासघात कर ऊपर के वर्ग में शामिल होने में लग जाते हैं। वे इसके लिए एक हद तक अपने को भी दोषी पाते हैं।

कविता के नौवें खण्ड में उपर्युक्त प्रतेजस-आनना मूर्ति कवि को पुनः मुस्कुराती हुई दिखलायी पड़ती है और उससे छिटककर किरणें सर्वत्र फैल जाती हैं। उन किरणों में उसे अपना चेहरा भयानक रूप से विद्रूप प्रतीत होता है। इसी समय उसके कानों में सान्ध्य वेला में शिप्रा-तट पर महाकाल के मन्दिर में गायी जानेवाली आरती का आकाश और भूमि-व्यापी स्वर सुनायी पड़ता है, लेकिन उसकी चेतना चूँकि विरोधात्मक या द्वन्द्वात्मक है, इसलिए वह इस स्वर के साथ एक और एक स्वर सुनता है—'भयानक श्वानदल का ऊर्ध्व क्रंदन'। यह मिथक के समानान्तर यथार्थ की अप्रिय आवाज है, जो उसे इसलिए सुनायी पड़ती है कि रात-दिन उसके पीछे वह प्रतेजस-आनना पड़ी हुई थी। इसके बारे में कहा जा चुका है कि वह वस्तुतः विश्व-चेतना है; जो कवि को उस क्रान्ति में योग देने के लिए प्रेरित करती है, जो कि सच्चे सौन्दर्य का स्रोत है।

'अन्तःकरण का आयतन' के अन्तिम खण्ड में मुक्तिबोध इस बात पर हर्ष प्रकट करते हैं कि जिस सौन्दर्य को वे खोजते फिरते थे और जो काले लबादे में उनका पीछा करता था, वह आज उन पर उद्‌घाटित हो गया। यह खण्ड 'चाँद का मुँह टेढ़ा है' के पाठ के अनुसार 'कि उद्‌घाटित हुआ वह आज' इस पंक्ति से शुरू होता है, जो कि 'रचनावली' में संकलित पाठ में अनुपस्थित है। सम्भव है, यह पंक्ति मुक्तिबोध ने अनावश्यक समझकर स्वयं छोड़ दी हो, या यह कविता के कथित अन्तिम प्रारूप में गलती से छूट गयी हो। आगे वे कहते हैं कि अब मैं जीवन के प्रश्नों से भागता नहीं, क्योंकि अब वे मुझे आकाश में चमकते रक्त-वर्ण तारे-से लगते हैं, मंगल-ग्रह-से, जो साहसिक यात्रा-पथों पर निकलने के लिए मेरा आह्वान करता है। वह प्रश्न-तारक कवि से कहता है : मैं तो एक साधन-मात्र हूँ, एक अस्त्र-सज्जित रथ, जो तुम्हें तुम्हारे गन्तव्य तक ले जाएगा। तुम इस पर सवार होओ, हृदय और बुद्धि के अश्व तुम्हें ले उड़ेंगे और तुम्हें स्वर्णिम उल्का-क्षेत्रों और ज्योतिर्मय तारक-लोकों में विचरण कराएँगे। अपनी भाषा में प्रश्न-लोक तुम्हें बुला रहे हैं। उनकी आवाज तुम ध्यान से सुनो। पाठकों को यह भी याद होगा कि

'कामायनी' के रहस्य-सर्ग में श्रद्धा मनु को आकाश में स्थित तीन ग्रह दिखलाती है, जो क्रमशः इच्छा, कर्म और ज्ञान के प्रतीक हैं। बाद में वह अपनी स्मिति से उन तीनों ग्रहों को मिला देती है, जिससे दृश्य बदल जाता है और मनु के भीतर भी इच्छा, कर्म और ज्ञान, जो अब तक अलग-अलग थे, मिलकर उन्हें समरसता की अवस्था में पहुँचा देते हैं। यह सही है कि मुक्तिबोध पर हिन्दी के आधुनिक कवियों में से प्रसाद का गहरा प्रभाव था, पर इस फर्क के साथ कि उनकी कविता में आकर प्रसाद की कविता से गृहीत उपादानों के अर्थ बिलकुल बदल जाते हैं। ताज्जुब नहीं कि 'कामायनी' के जो ग्रह-लोक मन की समरसता-प्राप्ति के साधन थे, वे मुक्तिबोध की इस कविता में प्रश्न-लोक या समस्या-लोक में बदल गये हैं। उनका कहना है, ये प्रश्न ही उत्तर तक ले जाएँगे, इसलिए उन्हीं से जूझना है, उन्हीं को गहराई से समझना है। परम्परा-प्राप्त उत्तर या समाधान व्यर्थ होते हैं।

कहने की आवश्यकता नहीं कि मुक्तिबोध की अन्य कविताओं की तरह उनकी यह कविता भी ज्ञान और संवेदना के मिश्रण से बनी है। उनका ज्ञान है मार्क्सवाद और संवेदना है उनकी मानवीयता। उनकी कविता फैण्टेसी की गलियों में चक्कर लगाते हुए आगे बढ़ती है, उसमें अनेक शाखाएँ फूटती हैं, लेकिन उनकी 'संवेदनात्मक दिशा' एकदम स्पष्ट रहती है। उनके 'अन्तःकरण के आयतन' का विस्तार समाज क्या, पूरे विश्व तक है, लेकिन वे उसे ग्रह-लोक तक विस्तृत देखना चाहते हैं, जो कि वस्तुतः प्रश्न-लोक है, जीवन और समाज से सम्बन्धित सभी प्रश्नों का लोक, जो सही उत्तरों का भी स्रोत है।

(2002)

जाग्रत् मनीषा की कविता

प्रो. नलिनविलोचन शर्मा विद्वान् और आलोचक ही नहीं, रचनाकार भी थे। रचनाकार के रूप में उन्होंने कुछ कहानियाँ और कुछ कविताएँ लिखी हैं। विचित्र बात है कि उनकी इन दोनों प्रकार की रचनाओं में एक विरोध है। उनकी कहानियाँ जहाँ कहानी की क्लासिकी परिभाषा के अनुसार उसके कुछ उत्कृष्ट उदाहरण उपस्थित करती हैं, वहाँ अपनी कविताओं में वे कविता की परम्परागत परिभाषा को ध्वस्त कर कुछ बिलकुल नया रचने का प्रयास करते हैं। इसमें उन्हें सफलता कहाँ तक मिलती है, यह विचारणीय हो सकता है। 12 सितम्बर उनकी पुण्य-तिथि है। इस अवसर पर उनके कवि-रूप को याद करना सार्थक होगा।

नलिनजी नकेनवादी या प्रपद्यवादी कवि के रूप में जाने जाते हैं। 'नकेन' नलिन, केसरी और नरेश की कविताओं का संकलन है। इसका पहला खण्ड 1956 में प्रकाशित हुआ था और दूसरा नलिनजी की मृत्यु के दो दशक बाद 1981 में। केसरीजी ने 'नकेन-1' की 'पस्पशा' शीर्षक भूमिका में, जो संकलन के अन्त में दी गयी है, लिखा है कि नलिनजी की जो कुछ कविताएँ 1936-38 में पत्र-पत्रिकाओं में प्रकाशित हुई थीं, उन्हीं से हिन्दी कविता में प्रयोगवाद का वास्तविक आरम्भ होता है। यहाँ यह ज्ञातव्य है कि नकेनवादी ही अपने को असली प्रयोगवादी मानते थे, लेकिन चूँकि 'प्रयोगवाद' संज्ञा अज्ञेय-सम्पादित 'तार सप्तक' की कविता के लिए प्रचलन में आ चुकी थी, इसलिए उन्होंने उसे छोड़कर अपने लिए 'प्रपद्यवाद' नाम चुना था। 'प्रपद्य' 'प्रयोग' और 'पद्य' इन दो शब्दों के मेल से बना है। बहरहाल, डा. रामविलास शर्मा का मत केसरीजी से भिन्न है। वे प्रयोगवाद का अर्थ 'यथार्थवाद' करते हुए अपनी पुस्तक 'नयी कविता और अस्तित्ववाद' के पहले लेख के पहले अनुच्छेद में ही कहते हैं, ''सन् 21 में 'जब कड़ी मारें पड़ीं दिल हिल उठा' से लेकर सन् 35 में 'गये सूख भरे ताल, हुए रूख हरे शाल' तक निराला काव्य का एक स्वर और है जो छायावाद के परिचित संवादी के सामने विवादी जैसा लगता है। जिनका दावा है कि छायावाद के बाद उन्होंने हिन्दी को

नया लहजा, नया मुहावरा दिया है, वे निराला-काव्य का यह स्वर ध्यान से सुनें।''

नये की जन्म-कुण्डली किसने लिखी, इस टिप्पणी में इस विवाद में पड़ना मेरा उद्देश्य नहीं है। यहाँ मैं उससे हटकर पाठकों के मनोरंजनार्थ नलिनजी का एक गीत दे रहा हूँ, जो 'सुधा' (लखनऊ) के 16 नवम्बर, 1933 के अंक में निकला था, जब वह थोड़े दिनों के लिए पाक्षिक हुई थी। गीत का शीर्षक था 'आशंका' और वह इस प्रकार था :

मधु-मरन्द-परिमल-परिपूरित,
हिम-सिंचित, मोहक मलयानिल
सतत रहेगा क्या आलोड़ित?

उदधि-ऊर्मि पर बुद्बुद-गायन,
रूप-राशि यह नूपुर-शिंजन,
रह जावेंगे यों ही चिर तक
हर्षित, मुकुलित क्या निर्बाधित?

दुःख-विपुल, जीर्ण, वर्जित जीवन
अन्धकार-छाया-भ्रान्ति-सदन
रह जावेगा संस्कृति क्षय तक
प्रेम-किरण से प्रिय आलोकित?

पाठक लक्ष्य करेंगे कि यह गीत निराला की शैली में रचा गया है। क्या यह मात्र संयोग है कि हिन्दी में छायावाद के बाद एक नयी कविता का आरम्भ करनेवाले, वे नलिनजी हों, या केदारनाथ अग्रवाल या स्वयं डा. शर्मा, सभी निराला के अनुकरण में गीत-रचना किया करते थे? केदार उस समय 'बालेन्दु' उपनामधारी थे और डा. शर्मा के नाम के शुरू में उस समय 'डाक्टर' नहीं, अन्त में 'बी.ए.' लगा रहता था। साहित्यिक प्रौढ़ता की प्राप्ति के साथ इन तीनों ने ही आगे चलकर निराला से अपना पथ अलग किया, लेकिन इसके लिए प्रमाण की आवश्यकता न होनी चाहिए कि ये तीनों आजीवन निराला-भक्त बने रहे।

प्रपद्यवाद के प्रवक्ता नकेन के मध्यस्थ कवि प्रो. केसरी कुमार थे। उन्होंने 'नकेन' के दोनों खण्डों की भूमिकाओं—'पस्पशाओं'—में प्रपद्यवाद के कुल अट्ठारह सूत्रों की व्याख्या की है। इन कवियों ने इन सूत्रों को लेकर पश्चिम के अनुकरण पर बाजाप्ता अपना घोषणा-पत्र प्रकाशित किया था। इन सूत्रों में से निस्सन्देह कुछ सीधे बिम्बवाद से लिए गये थे, जो कि अंग्रेजी कविता का एक आन्दोलन था। यह आन्दोलन एजरा पाउण्ड के नेतृत्व में 1912 में कवियों के एक

'ग्रुप' के द्वारा शुरू किया गया था। पाउणड अमरीकी थे, लेकिन उस समय इंग्लैण्ड में रह रहे थे। वहीं से 1914 में आन्दोलन की पत्रिका 'दि इगोइस्ट' प्रकाशित हुई। अमरीका से 1912 से ही 'पोएट्री' नामक पत्रिका निकल रही थी। निश्चय ही उसी से प्रेरित होकर नलिनजी ने भी पटने से 'कविता' नाम की पत्रिका निकाली थी और बाद में केसरीजी ने 'चित्रेतना' नाम से एक पत्रिका का सम्पादन किया। स्मरणीय है कि 'चित्रेतना' नाम पहले 'नकेन' के लिए चुना गया था, पर तीनों कवियों ने अन्ततः उपहास में लोक द्वारा दि;िगये नाम 'नकेन' को ही अपने संकलन के लिए स्वीकार किया। बिम्बवाद से जुड़े हुए अन्य लेखक लारेंस और ज्वायस थे। यह आन्दोलन अंग्रेजी-अमरीकी कविता में बहुत कम महत्त्व रखता है। पाउण्ड ने तो 1914 में ही अपने को उससे अलग कर लिया था, बाकी लेखक भी जल्दी ही उससे विमुख हो गये।

अंग्रेजी में बिम्बवाद के सिद्धान्तकार टी.ई. ह्यूम थे। उनकी प्रसिद्ध पुस्तक है 'स्पेकुलेशंस,' जिसके प्रसिद्ध लेख 'रोमाण्टिसिज्म एण्ड क्लासिसिज्म' में बिम्बवादी कविता के सिद्धान्त प्रस्तुत किये गये हैं। ह्यूम रोमाण्टिसिज्म के विरोधी थे, जो यह मानते थे कि कविगण शब्दों का प्रयोग भावनाओं को धुँधलाने के लिए करते हैं, उन्हें स्पष्ट बनाने के लिए नहीं। प्रपद्यवाद भी छायावाद-विरोधी थे। नलिनजी की यह द्विपदी, यद्यपि विनोदात्मक लहजे में कही गयी, प्रसिद्ध है :

दिल हुआ बेकार है, जो कुछ है सो ब्रेन।
गाय हुई बकेन है, कविता हुई नकेन।

केसरीजी ने भी अनेक स्थलों पर छायावाद को हृद्रोग से पीड़ित कहा है।

अलग से प्राप्त होनेवाले बिम्बवाद के छहों सूत्रों से प्रपद्यवाद के कुछ सूत्रों और मान्यताओं का मेल अनाकस्मिक है। आप वे सूत्र और उनसे प्रपद्यवाद की समानता देखें :

1. *साधारण भाषा का प्रयोग करो, लेकिन सटीक रूप में।* ('प्रपद्यवाद मानता है कि चीजों का एकमात्र सही नाम होता है।')
2. *नयी मनोदशाओं के लिए नयी लयों का सृजन करो।* ('प्रपद्यवादी प्रयुक्त प्रत्येक शब्द और छन्द का स्वयं निर्माता है।')
3. *विषय में पूर्ण स्वतन्त्रता की अनुमति दो।* ('प्रपद्यवाद सर्वतन्त्र स्वतन्त्र है, उसके लिए शास्त्र या दल-निर्धारित नियम अनुपयुक्त हैं।')
4. *बिम्ब प्रस्तुत करो, पर धुँधले रूप में नहीं।* ('प्रपद्यवाद की दृक्‌वाक्यपदीय प्रणाली है' और 'प्रपद्यवाद चित्रेतना है।')

5. *ऐसी कविता रचो, जो कठोर और स्पष्ट हो।* ('दिल हुआ बेकार है...')

6. *केन्द्रण कविता का सार-तत्त्व ('एसेंस') है।* ('प्रपद्यवाद मानता है कि पद्य में उत्कृष्ट केन्द्रण होता है...')

ऐसी स्थिति में यदि पं. नन्ददुलारे वाजपेयी को ऐसा प्रतीत हुआ कि 'नकेनवाद एक ऐसी विचार-सृष्टि थी जैसी यूरोप में बिम्बवादियों की हो गयी है, जिसके प्रतिनिधि एजरा पाउण्ड थे,' तो उसे सर्वथा निराधार नहीं कह सकते। वैसे यह भी सत्य है कि प्रपद्यवादियों ने पश्चिम के अन्य काव्यान्दोलनों का प्रभाव भी लिया था, वर्ना उनका आग्रह सिर्फ छोटी कविताओं की रचना पर होता । इसके अलावा उन्होंने अपने सूत्रों की ऐसी व्याख्या की भी चेष्टा की, जिससे कि वे पूर्ववर्ती सूत्रों से कुछ अतिरिक्त प्रतीत हों।

प्रपद्यवाद के जो सूत्र प्रत्यक्षत: मौलिक हैं, वे भी ऐसे नहीं कि खास हों। वे वस्तुत: श्रेष्ठ कविता-मात्र के सूत्र हैं, यथा भाव और व्यंजना के स्थापत्य, महान् पूर्ववर्तियों की परिपाटियों की भी निष्प्राणता, मुक्त काव्य की जगह स्वच्छन्द काव्य के आदर्श, दृष्टिकोण के अनुसंधान, मिथक की सृष्टि आदि से सम्बन्धित सूत्र। यह सम्भव है कि उन पर जोर नये सिरे से दिया गया हो, या फिर अतिरिक्त रूप में। प्रपद्यवाद के जिस सूत्र को सर्वाधिक क्रान्तिकारी समझकर पेश किया गया, वह था : 'प्रयोगशील प्रयोग को साधन मानता है, प्रपद्यवादी साध्य।' अज्ञेय ने 'दूसरा सप्तक' की भूमिका में कहा था कि "प्रयोग अपने आपमें इष्ट नहीं है, वह साधन है, और दोहरा साधन है, क्योंकि एक तो वह उस सत्य को जानने का साधन है जिसे कवि प्रेषित करता है, दूसरे वह उस प्रेषण की क्रिया को और उसके साधनों को जानने का साधन है। अर्थात् प्रयोग द्वारा कवि अपने सत्य को अच्छी तरह जान सकता है और अधिक अच्छी तरह व्यक्त कर सकता है।" केसरीजी ने इसका यह कहकर विरोध किया कि चूँकि कविता में साधन और साध्य का फर्क नहीं होता, शब्द और अर्थ समान महत्त्व के अधिकारी होते हैं, इसलिए प्रयोग भी एक अखण्ड क्रिया है। वह वस्तुत: कवि-कर्म का पर्याय है, इसलिए उसे मात्र साधन बतलाना गलत है। मानना चाहिए कि यहाँ प्रपद्यवादी सही थे, लेकिन यह तो सिद्धान्त की बात है, जबकि कविता की असली कसौटी व्यवहार है।

'नकेन-2' की तो हिन्दी में नोटिस नहीं ली गयी, लेकिन 'नकेन-1' की 'पसुपशा' का पाठकों पर आतंककारी प्रभाव पड़ा था। प्रो. केसरी कुमार ने उसमें बारीक तर्कों का ऐसा बीहड़ कांतार खड़ा किया था कि साधारण पाठक क्या, विद्वानों के लिए भी वह बहुत कुछ दुर्गम था। साधारण पाठकों ने तो मान लिया कि

जब इतने विश्वास के साथ बातें, बल्कि दावे किये जा रहे हैं, तो निश्चय ही कविता भी उनके अनुरूप ही होगी। लेकिन चूँकि वे आतंकग्रस्त होने के साथ-साथ विभ्रान्त भी थे, इसलिए प्रपद्यवादियों की कविता के पास जाने का साहस ही नहीं किया। केसरीजी ने बीच-बीच में इस प्रकार की टिप्पणी भी की थी कि 'लगभग समस्त आधुनिक हिन्दी साहित्य आज भी किशोरावस्था में ही पड़ा है', सो वे कहीं हीन-भावग्रस्त भी हो गये थे। ऊपर से यह भी कहा गया था कि कविता सब लोगों की चीज नहीं, वह थोड़े-से दीक्षित पाठकों की ही समझ में आ सकती है! इसने ऊँट की पीठ पर आखिरी तिनके का काम किया। गोर्की ने लिखा है कि जो लेखक कथित ऊँचे दर्जे का साहित्य लिखते हैं, उनकी पुस्तकें पुस्तकालय की अलमारियों में ही बन्द रह जाती हैं, उन्हें जनता की पवित्र उँगलियों का स्पर्श नहीं प्राप्त होता। प्रपद्यवादी कवि इसके लिए गौरवान्वित थे कि वे गन्दी-सन्दी जनता की पहुँच से परे हैं। मैंने कभी उन्हें कविसम्मेलनों क्या, गोष्ठियों में भी काव्य-पाठ करते हुए नहीं देखा, जबकि अनेक बार वे दोनों जगह उपस्थित ही नहीं होते थे, कभी-कभी उनके आयोजक भी होते थे। स्पष्ट था कि काव्य-पाठ करनेवाले कवि और उसके श्रोता दोनों ही उनकी दृष्टि में गँवार थे। अज्ञेय का ही कथन है कि कविता ही कवि का परम वक्तव्य है। यह दुखद है कि प्रपद्यवादी कवियों ने इसके उलट अपने वक्तव्य को ही परम कविता माना और उसी से परम तुष्ट रहे। स्वभावतः उन्होंने इसकी चिन्ता ही नहीं कि उनकी कविता पर प्रबुद्ध पाठकों की भी क्या राय है। ऐसी स्थिति में उनके द्वारा कभी-कभी अपनी कविता को अपने काव्यादर्श का 'प्रारूप'-भर कहना उनकी विनयशीलता की सच्चाई में सिर्फ सन्देह पैदा करता है।

जब हम नलिनजी पर पहुँचते हैं, तो यह देखकर थोड़ा विस्मित होते हैं कि उन्होंने प्रपद्यवादी कविता के बारे में अलग से कभी कुछ नहीं कहा। ऊपर विनोदपूर्ण लहजे में कही गयी उनकी जो द्विपदी उद्धृत की गयी है, जो कहीं लिखित रूप में नहीं मिलती, उसे छोड़ दें, तो उन्होंने प्रत्यक्षतः क्या, परोक्षतः भी कभी अपनी या अपने सहयात्रियों की कविता के सम्बन्ध में कोई दावा नहीं किया। ऐसा लगता है कि वे सायास इससे बचते थे, जिसका कारण प्रपद्यवादी सृजनशीलता के सम्बन्ध में ईमानदारी से महसूस की जानेवाली अनाश्वस्ति का भाव ही हो सकता है। और कहने की आवश्यकता नहीं कि यह भाव सच्चे सृजेता के मन में ही पैदा हो सकता है, जिसे सृजन की ऊँचाई का भी पता हो और उसके मार्ग की कठिनाइयों को हल करने सम्बन्धी अपनी सीमित क्षमता का भी। प्रपद्यवादी कविता के सम्बन्ध में केसरीजी ने वाकई आतंककारी ढंग से बातें की हैं। 'नकेन-1' की 'पस्पशा' में उन्होंने लिखा है, "प्रयोगवादी (प्रपद्यवादी) कवि मानता है कि कविता की सच्ची प्रेरणा वस्तु-स्थिति से मिलती है, जबकि वस्तु-स्थिति के संश्लेष

को लेखक अथवा साहित्यकार एक नये दृष्टि-बिन्दु से देखता है। वह दृष्टि-बिन्दु भी विषयीगत की तरह कुछ अज्ञेय अथवा धुँधला नहीं। वह विषयगत ही होता है। लेखक विषय से ही वह नवीन दृष्टि प्राप्त करता है और उसी के आलोक में वह विषय को फिर एक नयी जगह से, शक्ति के नये संश्लेष के रूप में देखने लगता है। ऐसा देखना अनिवार्यत: निस्संग देखना है।'' लगभग यही बात नलिनजी ने एक परिसंवाद के लिए लिखी गयी 'प्रेरणा और रचना' शीर्षक अपनी टिप्पणी में दुहराई है, लेकिन बहुत कुछ सरल ढंग से : ''मैं तब कभी नहीं लिखता जब प्रेरणा की पीनक लेता रहता हूँ। प्रेरणा के धुँधलके में सत्य-खण्डों की जो झलक मिलती है, उसका मैं सीधे उपयोग नहीं करता; वह आवश्यकतानुसार काम दे जाती है। मेरी रचना-साधना यदि कुछ है तो यह कि मैं प्रेरणाभिभूत होकर कभी कुछ लिख भी गया होऊँ तो उसे मैंने प्रकाश्य कभी नहीं माना। मैं उसी स्थिति में लिखे को लिखना मानता हूँ जब मनीषा पूर्णत: सजग हो।'' केसरीजी ने अन्यत्र यह भी कहा है कि वस्तु द्रष्टा के भीतर जो भाव-छवियाँ उत्पन्न करती है, 'उन छवियों के साथ द्रष्टा की आसंगतियाँ मिलकर एक दृष्टि-बिन्दु उत्पन्न करती हैं।' इससे काव्य-रचना में कवि-व्यक्तित्व की पूर्णत: उपेक्षा का निषेध होता है, तथापि उनसे ज्यादा स्पष्ट नलिनजी की बात है, जिसमें प्रेरणा से उत्पन्न भाव-छवियों या भाव-तरंगों या उसमें मिलनेवाली 'सत्य-खण्डों की झलक' का महत्त्व स्वीकार करते हुए भी दूसरे स्तर पर अपने को उससे अलग करने की बात कही गयी है। इस स्तर को वे पूर्णत: जाग्रत् मनीषा का स्तर कहते हैं। इससे सामान्य तौर पर सम्पूर्ण प्रपद्यवादी कविता और विशेष तौर पर नलिनजी की कविता के सम्बन्ध में बहुत सारी बातें एकसाथ स्पष्ट हो जाती हैं। ज्ञातव्य है कि नलिनजी की अलगाव वाली बात इलियट के भोक्ता और स्रष्टा के बीच के अलगाव वाली बात की आवृत्ति नहीं है, क्योंकि वे जहाँ व्यावहारिक जीवन-क्षण और रचनात्मक जीवन-क्षण के अलगाव की बात कहते हैं, वहाँ नलिनजी प्रेरणा-क्षण और सृजन-क्षण के बीच के अलगाव की बात।

नलिनजी की करीब चालीस कविताएँ सुलभ हैं। उनमें से मैं कुछ कविताओं को देखने की सिफारिश करता हूँ। अपनी 'रामगिरि' शीर्षक कविता में उन्होंने प्रेम की एक गहन और विचित्र प्रकार से जटिल मनोदशा का वर्णन किया है, जिसमें प्रेमी को अपनी विरह-दशा से भी आन्तरिक लगाव हो जाता है। 'प्रत्यूष' में परिवर्तित प्रात:कालीन दृश्य का वर्णन है, जिसकी विशिष्टता का अंदाजा तब होता है जब हम इसकी तुलना प्रसाद के प्रसिद्ध गीत 'बीती विभावरी जाग री' से करते हैं। अज्ञेय की कविता 'उष:काल की भव्य शान्ति' सुपरिचित है। उसमें उन्होंने जो कहना चाहा है, उसे नलिनजी ने अपनी कविता में अधिक सरल ढंग से कहा है

और दो युगों के प्रात:काल को दो शब्दों के माध्यम से इस तरह अभिव्यक्त किया है : 'मनहूस / प्रत्यूष'। 'मनहूस' शब्द हमारे सामने उस मनुष्य को भी ला खड़ा करता है, जो अज्ञेय की कविता में 'मैं ही हूँ वह पदाक्रान्त रिरियाता कुत्ता'-जैसी उक्तियों के माध्यम से अभिव्यक्त हुआ है। 'गीति-दर्शन' कविता के आरम्भ में नलिनजी ने 'नीचे गर्जित नगराम्बुधि असीम / ऊपर विस्तृत अम्बर अपार'-जैसी पंक्तियों में छायावादी शब्द और लय-योजना का उपहास किया है, लेकिन कविता में दो गीतात्मक मन:स्थितियों का बहुत कुशलता से चित्रण किया है। 'नवजातक' भी एक विलक्षण कविता है, जिसमें मनुष्य पशु के आगे हेय साबित होता है। 'शान्ति' शीर्षक कविता में मृत्यु की अनुभूति बहुत संयत रूप में अभिव्यक्त हुई है। 'कैसा इतमीनान, कैसी शान्ति' से लगता है कि यह मृत्यु आज के परेशानहाल आदमी की ही मृत्यु है, कोई सामान्य मृत्यु नहीं। 'आषाढ़ का पहला दिन' में ग्रीष्म की रात का चित्र है। अन्त में वर्षाकालीन प्रभात का चित्र आता है। इस तरह इस कविता में ऋतु-सन्धि का सौन्दर्य अंकित किया गया है, लेकिन कालिदासीय परिवेश से भिन्न परिवेश में, यद्यपि प्रभातकालीन वर्षा का चित्र कम मोहक नहीं।

'सागर-सन्ध्या' नलिनजी की अपेक्षाकृत प्रसिद्ध कविता है, क्योंकि इसे अज्ञेय ने 'रूपाम्बरा' में संकलित किया था। यह एक बहुत ही कलात्मक कविता है, जिसमें समुद्र-तट पर धरती, समुद्र और आकाश की सनातन त्रयी से होकर गुजरते कवि का चित्र दूरस्थित कैमरे से उतारा गया है। निराला की कविता 'सन्ध्या-सुन्दरी' से इसको मिलाकर देखने पर यह स्पष्ट हो जाता है कि इस बीच हिन्दी कविता के परिवेश और उसके शिल्प में भी कितना बदलाव आया है। 'आत्मा वै जायते' एक विसंगतिपूर्ण स्थिति को सामने लानेवाली कविता है, जिसका सम्बन्ध निश्चय ही आधुनिक जीवन से है। 'कपिशु हिरण्य-रहित' नलिनजी की एक ऐसी कविता है, जो हमारे सामाजिक जीवन के एक भयावह यथार्थ को उपस्थित करती है, जिसमें साधारण पिता निर्धनता के कारण हिरण्यकशिपु की तरह पुत्रहन्ता बनने को बाध्य है। कविता का विषय अखबार-जैसी मामूली चीज से लिया गया है, जैसा मामूली जनता का जीवन है। '...तुम्हारा ही' कविता में एक भीतरी कशमकश है, जो प्राणघाती है, लेकिन कवि उसे असाधारण संयम के साथ व्यक्त करता है। उसका यह संयम उसके पद्य-रूपक 'बिब्बो का बिब्बोक' में चरम बिन्दु पर पहुँचा हुआ है, जिसका मुख्य चरित्र प्रमथ बिब्बो नामक उसी लड़की से प्रेम करने को बाध्य है, जो उसकी पालिता ही नहीं, उसकी पुत्री भी है। बिब्बो को चूँकि इस बात का पता नहीं है कि प्रमथ उसका पिता है, इसलिए उसके मृदु व्यवहार से वह उसे प्यार ही नहीं करने लगती है, उससे विवाह भी करना चाहती है। प्रमथ की विवशता यह है कि बिब्बो में उसे उसकी माँ की झलक मिलती है, जो उसकी

प्रेमिका थी। अन्ततः उसकी कशमकश जानलेवा साबित होती है। नलिनजी ने यह पूरी कथा इतने कम शब्दों में कही है और यह पूरा चित्र इतनी सधी उँगलियों से अंकित किया है कि खतरनाक बिन्दु पर टिके रहकर रचना करने की उनकी क्षमता को देखकर दंग रह जाना पड़ता है।

उनकी पूरी कविता का मन पर जो प्रभाव पड़ता है, वह गहन अवसाद का है। यह अवसाद आधुनिक जीवन की ही देन है। प्रपद्यवादियों ने अपने को कितना भी परम्परा-भिन्न और विशिष्ट क्यों न बतलाया हो, उसके नलिनजी-जैसे कवि उसी तरह परम्परा का अंग हैं, जैसे निराला, अज्ञेय और मुक्तिबोध। मैं इन कवियों की ऊँचाई से उनकी तुलना नहीं कर रहा, सिर्फ परम्परा से सम्बद्धता की बात कह रहा हूँ। इसी तरह नलिनजी प्रयोगवाद और नयी कविता की धारा में भी सर्वथा पराये न थे। अपनी कविगत निजस्वता की रक्षा करते हुए वे उस धारा से भी जुड़े हुए थे। ऐसी स्थिति में डा. रघुवंश के इस कथन से असहमत होने का कोई कारण नहीं दीखता कि 'प्रपद्यवादी संकलन की रचनाएँ वर्तमान समय की प्रयोगशील तथा नयी कविता से भिन्न नहीं हैं।' कविताएँ, खास तौर से नलिनजी की, यही कहती हैं, प्रपद्यवाद का दर्शन जो भी कहे।

मुझे नलिनजी की कविताएँ पढ़ते समय उनकी कविता 'पहली अजन्ता' की ये पंक्तियाँ याद आती हैं, जो उन्होंने अजन्ता के चित्रों को देखकर कही थीं :

क्षण-भंगुर हो गया अजर-अमर :
जैसे बिजली चमके नीले नभ में
जो महाशक्ति की है अभिव्यक्ति
क्षण भर की
औरुसे बाँध ले मानव वैज्ञानिक

उन्होंने काव्य-प्रेरणा के परम्परागत स्वरूप को अपने लिए स्वीकार नहीं किया, लेकिन इन पंक्तियों में प्रेरणा की कौंध और उसे बाँधने का जो वर्णन है, उनकी कविताओं में भी वही चीज है, उससे भिन्न कुछ नहीं। यहाँ यह याद दिलाना जरूरी है कि प्रेरणा के स्वरूप में अन्तर होता है। रूमानी कवि और गैररूमानी कवि की प्रेरणा में जो अन्तर होता है, वह परम्परा द्वारा भी मान्य है।

(2003)

हिन्दी कविता : अभी, बिल्कुल अभी

हिन्दी के कुछ कथाकार कविता से खामखाह नाराज हैं। कारण यह कि कुछ लोग उसे अधिक महत्त्व दे रहे हैं, जबकि आधुनिक या यथार्थ-चेतना की वाहक विधा कथा-साहित्य है। इस बात से वे कभी-कभी इस कदर उत्तेजित हो जाते हैं कि उनका वश चले तो वे हिन्दी में काव्य-रचना को हमेशा के लिए प्रतिबन्धित कर दें। आधुनिक युग में कथा-साहित्य का महत्त्व निश्चय ही बहुत ज्यादा है। कहा जाता है कि उपन्यास ने महाकाव्य को अपदस्थ कर दिया है। इसमें सच्चाई भी है। लेकिन क्या वस्तु-स्थिति यह नहीं है कि किसी भी युग का अन्त:स्पन्दन उसकी कविता में ही सुनाई पड़ता है और साहित्य की अन्य विधाएँ जहाँ कमोबेश सारे ब्यौरों को समेटकर चलती हैं, वहाँ आधुनिक युग में कविता सिर्फ उनके सार-तत्त्व को प्रकट करने का प्रयास करती है? आज कोई भी समझदार व्यक्ति कविता पर यथार्थ-विरोधी होने का आरोप नहीं लगा सकता, क्योंकि यथार्थ को जितने रूपों में और जितनी गहराई से आधुनिक कविता ने व्यक्त किया है, साहित्य की दूसरी विधाओं के लिए वह प्राय: असम्भव है। लेकिन असली सवाल कथा-साहित्य बनाम कविता का नहीं, बल्कि साहित्य की विभिन्न विधाओं के आपसी सम्बन्ध का है। इस बात से इनकार नहीं किया जा सकता कि जीवन्त साहित्य की सभी विधाओं में वस्तुत: एक ही संवेदना प्रवहमान होती है और एक विधा दूसरी विधा को नुकसान नहीं पहुँचाती, बल्कि कभी कभी उसकी सहायता करती है, उसके स्तर को ऊपर उठा देती है। कवि अज्ञेय की मनोभूमि को समझने के लिए 'नदी के द्वीप' से गुजरना आवश्यक है। वैसे ही विनोदकुमार शुक्ल के उपन्यास 'दीवार में एक खिड़की रहती थी' की विलक्षणता के मूल में उनका कवि होना है। यदि कथित यथार्थवादी साहित्य से ही उदाहरण देना हो, तो 'गोदान', 'ग्राम्या' और 'नये पत्ते' की किसान-सम्बन्धी कविताओं को एक साथ रखकर पढ़ने की सिफारिश की जानी चाहिए। उससे यह स्पष्ट हो जाएगा कि कैसे एक ही सामाजिक और क्रान्तिकारी चेतना उक्त तीनों ही कृतियों में अभिव्यक्त हुई है। क्या

वे एक-दूसरे को संवर्धित नहीं करतीं और कभी-कभी उनके स्तर को भी ऊपर नहीं उठातीं?

हिन्दी उपन्यास निस्सन्देह मजबूती से कदम रखता आगे बढ़ता रहा है और थोड़े-थोड़े दिनों पर उसमें ऐसी कृतियाँ आ जाती हैं, जो अपने पूरे युग को आलोकित कर देती हैं। लेकिन कहानी की स्थिति ऐसी नहीं है। स्वाधीनता-प्राप्ति के बाद छठे दशक में उसने जो ऊँचाई हासिल की, वह उसे फिर नहीं मिली। यदि उसके बाद भी कुछ उल्लेखनीय कहानियाँ लिखी गयीं, तो प्रायः उन्हीं कहानीकारों के द्वारा, जो नयी कहानी की देन थे, उदाहरणार्थ भीष्म साहनी या निर्मल वर्मा। लेकिन कविता का इतिहास बहुत ही शानदार रहा है। कवियों की नामावली प्रस्तुत करने की कोई आवश्यकता नहीं है, अज्ञेय और मुक्तिबोध के बाद भी कविता अनेकानेक प्रयोग करती हुई असंख्य रूपों में अपने युग के सार-तत्त्व को प्रकट करती रही है। इसका प्रमाण बिलकुल हाल में प्रकाशित वे कविता-संग्रह भी प्रस्तुत करते हैं, जो यहाँ समीक्ष्य हैं और जिनके रचयिता संयोग से कई पीढ़ियों के कवि हैं।

2

अशोक वाजपेयी एक अर्थ में हिन्दी के विवादास्पद कवि हैं। किसी हलके में उनका कवि होना ही संदिग्ध माना जाता है, तो किसी हलके में वे कवि तो माने जाते हैं, पर सीमित सरोकारों के। कुछ दूसरे लोग उन्हें ऐन्द्रिय प्रेम का सशक्त कवि मानते हैं। 'समय के पास समय' उनका नवीनतम कविता-संग्रह है, जो उनके सम्बन्ध में जो सन्देह है, उसका निवारण करता है और उनकी कविता की अब तक जो भी सीमाएँ थीं, प्रायः उन सबका अतिक्रमण भी।

यह संग्रह दो खण्डों में विभक्त है। पहले खण्ड में एक कथित लम्बी कविता है और दूसरे खण्ड में इक्कीस स्फुट कविताएँ। जिसे लम्बी कविता कहा गया है, वह वस्तुतः एक कविता-शृंखला है, जिसमें सात कविताएँ गुम्फित हैं। इन्हें एक बनानेवाली कोई चीज है, तो इनकी अन्तर्वस्तु। सातों कविताओं में से पहली कविता सबसे कमजोर है। बाकी छः कविताएँ अच्छी हैं। उनमें से तीन-चार तो बहुत अच्छी। इन कविताओं में अशोकजी ने कुम्हार से लेकर कुँजड़े तक के माध्यम से, बल्कि इनकी आत्माभिव्यक्ति के माध्यम से बीसवीं शताब्दी की दुनिया पर टिप्पणी की है। एक-दो टिप्पणियाँ देखने लायक हैं :

मेरी मुट्ठी वह जगह है
जहाँ से लोहा आदमी को पुकारता है
पर अब वह जगह कहाँ है
जहाँ से आदमी लोहे को पुकारता है?
धातुओं को पुकारना आदमी ने बन्द कर दिया है
लोहे की क्या बिसात अब तो
लगता है कोई
धरती, आकाश, आग, हवा, पानी को ही कहाँ पुकारता है?

('लुहार')

हमारे पास सब औजार हैं, हुनर और हिकमत भी—
फिर दुनिया इतनी आड़ी-तिरछी और बेडौल क्यों
पड़ी हुई है?
अगर ईश्वर ने शुरू में ही कुछ किया होता तो बात थी
वरना अब तो लगता है कि बहुत देर हो गयी है।
यों शुरू में भी, ईश्वर बढ़ई कहाँ था?

('बढ़ई')

स्पष्टत: ये टिप्पणियाँ निराशा से भरी हुई हैं। निराशा और आशा किसी कविता में ज्यादा मानी नहीं रखतीं, क्योंकि कविता अन्तत: अपनी शक्ति से अच्छी या बुरी बनती है, फिर भी यह सच है कि अशोकजी का कवि संसार की वर्तमान दशा से चिन्तित है, उससे नाउम्मीद नहीं हुआ। वे टूटे और बिखरे हुए कवि नहीं हैं, क्योंकि इंसानियत और मनुष्य की सर्जनशीलता में उनकी आस्था बहुत ही गहरी है। कहने की आवश्यकता नहीं कि यह बात मन को बहुत अच्छी लगती है, क्योंकि कहीं नष्ट होती दुनिया को बचाने में इनका भी हाथ होता है। 'कबाड़ी' शीर्षक कविता के अन्त में कबाड़ी कहता है :

कम से कम मैं एक कबाड़ी जानता हूँ कि
यह सदी सिर्फ आदमी ही नहीं चीजों की भी है।
उनमें से एक को भी मैंने नहीं बनाया
और हरेक का खरीदा-बटोरा, कभी-कभार चुराया तक है—
उनमें भी हमारी आदमियत रसी-बसी है।

यह 'आदमियत' तो नोट करने लायक चीज है ही, 'कुम्हार' कविता की यह सर्जनात्मकता भी नोट करने लायक है :

कीचड़ से उबरे हुए लोग जब आएँगे
तो उनके लिए घड़ों में पानी और बर्तनों में गुड़ होगा
और मैं या मेरा बेटा या मेरा पोता या कोई और
चके पर समय को,
मिट्टी को,
सपनों और यादों को
मिट्टी के लोंदे-सा रखकर
कोई न कोई आकार दे रहा होगा।

जैसा कि संकेत किया गया है, कविता में महत्त्व उसकी अपनी शक्ति का होता है और वह शक्ति उसकी 'अभिव्यक्ति' के अलावा और कुछ नहीं है। अशोकजी की इन कविताओं की अभिव्यक्ति बहुत ही प्रभावशाली है। यदि उनमें सिर्फ आस्था होती और यह 'अभिव्यक्ति' नहीं, तो निश्चय ही उनका कवि होना सन्दिग्ध बना रह जाता। आस्था-जैसी सस्ती चीज हिन्दी में दूसरी नहीं। हिन्दी की एक खास तरह की कविता और कहानी इससे लबरेज है, लेकिन चूँकि उनमें शक्ति या अभिव्यक्ति नहीं, इसलिए उसमें उनकी बिसात कबाड़ से ज्यादा नहीं।

संग्रह के दूसरे खण्ड की कविताएँ आत्मपरक हैं। जिन कविताओं में आत्मपरकता स्पष्ट नहीं है, वे भी कहीं न कहीं से कवि के निजी जीवन का स्पर्श करती हैं। हिन्दी में एक जमाने में कविता में अभिव्यक्त कवि के तीखे जीवनानुभवों को बहुत महत्त्व प्राप्त था। फिर आत्मपरकता निजी कथा-कहानी तक सीमित होती गयी और उससे जीवनानुभव गायब होते गये। हमें यह देखकर प्रसन्नता हुई है कि अशोकजी की अनेक कविताएँ हमें जीवन का कटु स्वाद चखाती हैं और इस तरह हमें सम्पन्न करती हैं। अब सवाल यह भी है कि क्या कविता को इतना सार्वजनिक बना देना चाहिए कि उससे 'आत्मीयता' बिलकुल गायब हो जाए और उसमें सिर्फ 'अजनबीयत' ही रह जाए? मुक्तिबोध ने कहा था कि उनकी कविताओं में एक 'गहरा आत्मचरित्रात्मक' तत्त्व है और फिर यह भी कि विश्व की व्यथा व्यक्ति के माध्यम से व्यक्त हो, तो क्या कहने! अशोकजी ने अपनी एक कविता में अपने आपसे पूछा है : 'समय के बेहद पाबन्द तुम्हें हर जगह पहुँचने में देर क्यों हो जाती है!' कोई कवि अपने आपसे शिकायत करे, कविता के लिए इससे अधिक शुभ घड़ी हो नहीं सकती। यह कवि अपने अधेड़पन में, जिसका जिक्र वह बार-बार करता है, आखिर कहाँ पहुँचा है? उत्तर है : अपने आप तक, अपने परिवार तक, अपने सामाजिक परिवेश तक और उस वास्तविक दुनिया तक, जिसमें वह रहता है। ताज्जुब नहीं कि उसकी कविता एक नयी ज्योति से जगमगा उठी है। प्रमाण के

लिए 'पोते के लिए एक युद्धगीत', 'उतना अच्छा आदमी नहीं,' 'दुनिया का मतलब', 'अगर वक्त मिला होता,' 'दूसरा रास्ता', 'बार-बार', 'अब वक्त ही कहाँ बचा है' और 'वे आ गये' शीर्षक कविताओं को देखा जा सकता है। इन कविताओं की विशेषता है कि ये कवि के बारे में कहते हुए उसके परिवेश के बारे में भी कहती हैं और दुनिया के बारे में कहते हुए कवि के बारे में भी। 'पोते के लिए युद्धगीत' की ये पंक्तियाँ देखें :

...मैं एक अधेड़ कवि,
बिना थके-हारे और बिना किसी कायर उल्लास में शामिल हुए,
जानता हूँ कि अभी भी न सिर्फ तेरे लिए
और दुनिया के तमाम बच्चों के लिए
बल्कि सबके लिए, सुन्दर और पवित्र को बचाने के लिए
प्रार्थना में हाथ उठाने और सिर झुकाने का समय है—
प्रार्थना भी एक लड़ाई है
निश्छल सपनों और कीचड़-खून सने सच के बीच
उस जगह को बचाने की
जहाँ से हम सुन्दर और पवित्र की ओर लौट सकते हैं।

आ, बिना जाने-समझे, निश्शब्द,
मेरे पोते,
प्रार्थना में अपने अभय हाथ उठा।

इसी तरह 'उतना अच्छा आदमी नहीं' कविता में अपने बारे में कहते-कहते अशोकजी एक पते की बात कहते हैं :

अपने सुख-दुख को अपने से बड़ा मानकर
दूसरों के पास उसे शब्दों में ले जाने की कोशिश में
वे बदल गये और मैं भी
और जो पहुँचा शायद न मैं था, न ही मेरे सुख-दुख।

उन्हें शायद अफसोस है कि उन्होंने जीवन और कविता को आपस में उलझा-सा दिया, लेकिन कवि का सुख-दुख यदि कविता में आकर बदले नहीं और इस प्रक्रिया में स्वयं उसे न बदल दे, तो वह और कुछ भले हो, कविता नहीं होगी। अशोकजी की निजी सन्दर्भवाली कविताओं की सार्थकता ही इस बात में है कि वे बदलकर सिर्फ उनकी नहीं रह जातीं, एक बृहत्तर सार्वजनिक सन्दर्भ प्राप्त कर लेती

हैं और उसके फलस्वरूप कवि भी वहीं नहीं रह जाता, उसका व्यक्तित्व भी फैल जाता है। इस दुनिया के बारे में कई कविताओं में काफी तल्ख और निराशाजनक बातें कही गयी हैं, लेकिन उसकी आखिरी तसवीर जो अशोकजी की कविताओं में उतरती है, वह देखने लायक ही नहीं है, कवि में निष्ठा पैदा कर देनेवाली है :

अभी उस शाम किसी ने पूछा :
बीसवीं सदी के अन्त पर कैसी होगी दुनिया?
खून और कीचड़ में सनी
फिर भी अपना हाथ ऊपर उठाए,
कुछ थकी सी फिर भी बिना रुके चलती हुई,
समय को एक लबादे की तरह
अपने पर लपेटे,
जो एक बच्चे की चकित आँखों की तरह चमक रही है,
अन्तरिक्ष की किसी खिड़की से देखो तो एक पतंग की तरह
थरथराती हुई—
नक्षत्रों के बियाबान में एक हरी पत्ती की तरह काँपती हुई—
शब्द की नोक पर खतरनाक सी ठहरी हुई—
जो है
क्या वही है दुनिया
जिसका मतलब ढूँढ़े नहीं मिल रहा है!

अशोकजी को जनवादी शिविर के लेखक रूपवादी और कलावादी कहते हैं। यदि यही रूपवाद और कलावाद है, तो कहना पड़ेगा कि हिन्दी कविता को अभी उसकी जरूरत है। मेरी आशंका कुछ दूसरी बातों को लेकर है। एक कविता में अशोकजी बार-बार यह कहते हुए कि 'हम दूर आ गये हैं', यह कहा है कि 'हम पास आ गये हैं पवित्र नाद के / हम निकट खड़े हैं बिन्दु के / हम किसी शून्य त्रिभुज में आवृत हैं'। यह सच है कि रहस्यवादी कविता भी मानवीय अनुभव का ही विस्तार है और यथार्थ के भीतर प्रवेश करने के लिए कभी-कभी उससे दूर हटना भी आवश्यक होता है, फिर भी यदि कोई कवि इस मान्यता की तरफ झुकता है कि सत्य ठोस न होकर अमूर्त होता है, तो मन आशंका से ग्रस्त हो उठता है।

'समय के पास समय' की कविताएँ कवि के रूप में अशोकजी के विकास से हमारा परिचय कराती हैं। इनमें ऐन्द्रियता, रहस्यमयता, मिथकीयता और जातीय स्मृति का उनका आग्रह छूट गया है और वे एक यथार्थवादी (हाँ!) कवि के रूप में सामने आये हैं। ऊपर उनकी जिस रहस्यवादी कविता से कुछ पंक्तियाँ उद्धृत की

गयी हैं, उसे अपवाद समझना चाहिए। तब यह जरूर है कि उनका यथार्थवाद रूढ़ किस्म का जनवादी यथार्थवाद नहीं है, जिसका सबसे बड़ा प्रमाण यह है कि उसमें यथार्थ के साथ-साथ 'सपने' का भी उतना ही महत्त्व है। आकस्मिक नहीं कि 'सपना' उन्हें उतना ही प्रिय है, जितना और कुछ। 'कबाड़ी' शीर्षक कविता में वे कहते हैं : 'मुझे ठीक-ठीक पता है कि / मेरे कबाड़खाने में कहाँ रखी है आजादी, / किस कोने में बराबरी, कहाँ किस पुराने बरतन से हिलगा है / एक सपना...'! संग्रह की भूमिका में उन्होंने कहा है कि 'कविता इतिहास और समय से बँधती नहीं है हालाँकि दोनों ही उसे अपनी शर्तों पर बँधने के लिए विवश करने की निरन्तर चेष्टा करते रहते हैं।' इस कथन से असहमति की कोई गुंजाइश नहीं है, यदि साथ-साथ यह भी स्वीकार कर चला जाए कि इतिहास और समय की गहराई में उतरा जाए, तो ये दोनों कविता को अपने बन्धनों से मुक्त करते हैं, उसे इतिहास और समय से अतीत बनाते हैं। इस संग्रह की कविताओं की भाषा साधारण, लेकिन चुभती हुई है। इनकी सबसे बड़ी उपलब्धि यह है कि इनका मुहावरा अत्यन्त सुपरिचित है, जिससे अशोकजी हिन्दी कविता की परम्परा का अंग प्रतीत होते हैं, उसमें बहिरागत नहीं।

अशोक वाजपेयी जैसे मूलतः नयी कविता के कवि हैं, दूसरे समीक्ष्य कविता-संग्रह 'ईश्वर की अध्यक्षता में' के रचयिता लीलाधर जगूड़ी साठोत्तरी कविता के। इन दोनों ही कवियों ने क्रमशः इन दोनों कविताओं का अतिक्रमण किया है और अपनी गतिशील संवेदना के बल पर समकालीन कविता के प्रमुख हस्ताक्षर हो गये हैं। इस प्रसंग में जो खास बात है, वह यह कि जगूड़ी की कविता पर साठोत्तरी कविता के चिह्न अभी तक बने हुए हैं। उन्हें उसकी अन्तर्वस्तु और शैली दोनों में ही देखा जा सकता है। साठोत्तरी कविता की मूल अन्तर्वस्तु आक्रोश था, जिसके परिणामस्वरूप साठोत्तरी कवियों ने भाषा के आभिजात्य को चींथने के नाम पर कविता में अनेक बार वर्जित शब्दों का प्रयोग कर उसकी पवित्रता नष्ट करने का प्रयास किया। यह दुखद है कि कुछ कवि-लेखक आज भी हिन्दी में भाषागत आभिजात्य का विरोध करते हुए उसकी जगह यथार्थ को पूरी तीक्ष्णता के साथ उपस्थित करनेवाले शब्दों की नहीं, अश्लील और फूहड़ शब्दों की सत्ता स्थापित करना चाहते हैं। उन्हें भाषागत आभिजात्य से सामन्ती संस्कारों की बू आती है। ऐसे कवि-लेखकों को चाहिए कि वे क्लासिकी चित्रकला, नृत्यकला और संगीतकला से लेकर क्लासिकी कविता तक को नकार दें। स्पष्टतः यह 'संस्कृति' की जगह विकृति को अपना लक्ष्य बनाकर चलना है। भाषा के आभिजात्य को आहत कर वर्जित शब्दों का प्रयोग करनेवाली बात धूमिल में भी थी, जिससे उन्होंने अपनी विचारधारा के क्रान्तिकारी होते जाने के साथ छुटकारा पा लिया था। जगूड़ी में वह

बात अभी तक है, भले अवशेष के रूप में। वह 'इस समय' शीर्षक कविता की इन पंक्तियों में दिखलायी पड़ता है :

जिन्दगी है तो दरिन्दगी भी दिखेगी
माँ-बहन की गालीवाले लौ...से पैदा हुए
नाजायज शब्द भी दिखेंगे
नंगे भूखे और कंगाल शब्द
जिनके लिंगों और चूतड़ों पर मक्खियाँ भिनभिना रही हैं

चारों ओर जायज कहलानेवाले नाजायज काम कर रहे हैं
कहीं ऐसे जायज लोगों का सारा काम नाजायज लोग कर रहे हैं
याने कि सारा जायज काम नाजायज लोग कर रहे हैं
कोई न कोई इनके माँ-बाप जरूर हैं
बस फर्क इतना है, ये नहीं जानते वे हरामी कौन हैं

जगूड़ी ने लिखा है कि ये वर्जित शब्द 'जानवरों जैसी ताकतवाले' हैं। सच्चाई यह है कि इन शब्दों की आक्रामकता अपने को लहूलुहान करनेवाली है, सामने के दुश्मनों को नहीं। अकबर इलाहाबादी को याद करते हुए कहें, तो 'वह शेर नहीं, रंग है लफ़्ज़ों के ख़ून का'।

धूमिल अपनी पीढ़ी में बहुत लोकप्रिय हुए और उनकी असंख्य पंक्तियाँ कविता के पाठकों के बीच लोकोक्ति बन गयीं, लेकिन उनका मुहावरा सरल न था। उसमें बहुत ज्यादा पेच थे, जिन्हें खोलने से आज भी आलोचक भागते हैं। जगूड़ी में उस मुहावरे का अवशेष उनकी 'इतिहास में घास' शीर्षक कविता में द्रष्टव्य है :

इतिहास में इतिहास से ज्यादा घास ने हमारी मदद की
बिना लेखा-जोखा हमें फसलों तक पहुँचा दिया
जिसकी एक ही गवाही है कि तृप्त जानवर हमारे खिलाफ नहीं हैं

कहने की आवश्यकता नहीं कि पहले ये मुहावरे अजनबी लगते हैं, लेकिन कविता का आशय समझने के साथ उनका अजनबीपन खत्म हो जाता है। पूरी साठोत्तरी कविता देखनी हो, तो 'वातावरण' शीर्षक कविता देखनी चाहिए। इस प्रसंग में एक और बात कही जा सकती है कि कई कविताओं में कवि रघुवीर सहाय और विनोदकुमार शुक्ल का ढंग अपनाता हुआ भी दीखता है। उदाहरण के लिए 'नया बिगाड़', 'माने आगे को जाते हैं' और 'लखनऊ में लखनऊ' शीर्षक कविताओं पर दृष्टि डाली जा सकती है। पहली कविता का आरम्भिक अंश है :

और कुछ हुआ या न हुआ बस इतना हुआ है
मैं सारे सुधारों का बिगड़ा हुआ और अपने ही बिगाड़
का सुधरा हुआ रूप हूँ।

बहुतों ने सही किया मुझे। उनका सही किया हुआ ही
गलत निकला। मैंने किसी का सही किया हुआ गलत
नहीं किया। मैं सही न हुआ न सही, वही मैं बना
न रहा बस इतना हुआ।

सुधारते हुए खुद जो बिगड़ा। सुधारते हुए खुद जो बिगाड़ा
उसी को सीखा। फिर सीखे हुए से बचकर बनाया
जो बने-बनाए जैसा नहीं था।

बिगड़ों में सुधरा। सुधरों में बिगड़ा हुआ
कुल जमा न बिगड़ा हुआ, न सुधरा हुआ
पर पहले जैसा नहीं बस इतना हुआ

स्पष्टतः यह रघुवीर सहाय का ढंग है, जिसमें शब्द-क्रीड़ा के माध्यम से फिसलती हुई सच्चाई को पकड़ने की कोशिश दिखलायी पड़ती है। इसी तरह दूसरी कविता में विनोदकुमार शुक्ल की शैली प्रत्यक्ष होती है :

बहुत कुछ ऐसा है जो हमें छोड़कर आगे जा रहा है
माने पीछे को नहीं माने आगे को जाते हैं

उदक माने जल, जल माने पानी। पानी माने जल और उदक नहीं
उदधि माने समुद्र, समुद्र माने पयोधि और उदधि नहीं
तरु माने वृक्ष, वृक्ष माने पादप, पादप माने पेड़
पेड़ माने द्रुम तरु और पादप नहीं

जो पीछे छूट रहा है उतना हम पीछे भी मौजूद हैं
किसी नाम में किसी काम से उपजे हुए
जो आगे जा रहा है उतना उसके साथ आगे जा रहे हैं
माने पीछे को नहीं माने आगे को जाते हैं।

तीसरी कविता में भी विनोदजी ही मौजूद हैं :

लखनऊ में दाढ़ी बनवाई 3 / -
दिल्ली में दाढ़ी बनवाई 5 / -

लखनऊ में बाल बनवाई 5 / –
दिल्ली में बाल बनवाई 10 / –

दिल्ली माने दाढ़ी पर 2 / – की चपत और
बालों पर 5 / – का और कहर
दाढ़ी में दिल्ली 2 रु. आगे है बालों में 5 रु.
(सिर मुँड़ाई दोनों जगह 5 रु. है)

लखनऊ में दिल्ली होगी तो बुरा होगा
दिल्ली में भले लखनऊ हो जाए
(पर दिल्ली में लखनऊ भी बिगड़े बिना नहीं रहेगा)

लेकिन इन बातों से यह भ्रम नहीं होना चाहिए कि जगूड़ी ने परवर्ती काल में एक विशिष्ट और गम्भीर कवि के रूप में अपना विकास नहीं किया है। कविता में उनकी निजी प्रकृति का पता उनकी दो कविताओं की ये पंक्तियाँ देती हैं : 'मुश्किल से मिलता है कोई कठिन सौन्दर्य / रचाव न हो जिसमें बचाव की तरह' ('भूल में चूक') और 'मैं ऐसे दौर का कवि हूँ / जहाँ भाषा में विद्रोह, काल में अकाल और अनुभव में भूसा है / आस-पास और पास-पास केवल सूखा है / फिर भी तौलनी ओस है एक ओर आँसू रखकर' ('क्या तौल रहा हूँ मैं')। पहली कविता की पंक्तियाँ बताती हैं कि जगूड़ी कविता में 'कठिन सौन्दर्य' के स्रष्टा हैं, जिससे उनकी कविताओं में धूमिलवाली बौद्धिकता के साथ-साथ एक ऐसी कठिनता है, जिस तक सरस और सरल कविता के पाठकों की पहुँच मुश्किल से होगी। उनकी कविताओं में नमी नहीं है। वे बहुत कुछ खुश्क कविताएँ हैं, उस रूमानियत से रहित, जिसके शिकार अधिकांश साठोत्तरी कवि थे। उनकी कविताओं को धैर्यपूर्वक पढ़ना और समझना पड़ता है, उनके रचाव को यथार्थ को छिपानेवाले कौशल से भिन्न रूप में ग्रहण करते हुए, फिर काव्य-संवेदना के धरातल पर उन्हें उपलब्ध करना होता है। दूसरी कविता की पंक्तियों में उन्होंने अपनी कविता के परिवेश और कार्य पर प्रकाश डाला है। जब चारों तरफ 'सूखा' है, कवि को तराजू के एक पलड़े पर 'आँसू' रखकर उसके दूसरे पलड़े पर 'ओस' तौलनी है! 'सूखा' से 'आँसू' और 'ओस' का विरोध ध्यातव्य है। कवि इससे ज्यादा कर ही क्या सकता है? अच्छा है कि जगूड़ी को कविता से समाज को बदल देने का भ्रम नहीं है, घोर संवेदनहीनता के युग में कविता मानवीय करुणा-जैसे मूल्य को जीवित रखती है, तो यह उसकी सबसे बड़ी कृतकार्यता है।

अलग से यह जिज्ञासा हो सकती है कि जगूड़ी की कविता का विषय क्या है? उन्होंने पुस्तक की भूमिका में क्षुब्ध होकर कहा है कि 'लगता है कि हमने

पूँजी की ताकत को ही सबसे बड़ी नैतिक शक्ति भी मान लिया है।' कहा जा सकता है कि उनकी कविता इसी स्थिति का प्रतिरोध है, लेकिन वह प्रतिरोध उस स्थिति को पर्त-दर-पर्त उधेड़ने के रूप में है, उससे विमुख होकर उद्‌बोधन के स्वर में बात करने के रूप में नहीं। इस तरह उनकी कविता का विषय भी वही है—आधुनिक जीवन और समाज, जो और कवियों का है। स्पष्टतः कविता में इसका निर्णायक महत्त्व नहीं। उसमें द्रष्टव्य यह है कि कवि ने उस जीवन और समाज के विभिन्न पहलुओं को किन-किन ढंगों से उकेरा है। जगूड़ी में कई ढंग मिलते हैं। कुछ कविताओं में वे सपाट भी हैं, यथा 'सरस्वती-1'-जैसी कविताओं में। कुछ कविताओं में वे गम्भीरता के साथ व्यंग्य-विडम्बना का सहारा लेते हैं, यथा 'न्याय पाने के लिए'-जैसी कविताओं में। कुछ कविताओं में वे अप्रत्याशित विषय लेते हैं, जो हमें थोड़ा चौंकाते भी हैं, यथा 'कुछ है जिनके लिए'-जैसी कविताओं में। लेकिन उनका जो ढंग सर्वाधिक आकर्षक है, वह हास्य-विनोदवाला है, जिसका विकास अपेक्षित है। इस दृष्टि से 'यथार्थ का तुलनात्मक विवरण', 'रद्दी शैली में मुक्ति' और 'वियोग में' शीर्षक कविताओं का तेवर मुझे बहुत पसन्द आया है। निस्सन्देह संग्रह की अधिकांश कविताओं का सम्बन्ध आधुनिक जीवन और परिवेश से है, पर इसमें कुछ कविताएँ ऐसी भी हैं, जो 'दार्शनिक' हैं और जिनका विषय अमूर्त है, यद्यपि ऐसी कविताएँ भी कहीं न कहीं से आधुनिक जीवन और परिवेश का स्पर्श करती हैं। जगूड़ी की रुचि अमूर्त विषयों में भी रही है, जैसे मोड़ और धक्का, और कभी-कभी उन्होंने उन पर सुन्दर ही नहीं, सार्थक कविताएँ लिखी हैं।

जगूड़ी बहुत ही सधे हुए कवि हैं। विषय से लेकर अभिव्यक्ति तक पर उनका अच्छा अधिकार है। वे वर्णन में भी दक्ष हैं और उनकी भाषा भी सशक्त है, जिसका एक नमूना नीचे है—

सुना मैंने वह पीला सुरीला गीत अपनी नसों में
देखा मैंने झूमते हुए पूरा जंगल आगनी आँखों से
अब बस मुझे आज ही गिरना है

सारे जंगल की सलाखों से
हजारों मील लम्बी हवाओं की स्थानीय बाँहों से
फिसलते हुए
मुझे आज ही गिरना है एक बीज की पुकार पर

('हरे पत्ते का पीला गीत')

फिर भी यह प्रश्न उठता है कि उनकी कविता बहुत ऊपर क्यों नहीं उठ पाती? निराला और मुक्तिबोध की बात छोड़ दें, वह रघुवीर सहाय और धूमिल की कविता के स्तर को भी नहीं छू पाती, जबकि उसमें प्रायः सर्वत्र एक 'परफेक्शन' दिखलाई पड़ता है? मेरा ख्याल है, इस प्रश्न का उत्तर ढूँढ़े बगैर जगूड़ी की कविता पर विचार पूरा न होगा।

'अतिरिक्त नहीं' विनोदकुमार शुक्ल का नवीनतम कविता-संग्रह है। विनोदजी कवि-रूप में मुक्तिबोध की खोज हैं और वे प्रगतिशील लेखक संघ से जुड़े रहे हैं। इसके बावजूद वे प्रगतिशीलों और जनवादियों में स्वीकृत नहीं, बल्कि कहना चाहिए कि उनमें उन्हें लेकर घोर असन्तोष है। इसका कारण उनकी रचना-शैली है, जो अतिविशिष्ट है, वर्ना उनकी कविता का संसार भी उतना ही मानवीय और उतना ही सामाजिक है, जितना किसी प्रगतिशील वा जनवादी कवि की कविता का संसार हो सकता है। यह जरूर है कि वे केदार और नागार्जुन क्या, शमशेर की तरह भी राजनीतिक चेतना के कवि नहीं हैं, भले उनमें राजनीतिक स्थिति पर कभी व्यंग्य मिल जाए, या वे उसकी विडम्बना उजागर कर दें।

विनोदजी की कविता के मानवीय और सामाजिक संसार को निकट से देखा जाना चाहिए। वे भी आधुनिक सभ्यता से त्रस्त हैं और एक आत्मतुष्ट सीमित संसार के आकांक्षी, जो 'दीवार में एक खिड़की रहती थी' नामक उनके बहुप्रशंसित उपन्यास में बहुत मोहक ढंग से चित्रित हुआ है और जिसका महत्त्व तब समझ में आता है, जब हम उसे वर्तमान संसार के प्रति-संसार के रूप में देखते हैं। प्रस्तुत संग्रह में दर्जनों ऐसी कविताएँ हैं, जो इस बात की गवाह हैं कि विनोदजी इतिहास की धारा से विच्छिन्न कोई आत्मकेन्द्रित रूपवादी कवि नहीं, बावजूद इसके कि उनमें शब्द-क्रीड़ा से कविता बनाने की जर्बदस्त प्रवृत्ति है। इसके आरम्भ में ही हमें 'कितना बहुत है', 'इस मैदानी इलाके में', 'बहुत पहले की बात है', 'सुबह है', 'जीने की आदत' और 'इतिहास बीता हुआ है'-जैसी कविताएँ मिलती हैं, जो कवि की प्रतिश्रुति से हमें परिचित कराती हैं। मैं इनमें से पहली कविता को पूरा उद्धृत करने की अनुमति पाठकों से चाहूँगा, क्योंकि इसमें समकालीन समाज में मानवीय सौहार्द की कमी की पीड़ा जितने ही गहरे रूप में अभिव्यक्त हुई है, उतने ही नये रूप में। कविता है :

कितना बहुत है
परन्तु अतिरिक्त एक भी नहीं
एक पेड़ में कितनी सारी पत्तियाँ
अतिरिक्त एक पत्ती नहीं
एक कोंपल नहीं अतिरिक्त

एक नक्षत्र अनगिनत होने के बाद।
अतिरिक्त नहीं है गंगा अकेली एक होने के बाद—
न उसका एक कलश गंगाजल,
बाढ़ से भरी एक ब्रह्मपुत्रा
न उसका एक अंजुलि जल
और इतना सारा एक आकाश
न उसकी एक छोटी अन्तहीन झलक।
कितनी कमी है
तुम ही नहीं हो केवल बन्धु
सब ही
परन्तु अतिरिक्त एक बन्धु नहीं।

समृद्धि और बाहुल्य के इस युग में 'बन्धुओं' की भी कमी नहीं, लेकिन सभी अपने होने से बँधे, उससे अधिक कोई नहीं। कहने की आवश्यकता नहीं कि यह अतिरिक्त होना ही मनुष्यता है। ताज्जुब नहीं कि विनोदजी ने इसी कविता से शब्द लेकर अपने संग्रह का नामकरण किया है। दूसरी कविता में कवि यह कहने के बाद कि 'सब जगह इस तरह विस्थापित हो सब जगह के पास / कि सब जगह हो सब जगह के पास' यह कहता है कि 'और अकाल, आतंक, दुकाल में अबकी साल / गाँव से एक भी विस्थापित न हो'। 'बहुत पहले की बात है' कविता में उसने बतलाया है कि पहले ऊँचाई का मतलब होता था पहाड़, तराई का घास या मैदान, बहाव का नदी, मातृत्व का एक तृप्त स्त्री और पितृत्व का पौरुषयुक्त पुरुष, लेकिन आज 'मिट्टी से काम करनेवालों के लिए / अकेली पृथ्वी ही / पृथ्वी भर मिट्टी लेकर उपस्थित है / और मनुष्यता के लिए कोई भी / एक मनुष्य'। स्पष्ट है कि जैसे पृथ्वी का मतलब पृथ्वी भर मिट्टी चिन्ता की बात है, वैसे ही मनुष्यता का मतलब मानवीय गुणों की जगह कोई एक मनुष्य। 'सुबह है' एक लाजवाब कविता है, जिसमें विनोदजी ने यह आशा जताई है कि मनुष्यता अभी पूर्णतः समाप्त नहीं हो गयी। इसमें उन्होंने एक सब्जी बेचनेवाली के बारे में लिखा है कि वह पालक रुपये के दस जूड़ी कहती है, लेकिन गिनते समय बारह देती है। फिर, 'मैं दो जूड़ी लेने से इनकार करता हूँ / कि दाई ज्यादा है / तो गुस्सा होकर / नहीं बेचना कहकर / सब पालक वापस करने को कहती है।' 'जीने की आदत' कविता आज की ढर्राबँधी जिन्दगी का मर्सिया है और 'इतिहास बीता हुआ है' कविता कवि के निम्नमध्यमवर्गीय परिवेश की झलक प्रस्तुत करती है, जिसमें वह यह कहने के बाद कि धरती और आकाश दोनों करोड़ों वर्ष पुराने खण्डहर हैं, यह कहता है कि 'झोपड़ी की दीवाल को / हर बरसात के बाद / मिट्टी से छाबने का काम शुरू होता

है / तो बरसात के पहले छानी छप्पर का / यह धरती के खण्डहर को छाबने का काम है / और आकाश के खण्डहर को छाने का'। कहा जा चुका है कि विनोदजी शब्दों से खेलना पसन्द करते हैं। यहाँ भी वे उससे बाज नहीं आते, दीवार छाबने को धरती के खण्डहर को छाबना कहते हैं और छप्पर छाने को आकाश के खण्डहर को छाना, लेकिन ध्यान देने लायक है कि ऐसा कहना कितना सार्थक है—साधारण ग्रामीण जनों के प्रयत्न को देखते हुए। इसी सार्थकता में उनकी काव्य-कला परवान चढ़ी है।

आगे की कविताएँ भी इतनी ही मानवीय और सामाजिक हैं, मसलन 'बोने को चार बीज', 'छाता लेकर काम पर', 'बाजार से खरीदी गयी है', 'साधारण', 'घण्टे को मैंने बजाया', 'शायद', 'वह व्यक्ति व्यक्तित्व ही' और 'उछलती-कूदती'। 'बोने को चार बीज' एक ऐसे किसान पर लिखी गयी कविता है, जो मनुष्यता में हमारी आस्था को दृढ़ करती है। इसमें कवि कहता है कि धूप से बचने के लिए वह छाता लेकर निकलता है, लेकिन कहीं छाया मिल जाती है, तो अपना छाता भूल जाता है। तत्पश्चात् 'अपरिचित, परिचित, आत्मीय, किसी छाया में अपना भूला छाता पा लेना चाहता हूँ, और / पाता जाता हूँ।' 'बाजार से खरीदी गयी है' कविता में सुन्दर गोल-मटोल बच्चों की एक रंगीन तस्वीर है, जिसे खरीद लेने का मन 'पिता के मन जैसा किसी का भी हो जाता है / घर-घर अब तो आम हुआ है।' विनोदजी की दृष्टि में इसका कुछ मतलब है। कहते हैं, 'दरअसल अपने-अपने बच्चों की गुमसुम सब तरफ चिन्ता है।' 'साधारण' समकालीन जीवन की एक त्रासदी को मूर्त करनेवाली कविता है, जिसमें सबकुछ साधारण होता जा रहा है। देखिए :

दफ्तर में छः बजे छुट्टी होती है
जो सात बजे हुई साधारण
सबके साथ घर जाने को बस के लिए खड़ी—
दफ्तर की लड़की को अचानक
चार गुण्डे आकर जबर्दस्ती ले जाने लगे
तभी बस आई
बस में बैठे लोग यह देख रहे थे
तब दफ्तर के लोग भी उसी बस में बैठ गये
साधारण!

आज की जिन्दगी में स्वभावतः व्यक्ति लगातार अकेला वा 'निर्जन' होता जा रहा है, जिसकी सूचना 'घण्टे को मैंने बजाया' शीर्षक कविता में कवि को एक निर्जन

क्षेत्र के टूटे-फूटे मन्दिर के घण्टे के 'अन्तर्नाद' और 'आर्तनाद' तथा उसके असमाप्त अनुरणन से मिलती है। 'शायद' कविता का विषय दंगा है, जिसमें शायद कुछ भी नहीं बचा। इसके अन्त में कवि कहता है : 'शायद बचा हुआ— / शायद।' नोट करने लायक है कि एक 'शायद' शब्द इस कविता को गहराई प्रदान करता है, क्योंकि 'शायद' का सम्बन्ध मनुष्य के अलावा और किसी से नहीं, और दंगे के बाद उस 'शायद' का बचा होना भी संदिग्ध हो गया है। 'वह व्यक्ति व्यक्तित्व ही' एक ऐसी कविता है, जो राजनीतिक व्यंग्य भी हो सकती है। इसमें एक व्यक्ति नहीं, व्यक्तित्व है, जिसके बारे में कवि कहता है : 'बढ़ते-बढ़ते वह कुछ / इस तरह बढ़ा / कि एक खूब पोले ढोल के पेट के अन्दर समाया तो / बस दो हाथ ही बाहर रह गये / ताकि यह ढोल जोरों से पीटा जा सके।' 'उछलती-कूदती' स्त्री की विवशता को उजागर करनेवाली एक ऐसी कविता है, जो जितनी ही मार्मिक है, उतनी ही कलात्मक। यह एक पूरे पृष्ठ की कविता है, वर्ना इसे इस समीक्षा में उद्धृत किया जाना चाहिए था। कथा-क्षेत्र में मचाए जानेवाले नारीवादी शोर में यह कविता इस बात का ठोस सबूत है कि नारी की विवशता तात्त्विक रूप में जिस तरह कविता में अभिव्यक्त की जा सकती है, कहानी क्या, उपन्यास में भी नहीं। इस विवरण से यह स्पष्ट हो जाना चाहिए कि विनोदजी की कविता का संसार किस तरह एक मानवीय और सामाजिक संसार है। प्रगतिशीलों और जनवादियों के संसार से इसका फर्क हो सकता है, तो सिर्फ अपनी प्रामाणिकता को लेकर। उनका संसार जहाँ बहुत बार आरोपित और आडम्बरपूर्ण होता है, विनोदजी का संसार प्रायः अनारोपित और अनाडम्बर। इसी कारण वह कलात्मक भी है।

इस संग्रह की एक बड़ी विशेषता इसमें अनेक प्रेम-कविताओं का होना है, जो इसके संसार को और मानवीय बनाता है। ये कविताएँ पुस्तक के दूसरे खण्ड में संकलित हैं। 'यहाँ तक आने की दूरी को' इस खण्ड की पहली ही कविता है, जिसमें कवि अपनी प्रेमिका को लक्ष्य कर कहता है : 'मैं अलख देखना चाहता हूँ— / उसके होने में अपने को भस्म कर डालने—का माथे पर प्रेम का भभूत लगाए।' इसमें अपनी प्रेमिका से तदात्म होने की जो उन्मत आकांक्षा है, उसकी गहराई के मेल में 'अलख' शब्द ही हो सकता था। 'पानी को' कविता की अन्तिम पंक्तियाँ हैं : 'उससे यहीं मिलने के निश्चय को / यहीं मिलने के निश्चय में / बाँध दिया।' इनका सौन्दर्य और गहराई सम्पूर्ण कविता में इन्हें देखकर ही जानी जा सकती है। 'कि नहीं होने को' कविता का निम्नलिखित अंश शमशेर के शब्द लेकर कहें, तो अजब ढंग से प्रेमी की दृष्टि की व्यग्रता को प्रकट करता है :

कि मेरे इस एकटक के पिंजड़े में
उसका नहीं दिखना

पंख फड़फड़ाता है
और पिंजड़े से निकलकर
उड़ता हुआ
उसी तरफ जाता है
जिस तरफ उसका दिखना उड़ता हुआ
ओझल होता है।

जैसे 'पानी को' कविता को ठीक से ग्रहण करने के लिए पूरी कविता को देखना जरूरी है, वैसे ही 'उसने उसके स्पर्श का' कविता को भी उसकी सम्पूर्णता में ही ग्रहण किया जा सकता है। इसमें कवि ने प्रेमिका के स्पर्श की गहराई को पुनः अजब ढंग से व्यक्त किया है। 'आदिम रंग' निर्वैयक्तिक प्रेम की एक बहुत सशक्त कविता है, जिसका पता उसकी ये पंक्तियाँ देती हैं : 'पृथ्वी अन्धकार में / पहला पुरुष अकेला नहीं था / न पहली स्त्री / सूर्योदय का रंग अन्धकार में / दोनों के साथ होने से बन रहा था।' 'प्रतिमाएँ पत्थर की हैं' कविता छोटी है, लेकिन प्रेम को मिथुन-मूर्तियों की गरिमा के साथ ही उपस्थित करनेवाली, इसलिए इसे पूरा उद्धृत किया जा सकता है :

प्रतिमाएँ पत्थर की हैं
मूर्तियों में आनन्द पत्थर का
सुख पत्थर का है
इस सुख से मुस्कुराहट पत्थर की।
हमारी चितवन के सामने पत्थर है
परन्तु सबकुछ सजीव
कि प्रतिमा की चितवन के सामने
हम दोनों पथराए
हमारे पथराने में मूर्तियों का सौष्ठव
मूर्तियों की नक्काशी
हम दोनों आलिंगन में पथराए।

स्पष्ट है कि श्रेष्ठ प्रेम-कविता के लिए गहन प्रेम-भावना चाहिए, न कि सिर्फ अंगों के मिलन का समारोह। विनोदजी जैसे अन्यत्र अपराजेय हैं, यहाँ भी। 'दूरी के बन्द दरवाजे के सामने' कविता को भी आंशिक उद्धरणों से नहीं समझा जा सकता। उससे भिन्न 'अपने एकान्त अकेलेपन में' कविता में प्रेमिका के स्मरण के क्षणों में रचा गया एक विलक्षण मायालोक है, जो उन क्षणों में पैदा होनेवाले विभ्रम की देन

है। 'हमारे आने की थोड़ी आवाज हुई थी' कविता में प्रेम का एक 'मूक सिनेमा' है, किसी पार्क में चलनेवाला, जिसके अन्त में कवि कहता है कि 'हमारा मन नहीं हो रहा था / हमारे जाने की आवाज / वहाँ छोड़ने का।' इस खण्ड में 'वे दोनों एक-दूसरे के भक्त' और 'अन्तिम समय तक के लिए' शीर्षक से भी दो कविताएँ हैं, जो एक स्वयंतुष्ट दम्पती पर लिखी गयी हैं। इन्हें भी प्रेम-कविता में ही शुमार करना चाहिए, क्योंकि इनमें ऐन्द्रियता या तज्जनित प्रेम भले न हो, पर प्रेम का परिणत रूप अवश्य है। ये कविताएँ 'दीवार में एक खिड़की रहती थी' उपन्यास के संसार का ही हिस्सा हैं।

प्रेम-कविताओं के अलावा 'अतिरिक्त नहीं' में कुछ प्रकृति-कविताएँ भी हैं, जो इसे पूर्णता प्रदान करती हैं। प्रकृति विनोदजी की काव्य-संवेदना का अंग है, जो उनकी भिन्न प्रकार की कविताओं में भी आती रहती है, पर उससे गहरी आत्मीयता होने के कारण कभी-कभी वह उनमें अलग से भी आती है और विलक्षण रूप में। यहाँ मैं उनकी दो प्रकृति-कविताओं का विशेष रूप से उल्लेख करना चाहूँगा—'स्थिरता यदि पहाड़ न हो' और 'इस छुआ-छुआइल के खेल में'। पहली कविता पहाड़ पर लिखी गयी है, जिसकी कल्पना कवि ने एक पक्षी की अश्मीभूत हो गयी उड़ान के रूप में की है : 'फॉसिल हो चुकी उड़ान है यह पहाड़ / आकाश की ओर जो / पंख ने भरे थे।' इसका सौन्दर्य तब प्रकट होता है, जब कविता के अन्त में वह कहता है : 'पहाड़ पर शिखर तक एक डगर है / डग भरते हुए मुझे लगता है— / मैं उड़ते हुए एक पक्षी के / पीछे-पीछे जा रहा हूँ। / पक्षी! मैं तुम्हारे पीछे हूँ!!' दूसरी कविता इससे भी आगे है। इसमें कवि के सामने बरसात के दिनों का एक दृश्य है—धान के खेतों, पेड़ों के झुण्ड और मोड़ पर उगे कास के फूलों से बना हुआ, जो उससे 'दूर चला गया दूर का दृश्य है'। इसी तरह का दृश्य उसके पीछे भी है। उसमें और आगे-पीछे के इन दृश्यों में छुआ-छुऔवल का खेल चल रहा है। कविता का अन्तिम अंश :

इस छुआ-छुआइल के खेल में
मुझे मालूम है मेरे पीछे भी
इसी तरह का एक दृश्य है
बहुत दूर एक हरे टीले के साथ
वह इस तरह है
जैसे मुझे मालूम नहीं
कि वह पीछे है।
छुआ-छुआइल में
मुझे लगता है कि मैं चौकन्ना हो गया हूँ

कि पीछे की सबसे अधिक दूरी
मुझे छूने के करीब आ रही है
अगर मैं मुड़ा तो पीछे की सबसे अधिक दूरी
सबसे अधिक दूर चली जाएगी।
मैं मुड़ा और
पीछे की सबसे अधिक दूरी
सबसे अधिक दूर चली गयी।

मानना पड़ेगा कि प्रकृति के प्रति इस आत्मीयता की तुलना सिर्फ खिलौनों के प्रति बच्चों की आत्मीयता से की जा सकती है, जिनके लिए वे सजीव हस्तियाँ होते हैं, जिनसे वे बातें करते हैं और जिनसे वे बिलकुल मिल जाते हैं। यह प्रकृति-चित्रण निस्सन्देह अन्तर्वस्तु और शैली दोनों ही दृष्टियों से छायावाद और नयी कविता से बहुत आगे का है।

अब मैं इस संग्रह की कुछ ऐसी कविताओं का जिक्र करना चाहता हूँ, जिनका सम्बन्ध न मनुष्य की समस्याओं से है, न उसके समाज की समस्याओं से और न ही प्रेम अथवा प्रकृति से। वे बस कविताएँ हैं, यथा 'मुरमी जमीन है सब तरफ', 'उस अधूरे बने मकान के पीछे', '—भी प्रतिध्वनि', 'केवल बहुत सन्नाटा' और 'पिंजड़े के पक्षी को'। इन कविताओं में एक शब्द को पकड़कर कविता बनायी गयी है, यानी वह शब्द न होता तो कविता के रूप में जो सौन्दर्य-सृष्टि की गयी है, वह सम्भव न होता। पूर्वोक्त पाँचों कविताओं में क्रमशः वे शब्द हैं—'लोहा', 'मन्दिर', 'प्रतिध्वनि', 'अतिरिक्त' और 'पकड़ना' क्रिया-पद। इन शब्दों को लेकर विनोदजी एक ऐसा स्वप्न-लोक या माया-लोक रचते हैं कि संवेदनशील पाठक देखते ही रह जाते हैं। अपनी बात को स्पष्ट करने के लिए मैं तीसरी कविता को पूरा उद्धृत कर रहा हूँ, जो सबसे छोटी है :

—भी प्रतिध्वनि
यह भी।

प्रतिध्वनि बोलता हुआ
वह मनुष्य गया
प्रतिध्वनि बोलते हुए कुछ लोग
प्रतिध्वनियों का कोलाहल है
प्रतिध्वनि में बातचीत करते
दोनों बैठे रहे
फिर चुपचाप की प्रतिध्वनि
चुपचाप ही।

कोई दरवाजा खटखटाने की प्रतिध्वनि
मेरा दरवाजा खटखटाती है
कोई आया है सोचकर
दरवाजा खोलता हूँ,
तो एक परोक्ष उपस्थित है
एक परोक्ष अतिथि।

प्रतिध्वनि हम सभी सुनते हैं, लेकिन उसके जादू को किसी ने इस तरह न पकड़ा था, न कविता में उसके सौन्दर्य को इस तरह मूर्त किया था। पूछा जा सकता है कि इस सौन्दर्य की सार्थकता क्या है? इसकी उपयोगिता भले न हो, लेकिन इसकी सार्थकता में सन्देह न होना चाहिए। यह वस्तुतः निरुद्देश्य यात्रा है, जो कला का गन्तव्य है।

ऊपर शब्द-क्रीड़ा की बात कही गयी है। इसमें कोई शक नहीं कि विनोदजी की कविता शब्द-क्रीड़ा है, लेकिन उसके साथ यह भी सही है कि निराला को छोड़ दें, तो हिन्दी के शायद ही किसी कवि ने उन-जैसी सार्थक शब्द-क्रीड़ा की हो। जो खतरनाक बात है, वह यह कि वे गम्भीर से गम्भीर कविता में भी शब्द-क्रीड़ा करते हैं, या उसमें भी वे उसी से कविता बनाते हैं। शब्द-क्रीड़ा से कविता कैसे बनती है, इसे देखने के लिए उनकी कुछ उक्तियाँ देखना जरूरी है। 'अब पहुँच ही गये हैं' कविता को कविता बनानेवाली उसकी अन्तिम उक्ति है : 'न पहुँचने के अन्त तक लगता है / कि अब पहुँच ही गये हैं / जैसे पहुँचने के अन्त तक।' कवि सिर्फ यह कहना चाहता है कि वह जहाँ पहुँच गया है, उससे आगे नहीं जा सकता, लेकिन चूँकि इस कथन में कोई कविता नहीं है, इसलिए वह 'पहुँचना' क्रिया-पद से खेलता है और अपने कथन को कविता में बदल देता है। 'न पहुँचने के अन्त तक' का मतलब है वहाँ तक, जिससे आगे नहीं जाया जा सका और 'पहुँचने के अन्त तक' का मतलब है वहाँ तक, जहाँ तक जाया जा सका। इसी तरह 'आज का पेड़' शीर्षक कविता अपनी इन अन्तिम पंक्तियों में आकर कविता बनती है : 'मेरा वहाँ पहली बार का आना / आए दिन का / पहला दिन हुआ था।' स्पष्ट है कि यहाँ 'आना' क्रिया-पद के साथ क्रीड़ा की गयी है, जिसमें कवि की सहायता 'आए दिन' के मुहावरे ने की है, जिसमें 'आना' क्रिया-पद की उपस्थिति ध्यातव्य है। इस शब्द-क्रीड़ा की बारीकी और जटिलता के प्रति पाठक को हमेशा सजग और सन्नद्ध रहना पड़ता है, वर्ना विनोदजी की कविता उसके ऊपर से गुजर जाएगी। एक दूसरी बात जो मैं इस प्रसंग में कहना चाहता हूँ, वह यह कि इस कविता का मूल तत्त्व है कल्पना। यह कल्पना विनोदजी में जितनी तीक्ष्ण है, उतनी ही सक्रिय। वे अतिशय कल्पनासम्पन्न कवि हैं और उनकी कल्पनाशीलता ही

उनकी शब्द-क्रीड़ा को सर्जनात्मकता प्रदान करती है, अथवा उसी से वे उससे सौन्दर्य-सृष्टि करने में सफल होते हैं। उदाहरण के लिए 'पिंजड़े में' कविता का यह अंश देखा जा सकता है : 'बहुत प्राचीन पक्षी लिपि है / सान्ध्य आकाश में पक्षियों की पंक्ति / सन्दर्भ लौटने का, वाक्य है / यह विषय भी लौटने का इतना है / कि वाक्य भी लौटता है।' जब पुराना पक्षी कवि की कल्पना में लिपि के रूप में आता है, तो स्वभावतः पक्षियों की पंक्ति उसे वाक्य प्रतीत होती है। चूँकि शाम का वक्त है, इसलिए पक्षी अपने आवास-स्थान से दूर नहीं जा रहे हैं, बल्कि उसकी तरफ लौट रहे हैं। विषय या प्रसंग लौटने का है, इसलिए विनोदजी इस विलक्षण उक्ति की सृष्टि करते हैं कि 'वाक्य भी लौटता है'। यह शब्द-क्रीड़ा कवि की विवशता भी है, क्योंकि वह उसी के माध्यम से उन फिसलती हुई सच्चाइयों को पकड़ सकता है, जिन पर ज्यादातर दूसरे कवियों का ध्यान भी नहीं जाता। लेकिन इसके साथ-साथ यह भी सही है कि शब्द-क्रीड़ा जिस तरह छोटी कविता के लिए उपयोगी है, उस तरह बड़ी कविता के लिए नहीं। इसी संग्रह में 'पुराना जंग लगा हुआ ताला कहीं दिखता है!' शीर्षक से एक लम्बी कविता भी है, जिसमें शब्द-क्रीड़ा की शैली ने कवि का साथ नहीं दिया है। यह बात आश्चर्यजनक है कि विनोदजी ने उस शैली का अपने दोनों ख्यातिप्राप्त उपन्यासों 'नौकर की कमीज' और 'दीवार में खिड़की' में शुरू से अन्त तक बहुत सार्थक उपयोग किया है। छोटी कविताओं में भी अनेक बार उनकी शब्द-क्रीड़ा सफल नहीं होती और तब पाठक झल्ला उठता है। आकस्मिक नहीं कि बावजूद इसके कि शब्द-क्रीड़ा का सर्जनात्मक उपयोग अभी उनकी कविता और गद्य में चल रहा है, वह पाठकों में ऊब भी पैदा करने लगी है। क्या विनोदजी इस भूल-भुलैये से निकलकर एक नयी शुरुआत करने की अपनी क्षमता का परिचय देंगे? इसमें कोई शक नहीं कि अपनी पुरानी शैली में भी जहाँ वे सफल होते हैं, वहाँ बेजोड़ होते हैं और अपने साथ समग्र हिन्दी कविता को आगे ले जा रहे होते हैं, लेकिन इस शैली की सीमाएँ भी अब उजागर होने लगी हैं। अभी हिन्दी में आलोचना का जो माहौल है, उसमें या तो पूर्णतः स्वीकार की प्रवृत्ति है, या पूर्णतः अस्वीकार की, जबकि जरूरत इस बात की है कि प्रत्येक कवि को आलोचनात्मक दृष्टि से पढ़ा जाए, विनोदकुमार शुक्ल को भी।

3

विशिष्टता सच्चे कवियों की सामान्य पहचान है, लेकिन उनमें कुछ ऐसे होते हैं,

जिनमें यह विशिष्टता अतिरिक्त रूप में होती है। उदाहरण के लिए छायावादी कवियों में निराला को और छायावादोत्तर कवियों में मुक्तिबोध को लिया जा सकता है। यह अतिरिक्त विशिष्टता कवियों की स्वीकृति के मार्ग में बाधक भी बनती है। आम तौर पर वे कवि पहले स्वीकार्य हो जाते हैं, जो अपनी विशिष्टता के साथ अपनी पीढ़ी के अन्य कवियों से बहुत भिन्न नहीं होते, न मिजाज में और न कविता के मुहावरे में। अकारण नहीं कि निराला की तुलना में पन्त और मुक्तिबोध की तुलना में अज्ञेय विद्वानों और पाठकों को पहले स्वीकार्य ही नहीं हुए, इन्हें पर्याप्त लोकप्रियता भी प्राप्त हुई। बाद के कवियों में किंचित् अतिरिक्त विशिष्टता रघुवीर सहाय में दिखलायी पड़ती है, जो नयी कविता में लगभग बहिष्कृत रहे। यहाँ नयी कविता के सिद्धान्तकार लक्ष्मीकान्त वर्मा का यह कथन स्मरणीय है कि यह बात समझ में नहीं आती है कि रघुवीर सहाय को नयी कविता का कवि क्यों कहा जाता है? यह बात और है कि आगे के वर्षों में, जब नयी कविता को एक दूसरी कविता ने अपदस्थ कर दिया, रघुवीर सहाय उसके नायक के रूप में मान्य हुए। ज्ञानेन्द्रपति निराला अथवा मुक्तिबोध के स्तर के कवि नहीं, न ही वे रघुवीर सहाय के स्तर के कवि हैं, फिर भी यह सच है कि वे परवर्ती पीढ़ी के कवियों में अतिरिक्त रूप से विशिष्ट हैं। इसी कारण उन्हें लेकर हलका-फुलका विवाद भी है। पिछले दिनों समकालीन कविता के मर्मज्ञ डा. नामवर सिंह ने उनके नये कविता-संग्रह 'गंगातट' पर टिप्पणी करते हुए उसे एक तरह से खारिज कर दिया है और दूसरी तरफ कई कवियों और समीक्षकों ने उसमें संकलित कविताओं की खूबियाँ गिनायी हैं। ज्ञानेन्द्र की अतिरिक्त विशिष्टता क्या है? मेरा खयाल है कि वह कवि-रूप में उनकी पूरी बनावट में निहित है, उनकी कविता की एक-दो विशेषताओं में नहीं।

नामवरजी को दो कारणों से ज्ञानेन्द्र का संग्रह पसन्द नहीं आया है। उनमें से एक कारण तो यह है कि उसमें बनारस से सम्बन्धित कविताएँ हैं, लेकिन उन कविताओं में बनारस नहीं है, यानी बनारस की आत्मा और उसकी संस्कृति। दूसरा कारण उनकी दृष्टि में यह है कि उन कविताओं की भाषा ठीक नहीं है। नामवरजी की ये दोनों ही बातें दूर तक सही हैं, लेकिन वे पड़ताल की अपेक्षा रखती हैं। हम एक-एक कर उन पर विचार करेंगे।

'गंगातट' में बनारस की आत्मा या संस्कृति या चरित्र निश्चय ही उस रूप में नहीं आया, जिस रूप में केदारनाथ सिंह की प्रसिद्ध कविता 'बनारस' में आया है। लेकिन इस संग्रह में ज्ञानेन्द्र का उद्देश्य बनारस के चरित्र को उद्घाटित करना नहीं रहा। वस्तुतः उन्होंने बनारस में रहते हुए उसे जिस रूप में देखा है, उसे शब्दबद्ध किया है। इस देखने का महत्त्व बनारस की विशिष्टता को उद्घाटित करने से बढ़कर

उसके माध्यम से अपने समय और परिवेश की सच्चाइयों को उद्घाटित करने में है। आगे बढ़कर कहें, तो 'गंगातट' की कविताएँ हमें बनारस ही नहीं घुमाती हैं, अपने दर्पण में आज की पूरी दुनिया की झलक दिखलाती हैं। उदाहरण के लिए कुछ दृश्य देखे जा सकते हैं। सर्वप्रथम बनारस में गंगास्नान के लिए आई हुई एक बूढ़ी औरत : 'तुम क्या जानो / अपने को प्राणों तक प्रक्षालित कर रही है, पवित्र कर रही है / महाप्रस्थान-प्रस्तुत, डगमग पाँवोंवाली वह बूढ़ी मैया / तुम क्या जानो, क्योंकि तुम्हारे लिए नहीं बची है कोई पवित्र नदी / तुम्हारी सारी नदियाँ अपवित्र हो गयी हैं—विषाक्त'। तत्पश्चात् गंगापार का यह दृश्य : 'गंगापार, पेड़ों के पीठ-पीछे धुआँ उगलती वह चिमनी / साम्राजी पूँजीवाद के दैत्य-मुँह में दबा हुआ चुरुट है / अप-टू-डेट, जो उतरा है, बदले भेष, माया-वस्त्र पहने / इन्दिरा गाँधी अन्तर्राष्ट्रीय हवाई अड्डे पर बिछी लाल कालीन पर ठाठ / से चलता'। पुनः बनारस का वेश्याओं का प्रसिद्ध मुहल्ला दालमण्डी : 'बनारस में एक दालमण्डी थी / जहाँ दाल सबकी गलती थी / बशर्ते गलाने को पास नमक हो / खून में घुला हुआ, जिसके आलते से / रँगी हुई एँड़ियोंवाली / दली गयी दालमण्डी समय की एँड़ियोंतले— / चाहे मण्डी अभी बची हो और थोड़ी-बहुत दाल भी'। इसी के साथ मणिकर्णिका घाट: 'जहाँ चिता अबुझ जलती थी / अब भी है अक्षययौवना बल्कि अब तो / चिताओं की लपलपाती जिह्वाओं से मुँह कभी-कभी इस / तरह भर जाता है / कि साँस लेना दूभर मणिकर्णिका का / बस गिद्धरंगी लकड़ियों के ढेर तुलते और ढुलते रहते हैं सहर्ष'। और तो और, ज्ञानेन्द्र बनारस के साँढ़ों को भी नहीं भूले हैं। यह अंश थोड़ा बड़ा है, इसलिए अलग से उद्धरणीय है :

महाकाय वृषभों के बिलाने के बाद
नटगिट्टे साँढ़ों की ही बारी होगी
नगर में
बची-खुची अधेड़ गाएँ
शिवालों में घुसकर
दरकी हुई देह और अनन्त यौवनवाली
भग्नविषाण नन्दी-प्रतिभाओं को
सूनी दोपहरियों में चूमेंगी-चाटेंगी
बोझिल वीर्यकोश और ककुद पर लिपटी हुई रुद्राक्ष-मालावाली
नन्दी-प्रतिमाएँ!
टूट गया होगा समय-प्रहार से कि उपेक्षाभरे व्यवहार से
उनका एक अद्भुत सुघड़ सींग
कि मानो दूज के चाँद की एक नोक टूटी हो

फिर भी वहीं...वहीं
होगी कान्ति और शान्ति उनके लिए
अशान्त अँधेरे समय में

अब आप बनारस के एक लालाटिक स्वामी को देखें : 'रुचिर अल्पना-रंजित उसका ललाट / सुबह-सुबह स्नानालय से निकल, दर्पण में देर तक नहानेवाला / एक अधेड़ ललाट जिसकी सलवटें रंगीन रेखाओं से ढँकी हुई / एक अभिनव भाल-लेख मानवी / काल-लेख को छुपा लेनेवाला'। बनारस में कम्पनीबाग भी है। उसके वर्णन के प्रसंग में एक प्रसिद्ध साहित्यिक संस्था का यह विवरण : 'नगर-मध्य का म्युनिसिपल पार्क—कम्पनीबाग / मैदागिन में, उस नागरी प्रचारिणी सभा का पड़ोसी / जिसके भव्य भवन में / नागरी के शव पर / साधक भूषा में / पालथी मार बैठा नटनागर एक / हिन्दी! हा! हिन्दी! करता / दोमुँहा छलिया / जिसकी परिभाषा में जिगरी दोस्त वह जो दोस्त का जिगर खाए / और बाल वह जो कपाल पर नहीं, किसी ऊँची नाक का बाल हो अधोमुखी'। पोखरा पिशाचमोचन के बारे में ज्ञानेन्द्र ने कहा है : 'वे विकास-प्राधिकरण के बनवाए एल.आई.जी. फ्लैट हैं / और यह जो एक सौध का / उल्टा प्रतिबिम्ब है / 'गंगा पैलेस' है / नगर का नवजात सिनेमाघर / गंगा पैलेस—एक अजीब खिचड़ी-सा नाम / उस बनारस में जहाँ / सिनेमाहाउस खुद को चित्र-मन्दिर कहते रहे हैं / समय के फेर का एक भाषिक प्रतिबिम्ब / पुराणाधुनिक / जो कि बनारस हो रहा है इन दिनों / या प्रायः पूरा भारत ही'। अन्त में लल्लापुरा में स्थित दालमण्डी की एक तवायफ की उसके प्रेमी द्वारा बनवायी गयी एक कब्र का वर्णन, जिसके बारे में कवि कहता है :

ताजमहल भी तुम्हारे तलवों को उतनी ठण्डक नहीं दे सकता
जितनी तुम्हें वहाँ मिल सकती है, लल्लापुरा में
यदि तुम उसके सामने सिर उठाये नहीं, सिर झुकाये खड़े होओ
भले ही तब बंकिम खम्भोंवाला वह मजार
पूनों की चाँदनी में नहीं
सड़क-पार सामने की एक नन्ही दुकान के कठखोखे
में जलनेवाले
बल्ब की रोशनी में डूबा हो

जाहिर है कि 'गंगातट' के कवि का ध्यान बनारस के दृश्यांकन पर उतना नहीं, जितना उसके भीतर से वर्तमान भारत या विश्व को देखने पर है, यद्यपि उसे साथ लिये हुए, उसके माध्यम से ही, उससे स्वतन्त्र होकर नहीं। ज्ञातव्य है कि इस

संग्रह में कुछ कविताएँ ऐसी भी हैं, जिनका बनारस से सम्बन्ध नहीं, लेकिन उनका स्थानगत नहीं, तो कालगत सम्बन्ध फिर भी बनारस से बनता है। वर्तमान भारत या विश्व की समस्याएँ अनेक हैं—मानव-मूल्यों पर संकट और पर्यावरण-विनाश से लेकर पूँजीवादी-साम्राज्यवादी बाजार-संस्कृति के मायिक विस्तार तक। ज्ञानेन्द्र ने बनारस पर लिखते हुए उन समस्याओं की भयावहता से हमें परिचित कराया है। कभी-कभी उन्होंने यह काम छोटे-छोटे प्रसंगों, घटनाओं और वस्तुओं के चित्रण के माध्यम से किया है, जैसे रक्त-परीक्षण के लिए एक बूँद रक्त ही काफी होता है। लक्ष्य करने योग्य बात यह भी है कि बाजार-संस्कृति के इस युग में लूट-खसोट, पाखण्ड और धर्म का रूप भी बदलता जा रहा है। अपने परिवेश के प्रति अतिशय संवेदनशील होने के कारण ज्ञानेन्द्र गहरी चिन्ता से तमाम चीजों को देखते हैं और एक जन-कवि की बेचैनी से उन्हें अपनी कविता का विषय बनाते हैं। हिन्दी में कोई कविता-संग्रह ऐसा नहीं, जिसका विषय एक शहर हो और जिसमें उसके माध्यम से एक ऐसा प्रभाव उत्पन्न किया गया हो, जो स्फुट कविताओं का नहीं, आख्यान-काव्य का प्रभाव हो। उचित ही ज्ञानेन्द्र ने 'जनसत्ता' में प्रकाशित अपने एक साक्षात्कार में 'गंगातट' को एक 'मुक्तधी उपन्यास' के रूप में पढ़ने की सिफारिश की है।

नामवरजी की दूसरी आपत्ति भाषा को लेकर है। 'गंगातट' की भाषा में तत्समता और तद्भवता तो है ही, इन दोनों का मेल भी दिखलाई पड़ता है। अभी मेरे सामने उसका जो पृष्ठ खुल गया है, उस पर 'वायूर्मि-चिह्न' शीर्षक यह कविता अंकित है :

वायूर्मि-चिह्न
तट-रेत के दूर पसार में
तट के निकट गीली रेत पर
जल-पक्षियों के पद-चिह्न तर-ऊपर
जिनके बीच से निकलकर
गयी हुई वह एक एकान्तकामी पक्षी की
पद-पाँत है
शलाका से आँजी गयी चार शिराएँ पंजों की
जिनकी आकृति धीरे-धीरे
रेखावकाश में रज अभ्रक स्फटिक कण भर अपनी
तूलिका से
मिटाती रहेगी हवा
जब वह उन्नतशीश चट्टानों को धरातल के निकट
अपनी बालुका-छेनी और हाथ के अदृश्य हथौड़े से

तराश रही होगी
मनचाही आकृतियों में
अनवरत

पाठकों का ध्यान इस कविता के 'वायूर्मि-चिह्न', 'एकान्तकामी', 'रेखावकाश', 'रज अभ्रक स्फटिक कण' और 'उन्नतशीश'-जैसे शब्दों की तरफ तो जाएगा ही, 'पसार' और 'तर-ऊपर'-जैसे शब्दों की तरफ भी जाएगा। इन दोनों प्रकार के अर्थात् तत्सम और तद्भव शब्दों का मेल 'पद-पाँत' और 'बालुका-छेनी'-जैसे शब्दों में हुआ है। स्पष्टत: इन शब्दों से निर्मित भाषा समकालीन कविता की भाषा से बिलकुल भिन्न है। हमें यह बात हैरत में डालती है कि ज्ञानेन्द्र के इस पूरे संग्रह में समकालीन कविता की भाषा का मुहावरा बिलकुल नहीं मिलता है, जबकि वह उन कवियों में भी मिल जाता है, जो लोक की भूमि पर कविता लिखते हैं। इसके अलावा 'गंगातट' की कविताओं की भाषा में उलझाव, वाक्यविन्यासगत शिथिलता और अपने ढंग से शब्द-क्रीड़ा की प्रवृत्ति भी है, लेकिन सवाल है कि उसमें सर्जनात्मकता है या नहीं, जो कि काव्य-भाषा की कसौटी है? मैं इस नतीजे पर पहुँचा हूँ कि वह सर्जनात्मकता से लबरेज भाषा है, जिसका स्वाद विलक्षण है। उसमें प्रयुक्त होकर शब्द, वे तत्सम, तद्भव, देशज, विदेशज या किसी मेल से ही बने हुए क्यों न हों, खनक उठते हैं। शब्द-प्रयोग को लेकर ज्ञानेन्द्र में जो एक फक्कड़पन है, वे व्याकरण, तुकबन्दी के आरोप, अतिशय क्षेत्रीयता आदि में से किसी की जो परवाह नहीं करते, वह बहुत आकर्षित करता है। 'सह्य' के साथ वे 'रह्य' शब्द बना सकते हैं और 'हलका'-जैसे हलके शब्द के लिए 'हल्लुक' का प्रयोग कर सकते हैं। उनकी तुकबन्दी तो जितनी मोहक है, उतनी ही सार्थक भी। कुछ आप देखें : 'जटाजीवी-मायाजीवी', 'जांगलिक-मांगलिक', 'निरल्ले-हल्ले', 'सांगीतिक-सांघातिक', 'भुजबल-पददल', 'वन्ध्याकरण-अन्धाकरण', 'गहमागहमी-सहमासहमी', 'चरिन्दे-परिन्दे', 'बालचन्द्र-भालचन्द्र', 'एक-नेक', 'मरजीवा-चिरजीवा', 'झूठखोर-जूठखोर,' 'हड़ियल-कड़ियल', 'मिट्टी-गिट्टी', 'निराहार-निराधार', 'खग-रोर-जग-शोर', 'चुस्कियों-मुस्कियों', 'पिंजर-पंजर', 'सुरभिसन्धि-दुरभिसन्धि', 'कोलाहल-हलाहल', 'आयताकार-नितम्बाधार' आदि। जहाँ इन शब्दों का प्रयोग हुआ है, वहाँ यह स्पष्ट हुए बिना नहीं रहता कि यह निराला-जैसे छायावादी कवि की अनुप्रास-योजना से बिलकुल भिन्न किस्म की एक कला है, जिसका प्रयोग कवि ने अपनी भाषा को, उसी के शब्द लेकर कहें, तो सांगीतिक बनाने के लिए नहीं, बल्कि सांघातिक बनाने के लिए किया है।

ज्ञानेन्द्र पर एक आरोप यह भी है कि उनकी कविताओं में 'नैरेशन' है। हाँ, इसी के द्वारा वे चित्र खड़ा करते हैं और अपनी बात कहते हैं। 'गंगातट' में अनेक

अपेक्षाकृत लम्बी कविताएँ हैं, जो आख्यानपरक हैं। आख्यान गद्य में भी होता है और कविता में भी। आख्यान को कविता बनानेवाली चीज उसमें पैदा किया गया तनाव है, जो सुगढ़ भाषा में हमें विष्णु खरे की कविताओं में मिलता है। ज्ञानेन्द्र के पास भले सुगढ़ नहीं, पर एक सशक्त भाषा है। हमारा ध्यान उसकी शक्ति पर जाना चाहिए, न कि इस पर कि वह समकालीन काव्यभाषा से कटी हुई है। उसकी शक्ति के तीन प्रमाण मैं नीचे दे रहा हूँ, यह समझते हुए भी कि यह समीक्षा कुछ अधिक ही लम्बी हो रही है। बहुमंजिले पाँचसितारा होटल के बारे में ज्ञानेन्द्र कहते हैं :

जन–शत्रु जीवन–शत्रु
दुर्दम दुष्ट
चन्द चतुर जनों की भोगाकांक्षा सर्वशोषक आत्मपोषक
पाँव फैलाकर बैठी हुई सागरतट नदीतट—
सड़कतट भी
धरती के रस–कुण्ड में
रुपयों की रुपहली स्ट्रा लगा
चुस्किंयाँ लेती हुई सुस्वादु

इसी तरह आकाश के एक तारे के बारे में :

बहरहाल, वह तुम्हारा तारा है
जिसे उन्होंने छोड़ दिया है तुम्हारे लिए
वे—जिन्होंने तुम्हारे लिए जगमगाता बाजार सजा रखा है
मायावी बाजार, जिसमें
नये जूते की नोक पर जो एक तारा दिपता है
वह ध्रुवतारे से बड़ा है और ज्यादा चमकीला

अन्त में गंगा–पार की चिमनी का एक और चित्र :

पेड़ों के बीच अदीख
खड़ी, उर का आक्रोश उलीचती वह करियाई चिमनी
हवा के हवाले करती अपना जहरीला धुआँ कि आत्मसुखी
चौमुखी विनाश–कामना
हवा के रह–रह बदलते रुख की खींची धूमरेखाएँ
दिशा–दिशा में उधियाते कर्कश झोंटों–सी दिखती हैं
उस चिमनी के साथ

प्रलम्ब खड़ी भी जो झूमती-नाचती है
पूँजी का डायन-नाच, उर में स्वार्थ आँखों में द्वेष भरे
अधरात नहीं, दिन-दहाड़े

इस भाषा में अटकाव है, जिससे उसे थोड़ा रुक-रुककर पढ़ना पड़ता है, जैसे बहुत हद तक रघुवीर सहाय में। ये दोनों ही कवि विरामचिह्नों की उपेक्षा करके पाठकों की कठिनाई बढ़ाते हैं, लेकिन इस कठिनाई का भी मजा है, जो अच्छी कविता ही दे सकती है। विद्यापति ने नवोढ़ा नायिका के बारे में कहा है : 'दुख सहि-सहि सुख पाओल'। ज्ञानेन्द्र की काव्य-भाषा से गुजरते हुए पाठकों को बहुत कुछ वही सुख मिलता है।

'गंगातट' के कवि का काव्य-कौशल भी देखने लायक है। यह ठीक है कि संग्रह की सारी कविताओं में समान कोटि का कौशल नहीं दिखलायी पड़ता, लेकिन जहाँ कवि अपनी अभिव्यक्ति को कलात्मकता प्रदान करने में सफल हुआ है, वहाँ वह काबिलेतारीफ है। ऐसी कविताएँ इस संग्रह में दो दर्जन से कम नहीं हैं, जिनमें 'वायूर्मि-चिह्न' और 'चिता-संवाद'-जैसी छोटी कविताएँ हैं, तो 'अपने देवता का चुनाव' और 'हरिप्रसाद चौरसिया का बाँसुरी-वादन सुनते हुए (एक)'-जैसी किंचित् बड़ी कविताएँ भी। ज्ञानेन्द्र प्रायः कविता को बहुत अच्छे ढंग से समाप्त करते हैं, कभी-कभी अपने शब्दों में जरा-सा घुमाव देते हुए, जैसे 'भुजबल ही पदबल नदी की राह में', 'हड़ियल है जिनका लालित्य / कड़ियल है जिनकी ममता', या फिर 'नगर के महाकाय पिंजर के पंजर को कँपाता / पंचम स्वर में', जिससे अभिव्यक्ति एक पूर्णता-सी पा लेती है। लेकिन ज्ञातव्य है कि जैसे प्रेमचन्द की सफल-असफल सारी कहानियाँ मिलकर ही उनके कथालोक की रचना करती हैं और पाठकों पर अपना प्रभाव डालती हैं, 'गंगातट' की सारी कविताएँ मिलकर उनके बनारस से हमारा परिचय कराती हैं, जो सिर्फ बनारस तक सीमित नहीं है। एक दिलचस्प बात यह है कि निराला और मुक्तिबोध का नाम लेने और हवाला देने के बावजूद ज्ञानेन्द्र की काव्य-शैली पर नागार्जुन की छाप है। यह बात उनकी रेखाचित्रात्मक कविताओं में बहुत साफ तौर पर दिखलायी पड़ती है। वैसे काव्य-कला के क्षेत्र में भी उन्होंने नागार्जुन से बहुत कुछ सीखा है। यह चीज इस कवि को आधुनिक हिन्दी कविता की परम्परा से भी जोड़ देती है। 'गंगातट' निस्सन्देह समकालीन कविता को एक नया आयाम देता है और ज्ञानेन्द्रपति के प्रति, जो पुरस्कारों और सम्मानों की दौड़ तथा साहित्य के राजनीतिक मंचों के इस्तेमाल से अलग रहकर सर्वप्रथम शब्द-साधना को समर्पित रहे हैं, मन में प्रशंसा का भाव जगाता है।

ज्ञानेन्द्रपति के विपरीत राजेश जोशी की कविताओं की अन्तर्वस्तु और अभिव्यक्ति में एक पारदर्शिता है, जिस कारण उनके बारे में कभी कोई भ्रान्ति और उन्हें लेकर कभी कोई अटकाव नहीं हो सकता। बड़ी बात यह कि उनकी कविताएँ सुशिल्पित भी हैं, हर तरह से 'फिनिश्ड'। स्वभावत: उनमें कोई कच्चापन या अधूरापन नहीं है। कविता के शिल्प पर यह अधिकार राजेश ने निष्ठापूर्वक निरन्तर कवि-कर्म करते हुए प्राप्त किया है। उनका नवीनतम कविता-संग्रह 'दो पंक्तियों के बीच' इसे अच्छी तरह प्रमाणित करता है।

संग्रह का नामकरण जिस कविता का शीर्षक लेकर किया गया है, वह कविता के बारे में ही है। जाहिर है कि कवि शब्दों के माध्यम से तो कहता ही है, दो पंक्तियों के बीच में जो खाली जगह होती है, उसके माध्यम से भी बहुत कुछ कहता है। यदि कविता में यह दूसरा कथन न हो, तो प्राचीन आचार्यों के अनुसार भी वह श्रेष्ठ कविता न होगी। इसी मौन से कविता के जादुई लोक का निर्माण होता है। आकस्मिक नहीं कि राजेश ने कहा है : 'यहाँ आने से पहले अपने जूते बाहर उतारकर आना / कि तुम्हारे पैरों की कोई आवाज न हो / एक जरा सी बाहरी आवाज नष्ट कर देगी / मेरे पूरे जादुई तिलिस्म को!' आगे की चार कविताएँ— 'अधूरी कविताएँ', 'इत्यादि', 'सहायक क्रिया' और 'हमारी भाषा'—भाषा से ही सम्बन्धित हैं और इनमें जो कुछ कहा गया है, वह दो पंक्तियों के बीच की खाली जगहों के माध्यम से ही, यथा 'यूँ भी दुनिया में सबसे बड़ी तादाद अधूरी कविताओं की है', 'इत्यादि हर जगह शामिल थे पर उनके नाम कहीं भी / शामिल नहीं हो पाते थे', 'वह (सहायक क्रिया) चाहे तो गड़बड़ा सकती है पूरे वाक्य को / अकेले!!' और 'हम सोचते थे कि भाषा हर चीज को जान लेने का दरवाजा है'! ये पंक्तियाँ उक्त कविताओं के कथन से हमारा परिचय कराती हैं, लेकिन यह सही है कि उसकी प्राप्ति हमें उनके वाच्यार्थ से अधिक उनके व्यंग्यार्थ से होती है।

लेकिन बावजूद इसके कि आज की कविता व्यंजनाप्रधान है और व्यंजना राजेश की कविताओं में भी है, सच्चाई यह है कि वे सामाजिक यथार्थ से प्रतिबद्ध कवि हैं, जो प्रकृति से पंक्तियों के बीच छूटी हुई जगहों से अधिक भरोसा स्वयं पंक्तियों का करता है। प्रमाण के लिए 'बीसवीं सदी के अन्तिम दिनों का एक आश्चर्य', 'रुको बच्चो', 'जहर के बारे में कुछ बेतरतीब पंक्तियाँ' और 'उनका भरोसा'-जैसी कविताओं को देखा जा सकता है। पहली कविता में एक बूढ़ा है, जिसके आतिथ्य को लेकर एक महानगर में उसके स्वजनों और मित्र के बीच बड़ी खींच-तान होती है। सभी उसे अधिक से अधिक दिन अपने यहाँ रखना चाहते हैं, जिस पर कवि कहता है : 'बीसवीं सदी के अन्तिम दिनों में हो रहा था यह सब / और वह भी एक महानगर में / बूढ़ा अन्दर ही अन्दर भींगता जाता था / बुदबुदाता

था...अभी सबकुछ नष्ट नहीं हुआ है...'। दूसरी कविता में वह बच्चों को सड़क पार करने से रोकता है, क्योंकि उससे अभी नौकरशाह, न्यायाधीश, पुलिस अधिकारी और मन्त्री तेजी से गुजर रहे हैं : 'इन्हें जल्दी जाना है क्योंकि इन्हें कहीं नहीं पहुँचना है।' तीसरी कविता जहर पर है, जिसे राजेश इस तरह समाप्त करते हैं : 'जहर को जहर की तरह बिलकुल नहीं दिया जाता / जब दिया जाता है उसे / किसी समाज को / बड़े पैमाने पर!!' अन्तिम कविता का विषय भीख माँगनेवाले बच्चे हैं, जिनके बारे में वे कहते हैं : 'कभी-कभी वे एक स्वप्न भी देखते हैं / जिसे हमारे समय की रंगीन आपराधिक फिल्मों ने / रचा है उनके दिमाग में / जिस पर उनका भरोसा है कि उस तरह एक दिन / बदल जाएगा उनका भी जीवन!' इन उद्धरणों से कवि की सामाजिक चिन्ता स्पष्ट है, लेकिन मैं जो बात कहना चाहता हूँ, वह यह कि वह चिन्ता कविताओं में बहुत साफ शब्दों में व्यक्त हुई है, यद्यपि पूरे सधाव और कलात्मकता के साथ। ये चारों बहुत ही सुन्दर और प्रभावशाली कविताएँ हैं, जिनसे एक निष्कर्ष यह भी निकलता है कि काव्य-कला किसी एक शैली या पद्धति की मोहताज नहीं।

इन्हीं कविताओं की परम्परा में 'समय के स्वप्न की चीख', 'दृश्य और बिम्ब', 'परछाई' और 'किसी दूसरे मुल्क और किसी और वक्त के बारे में'-जैसी कविताओं को भी समझना चाहिए, जो अपेक्षाकृत अधिक प्रभावशाली कविताएँ हैं। इनके अधिक प्रभावशाली होने के कारणों की तलाश की जाए, तो कई बातें सामने आएँगी। ये चारों ही कविताएँ हमारे देश और काल के भयावह यथार्थ को उपस्थित करती हैं, पर किसी न किसी रूप में यथार्थ से हटकर। पहली कविता का यह अंश देखिए :

लहरों को देखती लड़की सोच रही है
अभी एक घुड़सवार आएगा लहरों से निकलकर
घोड़े की अयालों से टूटकर बिखरेंगे पानी के मोती
लेकिन लड़की की पीठ पर बढ़ते अँधेरे से निकल रहे हैं
कुछ खूँखार अश्वारोही लड़की के सपनों पर घात लगाए
बढ़ी आ रही है समुद्र की एक हिंसक लहर
और कटती जा रही है लड़की के पाँव के नीचे से रेत
धँसते जा रहे हैं लड़की के पाँव

स्पष्टतः यहाँ किसी हद तक यथार्थ से हटकर कवि स्वप्न में चला गया है और इस तरह यथार्थ में स्वप्न को मिलाकर उसने उसमें मारकता पैदा की है। दूसरी कविता में एक नये मोडेल की चमचमाती कार धीरे-धीरे आगे सरकते हुए एक डर के मारे

गिरते-पड़ते भागते बच्चे को डरा रही है। यह एक अमानुषिक प्रसंग है, जिसके बारे में कवि कहता है : 'यह एक दृश्य है / जो हमारे समय के बिम्ब में बदल रहा है!' यहाँ भी यथार्थ का अपने मूर्त रूप से हटकर अमूर्तन की तरफ जाना है, जो इस कविता के अर्थवृत्त को विस्तृत बनाता है। तीसरी कविता में यदि कवि ने वस्तुओं की जगह उनकी परछाइयों से काम लिया है, तो वह स्वाभाविक है। अन्त में जब वह कहता है कि 'चीख की कोई परछाईं नहीं है!', तो वहाँ परछाईं भी नहीं रह जाती। अन्तिम कविता अपने देश और अपने समय के बारे में है, लेकिन उसे प्रभावशाली बनाने के लिए वह उनसे हटा है और एक दूसरे देश और एक दूसरे समय में चला गया है। यह है राजेश की कला, जिसकी ओर और जिसके निहितार्थों की ओर संकेत करना मेरा उद्दिष्ट है।

मुझे इस संग्रह की जिन कविताओं में कवि का विकास स्पष्ट लक्षित हुआ है, वे कुछ दूसरी कविताएँ हैं—'चाँद के बारे में कुछ पंक्तियाँ', 'पानी की आवाज', 'छोटी नींद और सपने', 'नींद में चलनेवाला आदमी' और 'चप्पलें।' आरम्भिक दो कविताओं के बारे में पूछा जा सकता है कि ये क्या प्रतिबद्ध कवि की कविताएँ हैं? प्रगतिशील आलोचना में प्रकृति-कविता के लिए भी गुंजाइश निकाली गयी थी, लेकिन इन कविताओं में प्रकृति-कविता से भी कुछ अधिक है—निष्प्रयोजन, बेमतलब, बस यूँ ही। जिस दिन प्रगतिशील कविता सांस्कृतिक विकास में 'बस यूँ ही' का महत्त्व स्वीकार कर लेगी, माना जाएगा कि वह प्रगतिशीलता की संकीर्ण धारणा से किसी हद तक मुक्त हो चुकी है। ताज्जुब नहीं कि आगे की दोनों कविताएँ नींद और सपनों को लेकर लिखी गयी हैं। दोनों ही बहुत सुन्दर कविताएँ हैं, दूसरी पहली से भी बढ़कर। कहा जा सकता है कि दूसरी कविता में किसी न किसी रूप में सामाजिक यथार्थ की भी उपस्थिति है, लेकिन वस्तु-स्थिति यह है कि पहली कविता के स्वप्न की तरह ही उसका सौन्दर्य भी उसमें चित्रित आदमी के नींद में चलने में ही है। कविता में सौन्दर्य का जो शीर्षबिन्दु है, उसी से उसे ग्रहण किया जाना चाहिए, यथा :

इस समय जब आधी रात ढल चुकी है और वो सड़क पर है
उसका माथा चाँद के इतना करीब है कि कभी-कभी
जब उसके बाल हवा में उड़ते हैं
तो चाँद को छिपा लेते हैं अपनी ओट में
नींद में चलनेवाले आदमी के कन्धे पर एक बादल
इस तरह टिका है
जैसे कोई बाज उसके कन्धे पर बैठा हो

वो आसपास के हर दृश्य से बेखबर है
कोई भी आवाज उसके कानों तक नहीं पहुँच रही है

अन्तिम कविता 'चप्पलें' है, जिसमें देवीलाल पाटीदार की ड्राइंग कापी में काजल और चारकोल से बनी चप्पलों के बारे में कहते हुए राजेश ने जैसे अपनी इस तरह की कविताओं पर ही टिप्पणी की है : 'कोई झूठ इन्हें पहन नहीं सकता कि उसके पाँव नहीं / और सच इन्हें पहनेगा नहीं कि ये चप्पलें नहीं / उनका झूठ हैं! / ये सच और झूठ दोनों से परे हैं / दोनों की जरूरत से परे'। हाँ, राजेश की ये कविताएँ सच और झूठ दोनों से परे हैं, दोनों की जरूरत से परे। जो ऐसा समझते हों कि वे मनुष्य से भी परे हैं, उन्हें जानना चाहिए कि मनुष्य की सीमा सच और झूठ ही नहीं है, वह उससे बहुत दूर तक जाती है, निश्चय ही क्षितिज के पार तक।

राजेश चूँकि कथाकार भी हैं, इसलिए उनमें यथार्थ-चित्रण अथवा 'नैरेशन' की पर्याप्त क्षमता है। उनकी कई कविताएँ इसका उदाहरण उपस्थित करती हैं। ऐसी स्थिति में यदि वे अपनी कविताओं में यथार्थ का अतिक्रमण करते हैं, तो उसका कुछ गम्भीर अर्थ होता है। अब यथार्थ उनके लिए चीजों के आर-पार झाँक लेने की वस्तु नहीं रहा, वह भी अपने साथ एक रहस्य लिये हुए हो सकता है, इसकी सूचना उन्होंने संग्रह की अन्तिम कविता 'क्यों रोई वो इतने बरस बाद' में दी है। यह यथार्थवादी शैली की एक उत्कृष्ट रचना है, जो उसका अतिक्रमण भी करती है। ज्ञातव्य है कि जहाँ राजेश कविताओं में उस रहस्य का पूरा उद्घाटन कर देते हैं, उनके अन्त में आनेवाली पंक्तियों के द्वारा, वहाँ वे अपना असर बहुत कुछ खो देती हैं। इस तरह उनकी अनेक कविताएँ, जो बहुत ढंग से आगे बढ़ रही थीं, अन्त तक जाते-जाते आकर्षणरहित हो जाती हैं। उदाहरण के लिए 'हमारे शहर की गलियाँ : दो', 'चित्र में लड़की की उम्र', 'रेस्त्राँ में इन्तजार' आदि कविताओं का तिलिस्म इनकी अन्तिम पंक्तियाँ तोड़ देती हैं। इससे अलग राजेश में एक व्यंग्य का स्वर भी है, जो उनकी कविताओं में अन्यत्र भी सक्रिय रहता है, लेकिन 'सुकवि की मुश्किल'-जैसी कविता में वह स्वतन्त्र रूप में प्रकट हुआ है। हम चाहेंगे कि वे अपने इस स्वर को सबल बनाएँ, उसकी उपेक्षा न करें।

एक अन्तिम बात जो कहना जरूरी है, वह यह कि राजेश अन्ततः प्रगीतात्मक संवेदना के कवि हैं, जिनमें गजब की रोमाण्टिक ताजगी है। क्रमशः 'चाँद के बारे में कुछ पंक्तियाँ' और 'धरती के इस हिस्से में' शीर्षक कविताओं से ये पंक्तियाँ देखें :

आप जो मटरगशती करते रहते हैं रात-रात भर
गश्त पर निकले सिपाही क्या तंग नहीं करते आपको?
लगता है बड़ी मार पकड़ है आपकी उस महकमे में

पर एक मशविरा मुफ्त देता हूँ आपको
आप जैसे चिकने लौण्डों को यूँ नहीं
भटकना चाहिए रात-बिरात
इस शहर की आदतें कुछ ठीक नहीं हैं जनाब

❑

इस समय इस हिस्से में समुद्र
किनारे की चट्टान पर अपनी लहर को
एक उस्तरे की तरह घिस रहा है
क्या वो आसमान की दाढ़ी बनाने की तैयारी कर रहा है?
बहुत पास हल्की-हल्की सी डुबुक की छोटी-छोटी आवाजें हैं
वहाँ मछलियाँ मस्ता रही हैं

प्रगीतात्मक संवेदना भी आज यथार्थ के बीच से ही प्रकट हो रही है, जैसा केदारनाथ सिंह में देखने को मिलता है। यह संवेदना कितनी भी कोमल हो, रक्षणीय है, चट्टान के साथ दूब की तरह और घनघोर वर्षा के साथ ओस की तरह। यह हिन्दी की प्रगीत-कविता का विस्मयकारी विकास है, जो वस्तुतः सम्पूर्ण हिन्दी कविता के विकास का सूचक है। प्रगीतात्मक संवेदना समकालीन कविता के मध्य राजेश का वैशिष्ट्य है, जो उनके इस संग्रह को अलग से महत्त्वपूर्ण बनाता है।

राजेश जोशी के कविता-संग्रह के बाद हम मंगलेश डबराल का नवीनतम-कविता-संग्रह 'आवाज भी एक जगह है' उठाते हैं और उसकी आरम्भिक दो कविताएँ 'दृश्य' और 'छुपम छुपाई' पढ़ते हैं, तो उनकी बारीकी देखकर मन में यह सवाल उठता है कि क्या वाकई इस बीच हिन्दी कविता इतनी विकसित हो गयी है? राजेश के संग्रह की आरम्भिक कविताओं के साथ विनोदकुमार शुक्ल की कविताएँ याद आती हैं, जो फिसलती हुई सच्चाई को पकड़ने की कोशिश में लिखी गयी हैं, यद्यपि मंगलेश का अपना ढंग है। कहने की जरूरत नहीं कि ये दोनों ही कविताएँ बेहद खूबसूरत हैं, जिनमें से पहली कविता में वे कहते हैं :

कहीं आसपास है वह जगह जहाँ हम गये नहीं
उसकी खुशबू आती रहती है हम तक
गौर से देखें तो दिखती हैं नदियाँ चौड़ी नीली
तटों पर उनके झुके हुए बादल
जिनके चेहरे पानी पर बहते जाते हैं
और सिहरन से भरे हुए वे अनजाने पुल
जिन पर तेज हवाओं की आवाजाही है

जिन्हें पार नहीं किया हमने जो छूट गये हमसे
उनकी रोशनियाँ जैसे स्वप्नों में जलती रहती हैं
एक अकेलापन है जिसकी याद किसी और
अकेलेपन में आती है
वह दृश्य बचा रहता है जो चारों तरफ
अदृश्य हुआ जाता है।

अन्तिम दो पंक्तियाँ कविता की अन्तर्वस्तु को स्पष्ट कर देती हैं, साथ-साथ सम्पूर्ण सांस्कृतिक संकट और उससे उपजी कवि की व्यथा को भी। कवि की स्मृति में वह दृश्य बचा रहता है, जो चारों तरफ अदृश्य हुआ जाता है, यह संकट के बोध के साथ-साथ कविता के अस्तित्व की सार्थकता का भी परिचायक है। दूसरी कविता पहली कविता से भी अधिक खूबसूरत है, जिसमें बच्चों के छुपा-छुपौवल के खेल का जितना दिलचस्प वर्णन है, उतना ही कवित्वपूर्ण भी। अन्त में कवि कहता है :

और जब कोई सुराग पाने की कोशिश में कोई बच्चा
पूछता है कि आपने कहीं देखा मेरी दीदी को
मैं कहता हूँ देखा नहीं
क्योंकि मैं छिपाए रहता हूँ खुद को
अपनी खाल की कवच में धूल होते कागजों में खामोशी में
बचता चला आया हूँ यहाँ तक अपमान और अन्याय से
छिपा दूर-दूर तक कि यह भाँपना कठिन हो कहाँ छिपा हूँ
बहुत दिन हुए खोज नहीं पाया कुछ
गया नहीं किसी अनजान दुर्गम जगह की ओर
छुपम छुपाई खेलते बच्चों से कहता हूँ दौड़ो नहीं
तुम्हें चोट लग सकती है जगह-जगह नुकीले कोने हैं
कहीं कीलें भी निकली हुई हैं
ध्यान रखो आराम से खेलो खोजने का खेल।

यहाँ भी अन्तिम पंक्ति बहुत अर्थपूर्ण है, जो आत्मव्यंग्य के रूप में आती है। कवि या कविता के वाचक के जीवन की प्रतिकूल परिस्थितियों के चित्रण के बाद आने के कारण उसमें करुणा का भी मिश्रण हो गया है, जिससे वह अत्यन्त प्रभावशाली हो गयी है। इन दोनों कविताओं पर कवि का विशेष प्यार है, जो इस बात से भी सूचित है कि उसने न केवल इन्हें अपने संग्रह के आरम्भ में रखा है, बल्कि दूसरी कविता से ही एक वाक्य लेकर उसने अपने संग्रह का नामकरण किया है।

लेकिन जल्दी ही मंगलेश की कविता की अपनी भूमि स्पष्ट होने लगती है,

जब हम 'पर्दों की तरह' कविता तक पहुँचते हैं, जो कि इस संग्रह की तीसरी ही कविता है। इसमें कवि की परिचित यह निम्नमध्यवर्गीय दुनिया तो है ही—

वे अक्सर पर्दों की तरह पड़े रहते हैं
तमाम शब्द वाक्य और विन्यास
वे कागज के पर्दे हैं या धूल नींद स्याही और अँधेरे के पर्दे
कभी-कभी रक्त के पर्दे भी
उन्हें खोलने पर दिखता है एक कमरा
उसमें कुछ जीवित लोग
थककर सोया हुआ एक आदमी
जो शायद अब भी एक सपना देख रहा है
या एक स्त्री जो शायद आग जलाने जा रही है
उदासी का एक पर्दा दीवारों से उतरता है
इस तरह बाहर के दृश्य भीतर प्रवेश करते हैं
भीतर की तस्वीरें एक पर्दा हटाकर बाहर जाती हैं
जीवन की एक आवाज
जो अनेक आवाजों में सुनाई देती है

यह भी है कि 'वहीं से हवा का एक झोंका हमारी तरफ आता है'। तात्पर्य यह कि मंगलेश के शब्दों, वाक्यों और भाषिक विन्यास के भीतर जो दुनिया बन्द है, वह निम्नमध्यवर्गीय लोगों की है और बड़ी बात यह कि वहीं से कवि को जीवन और रचना की स्फूर्ति प्राप्त होती है। 'छुपम छुपाई' कविता में वाचक की जिस दुनिया का संकेत है, वह भी निम्नमध्यवर्गीय ही है, लेकिन वहाँ वह दुनिया उतनी ठोस नहीं है और उसमें व्यंग्य सिर्फ एक निम्नमध्यवर्गीय ऐसी मनोवृत्ति पर किया गया है, जो भी जरा सूक्ष्म ही है। 'सात दिन का सफर' कविता में भी वही दुनिया है, जिसमें एक निम्नमध्यवर्गीय व्यक्ति की साप्ताहिक दिनचर्या है, साथ-साथ 'घर की काया' कविता में भी, जिसमें एक किराए के मकान का वर्णन है।

इस ब्यौरे से यह भ्रम हो सकता है कि मंगलेश मात्र निम्नमध्यवर्गीय परिवेश के कवि हैं, लेकिन ऐसी बात नहीं है। उनकी संवेदना दरअसल सम्पूर्ण विश्व क्या, सम्पूर्ण पृथ्वी तक फैली है, जिसका प्रमाण इस संग्रह की 'मंगल' और 'खुशी कैसा दुर्भाग्य'-जैसी कविताएँ देती हैं। 'ज्योतिष' कविता में निम्नमध्यवर्गीय परिवेश के साथ उच्चवर्ग का यह चित्रण भी है :

सम्पन्न लोगों के सितारे अब हैं और भी बुलन्द

भाग्य में है वैभव पदोन्नति राजसुख सुन्दर चितवन
उनकी अँगुलियों में माणिक्य पुखराज नीलम
आधुनिक वेशभूषा के भीतर बढ़ते तरह-तरह के तावीज
उनके भीतर कई गुह्य मन्त्र
और जो राज करते हैं करते ही चले जाएँगे राज
उनके दरबार में सधता रहेगा
असहाय ज्योतिष का पुण्य काज

'स्त्रियाँ' और 'पागलों का एक वर्णन' इस संग्रह की ऐसी दो कविताएँ हैं, जो समकालीन विश्व की सच्चाइयों को बहुत तीखेपन के साथ हमारे सामने रखती हैं। ये सारी कविताएँ मंगलेश की सर्जनात्मक कल्पनाशीलता और शैल्पिक सधाव का पूरा परिचय देती हैं। बड़ी बात यह कि उनमें कविता की संरचना और उसमें आनेवाली छोटी तफसीलें दोनों का एक विलक्षण संयोग देखने को मिलता है। यह बतलाने की जरूरत न होनी चाहिए कि कविता में भावात्मक या वैचारिक ढाँचा तो हो, लेकिन छोटी तफसीलें प्रभावशाली ढंग से न आयी हों, तो उसी तरह वह नष्ट हो जाएगी, जिस तरह तब, जब उसमें छोटी तफसीलें तो खूबसूरत ढंग से आयी हों, लेकिन उसका कोई सुदृढ़ ढाँचा न हो। इसमें कोई शक नहीं कि मंगलेश कवि-कर्म-कुशल हैं।

इस संग्रह की एक विशेषता यह है कि इसमें संगीत को विषय बनाकर लिखी गयी अनेक कविताएँ दी गयी हैं, जिनमें से 'रचना प्रक्रिया', 'अमीर खाँ', 'केशव अनुरागी' और 'गुणानन्द पथिक' शीर्षक कविताओं में कवि की दक्षता देखते ही बनती है। एक बहुत अच्छी कविता 'मरणोपरान्त कवि' भी है, जिसके कई अंशों से ऐसा आभास होता है कि वह मुक्तिबोध पर लिखी हुई है। इस संग्रह में अनेक छोटी कविताएँ भी हैं, जिनमें से दो बेहद अच्छी हैं—'सुबह की सड़क पर' और 'ख़ुशी कैसा दुर्भाग्य', जिसका जिक्र ऊपर एक प्रसंग में हो चुका है। इन दोनों कविताओं की कला सादगी की कला है। पहली कविता को सरल दृश्यांकन से एक उत्कृष्ट कविता में बदलनेवाली पंक्ति है—'समझ में नहीं आया क्या करूँ कि यह दृश्य बचा रहे', और दूसरी कविता को मात्र यथार्थ-चित्रण के धरातल से उठाकर एक श्रेष्ठ कविता के धरातल पर रखनेवाला वाक्य है—'खुशी कैसा दुर्भाग्य / तुम रहती हो इन सबके साथ'। जब ऐसी कविताएँ सामने आती हैं, तो लगता है कि सरलता की मार आज भी अचूक है और सरलता जटिलता का प्रतिलोम नहीं है। मंगलेश के प्रायः प्रत्येक संग्रह में दो-चार गद्य-कविताएँ भी होती हैं। गद्य-कविता का वाक्य-विन्यास पूरी तरह से गद्यात्मक होता है, पर उसमें

एक तनाव होता है, जो उसे कविता बनाता है। इस संग्रह में चार गद्य-कविताएँ हैं, जिनमें से दो बहुत सशक्त हैं—'चुम्बन' और 'धूल'। ये कविताएँ इस बात का सबूत हैं कि कविता केवल वक्ती विषयों को लेकर नहीं लिखी जाती और उसमें शाश्वत किस्म के विषय भी लिए जा सकते हैं। कविता की क्षमता वस्तुतः विषय में निहित सत्य को सशक्त ढंग से उद्घटित करने में होती है, जिसे ये दोनों कविताएँ बखूबी उदाहृत करती हैं। इन दोनों के अलावा 'ली पाई' शीर्षक तीसरी कविता भी बहुत अच्छी है, यद्यपि भिन्न ढंग की, लेकिन चौथी कविता 'वापसी' अपनी बनावट में एक अतियथार्थवादी कविता प्रतीत होती है।

'आवाज भी एक जगह है' की समीक्षा के आरम्भ में राजेश का जिक्र किया गया है। वे और मंगलेश एक ही पीढ़ी के कवि हैं, लेकिन उनमें जहाँ रूमानी प्रगीतात्मकता और ताजगी है, वहाँ मंगलेश में एक बौद्धिक स्पर्श है, जो हमारे ऊपर बहुत कुछ स्थायी असर डालता है। जहाँ वह स्पर्श अधिक गहरा हो गया है, यानी जिन कविताओं की प्रेरणा बौद्धिकता से आयी है, उनमें वह असर नहीं पैदा हो सका है। इस समीक्षा में जिन कविताओं का जिक्र नहीं किया गया है, उनमें यह बात देखी जा सकती है।

ये छहों संग्रह हिन्दी कविता के विकास, वैविध्य और शक्ति पर गर्व करने का अवसर प्रदान करते हैं। मैं पुनः निवेदन करूँ कि साहित्य की सभी विधाओं का कार्य-क्षेत्र अलग-अलग है, उनकी पद्धति भी, फिर भी यह सही है कि आज कविता जहाँ 'समय का घनीभूत रस' है, वहाँ गद्य की दूसरी विधाएँ उस रस को तमाम ब्यौरों के साथ उपस्थित करती हैं। दूसरी बात यह कि ये संग्रह इस बात का पक्का सबूत पेश करते हैं कि हिन्दी में समकालीन रचनाशीलता का कोई एक केन्द्र नहीं है, न दिल्ली और न कोई और। आज भी हिन्दी में रचनाशीलता के केन्द्र पूरे हिन्दी क्षेत्र में सक्रिय हैं, जिनमें से कुछ हैं—दिल्ली, लखनऊ, रायपुर, बनारस और भोपाल।

(2001)

किसिम-किसिम की कविता?

समकालीन हिन्दी कविता के परिदृश्य में कई पीढ़ियों के कवि एकसाथ सक्रिय हैं। इससे किसी कोलाहल की सृष्टि नहीं होती, बल्कि हवा में कई संगीत-लहरियों की गूँज एक साथ सुनाई देती है। हिन्दी कविता का गम्भीर पाठक यह जानते हुए भी कि हिन्दी कविता काफी आगे चली गयी है, आगे-पीछे की सभी प्रकार की कविताओं में रस लेता है। यह जरूर है कि उसने उनमें एक क्रम लगा रखा है। विभिन्न पीढ़ियों की कविताओं के आस्वादन और मूल्यांकन में तभी गड़बड़ी होगी, जबकि हम उस क्रम को कोई महत्त्व नहीं देंगे।

मेरे सामने जो कविता-संग्रह विचारणीय हैं, उनमें पहला है त्रिलोचन का 'मेरा घर'। यह उनकी कविताओं का नवीनतम संग्रह है, उनके पिछले कविता-संग्रह 'चैती' के प्रकाशन के डेढ़ दशक बाद प्रकाशित, यद्यपि जोड़-बटोरकर तैयार किया गया है। एक तो इसके अन्त में कुछ अवधी कविताएँ भी दी गयी हैं और दूसरे, इसमें हिन्दी की जो बत्तीस कविताएँ संगृहीत हैं, उनमें से करीब दस पुरानी हैं। इस संग्रह से मन पर जो पहला प्रभाव पड़ता है, वह यह कि त्रिलोचन उम्र बढ़ने के साथ नियमित कवि-कर्म छोड़ चुके हैं, या वह उनसे छूटता गया है। फिर भी इस अवधि में उनसे जो थोड़ी-सी कविताएँ लिख गयी हैं, उन्हें उनकी सहज या अनायास सृष्टि मानना चाहिए। अज्ञेय के शब्दों में, 'झर गिरा सुन्दर फूल है पथ-कूल का'।

समकालीन हिन्दी कविता में त्रिलोचन की विशेषता मानी गयी है—पूरा वाक्य, कम से कम शब्दों का प्रयोग, कविता के रूप के प्रति अतिरिक्त सजगता और लोकजीवन से सम्बद्धता। पश्चिम से आनेवाली आधुनिकता की हवा त्रिलोचन को भी लगी है, लेकिन जैसा कि विद्वानों ने लक्ष्य किया है, उनका मिजाज देसी है, क्योंकि वे कभी अपनी जमीन नहीं छोड़ते। उन्हें न तो कथित आधुनिकतावाद की हवा बहा सकी, न उससे पहले की रूमानियत की हवा ही। स्वभावतः उन्होंने पश्चिमी कविता के प्रगीतात्मक काव्य-रूप सॉनेट को अपनाया भी, तो क्लासिकी

अन्दाज में। ऊपर से उन्होंने हिन्दी के जातीय छन्द रोला का प्रयोग करके उसे पूरी तरह से देसी बनाने की कोशिश की। उनकी कविता के ये सारे गुण 'मेरा घर' की कविताओं में बरकरार हैं, कहें तो कुछ निखरे हुए रूप में।

पहली ही कविता 'मेरा घर' को लें। पुस्तक के आवरण-पृष्ठ पर एक घर का चित्र अंकित है, लेकिन वह त्रिलोचन का घर नहीं है, उनका घर वह है, जो उसकी पृष्ठभूमि में अंकित है। यदि घर का चित्र अमूर्त को संकेतित करने के लिए है, तब बात और है। त्रिलोचन इस कविता में कहते हैं कि 'पृथिवी मेरा घर है / अपने इस घर को / अच्छी तरह मैं ही नहीं जानता / भीत नहीं दीसती / दुआर भी नहीं है / मोहार का पता नहीं चलता'! कविता अपने उत्कर्ष पर वहाँ पहुँचती है, जहाँ 'पेड़ अपनी उँगलियों टहनियों को / हिला हिलाकर मुझे बुलाते हैं / कानों में कहते हैं / आओ आओ यहाँ मेरे पास / बैठो जरा सुस्ताओ'। कालिदास के अभिज्ञानशाकुन्तलम् में कोयल की कूक के स्वर में वृक्षों ने शकुन्तला को विदाई दी थी। यहाँ वृक्षों की उँगलियाँ उनकी टहनियाँ हैं! कवि उनके पास जाता है, लम्बी साँस लेकर उनके नीचे बैठ जाता है और ऊँचे स्वर में कहता है—'सर्वे भवन्तु सुखिनः'। ऊपर से यह उक्ति बहुत सादी है, आज की दृष्टि से अकाव्यात्मक भी, लेकिन विशेष अवस्था और विशेष क्षण में त्रिलोचन के मुँह से फूटी हुई इस उक्ति में जो कवित्व है, उससे आगे का कवित्व क्या होगा? सादगी के लिहाज से अगली कविता 'कविताएँ हाथ हैं पाँव हैं' बेजोड़ है। इसमें कवि कविताओं को हाथ-पाँव तो कहता ही है, उससे पहले यह कहता है कि 'कविताएँ रहेंगी तो / सपने भी रहेंगे'। कविता के माध्यम से सपने किस तरह जीवन की रक्षा करते हैं, यह इन पंक्तियों में देखिए :

जीने के लिए
सपने सभी को
आश्वासन देते हैं
भँवर में झकोरे
खाती नाव को
जैसे तैसे
उबार लेते हैं।

त्रिलोचन विदग्ध कवि हैं, इसलिए 'सपनों' को महत्त्व देते हुए भी 'आश्वासन' से आगे नहीं जाते। उन्होंने उपमान का जो प्रयोग किया है, उसमें भी आनेवाला शब्द 'जैसे-तैसे' इसकी पुष्टि करता है। इस छोटे-से चित्र को भी कोई असाधारण कवि ही सँभाल सकता था।

ऊपर कहा गया है कि त्रिलोचन रूमानियत की हवा में भी नहीं बहे हैं।

इसका सबूत उनकी वे कविताएँ हैं, जिनमें उन्होंने अपने बारे में कहा है, लेकिन इस तरह से कि उनकी वैयक्तिकता में भी एक निर्वैयक्तिकता सम्भव हुई है। प्रस्तुत संग्रह में एक कविता है 'उत्तर खो गया है', जो उक्त कथन का बढ़िया उदाहरण है। इसमें वे अपने को केन्द्र में रखकर ही यह कहते हैं : 'यह अकेलापन / इस तरह असहाय / बचे कोई किस तरह / सुनाई पड़ती है / हाय हाय।' फिर उनका यह दबा हुआ चीत्कार : 'कहाँ है समाज? / अपना राज, / कौन उत्तर दे / प्रश्न / केवल प्रश्न / उत्तर खो गया है।' लेकिन यह निराशा त्रिलोचन को जीवन या कर्म-विमुख नहीं करती। इसका प्रमाण 'मेरा घर' में संगृहीत उनकी अन्तिम हिन्दी कविता 'निवेदन' है, जिसमें वे ईश्वर से निवेदन करते हैं कि वह उन लोगों को दण्ड दे, जो चलते नहीं हैं और कहते हैं कि चलता हूँ तथा जो लोग देखते नहीं हैं और कहते हैं कि देखता हूँ। उनके अनुसार यह ईश्वर की शक्ति और ज्योति का अपमान है।

इस संग्रह की सर्वश्रेष्ठ कविता 'ईख पकने पर' है। यह वस्तुतः एक कविता-शृंखला है, जिसमें त्रिलोचन ने तीन कविताएँ लिखी हैं। तीनों ही कविताएँ लोकजीवन का विलक्षण चित्र प्रस्तुत करती हैं। तीसरी कविता में ईख के रस के कड़ाह में खौलने पर जो सुगन्ध फैलती है, उसका आनन्द आप भी लें—

रस
खौल-खौलकर
गाढ़ा जब हो चला
बुँदकियाँ फूटने लगीं
हवा में मीठी गन्ध
फैल गयी

ये तीनों कविताएँ लोकजीवन के ईख-जैसे रस से भरपूर हैं और मजे की बात यह कि उनमें ईखवाली कोई गाँठ नहीं है। कहने की आवश्यकता नहीं कि लोकजीवन से त्रिलोचन का सम्बन्ध शौकिया नहीं है, जिसका प्रमाण उनमें प्रयुक्त लोकभाषा के ये शब्द देते हैं, जिन तक किसी नकली कवि की पहुँच नहीं हो सकती : छोलना, गेंड़ना, चुहना, चेंफ, मोंहकड़ा, मही, पौना, बट्टा, चकरा, पनुआ आदि। इन कविताओं की बनक के आगे बहुत तल्लीनता से रचे गये त्रिलोचन के सॉनेट के भाषा-छन्द भी बहुत-कुछ पराए लगते हैं। इन्हीं कविताओं की जमीन की एक कविता है 'हुब्बी'। इस कविता से यह भी पता चलता है कि त्रिलोचन अपनी काव्य-कला से लोकजीवन के किसी भी प्रसंग को उत्कृष्ट कृति का रूप दे सकते हैं। उनकी काव्य-कला की परिपक्वता यहाँ इस रूप में दिखलायी पड़ती है कि

कविता को उन्होंने कोई कृत्रिम और जोरदार अन्त नहीं दिया।

इस संग्रह की समीक्षा अधूरी रहेगी, यदि इसमें संगृहीत कुछ पुरानी कविताओं पर विचार नहीं किया गया। पुरानी कविताओं में सबसे पहले हमारा ध्यान 'बाल्य स्मृति' शीर्षक कविता खींचती है। यह 1929-30 में रचित कविता है, जिसमें 1920 में हुई कवि के पितृव्य की मृत्यु का वर्णन है। उस समय उसकी उम्र सिर्फ तीन-चार साल की थी। उसने मृत्यु को किस रूप में लिया, इसी का इस कविता में मार्मिक वर्णन है, जो 'भावुकता' से पूर्णतः रहित है। निश्चय ही ऐसी ही कविताओं से हिन्दी कविता में छायावाद के बाद नये युग का अवतरण हुआ। क्रमशः 1940 की और 1959 के आस-पास की दो कविताएँ हैं—'भौंहों का इन्द्रधनुष' और 'तुम्हारे साथ'। ये दोनों ही विलक्षण प्रेम-कविताएँ हैं। पहली कविता दर्द से भरी हुई है, जिसमें अपनी स्थिति से लाचार कवि कहता है : 'गर्मियों में / इन्द्रधनु / जो / भौंह पर / आकर / टिका था / उसे मैंने / बादलों को / दे दिया / इन्द्रधनु / आकाश में ही भला लगता है।' यह कविता छोटी है, इसलिए इसे पूरा उद्धृत किया गया है। इसमें यह भी दर्शनीय है कि त्रिलोचन ने किस तरह एक कल्पना का सहारा लेते हुए अपनी भावाभिव्यक्ति की है। दूसरी कविता में दूर से आँकी गयी प्रिया की हँसी है। इसकी इन अन्तिम पंक्तियों से इसकी विलक्षणता पूरी तरह से उजागर हो जाती है :

हँसी वह
लता सी खिल उठती थी गति से हिल उठती थी
जा जाकर आती थी उन सुडौल कन्धों पर
भीड़ में वही तो खोज रहा था

1940 में लिखित इस संग्रह की एक अन्य कविता है : 'शब्दों से मेरा सम्बन्ध छूट जाएगा'। इसमें कवि ने अपने मरने की बात कही है और कविता को इन शब्दों में समाप्त किया है : 'मुझे अपने मरने का / थोड़ा भी दुख नहीं / मेरे मर जाने पर / शब्दों से / मेरा सम्बन्ध / छूट जाएगा।' शब्दों के साथ कवि का ऐसा सम्बन्ध होने पर ही कविता में कोई निराला, कोई नागार्जुन और कोई त्रिलोचन सम्भव होता है। जहाँ शब्दों से ऐसा अस्तित्वगत सम्बन्ध है और जहाँ शब्दों के प्रति ऐसी गहन ममता है, वहीं शब्दों से कविता बनती है, बाकी कवि-कर्म सृजन नहीं, कोरा शब्द-व्यवसाय है।

अवधी की कविताओं के सम्बन्ध में मुझे एक ही बात कहनी है कि यदि पुस्तक में उनका सुन्दर हिन्दी रूपान्तर भी दिया गया होता, तो हिन्दी पाठकों के लिए त्रिलोचन की लोक-भूमि कुछ और स्पष्ट होती।

त्रिलोचन बीसवीं सदी के पाँचवें दशक में उभरनेवाले प्रगतिशील धारा के कवि हैं, जबकि कुँवर नारायण उसके छठे दशक में उभरनेवाले नयी कविता के कवि। इस तरह कुँवरजी दोनों ही अर्थों में त्रिलोचन के परवर्ती हैं। उनके नवीनतम संग्रह 'इन दिनों' में उनकी सौ से कुछ ही कम कविताएँ संकलित हैं, जो उनके भरे-पूरे और परिपक्वताप्राप्त कवि-व्यक्तित्व की सूचना देती हैं।

प्रस्तुत संग्रह का सादा-सा नाम इसकी कई कविताओं में आनेवाले शब्द इन दिनों से लिया गया है, जैसे 'एक अजीब-सी मुश्किल में हूँ *इन दिनों*', '*इन दिनों* / क्या बिक रहा है किस दाम / फैशन में क्या है आजकल'। 'आजकल' शब्द 'इन दिनों' का ही वाचक है, जिसका मतलब है आज का उपभोक्तावादी, आदर्शहीन और यान्त्रिक सभ्यतावाला युग। स्वभावतः यह युग कुँवरजी की कविताओं की सर्वप्रमुख विषयवस्तु है। इस संग्रह की करीब एक दर्जन कविताओं में उन्होंने कई कोणों से उसके असली स्वरूप को उद्घाटित किया है। इस तरह की पहली ही कविता 'एक अजीब-सी मुश्किल' में उन्होंने अपने मानव-प्रेम का विवरण प्रस्तुत किया है और अन्त में कहा है कि 'दिनोंदिन मेरा यह प्रेम-रोग बढ़ता ही जा रहा / और इस वहम ने पक्की जड़ पकड़ ली है / कि वह किसी दिन मुझे / स्वर्ग दिखाकर ही रहेगा।' इन पंक्तियों में प्रयुक्त 'वहम' शब्द वर्तमान युग पर तीखी रोशनी डालता है, जिसमें 'मानव-प्रेम' को सर्वश्रेष्ठ उपलब्धि या आदर्श के रूप में स्थापित किया गया था! यह सभ्यता कवि को कैसे लगातार अकेला करती जा रही है, यह उसने 'बाजारों की तरफ भी' शीर्षक कविता में बतलाया है। 'जख्म' शीर्षक कविता छोटी है, लेकिन दर्द से भरी हुई, जिसमें कवि को मलाल है कि कपड़ों पर मासूम रक्त के छींटे नहीं, आत्मा पर किसी बहुत बड़े प्यार का कभी न भरनेवाला जख्म होता! आम तौर पर यह समझा जाता है कि पूँजीवादी युग के दैत्याकार शहर पूरी तरह से अमानवीयकृत हो गये हैं, लेकिन 'शहर और आदमी' शीर्षक कविता में कुँवरजी ने सूचित किया है कि 'अक्सर उसे भी / एक बीमार आदमी की तरह / दर्द से कराहते हुए सुना गया है।' 'जिसे खोज रहा' शीर्षक कविता में वस्तुप्रधान सभ्यता का जिक्र है, जिसमें चीजें बहुतायत से मिलती हैं, लेकिन वही चीज नहीं मिलती, जिसकी कवि को तलाश है। 'तितलियों के देश में' एक लाजवाब कविता है, जिसमें कवि ने अपनी विलक्षण कल्पनाशीलता का सहारा लेते हुए एक मायालोक की सृष्टि की है। इस मायालोक में एक पुरुष और एक स्त्री अपने को तितलियों के देश में पहुँचा हुआ महसूस करते हैं, जिसमें दोनों एक-दूसरे के प्रेमाकर्षण में पड़कर तितलियों की तरह पीछा करते हैं। यह मायालोक तब टूटता है, जब पुरुष स्त्री का पीछा करने लगता है, तो वह डरकर भागती है। यह भी आधुनिक सभ्यता पर, जिसमें स्त्री पुरुष से भय खाती है, टिप्पणी ही है।

'खजुराहो' शीर्षक कविता भी अन्ततः आधुनिक सभ्यता को ही बेपर्द करती है! खजुराहो का गर्भ-गृह अपने भीतर आधुनिक युग के भ्रष्ट संसारी को जगह देने के लिए तैयार नहीं! 'नाव में नदिया' आधुनिक मनुष्य की उस विभ्रान्ति को सूचित करती है, जिसमें 'पता नहीं चलता / कौन किसमें डूबा है? / और किसे जाना है किसके पार?' यहाँ स्थानाभाव के कारण कवि के भावलोक का सिर्फ परिचय दिया जा रहा है, जिससे पाठक उसके काव्य-संसार की आधुनिकता का अनुमान लगा सकें, वर्ना सारी कविताएँ पर्याप्त कलात्मक हैं, जिन पर विस्तार से ही लिखा जा सकता है।

आधुनिक जीवन कितना असह्य हो गया है, इसका अनुमान 'घण्टी' शीर्षक कविता से लगता है, जिसमें फोन, दरवाजे और अलार्म की घण्टी बजती है, तो कवि या कविता में आनेवाला चरित्र करवट बदलकर सो जाता है, पर मौत की घण्टी बजती है, तो वह हड़बड़ाकर उठ बैठता है और चलने के लिए तैयार हो जाता है। आधुनिक मनुष्य की नियति कि मौत भी उसे स्वीकार नहीं करती और कहती है, 'करवट बदलकर सो जाओ।' 'आधी रात' 'इन दिनों' की एक उल्लेखनीय कविता है, जिसमें कुँवरजी ने एक फैण्टेसी के सहारे यह बतलाया है कि आदमी अपना दुश्मन स्वयं है। उसका दुश्मन उससे बाहर नहीं, बल्कि उसके भीतर है। इस कविता की अन्तिम पंक्तियाँ इस तरह हैं :

आधी रात। अपने घर में घुस रहा हूँ। चोर की तरह।
मैं नहीं जानता कि मैं हत्यारा हूँ या मेरी हत्या हुई है।
जब भी आइने के सामने पड़ता हूँ चौंक जाता हूँ।
मेरी सूरत कभी एक से तो कभी दूसरे से मिलती है।

इधर कुँवरजी के बारे में यह बात खासतौर से कही जाने लगी है कि उनकी कविता का केन्द्र नैतिकता है। उच्च कोटि की मानवीय नैतिकता से किसी का विरोध नहीं हो सकता, लेकिन यदि देश और काल की समस्या को घटाकर व्यक्ति की नैतिकता की समस्या के रूप में दिखलाया गया, तो यह आपत्ति की बात जरूर होगी। मैं यह बात जोर देकर कह रहा हूँ कि किंचित् 'नैतिक' होते हुए भी कुँवरजी अपने युगीन परिवेश से गहराई से प्रतिबद्ध हैं और अब अतिरेकप्रधान किसी व्यक्तिवादी दर्शन का उन पर कोई प्रभाव नहीं। उक्त कविता भी एक नैतिक नहीं, बल्कि एक यथार्थवादी कविता है, जिसमें यह चित्रित किया गया है कि वर्तमान सभ्यता ने व्यक्तिगत दुश्मन उसके भीतर ही पैदा कर दिया है। जिस तरह 'नाव में नदिया' शीर्षक कविता में आधुनिक मनुष्य की विभ्रान्ति का वर्णन किया गया है, उसी तरह 'अपने समानान्तर' शीर्षक कविता में उसकी इस मनोदशा का कि वह इस दुनिया को कहाँ से स्वीकार करे और कहाँ से छोड़े। इसका परिणाम यह हुआ है कि वह

एक आँख से हँस रहा है और दूसरी आँख से रो रहा है! 'उसकी सुरक्षा के लिए' शीर्षक कविता भी 'आधीरात' शीर्षक कविता से कुछ मेल रखती है, क्योंकि जिस आदमी की सुरक्षा की व्यवस्था की गयी है, वह महसूस करता है कि 'इस बार भी / वह अपने ही हाथों मारा जाएगा'। उसकी मुसीबत यह है कि उसे जो आशंका है, उस पर लोगों को विश्वास नहीं। 'दीवारों पर चढ़ते फूल' भी एक लाजवाब कविता है। यहाँ आधुनिक मनुष्य के भय का क्या आलम है, आप देखिए :

सशंकित क्यों हैं लोग
कि सूर्य की पहली किरण के साथ
हल्ला बोलकर चढ़ रहे जो
किले की दीवारों पर
बेलों के सहारे
कहीं वे भी
बागी फूलों के हरावल दस्ते न हों?

कविता वैसे ही नाजुक चीज है, पर कुछ कविताएँ खास तौर से नाजुक होती हैं। कुँवरजी की ख्याति नाजुक कविताओं के स्रष्टा के रूप में नहीं है, पर कविता के पाठकों के लिए यह बहुत प्रसन्नता की बात है कि 'इन दिनों' में अनेक कविताएँ इतनी नाजुक हैं कि उँगलियों के जरा-सा काँपने से चित्र बिगड़ सकता था। वस्तुतः ऐसी कविताओं में ही कवि की कला-मर्मज्ञता की परीक्षा होती है। प्रस्तुत संग्रह में एक कविता है 'जिसे बहुत पहले आना था'। यह वस्तुतः एक प्रेम-कविता है, जिसमें प्रेम इतने निगूढ़ रूप में आया है कि बहुत सधा हुआ पाठक ही उसे देख सकता है। काफी दिनों के बाद कवि अपने घर लौटता है और इस उम्मीद से कि सामानों को नयी तरतीब देने से शायद उसकी कहानी कुछ बदले, वैसा करने के बाद सो जाता है। कविता की अन्तिम पंक्तियाँ हैं : 'सोचते-सोचते सो गया था एक गहरी नींद / जैसे अब सुबह न होगी / कि एक आहट से खुल गयीं आँखें, / जैसे वही हो दरवाजे पर / बरसों बाद / जिसे बहुत पहले आना था।' 'जैसे' शब्द बतला रहा है कि कवि को जो लगा, वह एक मिथ्या आभास था। पर लक्ष्य करने योग्य है कि इस क्षणिक मिथ्या आभास से उसने प्रेम की कितनी गहरी और मोहक कविता रच डाली है! 'कविता के बहाने' में उसने कविता को जो परिभाषित किया है, उसकी नजाकत भी देखते ही बनती है : 'कविता एक खेल है बच्चों के बहाने / बाहर भीतर / यह घर, वह घर / सब घर एक कर देने के माने / बच्चा ही जाने।' अज्ञेय की कविता 'आँगन के पार द्वार' प्रसिद्ध है। वह जहाँ एक दार्शनिक अवधारणा का सम्मूर्तन है, वहाँ यह कविता अपने आशय में अतिशय मानवीय,

यानी हमारे रोजमर्रा के जीवन में काम आनेवाली। अब मैं 'कोई नाम दो उन्हें' शीर्षक फूलों पर लिखी गयी एक ऐसी कविता का उल्लेख करना चाहता हूँ, जो फूलों के कवि केदारनाथ अग्रवाल की कविताओं की याद दिलाती है, लेकिन अपनी नजाकत में यह कविता भी खास है। इस कविता की भी अन्तिम पंक्तियाँ देखिए : 'बच्चों की तरह खेलते हैं वे / मिट्टी से, धूप से, हवा से, पानी से / जैसे सीधे अभी निकलकर चले आ रहे हों / नानी की कहानी से।'

कुँवरजी की नाजुक कविताओं में से एक कविता है 'आना किन्तु इस तरह', जो एक साथ जितनी जटिल है, उतनी ही सूक्ष्म भी। इसका अन्दाजा भी इसकी अन्तिम पंक्तियों से लग सकता है, जिनमें जीवन की व्यस्तता में खोया हुआ कवि गहन निराशा के स्वर में अपनी प्रेमिका से कहता है : 'उस वक्त आना ऐसे कि लगे / किसी ने द्वार खटखटाया / कोई न हो / पर लगे कि कोई आया / इतना आत्मीय / इतना अशरीर / जैसे हवा का एक झोंका / और मुझमें समाकर निकल जाना / जैसे निकल गयी / एक पूरी उम्र'। इसी तरह उनकी एक छोटी कविता एक कामकाजी युवती पर है, जो कभी सवेरे दुनिया की सैर के लिए आसमान से उतरी थी—'अप्सरा-सी जगमगाती धूप'। आजकल वह किराये के दो कमरों में रहती है और 'शाम को आती है / सिर्फ सोने के लिए / कमरे में रुआँसी-सी / जरा-सी धूप'! इस तरह की अन्तिम जिस कविता का मैं जिक्र करना चाहूँगा, वह है 'अमीर खुसरो' शीर्षक कविता। इस कविता के अन्त में कुँवरजी ने पहले यह कहा है कि 'वह एक नृशंस युग की सबसे जटिल पहेली था / जिसे सात बादशाहों ने बूझने की कोशिश की!' और बाद में यह कि 'खुसरो एक रहस्य था / जो एक गीत गुनगुनाते हुए / इतिहास के बहुत कठिन डगर से गुजर गया था।' मानना पड़ेगा कि बिना इस नजाकत के अमीर खुसरो की शख्सियत को पकड़ना मुश्किल था, जो एक अतिशय सावधान और संवेदनशील कवि के ही वश की बात हो सकती है, न समाज के और न साहित्य के इतिहासकार के वश की बात।

कुँवरजी की एक मुद्रा व्यंग्यवाली है, जिससे वे कम ही काम लेते हैं और ज्यादातर वे उसका प्रयोग उसके शास्त्रीय अर्थ में करते हैं। कहना चाहिए कि उन्होंने 'व्यंग्य' को सही अर्थ में लिया है, जिसे हम उनकी कविता की एक उपलब्धि मान सकते हैं। इस संग्रह की कुछ कविताएँ इस कदर 'व्यंग्यात्मक' हैं कि अलग से उनका उल्लेख करना जरूरी है। 'एक ही छलाँग में' में एक अतिशय महत्त्वाकांक्षी व्यक्ति का जिक्र है, जिसने 'कल्पना की तो ऐसी / कि एक ही छलाँग में / छोटी पड़ गयी दुनिया'। लेकिन यह छलाँग भी उसे छोटी लगती है। कवि का व्यंग्य देखिए : 'पीछे मुड़कर देखता है / ऐसी तो बड़ी भी न थी कोई छलाँग / जितनी छोटी पड़ गयी दुनिया।' 'सम्भावनाएँ' शीर्षक कविता के अन्त में कवि

पहले यह कहता है कि 'बस, हाथ भर की दूरी पर है / वह जिसे पाना है', फिर यह व्यंग्य कि 'गलती उसी दूरी को समझने में थी।' 'दूसरों की खुशी के लिए' चापलूस और दरबारी कवियों पर लिखी गयी कविता है। इसमें भी कुँवरजी पहले यह कहते हैं कि 'कवियों का कोई ठिकाना नहीं / न जाने कितनी बार वे / अपनी कविताओं में जीते और मरते हैं', फिर यह कि 'उनके कभी न मरने के भी उदाहरण हैं / उनकी खुशी के लिए / जो कभी नहीं मरते हैं।' 'भला आदमी' शीर्षक कविता व्यंग्य से यह बतलाती है कि वह भला आदमी भी झूठ बोला, जिसने भरी अदालत में कसम खायी थी कि सच कहूँगा और सच के सिवाय कुछ नहीं। 'चार ईमानदार' शीर्षक कविता में इस विडम्बना को उभारा गया है कि 'बेईमानी को हराने का / यही एक तरीका है / कि उसे अल्पमत में ला दिया जाए।' यह आज का जनतान्त्रिक युग है, जिसमें बेईमानी को भी शिकस्त मतदान से ही दी जा सकती है! कुँवरजी राजनीति से अलग-थलग रहनेवाले कवि हैं। दलीय राजनीति क्या, राजनीति-मात्र से उन्हें परहेज है। लेकिन जादू वह, जो सर चढ़कर बोले। 'इन दिनों' में 'रैली' शीर्षक उनकी एक बहुत ही जोरदार राजनीतिक कविता है, जो आज की प्रदर्शनप्रिय राजनीति को पूरी तरह से बेपर्द कर देती है, यद्यपि बहुत ही कलात्मक ढंग से। किस्सा यों है कि दिल्ली के रामलीला मैदान में किसी राजनीतिक दल की रैली में भाग लेने के लिए बसों से उतरकर भीड़ आ रही है। सूरज भी निकलता है, गाँव की तलैया में मुँह धोता है और भीड़ के साथ हो लेता है। अब कविता की दर्द और व्यंग्य से भरी हुई पंक्तियों पर नजर डालिए :

बारह इंच दिन जब इंच भर रह गया
राजधानी से गाँव लौटती बकवास में
धूल फाँकता सूरज
लाल आँखें
थका माँदा
डूब गया फिर उसी गाँव की तलैया में
जैसे वह दिन हुआ ही नहीं।

जैसा कि सुज्ञात है, मानवीय स्वर किसी भी अच्छी कविता का मूल स्वर होता है, लेकिन कभी-कभी जब वह स्वर किसी कविता में पूरी कलात्मकता के साथ उभरकर प्रकट होता है, तो अत्यन्त मोहक दिखलायी पड़ता है। आस्था और आशा, प्रेम और काम आदि उसी मानवीय स्वर की तरंगें हैं। कुँवरजी के काव्य-संसार को उसके पूरेपन में समझने के लिए उस स्वर को अलग से लक्ष्य करना जरूरी है। प्रस्तुत संग्रह में 'पानी की प्यास' शीर्षक एक और लाजवाब कविता है,

जिसमें पानी देवदारु की जड़ों से होकर उसकी फुनगियों पर पहुँचता है और वहाँ से यह सोचकर कि उसे फिर धूल में नहीं लौटना है, हवा में एक लम्बी साँस लेकर बादलों के साथ हो जाता है। लेकिन पृथ्वी का प्रबल आकर्षण अपनी सोंधी गन्ध के साथ उसे खींचता रहता है। अब कुँवरजी कहते हैं, 'वही था इस रोमांस का / सबसे नाजुक क्षण / उत्कर्ष के चरम बिन्दु पर थरथराती / एक बूँद की अदम्य अभिलाषा / कि लुढ़ककर बादलों से / चूम ले अपनी मिट्टी को फिर एक बार / भरकर अपने प्रगाढ़ आलिंगन में'। 'एक वृक्ष की हत्या' भी एक बहुत अच्छी कविता है, जिसमें कवि कुछ दिनों के बाद अपने घर लौटता है, तो पाता है कि उसके दरवाजे पर बूढ़े चौकीदार की तरह जो पुराना पेड़ था, जिसकी ठण्डी छाँह में वह पल-भर सुस्ताता था, अब अपनी जगह पर नहीं है! वह कहता है, 'दरअसल शुरू से ही था हमारे अन्देशों में / कहीं एक जानी दुश्मन'। ये दोनों ही कविताएँ प्राकृतिक विषयों पर लिखी गयी हैं, लेकिन इनकी अन्तर्वस्तु मानवीय है। 'मद्धिम उजाले में' शीर्षक कविता भी ऐसी ही है। इसमें कवि ने अपनी बात एक फूल के माध्यम से कही है, जिसके झरने की सुन्दरता का अद्‌भुत वर्णन तो इस कविता में है ही, मानवीय कल्पना में अंकित उसकी अलौकिक छवि का भी संकेत है। जीवन एक मिटता हुआ स्वप्न है और मनुष्य के स्वप्नों में एक अमिट जीवन है। एक अधूरी रचना उन्हीं आँखों को खोजती हुई बार-बार पृथ्वी पर आती है, जिनमें जीवन का मिटता हुआ सपना और सपनों में निहित एक अमिट जीवन होता है। इस संग्रह में प्रेम और काम को लेकर लिखी गयी एक प्रचण्ड कविता है 'सरहपा', जिसमें ब्राह्मण कवि और शबर-कन्या के प्रेम का वर्णन है। कविता की अन्तिम पंक्तियाँ :

दोनों मिलकर खेलते एक खेल
जिसमें दोनों जीतते हैं एक साथ।
बचा रह जाता
उस खेल का कवित्व,
और स्त्री-पुरुष ऊँच-नीच के अभेद में
मनुष्य के मुक्त होने का अर्थ।

कुँवरजी की कविता वहीं कमजोर होती है, जहाँ वह वर्णनात्मक होने लगती है, जैसे 'आजकल कबीरदास' शीर्षक कविता। इसी तरह सपाटता भी उनकी कविता को क्षतिग्रस्त करती है, जैसे 'नींव के पत्थर' और 'उसी जमीन पर' शीर्षक कविताएँ। वक्तव्यपरकता भी उनकी कविता को रास नहीं आती, जैसा कि हम 'काफ्का के प्राहा में' शीर्षक कविता में देखते हैं। उनका अपना रंग खास तौर से वक्रतायुक्त कविताओं में दिखलायी पड़ता है, जिसका प्रमाण 'एक जले हुए मकान

के सामने' शीर्षक कविता हो सकती है। यह वक्रता कवि की अभिव्यक्ति की सर्जनात्मकता से स्वयं सम्भव हुई है, कहीं बाहर से नहीं आयी। लेकिन इसका यह मतलब नहीं है कि कुँवरजी सरल कविताएँ नहीं लिख सकते। सरलता में श्रेष्ठता का उदाहरण प्रस्तुत करनेवाली 'क्राकाउ के चिड़ियाघर में' और 'सबीना'-जैसी कविताएँ भी संग्रह में मौजूद हैं। निस्सन्देह 'इन दिनों' पिछले दिनों हिन्दी में प्रकाशित अनेकानेक कविता-पुस्तकों के बीच सर्वाधिक महत्त्वपूर्ण संग्रह है।

चन्द्रकान्त देवताले बीसवीं सदी के सातवें दशक में उभरनेवाले कवि हैं, उस कविता के, जिसे नयी कविता से अलग करने के लिए युवा कविता कहा गया है। इस युवा कविता की एक अन्तर्धारा अकविता की थी, जिसके मुख्य कवि जगदीश चतुर्वेदी और सौमित्र मोहन थे। जगदीश चतुर्वेदी जहाँ गद्य में वर्णनात्मक कविताएँ लिखते थे, वहाँ सौमित्र अतियथार्थवाद के प्रभाव से बहुत कुछ स्वचालित लेखन करते थे। देवताले की काव्य-शैली पर अकविता का मिला-जुला असर अभी भी देखने को मिल जाता है। जहाँ तक कविता की अन्तर्वस्तु की बात है, सिनिसिज्म उनमें नहीं है, पर निराशा, पराजय-बोध और मृत्यु-कामना का असर अभी बचा हुआ है।

'इतनी पत्थर रोशनी' नामक उनका यह नया कविता-संग्रह मुख्यत: उनकी आत्मपरक कविताओं का संग्रह है, जिसका प्रमाण इसमें अनेकानेक प्रेमपरक कविताओं का होना है। ये कविताएँ कभी-कभी सुन्दर भी बन पड़ी हैं, जैसे यही कविता, जिसके शीर्षक पर संग्रह का नाम रखा गया है :

बजते हुए पानी के पठार के
इस बाजू इच्छाओं का जंगल
दूध के पहाड़
दौड़ते खुशबुओं के घोड़े

तुम उस बाजू
कब तक चन्द्रमा से
धोती रहोगी आँखें

मैं कब तक पीता रहूँगा
इतनी पत्थर रोशनी
यहाँ चुपचाप

इसी तरह 'वह मेरे भीतर गाने लगी' भी एक सुन्दर प्रेम-कविता है। देवताले मूलत: अकविता के कवि हैं, लेकिन यह विशेष बात है कि उनका प्रेम कहीं-कहीं

पारिवारिक यानी दाम्पत्य-प्रेम भी है। उदाहरण के लिए दो कविताएँ देखी जा सकती हैं—'सुमों के ताजा निशान' और 'बिल्ली के कारण एक प्रेम कविता'। पहली कविता में कवि अपनी पत्नी के किसी व्यवहार से तीर-बिंधे खरगोश की तरह रात-भर छटपटाता रहता है, लेकिन 'सुबह होने पर कहीं नहीं थे जंग के निशान / ओझल हो गये दौड़ते काले घोड़े / सही-सलामत बचीं ओस की बूँदें / सफेद कागज पर थे सुमों के ताजा निशान'। उसे पता है कि क्षोभ और आक्रोश जहाँ दौड़ते हुए काले घोड़ों के समान हैं, वहाँ प्रेम की भावना ओस की सुकुमार बूँदों के समान। दूसरी कविता में पति-पत्नी की प्रेमपूर्ण बातचीत है, जिसका विषय है एक बिल्ली। आपसी बातचीत पति-पत्नी की नोक-झोंक में बदल जाती है, जिसमें पत्नी दुखी होकर रोने लगती है। इस कविता का अन्त भी एक चुहल के साथ होता है, जो अनुमानतः पत्नी के मनोमालिन्य को दूर कर देती है। देवताले में प्रेम आधुनिक सभ्यता से आहत कवि-मन के लिए शरणस्थली की तरह है, जहाँ वह अपने को आघातों से ही नहीं बचाता है, उसे जीवन के नये उत्साह से भी भर देता है। इस दृष्टि से इस संग्रह की 'छिपने के लिए तुममें' शीर्षक कविता अवलोकनीय है।

प्रस्तुत संग्रह की कविताओं में आत्मपरकता उसकी प्रेमपरक कविताओं में ही नहीं है, उन कविताओं में भी है, जिनमें कवि ने अपनी व्यक्तिगत जीवन-स्थिति का वर्णन किया है। संग्रह की एक कविता है 'मेरे पास छिपाने को कुछ नहीं', जिसमें उसने स्पष्ट रूप से यह संकेत दिया है कि उसकी कविताएँ उसके अन्तरंग जीवन का बयान हैं : 'हाँ, छिपाने को होता है बहुत कुछ / हर व्यक्ति के पास / पर मैं तो उगल चुका कविताओं में / अपने सब भेद / कान लगाकर सुन सकता है कोई भी / देख सकता है आँखें बन्द कर / छू सकता है हाथों से / जो कहा मैंने बन्द होंठों से भी / किया निपट एकान्त अँधेरे तक में।' 'एक दिन परेशान हो गयीं कमरे की चीजें' शीर्षक कविता में उसने सरल ढंग से अपनी शख्सियत का परिचय दिया है, 'अब तो उड़ती हुई रेत है' में उसने कहा है, 'मुझसे नहीं हुआ कुछ भी / बीत गयी आधी सदी / नदी सूख गयी बचपन की / अब तो उड़ती हुई रेत है / और थकी हुई आँखें इतना ही' और 'मेरे बदले कोई दूसरा सो सकता' में उसने अपनी अनिद्रा से परेशान होकर यह आकांक्षा प्रकट की है, 'मेरे बदले / कोई दूसरा जी सकता / सो सकता कोई दूसरा / जिसके लिए खुलता दरवाजा नींद का / चुपचाप'। 'पेड़ सुलगता रहता है' एक जितनी ही दिलचस्प कविता है, उतनी ही दर्दनाक भी। इसमें वह अपने करीब खड़ी एक युवती को टेलीफोन पर किसी से बातचीत करते हुए सुनता है और पूरा वक्त बहुत बेचैन होता रहता है। कविता के अन्त में ये पंक्तियाँ आती हैं :

पेड़ पर बैठकर कोयल पता नहीं किसे बुलाती है
पेड़ सुलगता रहता है
उसके शब्द मुझ पर पत्थर की तरह बरसते हैं
कभी-कभी लगता है
वह सिर्फ मेरा नम्बर मिला रही है
जबकि हकीकत यह है
कि मेरा कोई नम्बर ही नहीं है

यह है इस कवि का हुलिया, जो अपने समाज में ला-पता है।

लेकिन जैसा कि कविता के लिए स्वाभाविक है, उसमें सिर्फ अपने बारे में कहता हुआ भी कवि सिर्फ अपने बारे में नहीं कहता, किसी न किसी रूप में और किसी न किसी अंश में अपने माध्यम से वह अपने वर्तमान परिवेश की अभिव्यक्ति जरूर करता है। ताज्जुब नहीं कि देवताले ने अपनी एक कविता में कहा है कि 'जैसे मैंने देखी हो अपनी आँख के भीतर / पृथ्वी की आँख'। 'ईश्वर उसके भीतर तुम खुद एक बार थरथरा जाओ' शीर्षक कविता वस्तुतः एक हारी हुई औरत की कहानी है और 'खतरनाक हुआ वर्ष' शीर्षक कविता तबाह हो गयी सामाजिक जिन्दगी की: 'भूकम्प के बाद / खड़े होने लगते हैं घर / तूफान के बाद / जाल और डोंगियाँ सुधारने लगते हैं / मछुए और मल्लाह / पर इस मलबे में दबकर / क्षत-विक्षत हुए ईश्वर को / शायद ही जोड़ पाऊँगा मैं'। कुल मिलाकर दुनिया और कवि का हाल यह है कि 'अदृश्य रक्तपात उड़ती हुई तितलियों के भीतर / और मैं मरता रहा / एक समग्र और अन्तिम पारदर्शी पत्थर के लिए।'

अपने जीवन और परिवेश से ऊबा हुआ कवि एक सुन्दर भविष्य की आकांक्षा रखता है, जैसा कि उसने 'शिशु चीते से मुठभेड़' कविता में बतलाया है। 'चाबियाँ' शीर्षक कविता में घर-संसार वाली इस दुनिया से उसकी ऊब हद दर्जे को पहुँची हुई है। कदाचित् यही चीजें निराश-मन कवि को अतीत की तरफ ले गयी हैं, जिसके प्रति उसके मन में इतना मोह है कि उसकी इस प्रवृत्ति को बेहिचक 'नॉस्टेल्जिया' का नाम दिया जा सकता है। इस दृष्टि से 'पानी के घोड़ों पर सवार था यहाँ' शीर्षक कविता विशेष रूप से उल्लेखनीय है। एक कविता में उसने कहा भी है कि 'मैं याददाश्त का मारा हुआ हूँ'। दिलचस्प यह है कि वह यह भी जानता है कि 'नॉस्टेल्जिया' अच्छी चीज नहीं, वर्ना 'यह बारिश' शीर्षक कविता में वह यह न कहता कि 'मुझे बचाओ... / खोई हुई खुशियों और नष्ट वैभव / की स्मृतियों के दुःस्वप्नों से'। इन कविताओं के बीच एकमात्र प्रकृति कविता है 'फाल्गुन', जो देवताले की प्रचण्ड ऐन्द्रिय संवेदना का पता देती है।

उनकी इस संग्रह की कविताएँ खण्डित मिथकों और फैंटास्टिक बिम्बों से

बनी हैं, जिससे उनका काव्यलोक कभी-कभी जादुई लगता है, लेकिन सबकुछ होते हुए भी यह प्रश्न मन में रह ही जाता है कि अन्ततः उनकी कविताएँ मन पर बहुत गहरा असर क्यों नहीं डालतीं? प्रायः वे औसत दर्जे की कविताएँ लिखनेवाले एक औसत कवि के रूप में सामने आते हैं, जिससे उनकी छवि बहुत कुछ लीलाधर जगूड़ी से मिलती है। क्या यह मात्र संयोग है कि ये दोनों ही एक ही पीढ़ी के कवि हैं?

जैसे देवताले कुँवरजी से एक दशक बाद हिन्दी कविता में आये, वैसे ही वीरेन डंगवाल देवताले से एक दशक बाद, यानी तब, जब अकविता का शोर थम चुका था और नक्सलवाद के प्रभाव से एक नयी कविता अस्तित्व में आ रही थी। नक्सलवाद का नाम यहाँ जान-बूझकर लिया गया है, क्योंकि डंगवाल उससे सीधे जुड़े हुए कवि हैं। पुराना शब्द लेकर कहें, तो वे घोषित रूप में एक प्रतिबद्ध कवि हैं, ऐसे प्रतिबद्ध कवि, जो समाजवाद के सोवियत संस्करण को खारिज करके चीनी संस्करण को खुलेआम स्वीकार करते हैं। इस दृष्टि से उनके समीक्ष्य संग्रह 'दुश्चक्र में स्रष्टा' की 'सितारों के बारे में' शीर्षक कविता द्रष्टव्य है, जिसमें उन्होंने अपनी व्याजस्तुति करते हुए कहा है :

...मैं रहा पुराना
वही, कुटिल खल कामी
कुतरता हुआ
फरिश्तों के बुने हुए उस जाल को
चूहों की-सी अदम्य तल्लीनता से
बढ़ाता हुआ आगे तक
चीन की महान दीवार
जिसे ताकते हैं वे अपने अन्तरिक्ष से भी
एक विद्वेष-भरी टकटकी में।

फरिश्तों का बुना हुआ जाल यानी सितारोंवाला वह जाल, जो सोवियत संघ का प्रतीक है, और चीन की दीवार, यानी चीन की समाजवादी व्यवस्था, जिससे सोवियत संघ को विद्वेष था! यह बात और है कि आज स्वयं चीनी समाजवाद समाजवादियों के बीच प्रश्नों के घेरे में है।

इस प्रसंग में प्रस्तुत संग्रह की एक और कविता चर्चा के योग्य है, क्योंकि वह नक्सलवाद की राजनीति की ओर संकेत करती है। वह कविता है 'नयी संस्कृति', जिसमें कवि ने आगजनी, रक्त और हत्या-जैसी अमानवीय घटनाओं को बहुत सकारात्मक रूप में लिया है, क्योंकि वे क्रान्ति का मार्ग प्रशस्त करती हैं। कुछ

पंक्तियाँ देखिए : 'जली हुई / उन उजाड़ बस्तियों में / आकार ले रहा है / हमारा नूतन स्थापत्य / पटककर मार दिया गया वह बच्चा / हमारा भविष्य है।' क्या क्रान्ति के नये स्थापत्य के लिए अधिक से अधिक बस्तियों को जला डालना और उसके भविष्य की सुदृढ़ता के लिए अधिकाधिक बच्चों को पटककर मार दिया जाना अनुचित होगा? कहने की आवश्यकता नहीं कि यह चरम कोटि का सरलीकरण है, जिससे लेनिन ने यह कहते हुए आगाह किया था कि क्रान्ति के लिए केवल जुल्म का बढ़ना ही काफी नहीं है, सबसे पहले एक क्रान्तिकारी विचारधारा और मजबूत राजनीतिक संगठन चाहिए। क्रान्तिकारी विचारधारा एक झंझटवाली चीज है और व्यापक जनाधारवाली राजनीतिक पार्टी का निर्माण एक कठिन कार्यभार है, इसलिए अधिक क्रान्तिकारी लोग क्रान्ति के लिए शोषकों और उत्पीड़कों का ही भरोसा करते हैं।

विचारधारा अनिवार्य रूप से कविता का अहित नहीं करती, पर जब वह फार्मूले के रूप में (और उसका सरलीकृत होना लाजिमी है) प्रयुक्त होती है या दुहराई जाती है, तो अवश्य उसे क्षतिग्रस्त करती है। इसका प्रमाण कई बार वीरेन डंगवाल की कविताएँ देती हैं। उनकी एक कविता है 'रेल का विकट खेल', जिसमें कवि रेल की खिड़की से दो व्यक्तियों को सायकिल से आते हुए देखता है। एक के पास सामान है, इसलिए वह ट्रेन पकड़ने आ रहा है और दूसरे के पास सामान नहीं है, इसलिए उसका अनुमान है कि वह गाँव लौट जाएगा। उसके अनुसार ये दोनों क्रमशः मजदूर और किसान हैं, जिनका पूँजीवादी-सामन्ती व्यवस्था में शहर और गाँव में शोषण होता है! इसी तरह एक कविता है 'माथुर साहब को नमस्कार', जिसका अन्त कवि इस सूत्र के साथ करता है : 'याद रखूँगा मैं पूरे संसार को ढोनेवाली / नगण्यता की विनम्र गर्वीली ताकत / जिसे अभी सही-सही अभिव्यक्त होना है।' यही बात लगभग उसने अगली कविता 'रात-गाड़ी' में भी अपने लोगों का जिक्र करते हुए कही है कि 'घनीभूत और सुसंगठित होनी है उनकी वेदना अभी'। इस संग्रह की अन्तिम कविता है 'लकड़हारे की अधूरी कविता'। इसमें कई सूत्रों को दुहराया गया है, जैसे शोषण को जारी रखने के लिए पूँजीपति-वर्ग द्वारा सर्वहारा को दी गयी छोटी-छोटी रियायतें, सर्वहारा के पास उस शक्ति का होना, जिससे वह जंगल को काट दे सकता है, और निम्न-पूँजीपति वर्ग के लोगों का पूँजीपति-वर्ग में शामिल होने का प्रयास।

आधुनिक हिन्दी कविता में प्रतिबद्ध कविता का योगदान बहुत ही शानदार रहा है, जिसके लिए मुक्तिबोध सहित हिन्दी के स्वनामधन्य प्रगतिशील कवियों से लेकर आलोकधन्वा-राजेश जोशी तक श्रेय के अधिकारी हैं। आलोक और राजेश के साथ मंगलेश और उदय प्रकाश को भी शामिल कर लें, तो इनमें से किसी ने उतनी कमजोर कविता नहीं लिखी है, जितनी वीरेन डंगवाल ने। यह बहुत

अफसोस की बात है कि जिस कवि को आदर और फख्र के साथ जनसंस्कृति मंच से जुड़े हुए लोग अपने कन्धों पर उठाये हुए हैं, वह कविता में कभी पहले के कवियों के लहजे को अपनाने की कोशिश करता है, कभी निहायत बचकानी कविताएँ लिखता है, कभी जिस तरह की कविता लिखने की प्रतिज्ञा करके चलता है, उसकी आरम्भिक शर्तों का पालन करने में भी असमर्थ साबित होता है और कभी निरर्थक कविताओं का ढेर लगा देता है। प्रस्तुत संग्रह में सभी का उदाहरण बहुतायत से सुलभ है, लेकिन स्थानाभाव के कारण मैं सबका उदाहरण न दे सकूँगा। डंगवाल की कविताओं की एक बड़ी त्रुटि है कि उनमें दूसरे कवियों के लहजे में बात करने की कोशिश देखने को मिलती है। वे कवि हैं रघुवीर सहाय, शमशेर, मुक्तिबोध और भवानीप्रसाद मिश्र। वे जहाँ छन्द में लिखने की कोशिश करते हैं, वहाँ रघुवीर सहाय की नकल साफ दिखलाई पड़ती है, जैसे 'हमारा समाज' और 'उजले दिन जरूर' शीर्षक कविताएँ। उनकी पंक्ति 'हाल ही में हो चुका गंगानहान' की लय शमशेर की पंक्ति 'एक पल की ओट में है कुल जहान' की याद दिलाती है और उनकी 'मैं लहर खुद पर टूटती हुई' पंक्ति उन्हीं के मुहावरे ('उभरकर अर्धद्वितीया टूट जाता है,' 'टूट मत ओ साँझ के पत्थर हृदय पर' आदि) की पुनरावृत्ति देखने को मिलती है। 'दुश्चक्र में स्रष्टा' शीर्षक कविता की उक्ति 'दुम की तो बात ही अलग / गोया एक अदृश्य पंखे की मूठ / तुम्हारे ही मुखड़े पर झलती हुई' मुक्तिबोध की कविता 'एक अरूप शून्य के प्रति' की उस उक्ति से प्रभावित है, जिसमें उन्होंने ईश्वर की बड़ी-बड़ी मूँछों के लहरने का वर्णन किया है। वैसे यह पूरी कविता उस कविता की पैरोडी है। इसी तरह 'नूतन बाइस्कोप' शीर्षक कविता भवानी मिश्र की प्रसिद्ध कविता 'गीतफरोश' की भोंड़ी अनुकृति है। कहा जाता है कि श्रेष्ठ कवि की एक पहचान यह भी है कि उसमें पूर्ववर्ती कवियों की प्रतिध्वनियाँ सुनायी पड़ती हैं। वह वस्तुतः परम्परा को आत्मसात् करने का प्रमाण होता है, जबकि वीरेन डंगवाल में उसका ठीक उलटा है। बचकानी कविताओं के उदाहरण के रूप में 'उजले दिन जरूर' का नाम लेना ही काफी होगा। रघुवीर सहाय के प्रभाववाली कविताएँ वे हैं, जो छन्दोबद्ध हैं। रघुवीर सहाय और केदारनाथ सिंह छन्द में भी विदग्धता के साथ काव्य-रचना करनेवाले हिन्दी के अन्तिम कवि हैं। डंगवाल जब कभी छन्द में लिखने की कोशिश करते हैं, मुश्किल सामने आते ही लड़खड़ाने लगते हैं, यानी मात्रा से लेकर तुक-सम्बन्धी भूलें तक करने लगते हैं। यह बिलकुल स्पष्ट होता है कि ऐसा किसी रचनात्मक विवशता के कारण नहीं, बल्कि कवि की असमर्थता के कारण होता है। निरर्थक कविता का उदाहरण देना आवश्यक नहीं है, क्योंकि वैसी कविताएँ संग्रह में अनेक हैं। निश्चय ही 'निरर्थक' से मेरा मतलब 'काव्यार्थ से रहित' से है।

लेकिन ऐसा नहीं है कि वीरेन डंगवाल को कवि-हृदय नहीं मिला है। उनमें

कभी-कभी सुन्दर बिम्ब भी मिल जाते हैं, यथा 'अंकुर ने अपने नाममात्र कोमल सींगों से / धकेलना शुरू की / बीज की फूली हुई / छत, भीतर से,' 'शिशु फूलगोभी के / नगीने से जगमगाते / श्याम पत्तों ओट' और 'पेड़ नंगे होकर धूप में इकट्ठे नहा रहे हैं / सूँड़ें उठाये हुए धूप को फव्वारे की तरह फेंकते'। इससे आगे जाकर उन्होंने इस संग्रह में कुछ बहुत अच्छी कविताएँ लिखी हैं, जैसे 'मानसून का पहला पानी', 'तारन्ता बाबू से कुछ सवाल', 'पोस्टकार्ड-महिमा', 'नींदें' और 'माँ की याद'। इनमें से दूसरी कविता एक सरल कविता है, लेकिन अत्यधिक मार्मिक, बल्कि अर्थपूर्ण भी। तीसरी कविता एक दिलचस्प कविता है, जो इस लाजवाब ढंग से समाप्त हुई है : 'उन्हें इन्तजार है उस दिन का / जब उनके चौड़े सीने पर लिखी जाएँगी / प्यार-मुहब्बत की बातें / ऐलानिया!' कविता का यह अन्त भी कम अर्थपूर्ण नहीं है। चौथी कविता में नींद के विभिन्न प्रकारों का वर्णन किया गया है, लेकिन इतने सटीक चित्रों के माध्यम से कि उसे पढ़कर तबीयत खुश हो जाती है। वर्ग-संघर्ष से रहित ऐसी कविताएँ क्या हमें कुछ नहीं देतीं और जो देती हैं, वह क्या कम मूल्यवान है? एक सवाल यह भी है कि क्या कविता के अलावा कोई और कला हमें वह चीज दे सकती है? अन्तिम कविता में डंगवाल ने माँ के माध्यम से जो कुछ कहा है, वह भी कविता के ही बूते की बात है, नारी-विमर्श पर पोथा लिखकर भी वह बात नहीं कही जा सकती। इस समीक्षा का अन्त मैं पहली कविता 'मानसून का पहला पानी' को पूरा उद्धृत करके करना चाहता हूँ, जो कि एक बहुत ही प्यारी कविता है :

मानसून का पहला पानी पड़ता है
लम्बे व्याकुल इन्तजार के बाद
सुबह से,
अति ऊभ-चूभ मन
याद वही सब करता है
जो याद नहीं अब, फिर भी रह-रह बजता है
ज्यों काँसे की गागर पर बजती हों बूँदें।

वह गागर, यों तो फूट चुकी है अब कबकी,
पर रक्खी है फिर भी सहेजकर पेटी में।

वीरेन डंगवाल की ही पीढ़ी के कवि हैं विष्णु नागर, और प्रतिबद्ध भी, लेकिन उन्होंने कविता में अपनी एक पहचान बना ली है। वह पहचान है उनकी व्यंग्यात्मक मुद्रा, जिससे वे व्यवस्था से लेकर अपने आस-पास तक को क्या, अपने आपको भी अनावृत करते चलते हैं। वे कविता में कभी कविता की जगह

विचारधारा को नहीं परोसते, सिर्फ यथार्थ का चित्रण करते हैं, जिसकी ओर उन्मुख होने में और जिसे समझने में विचारधारा उनकी सहायक हो तो हो। यही कारण है कि उन्होंने किसी प्रगतिशील कवि का अनुकरण वा अनुसरण नहीं किया और अपनी एक सर्वथा निजी शैली विकसित की। व्यवस्था पर व्यंग्य करने में वे न नागार्जुन से प्रभावित हैं, न राजनीतिक या सामाजिक जीवन की विसंगति और विडम्बना को उजागर करने में रघुवीर सहाय से। उनकी मुद्रा सिर्फ उनकी है, जो समकालीन हिन्दी कविता को एक दिलचस्प आयाम देती है।

उनके नवीनतम संग्रह 'कुछ चीजें कभी खोईं नहीं' में उनकी एक कविता है 'अमर कविताएँ', जो कवि-रूप में उनके क्षेत्र और रुचि का संकेत देती है। उसकी अन्तिम पंक्तियाँ हैं :

अमर कविताओं में
इस कदर सुन्दरता होती है कि
उन्हें पढ़कर रामप्यारी का बेटा
भूल जाता है कि वह गरीब माँ की सन्तान है
कि नागनागिनी गली में
उसका एक ढहता हुआ मकान है।

आकस्मिक नहीं कि 'सपने में सपना' शीर्षक कविता में उन्होंने कविता के माध्यम से अपने पर भी प्रहार किया है। अमर कविताओं से उनका आशय स्पष्टत: क्लासिकी कविता से है। क्लासिकी कविता अनिवार्यत: यथार्थ-विरोधी नहीं होती, विद्वानों ने 'क्लासिकल रियलिज्म' की भी कल्पना की है, लेकिन यह सत्य है कि वह कविता अभिजात होती है और उसमें साधारण जीवन के बदसूरत और क्षणभंगुर यथार्थ के लिए जगह नहीं होती। इस लिहाज से 'अमर कविताएँ' शीर्षक कविता के पूर्वार्ध में विष्णु नागर ने उचित ही व्यंग्यपूर्वक क्लासिकी कविता की सीमाएँ गिनायी हैं।

जहाँ तक उनकी व्यंग्यात्मक मुद्रा की बात है, वे सबसे पहले व्यवस्था को उसका निशाना बनाते हैं, क्योंकि वह सबसे अधिक व्यापक चीज है। संग्रह की पहली ही कविता है 'बस और बच्चा', जिसमें बहुत करीने से कवि ने एक यूटोपिया का निर्माण किया है, जो कविता की अन्तिम पंक्तियों में जाकर इस कदर ध्वस्त होता है कि दिल्ली परिवहन निगम के यथार्थ के माध्यम से पूरी व्यवस्था बेपर्द हो जाती है। यह सुपरिचित तथ्य है कि पूँजीवादी व्यवस्था कला की शत्रु होती है। कला की हत्या वह उसके वाणिज्यीकरण के द्वारा करती है। इस तथ्य को 'कला में वाणिज्य' शीर्षक कविता में विष्णु नागर ने बहुत दिलचस्प बनाकर रखा है। कला के वाणिज्यीकरण से चिन्तित एक संवेदनशील प्राणी के बारे में वे कहते

हैं : 'वो तड़पके रह गया / सिर पटकके रह गया / कला में वाणिज्य की बाढ़ आयी / तो वो बहके रह गया।' इस व्यंग्य को स्फुट करने की आवश्यकता नहीं है। 'जनतन्त्र में' एक बहुत ही लाजवाब कविता है, जिसमें बकरी और शेर की दोस्ती का वर्णन है। यह दोस्ती ऐसी है कि 'कभी-कभी तो / शेर अपनी पीठ पर / बकरी को बैठाकर उसे गाँव-गाँव घुमाता है', पर एक दिन जब शेर बकरी को खाने दौड़ता है, तो बकरी कहती है, 'अरे-अरे'। इस पर शेर उसे जवाब देता है : 'अब तू क्या करे है अरे-अरे / अब तू भज / राम-राम, हरे-हरे।' इसमें कौन बकरी है और कौन शेर, यह बतलाने की और जरूरत नहीं है। 'लोक कथाओंवाला समय' एक छोटी कविता है, लेकिन समकालीन राजनीतिक जीवन की विडम्बना को बेहद सशक्त ढंग से प्रकट करनेवाली। इस यथार्थवादी युग में इतना परिवर्तन हुआ है कि अब राजा खुद कहता है कि वह नंगा है, जबकि बच्चे इतने समझदार हो चुके हैं कि नींद में भी पूछो, तो वे कहते हैं कि राजा कपड़ों में है! 'यथार्थ-2' शीर्षक कविता में आदमी को बहुत ही धैर्य के साथ मारनेवाले यथार्थ को 'हम होंगे कामयाब / एक दिन' की विडम्बना करके उजागर किया गया है। इसी तरह 'एक दिन' भी एक लाजवाब कविता है, जिसमें यह दिखलाया गया है कि कैसे कोई नेता झूठ से अपनी एक विराट् मूर्ति निर्मित कर एक दिन प्रधानमन्त्री बन जाता है। 'बम और फूल' शीर्षक कविता हमें यह बतलाती है कि जन-विरोधी राजनीति के सूत्रधारों ने यह स्थिति पैदा कर दी है कि कवि को कहना पड़ता है—

बम को बम की तरह मत देखिए
देखिए एक फूल की तरह
तो वह सुन्दर, कोमल और खुशनुमा लगेगा
वह किसी पौधे पर खिला हुआ लगेगा
वह इस जमीन, इस हवा-पानी का हिस्सा लगेगा
वह सम्पूर्ण स्वदेशी लगेगा

आप उसे तब अपनी अचकन में लगा सकते हैं
ड्राइंग रूम में सजा सकते हैं
सजन बनकर सजनी पर फेंक सकते हैं

'इक्कीसवीं सदी' 'बस और बच्चा' शीर्षक कविता की तरह की कविता है, लेकिन इसमें कोई यूटोपिया नहीं है, बीसवीं सदी के आदमी के बाईसवीं सदी में भटककर चले जाने के बाद उसके द्वारा उसके स्वरूप का उद्घाटन है। वह कहता है : 'जब हम मरे / तो खुद को खुद ने कन्धा दिया / खुद ही जाकर बैठ गये शव-दाह गृह में / खुद को जलते देख / खुद की आँखों में आँसू आये / खुद का सिर /

खुद के कन्धे पर रखकर / फिर खुद को दिलासा देनी पड़ी।' एक समय था जबकि क्रान्तिकारी कवि आशा से लबालब भरे रहते थे और उनकी प्रत्येक कविता का अन्त लाल सवेरा के साथ होता था। अब स्थिति उलट गयी है। अब क्रान्तिकारी से क्रान्तिकारी कवि भी भविष्य के प्रति आशावान् नहीं रहे। जरूरी नहीं कि भविष्य अन्धकारपूर्ण ही हो, लेकिन वर्तमान तो मन में उसी तरह के भाव जगाता है। इस दृष्टि से विष्णु नागर की यह कविता बाईसवीं सदी के माध्यम से वस्तुतः इक्कीसवीं सदी के यथार्थ को ही प्रक्षेपित करती है। 'सिस्टम' और 'प्याज' दोनों गद्य-कविताएँ हैं। पहली लाल फीताशाही पर लिखी गयी, जो पूरी व्यवस्था की स्थिति पर रोशनी डालती है, और दूसरी हिन्दुत्ववादियों पर, जिसमें कवि का यह तेवर देखने लायक है : 'बड़े-बूढ़े बताते हैं कि प्याज खाने से कामोत्तेजना होती है। लेकिन प्याज का उपयोग पुत्रोत्पत्ति के पवित्र उद्देश्य के लिए हिन्दू करें तो कोई उज्र नहीं। असली लक्ष्य है कि किसी भावी युग में मुसलमानों की आबादी को हिन्दुओं से ज्यादा हो जाने से रोकना।' विष्णु नागर के गद्य में बात से बात निकालकर उसको और धारदार बनाते चलने की अच्छी क्षमता है। इस दृष्टि से पहली गद्य-कविता एक लाजवाब रचना है।

अपने आस-पास पर व्यंग्य उन्होंने कई तरह से किया है। 'गणेशजी' कविता में उन्हें लोगों पर हँसी आती है, लेकिन 'पड़ोसी' कविता में वह हँसी व्यंग्य में पग जाती है : 'वह मैं-मैं करता रहता है / मैं भी मैं-मैं करता रहता हूँ / हम दोनों का विश्वास है / पृथ्वी के समस्त जन मैं-मैं करते रहते हैं / इसलिए हम एक विश्व-बन्धुत्व में बँधे हैं!' '33 करोड़ देवताओं के देश में' में तो विष्णु नागर ने उम्मीद का ही मखौल उड़ाया है, क्योंकि वह आदमी ही नहीं, ईश्वर को भी अपने जाल में फँसाए हुए है। 'महाकवि बनाने का धन्धा' एक बेहद दिलचस्प कविता है, जिसमें कोई विद्वान् एक कवि को महाकवि बनाने का विश्वास दिलाकर उससे सेवाएँ लेते हैं, पर जब वह महाकवि नहीं बन पाता और उनसे शिकायत करता है, तो वे कहते हैं : 'अब क्या / तू माल था हमारा। नहीं बिका। / हमें गम ज्यादा है या तुझे? / तू जो था, सो था / नासापिटे, हम जो थे, नहीं रहे।' ज्ञातव्य है कि इसमें व्यंग्य उसी साहित्य-जगत् पर है, जो विष्णु नागर का अपना जगत् है। 'कपड़े और अध्यात्म' में उस वर्ग पर व्यंग्य है, जो जितना कपड़ा खरीदता है, उतना ही अध्यात्म भी। अन्त में कवि का कहना है : 'आधा वे अपने को कपड़ों से नंगा करते थे, / आधा अध्यात्म से।' यह एक बहुत ही चुभनशील कविता है, जिसका अन्दाजा पाठकों को हुआ होगा। 'एक और दो' भी एक ऐसी ही कविता है, जिसमें उस जनता पर व्यंग्य है, जो आपस में मिलकर अपनी शक्ति नहीं बढ़ा सकती और अलग रहने में ही खुश रहती है। इस संग्रह में तीन बहुत ही दिलचस्प कविताएँ पत्नी पर लिखी हुई हैं—'हँसी आती थी,' 'हमारी बिल्ली' और 'हो', जिन्हें पाठकों को मैं संग्रह में ही पढ़ने की सलाह दूँगा। वैसे दूसरी कविता में म्याऊँ-

म्याऊँ करनेवाली कवि की बिल्ली उससे जो यह कहती है, उसे उद्धृत करने का लोभ छोड़ना कठिन है :

मैं बिल्ली हूँ तेरी
नौकरानी नहीं हूँ
जा सुबह का दूध ला
और चुपचाप अपने काम पर जा

और सुन
तू रोज जाता है ऑफिस
कभी-कभी तो
तू वहाँ भी किया कर
म्याऊँ-म्याऊँ

ये कविताएँ मुख्यत: हास्य-कविताएँ हैं, लेकिन इनमें पत्नी का चित्र जिस रूप में खींचा गया है, वह नारीवादियों को परेशानी में डाल सकता है। और यही विष्णु नागर की सफलता होगी।

जैसा कि संग्रह के ब्लर्ब में कहा गया है, प्रस्तुत संग्रह में ऐसी कविताएँ भी मिलती हैं, जिनमें कवि की मुद्रा व्यंग्यवाली नहीं, बल्कि सामान्य और गम्भीर है। 'चिड़िया होने की इच्छा', 'मान लो एक दिन' और 'अन्तर्द्वन्द्व' ऐसी ही कविताएँ हैं। पहली कविता में कवि चिड़िया होने की इच्छा रखता है, लेकिन वह उसे पूरा करना नहीं चाहता, 'क्योंकि चिड़िया की मौत में कई बार / हमने देखी है अपनी भी मौत!' दूसरी कविता में आदमी के भीतर के उस अन्तर्द्वन्द्व की ओर संकेत है, जिसमें वह इसलिए पड़ा हुआ है कि उसके लिए तय करना मुश्किल है कि वह आदमी ही रहे या पेड़ या दोनों? तीसरी कविता की ये पंक्तियाँ इसकी अन्तर्वस्तु को अच्छी तरह से उजागर कर देती हैं : 'जब वह घर पहुँचा / घर कहीं और जा चुका था / जब वह कहीं और जाने लगा / घर के लोग इसी तरफ आ रहे थे'। ये तीनों कविताएँ भी अन्ततः व्यवस्था रो ही सम्बन्धित हैं, जिसमें मनुष्य की स्थिति बदतर होती जा रही है, पर इनकी शैली भिन्न किस्म की है।

विष्णु नागर की कुछ कविताओं में मानवीय स्वर अलग से छलकता हुआ दिखलायी पड़ता है, उदाहरणार्थ 'वह घर' और 'इस घर के बच्चे' शीर्षक कविताएँ। 'उसे यकीन था' स्त्री पर लिखी गयी एक बहुत ही मार्मिक कविता है। जितनी ही मार्मिक, उतनी ही कलात्मक भी। 'दूसरी दुनिया नहीं थी' एक युवक और युवती को लेकर लिखी गयी कविता है, जो भी बहुत मार्मिक ढंग से समाप्त हुई है :

साथ भगने के सारे रास्ते जब बन्द मिले
तो लड़के-लड़की ने तय किया
कि क्यों न अब दूसरी दुनिया में मिला जाए
और वहाँ जी भरकर प्यार किया जाए
प्यार के सिवाय भी सिर्फ प्यार ही किया जाए
वे रवाना हुए दूसरी दुनिया के लिए
लेकिन पता चला कि दूसरी दुनिया तो है नहीं

वे अपनी बेवकूफी पर इतने हँसे, इतने हँसे
कि हँसते-हँसते रो दिए और फिर रोते रहे, रोते रहे।

सपाटता वैसे भी कविता की शत्रु है, लेकिन व्यंग्य और उसमें तो सीधा विरोध है। विष्णु नागर की अनेक बेहद अच्छी कविताएँ अपने सपाट अन्त के कारण बर्बाद हो गयी हैं, जैसे 'प्रतियोगिता', 'भ्रष्टाचार', 'आदर्श बाजार', 'तेईस साल बाद' और 'दो प्रौढ़' शीर्षक कविताएँ। ऐसा लगता है कि कवि इन कविताओं में आगे बढ़ता गया है, लेकिन वह उनका अन्त कैसे करे यह समझ नहीं पाया है, सो अदबदाकर उन्हें सपाट ढंग से समाप्त कर दिया है। कुँवर नारायण में व्यंग्य अपने मूल अर्थ में है। कहा जा चुका है कि उनकी कविताओं को भी कई बार यह सपाटता कमजोर कर देती है। विष्णु नागर में व्यंग्य अपने प्रचलित अर्थ में है और उनकी उक्त कविताओं का सपाट अन्त पाठकों के लिए बहुत ही अफसोसनाक साबित होता है।

कुछ लोग रक्त-मांसहीन कविताएँ लिखकर समझते हैं कि वे हिन्दी कविता का विकास कर रहे हैं। हिन्दी कविता को समृद्ध और विकसित करनेवाले वे नहीं, ये कवि हैं, जिनकी कविताएँ जीवन की तरह ही भरी-पूरी और रंगारंग हैं। बारीकी और अमूर्तन कविता के लिए वर्जित चीजें नहीं हैं, पर वे यदि जीवन और यथार्थ को ही भाप बनाकर उड़ा दें, तो उनसे कविता को सावधान रहना होगा। इन कवियों की कविताओं के सम्बन्ध में दूसरी बात यह है कि वे हिन्दीभाषी प्रदेश की जनता के जीवन और संस्कृति से जुड़ी हुई हैं। इनकी विविधता और कलात्मकता देखकर मन में विस्मय का भाव जगता है। कभी डा. जगदीश गुप्त ने 'किसिम-किसिम की कविता' शीर्षक से एक लेख लिखकर विभिन्न नारों और आन्दोलनों के साथ आनेवाली कविताओं का उपहास किया था। समकालीन हिन्दी कविता में फिलहाल कोई नारेबाजी या आन्दोलन देखने को नहीं मिलता, पर किसिम-किसिम की कविता लिखी जा रही है। इस कविता के प्रति कविता के किसी भी गम्भीर पाठक का रुख सकारात्मक होगा।

(2003)

अर्थ-भार से तनकर...

रघुवीर सहाय-केदारनाथ सिंह के बाद विनोदकुमार शुक्ल-विष्णु खरे समकालीन हिन्दी कविता के सबसे महत्त्वपूर्ण कवि हैं। यह दुखद है कि इनके प्रति हिन्दी के वामपन्थी लेखक अनुदार हैं। कारण यह कि ये अपनी कविता में उनकी अपेक्षा के अनुरूप बँधी हुई लीक पर नहीं चलते। ऊपर से इनकी शैली भी इतनी खास है कि आसानी से उस पर असम्प्रेषणीय होने का आरोप लग सकता है। हिन्दी में ही नहीं, संसार की प्राय: सभी भाषाओं में जब किसी गैरवामपन्थी लेखक को स्वीकार करने की लाचारी होती है, तो वामपन्थी लेखक उसे मानववादिता के नाम पर स्वीकार करते हैं। उसमें एक अफसोस होता है कि काश, यह लेखक विचारधारा की दृष्टि से भी दुरुस्त होता! ये लेखक आज भी यह समझने के लिए तैयार नहीं हैं कि कविता या साहित्य-मात्र की असली रचना-भूमि मानवीय ही है, राजनीतिक नहीं। यह मानवीयता राजनीति को तो अपने भीतर समेट सकती है, लेकिन राजनीति के लिए सम्भव नहीं है कि वह सम्पूर्ण मानवीयता का पर्याय बन सके। यहाँ ग्राम्शी का हवाला देना गलत न होगा, जिन्होंने वामपन्थी लेखकों को आगाह करते हुए ही कहा है कि राजनीति में जिस तरह राजनीति नपे-तुले रूप में आती है, साहित्य में वह नहीं आ सकती। जहाँ तक शैली की बात है, सच्ची प्रगतिशीलता वा जनवादिता गतानुगतिकता से हटकर चलने में ही है। वह किसी रचनाकार की प्रामाणिकता की भी पहचान है। शैलीगत विशिष्टता का यह मतलब कतई नहीं है कि वह असम्प्रेषणीय हो जाए। यदि किसी रचनाकार की रचना असम्प्रेषणीय होने की हद तक विशिष्ट होती है, तो उसे उसकी कीमत चुकानी पड़ती है। वह रचनाकार विनोद शुक्ल हों या विष्णु खरे। उल्लेखनीय यह भी है कि वामपन्थी लेखकों को रघुवीर सहाय और केदारनाथ सिंह की शैली से भी शिकायत थी। स्वभावत: उन्हें उनसे स्वीकृति प्राप्त करने में विलम्ब हुआ।

'काल और अवधि के दरमियान' विष्णु खरे का चौथा कविता-संग्रह है, जो पिछले वर्ष के अन्तिम दिनों में प्रकाशित हुआ है। मैंने जब इस संग्रह की कविताओं

को यह जानने के उद्देश्य से पढ़ना शुरू किया कि उनकी कविता का संसार किन तत्त्वों से बना है, तो मुझे अत्यन्त स्फूर्तिदायक अनुभव हुआ। एक के बाद एक काफी दूर तक मुझे ऐसी कविताएँ मिलती रहीं, जिन्होंने मुझे समकालीन जीवन के त्रासद से लेकर सुखद अनुभव तक से प्रकम्पित किया। अन्त में हिसाब लगाने पर पता चला कि इस संग्रह में सबसे अधिक कविताएँ साम्प्रदायिकता और फासिस्ट मनोवृत्ति के जोर पकड़ते जाने को लेकर लिखी गयी हैं। पहली ही कविता 'शिविर में शिशु' गुजरात के दंगे से सम्बन्धित है, 'चुनौती' शीर्षक कविता में धर्म-भावना के खतरनाक रूप का संकेत है, 'न हन्यते' में दंगाइयों का रोंगटे खड़े कर देनेवाला बयान है, 'गुंग महल' भी धार्मिक कट्टरता को ही सामने लाती है और 'हिटलर की वापसी' शीर्षक कविता जर्मनी की पृष्ठभूमि में लिखी गयी है, जिसका अन्त इन शब्दों में हुआ है—

हिटलर को चूँकि अब लगभग पूरी तरह समझा ही जा चुका है
तो उसकी वापसी का अर्थ
सिर्फ एक सर्वांगीण सांस्कृतिक पुनर्जागरण
राष्ट्र में फिर सारी चीजों को वस्तुनिष्ठ ढंग से देखने का माद्दा
और असंगत भय और अपराध-बोध से मुक्ति के सिवा
आखिर क्या हो सकता है

स्पष्टत: इस उक्ति में बहुत ही ऐंठा हुआ व्यंग्य है और वह सीधे भारतीय स्थिति को परावर्तित करती है। विष्णु खरे की खूबी है कि उनकी कविताएँ अधिकांश वामपन्थी कवियों की तरह सिर्फ जज्बे का इजहार नहीं करतीं और अपने साथ सोच को भी लेकर चलती हैं, जिससे उनमें स्थिति की जटिलता का चित्रण होता है और वे सपाट नहीं रह जातीं। कहीं उनमें आत्मव्यंग्य भी होता है, कहीं व्यंग्य विडम्बना के साथ और कहीं सीधा वर्णन, जो ही कवि का वक्तव्य बन जाता है। विष्णु खरे को मालूम है कि कविता न सदिच्छा से बनती है और न स्थिति के सरलीकरण से। इसी कारण उनकी कविताएँ इस तरह समाप्त नहीं होतीं। यदि कभी गलती से हुई हैं, उदाहरणार्थ 'न हन्यते' शीर्षक कविता में विडम्बना को उभारने के लिए कवि का सरलता या सपाटता के स्तर पर उतर आना, तो उन्हें अपवाद मानना चाहिए। विष्णु खरे की असली कला और उनका असली तेवर 'गुंग महल' शीर्षक कविता में दिखलायी पड़ता है, जिसका अन्त जितना ही सशक्त है उतना ही कलात्मक, पाठकों को अनुभूति, सोच और कल्पना तीनों ही स्तर पर उत्तेजित करनेवाला।

प्रस्तुत संग्रह के आरम्भ में ही एक कविता है 'विनाशग्रस्त इलाके से एक सीधी टीवी रपट'। इस कविता में टीवी रपट की शैली में अनुमानत: गुजरात के

भूकम्प का जिक्र है। अन्तर्वस्तु की दृष्टि से इसमें भारत के नैतिक विनाश का ऐसा चित्रण है कि एक बार तो यह प्रतीति होती है कि विष्णु खरे हमारे नैतिक विनाश के ही कवि हैं। यह सिर्फ रपट नहीं है, सम्पूर्ण भारतीय जीवन के यथार्थ का बयान है। इस तरह कविता गुजरात के भूकम्प से निकलकर सारे देश पर छा जाती है। इसकी खूबी यह है कि इसमें जिस भाषा का प्रयोग किया गया है, वह वह भाषा है, जिसे विजयदेव नारायण साही ने 'हिंग्रेजी' कहा था। उनके बाद से इसमें और निखार आया है। धीरे-धीरे हिंग्रेजी हमारी राष्ट्रभाषा बनती जा रही है। यह हमारी किस सांस्कृतिक प्रगति का सूचक है? दिलचस्प है कि अब लोकप्रिय हिन्दी फिल्मों के भी अंग्रेजी नाम रखे जाने लगे हैं। इतना ही नहीं, हिन्दी पत्र-पत्रिकाओं के नाम भी अंग्रेजी में चल निकले हैं। भारतीय संस्कृति की दुहाई देनेवाला राजनीतिक दल हिन्दी को असमर्थ पाकर अंग्रेजी में अपने नारे बनाता है, जैसे 'फील गुड फैक्टर' और 'इण्डिया शाइनिंग'। विष्णु खरे को दाद देनी चाहिए कि उन्होंने यह कविता उस भाषा का उपहास करते हुए भी उसी भाषा में लिखी है और उससे गजब की सर्जनात्मकता सम्भव की है। इससे यह निष्कर्ष निकलता है कि कवि में ताकत हो, तो वह निहायत गैरसर्जनात्मक वस्तु को भी सर्जनात्मक बना सकता है। शायद हमारे नैतिक विनाश का ही एक पहलू हमारी आज की राजनीति है। विष्णु खरे ने इस राजनीति को विषय बनाकर भी कई कविताएँ लिखी हैं, यथा 'स्वर्ण जयन्ती वर्ष में एक स्मृति', 'नेहरू-गाँधी परिवार के साथ मेरे रिश्ते', 'एक प्रकरण : दो प्रस्तावित कविता-प्रारूप', 'जर्मनी में एक भारतीय कम्प्यूटर विशेषज्ञ की हत्या पर...' और 'पृथक छत्तीसगढ़ राज्य'। पहली कविता में बहुत आत्मीयता के साथ आजादी की विडम्बनापूर्ण परिणति को उजागर किया गया है और दूसरी में निहायत व्यक्तिगत सन्दर्भ में समकालीन भारतीय राजनीति की पेचीदगी को। दूसरी कविता एक वृत्तान्त-मात्र है, लेकिन कवि ने उसके अन्त में एक ऐसा बौद्धिक 'स्ट्रोक' देकर उसे कविता में बदल दिया है, जो जितना ही आधुनिक है, उतना ही रचनात्मक भी। वृत्तान्त को कविता बनाने का प्रयास और भी कई कवि करते हैं, लेकिन रघुवीर सहाय और विष्णु खरे वाली क्षमता उनमें कम ही देखने को मिलती है। 'अपने आप और बेकार' शीर्षक कविता भी किंचित् भिन्न अर्थ में व्यक्तिगत सन्दर्भ की ही कविता है, जिसमें रघुवीर सहाय के वात्स्यायन के यहाँ जाकर अपनी पदावनति रोकने के लिए बेनेट कोलमैन के मालिकों से पैरवी करने का विवरण है, लेकिन इस कौशल के साथ कि यह कविता वर्तमान पूँजीवादी व्यवस्था में एक लेखक या बुद्धिजीवी की विवशतापूर्ण मनोदशा का बहुत करुण आख्यान बन जाती है। साही कभी-कभी अप्रत्याशित विषयों पर कविता लिखा करते थे और उसमें एक ऐसा बिन्दु ढूँढ़ लेते थे, जो उनके कथन को उत्कृष्ट कविता बना देता था। उनके बाद यह

क्षमता बहुत ही सधे हुए रूप में विष्णु खरे में दिखलायी पड़ती है।

'दो प्रस्तावित कविता-प्रारूप' में राजनीतिक भ्रष्टाचार को विषय बनाया गया है। नायक या खलनायक हैं, भूतपूर्व प्रधानमन्त्री नरसिंहराव। दोनों कविताओं में यह फर्क है कि पहली कविता जहाँ अन्त में आकर कमजोर हो गयी है, वहाँ दूसरी अत्यन्त शहजोर, क्योंकि उसमें कवि ने अपनी सर्जनात्मक समस्या को इस तरह से सामने रखा है कि वह उलटकर कलावादियों या रूपवादियों पर व्यंग्य बन जाती है। 'जर्मनी में एक भारतीय कम्प्यूटर विशेषज्ञ' वाली कविता में भारत की मौजूदा सरकार की भीरुतापूर्ण और राष्ट्रीय स्वाभिमान की रक्षा करने में असमर्थ राजनीति का बहुत अच्छा खुलासा है। विष्णु खरे पेशे से पत्रकार भी रहे हैं। यह कविता इस बात का प्रमाण है कि वे पत्रकारिता का कविता में बहुत अच्छा सर्जनात्मक उपयोग भी कर सकते हैं। 'पृथक छत्तीसगढ़ राज्य' एक लाजवाब कविता है, जिसमें अपनी मातृभूमि के विभाजन का दर्द शब्द-शब्द में छलकता चलता है। मातृभूमि से प्रेम की ऐसी कविता निश्चय ही समकालीन काव्य में दुर्लभ है। विष्णु खरे की मातृभूमि मध्यप्रदेश है, लेकिन उसके प्रति उनका प्रेम राष्ट्र-प्रेम से पृथक् नहीं, बल्कि उससे गहराई से जुड़ा हुआ है। इस कविता के अन्तिम बन्द में जो अनेक खण्डित स्मृति-चित्र आए हैं, वे अज्ञेय की प्रसिद्ध कविता 'हरी घास पर क्षण भर' के वैसे चित्रों की याद दिलाते हैं, लेकिन वहाँ जहाँ सिर्फ एक 'प्रयोग' है, यहाँ एक गजब की आत्मीयता और अन्तर्निहित एक बृहत्तर आशय। चलते-चलाते हम इस कविता की ये कुछ पंक्तियाँ देख लें, जिनसे मेरे कथन की पुष्टि होती है :

...याद आता है अपने जिले छिन्दवाड़ा का भी नक्शा
मेरे प्राइमरी स्कूल के दिनों के बरसों बाद तक
सिवनी दुबारा जिला नहीं बना था उसी छिन्दवाड़ा जिले में था
जिसे मैं अभी भी कागज पर खींच सकता हूँ
उसी तरह ठीक-ठीक पहचानने लायक
जैसे 1956 के पहले के मध्यप्रदेश को 1947 के पहले के भारत में
जिसमें वह लगभग बीचोबीच बैठे हुए नन्दी की तरह लगता था।

विष्णु खरे के काव्य-संसार में साम्प्रदायिकता और राजनीति-जैसी चीजें ही नहीं हैं, और भी बहुत कुछ है। 'इशारे' शीर्षक उनकी कविता में उनके विचार जानने के लिए कुछ लोग आते हैं, तो वे कुछ कहते नहीं, सिर्फ कुछ चीजों की तरफ इशारा कर देते हैं। वे चीजें भारतीय जीवन के बदले हुए यथार्थ का पता देती हैं और वही उन पर उनके विचार प्रकट कर देता है। इसी तरह 'लाइब्रेरी में तब्दीलियाँ' इस संग्रह की एक ऐसी कविता है, जिसमें सिर्फ एक नये (और अकाव्यात्मक) विषय

के द्वारा आधुनिक जीवन की ऊब और यान्त्रिकता को व्यक्त किया गया है। विष्णु खरे का गहरा लगाव इस देश की साधारण जनता और साधारण जीवन से है, जिसे वे आधुनिक सभ्यता के बड़े परिप्रेक्ष्य में भी रखकर देखते हैं। उसके बिना उनमें आत्मीयता के साथ जो गहरी तड़प और बेचैनी है, वह सम्भव नहीं थी। जनसाधारण से सम्बन्धित उनकी पहली कविता है 'उपचार', जिसे वे यह कहते हुए समाप्त करते हैं कि 'मेरे मर्ज उनका सरोकार न हैं और न हों'। यह एक विलक्षण कविता है, जिसमें अपने करोड़ों हमवतनों के प्रति जो आत्मीयता प्रकट हुई है, उसकी गहराई का कारण अत्यन्त निर्ममता के साथ अपने को धार पर रखना भी है। 'सेवामहे' कविता में महेश नामक डाकखाने के क्लर्क का वर्णन है, जो यह प्रमाणित करता है कि वे हिन्दीभाषी जाति के जीवन में धँसे हुए कवि हैं। उनका यथार्थ-वर्णन बिलकुल देसी शैली में होता है, निराला, उग्र, अमृतलाल नागर और नागार्जुन की तरह, जिसमें स्पृहणीय सघनता और सरसता होती है। इसी कविता की जोड़ीदार 'होनहार' शीर्षक कविता है, जिसमें हरदयाल नामक एक पिटे हुए आदमी का हाल बयान किया गया है। यह आदमी एक तो चुप रहता है और दूसरे, हमेशा मुस्कुराता रहता है। ये दोनों ही अत्यन्त वेधक हैं, जैसे समाज पर व्यंग्य करते हुए। इसमें कवि ने अपनी तरफ से कुछ नहीं कहा, सिर्फ सामाजिक जीवन के एक टुकड़े को उठाकर रख दिया है। इस संग्रह के आवरण-पृष्ठ पर महेश या हरदयाल का चित्र होता, तो वह लोठार लुत्से के चित्र से अधिक सार्थक और व्यंजक होता। इस क्रम की चौथी कविता 'बिदा' है, जिसमें निचले तबके की एक युवती उस युवक के साथ, जो उसे पढ़ाने आता है, अपनी मर्जी से विवाह कर अपने घरवालों से विदा लेने के लिए घर आती है और वे उसके विवाह को मंजूर कर अपनी दीन-हीन अवस्था में ही उसे विदा करते हैं। यह कविता कितनी आत्मीयता से लिखी गयी है, यह उसकी इन पंक्तियों से थोड़ा-बहुत मालूम होगा—

ननिहाल की बड़ी किनारीवाली धूपछाँही साड़ी में
बाईस बरस की सुन्दर दुबली दुलहिन
कुछ संकोच-भरे घबराये संकल्प के साथ
उस युवक के बायें खड़ी थी जिसे उसने कहीं और जाकर वरा था।
आरती की थाली की झिलमिलाती बातियाँ
उसकी बड़ी-बड़ी आँखों को भी दिये बनाती हुई
उसके मुखड़े को और दमका रही थीं।

क्या अभी भी यह कहने की जरूरत है कि विष्णु खरे मूलतः इन्हीं साधारण जनों के कवि हैं?

इन्हीं साधारण जनों में औरत को भी गिनना चाहिए। आकस्मिक नहीं कि इस संग्रह में औरतों पर भी तीन-चार बहुत अच्छी कविताएँ हैं। 'हर शहर में एक बदनाम औरत होती है' एक असाधारण कविता है, जिसमें ऐसी औरत की सभी तरह की स्थितियों का वेधक चित्रण किया गया है। कविता में शुरू से अन्त तक कवि का वह मानवीय दृष्टिकोण पूरी संवेदनशीलता के साथ व्याप्त है, जो मात्र नारी-विमर्श के फैशनेबुल आन्दोलन से सम्भव न था। ऐसी ही कविता 'वृन्दावन की विधवाएँ' है, जो एक गहरी करुणा और सामाजिक प्रतिरोध की कविता है। इस कविता की एक खूबी यह भी है कि चूँकि इसमें 'नैरेशन' नहीं है, यह विष्णु खरे की एक भिन्न ढाँचे की कविता है। 'अनकहा' भी अपने रूप और ढाँचे में ऐसी ही कविता है, बहुत ही सुकुमार, जो हिन्दी में लिखी गयी दाम्पत्य-प्रेम की चन्द सुन्दर कविताओं में गिनी जाने योग्य है। एक कविता 'समीप' है, जिसमें कवि ने मन में दुबकी हुई प्रेम की स्थिति को पकड़ने की कोशिश की है। विष्णु खरे की अभिव्यक्ति कितनी समर्थ है, इसकी झलक इन पंक्तियों से मिल सकती है :

वे कभी मेरे इतने समीप नहीं आतीं कि मुझे कोई असुविधा हो
मुझसे तो क्या वे आपस में भी नहीं बोलतीं इंगित नहीं करतीं
अपने कन्धों के पीछे तक महसूस नहीं करता मैं उनकी मौजूदगी
वे मेरे सामने नहीं पड़तीं
लेकिन मेरे कमरे में बन जाता है एक प्रकाशचित्र
उनकी दमकती आँखों से निकलती अदृश्य दृष्टिरेखाओं से
बनते-बदलते ज्यामितिक लेजर-आकारों के बीच से
एहतियात बरतता बचता गुजरता हूँ मैं
जब भी कभी उठता-लौटता हूँ

विद्वान् ठीक कहते हैं कि यथार्थ का जब गहराई से चित्रण किया जाता है, तो वह स्वयं फैण्टास्टिक हो जाता है, वह यथार्थ अर्थव्यवस्था का यथार्थ हो, या समाज का, या व्यक्ति के प्रेम-जैसे एहसास का। विष्णु खरे का यथार्थ-चित्रण इतना गहरा होता है कि उन्हें फैण्टेसी में लिखने की कोई जरूरत नहीं। आजकल यह फैशन चल गया है कि यथार्थ-चित्रण की परम्परागत शैली इकहरी होती है, उसे जादुई होना चाहिए। ऐसा माननेवालों से पूछना चाहिए कि 'कफन'-जैसी कहानी का यथार्थ क्या जादुई नहीं?

'काल और अवधि' में अनेक ऐसी कविताएँ हैं, खास तौर से उसके अन्तिम पृष्ठों में, जिनमें कवि ने उन स्थितियों को पकड़ने की कोशिश की है, जो काफी कुछ अस्पष्ट और अमूर्त होती हैं। उदाहरण के लिए 'खुलासे', 'काम',

'इग्जाम','चुप्पी' आदि कविताओं को देखा जा सकता है। ये इस संग्रह की कमजोर कविताएँ हैं, जो हम पर कोई प्रभाव नहीं छोड़तीं। ऐसी ही कविताएँ 'रोने के बारे में दो कविताएँ', '1991 के एक दिन', 'दगा की', 'वाक्यपदीय' आदि भी हैं। एक कविता हिजड़ों पर लिखी गयी है, 'जिल्लत' शीर्षक, जिसमें कवि ने हिजड़ों के जोर-जबर्दस्ती करना छोड़कर दयनीय बनने को देश का पतन कहा है। क्यों, यह समझ में नहीं आता। एक और कविता है 'प्रतिसंसार', जिसमें एक 'सनकी' व्यक्ति का चित्रण पूरी तफसील में किया गया है, लेकिन उससे कोई बात नहीं बनी है, क्योंकि सिर्फ चित्रण आनन्ददायक होने पर भी कविता नहीं हो सकता। उसके लिए आवश्यक है कि उसके भीतर से कोई मूल्य-चेतना भी उभरे।

जैसा कि ऊपर संकेत किया जा चुका है, विष्णु खरे ने नरसिंहराव से सम्बन्धित अपनी कविता के दूसरे प्रारूप के अन्त में अपनी सर्जनात्मक समस्या रखी है। कहते हैं, 'यदि इस पर असहमति न हो कि कविता में ऐसे विषय आ सकते हैं / तो क्या कोई ऐसी काव्य-शैली भी सम्भव है / जिसमें ऐसा इसी तरह कह सकते हों / यानी अपनी बात भी रह जाए / और काव्य-प्रेमियों और कला-पारखियों की / भावना और कसौटियों को ठेस भी न पहुँचे।' इस कथन में 'ऐसा इसी तरह कह सकते हों' महत्त्वपूर्ण है, जिसका मतलब है गद्य-कथन। निश्चय ही विष्णु खरे ने अपनी कविताओं में गद्य का प्रयोग किया है और उसके माध्यम से विषय की स्पष्टता की रक्षा की है, लेकिन उसके साथ यह भी सही है कि उन्होंने उस गद्य को आवश्यकतानुसार अनेक रूप प्रदान करके उसे ऐसा बना दिया है कि किसी काव्य और कला-मर्मज्ञ को उससे कोई शिकायत न हो। उनके गद्य में विविधता और पूर्णता ही नहीं, एक ऐसा तनाव है कि बरबस अज्ञेय की पंक्ति याद आती है, 'अर्थ-भार से तनकर भाषा की झिल्ली फट जाए।' इस गद्य की एक विशेषता यह भी है कि वह तनावपूर्ण ही नहीं, लयात्मक भी है, जिससे उसके निपट गद्य होने का भ्रम कविता के किसी सतही पाठक या श्रोता को ही हो सकता है।

कहना व्यर्थ है कि यह संग्रह हिन्दी में पिछले दिनों प्रकाशित कविता-संग्रहों के बीच सर्वाधिक विशिष्ट है।

(2004)

चाँद की बात हम करें!

आज हिन्दी में जिन बातों को महत्त्व दिया जा रहा है, उन्हें देखते हुए यह कहना कठिन है कि गीत की चर्चा कितनी आकर्षक होगी। दूसरे, विद्वानों ने गीत को इस कदर तिरस्कृत कर रखा है कि उनका पक्ष लेकर कुछ भी कहा गया, तो उसे पीछे लौटना समझा जाएगा। ये विद्वान् ऐसा मानते हैं कि हिन्दी कविता लम्बा सफर तय करके गीत से बहुत आगे निकल गयी है और अब किसी तरह से गीत की वकालत करना उसकी प्रगति के मार्ग में रोड़े अटकाना होगा। उनकी दृष्टि में असन्दिग्ध रूप से गीत कविता की एक ऐसी विधा है, जो पूरी तरह चुक गयी है और जिसमें न केवल यह कि आधुनिक संवेदना की अभिव्यक्ति नहीं हो सकती, बल्कि जो आधुनिक संवेदना को कुण्ठित भी करती है। गीतात्मक संवेग यदि मन पर छा गया, तो फिर कवि को कुछ भी साफ-साफ न दिखेगा और वह एक अन्धे कुएँ में पड़ा रहेगा! इस तिरस्कार का यह परिणाम हुआ है कि अब गीत सिर्फ कविसम्मेलनों में आने-जानेवाले कवि लिखते हैं, जो साहित्य के लिए अस्पृश्य हैं। जाहिर है, जब गीत के प्रति ऐसा रुख होगा, तो अच्छे कवि उधर से विमुख होंगे और उस हालत में भी यदि उनमें से कुछ के द्वारा गीत लिखे जाते रहे, तो वे दूसरे दर्जे की चीज होंगे। अच्छे कवियों को यह स्थिति एक असुविधा से भी बचाती है। आज कविता मुक्तछन्द से भी आगे बढ़कर गद्य में लिखी जाती है और गीत कैसा भी हो, उसका छन्द और लय से पूर्ण सम्बन्ध-विच्छेद असम्भव है, सो गीत न लिखकर कवि अपने को एक परेशानी से बचा लेते हैं।

कहने की आवश्यकता नहीं कि हिन्दी कविता का इतिहास लगभग गीत का ही इतिहास है। कायदे से हिन्दी के प्रथम कवि विद्यापति तो गीत-कवि थे ही, बाद में आनेवाले कबीर, सूर, तुलसी और मीरा भी गीत-कवि ही थे। तुलसी का रामचरितमानस निश्चय ही प्रबन्ध-काव्य है और ऐसा-वैसा नहीं, हिन्दी का सर्वश्रेष्ठ प्रबन्ध-काव्य, फिर भी यह सत्य है कि वे सर्वोपरि गीतकार थे। इसका प्रमाण उनकी सर्वाधिक परिपक्व रचना विनयपत्रिका ही नहीं, उनकी दो अन्य

गीत-कृतियाँ गीतावली और कृष्णगीतावली भी देती हैं। जायसी जरूर शुद्ध प्रबन्धकार थे। जहाँ तक रीतिकाल के कवियों की बात है, उन्होंने प्रबन्ध-काव्य भी रचे, लेकिन उनमें प्रधानता कवित्त, सवैयों और दोहों की रही। कवित्त का सौन्दर्य उसके पाठ में है, पर सवैए और दोहे गाए जाने पर ही अपना पूरा प्रभाव दिखलाते हैं। बाद के युगों में भारतेन्दु ने सुन्दर सवैयों के साथ भारी मात्रा में गीतों की भी रचना की। द्विवेदी-युग को प्रबन्ध-प्रधान समझा जाता है, लेकिन उसमें जो एक स्वच्छन्द-धारा थी, उसके कवियों में गीत-रचना का ही प्राचुर्य है। और तो और, स्वयं मैथिलीशरण ने सभी स्वच्छन्द-कवियों से आगे जाकर गीतों की रचना की। उन्होंने 'झंकार' और 'स्वदेश-संगीत' के गीत ही नहीं लिखे, 'कुणाल-गीत'-जैसी अपनी कई प्रबन्ध-कृतियों की रचना भी गीतों के माध्यम से ही की। स्वच्छन्द-धारा के परवर्ती कवियों में माखनलाल और 'नवीन' मान्य रूप से गीतकार थे, जिनकी परम्परा को बच्चन और नरेंद्र शर्मा-जैसे कथित उत्तर-छायावादी कवियों ने विकसित किया। ज्ञातव्य है कि दिनकर की एक पुस्तक 'दिनकर के गीत' नाम से भी है। छायावाद के बारे में कुछ कहने की जरूरत नहीं है, क्योंकि उसकी गीतात्मकता विवाद का विषय नहीं। प्रसाद ने स्वतन्त्र रूप से तो गीत लिखे ही, 'कामायनी' नामक अपने प्रबन्ध-काव्य का सर्वाधिक महत्त्वपूर्ण सर्ग इड़ा गीतों में ही रचा। पन्त ने भी सबसे ज्यादा गीत ही लिखे और महादेवी ने तो भावाभिव्यक्ति के लिए गीत को छोड़कर कविता के किसी दूसरे रूप की ओर देखा तक नहीं। निराला महान् कवि तो थे ही, महान् गीतकार भी थे, यह बात कहने की नहीं है।

गीत पर संकट छायावाद के बाद उपस्थित होता है, यानी हिन्दी कविता में यथार्थ का आग्रह बढ़ने के साथ। प्रगतिवाद में कविता का जोर रहा और प्रयोगवाद तथा नयी कविता के काल में गीत के खिलाफ घृणा का प्रचार किया गया, जिसका असर अभी तक बना हुआ है। आधुनिक हिन्दी कविता के पाठकों को प्रगतिशील कवि नागार्जुन की 'कवि!' शीर्षक कविता याद होगी, जिसमें उन्होंने छायावादी कवियों का उपहास करते हुए ये पंक्तियाँ लिखी थीं : 'गला है मीठा, मन है तीत / रेडियो के लिए लिखते हैं गीत'! क्या विडम्बना है कि इन्हीं नागार्जुन ने दूसरी तरफ घोर शृंगारिक कवि विद्यापति के गीतों का हिन्दी गद्य में रूपान्तर प्रस्तुत किया। नयी कविता के गीत-विरोधी अभियान का विरोध स्वयं मुक्तिबोध को करना पड़ा था। उसकी जड़ीभूत सौन्दर्याभिरुचि पर चोट करते हुए वे कहते हैं, ''मनुष्य-जीवन का कोई अंग ऐसा नहीं है जो साहित्याभिव्यक्ति के अनुपयुक्त हो। जड़ीभूत सौन्दर्याभिरुचि एक विशेष शैली को दूसरी शैली के विरुद्ध स्थापित करती है। गीत का नयी कविता से कोई विरोध नहीं है, न नयी कविता को उसके विरुद्ध अपने को प्रतिष्ठापित करना चाहिए। आवश्यकता इस बात की है कि गीत में नये तत्त्व आयें,

न कि गीत-शैली की धारा की समाप्ति हो।'' गनीमत थी कि जो लोग सैद्धान्तिक रूप में गीत का विरोध कर रहे थे, वही कभी-कभार छायावाद से भिन्न स्तर पर आधुनिक संवेदना से युक्त गीतों की भी रचना कर रहे थे। प्रगतिशील कवियों ने भी देर-सवेर कुछ ताजे और सुन्दर गीत लिखे और प्रयोगवाद-नयी कविता के कवियों ने भी। केदारनाथ अग्रवाल का गीत 'माँझी न बजाओ बंशी मेरा मन डोलता', नागार्जुन का गीत 'फूले कदम्ब / टहनी-टहनी में कन्दुक सम झूलें कदम्ब' और त्रिलोचन का गीत 'धूप सुन्दर धूप में जग-रूप सुन्दर' पाठकों को भूले न होंगे। मुक्तिबोध लम्बी कविता के कवि माने जाते हैं। लेकिन इस टिप्पणी का शीर्षक उनकी जिस रचना से लिया गया है, वह अपनी बनावट में एक युद्ध-विरोधी गीत-कविता ही है : 'उन्हें युद्ध की ही करने दो बात, चाँद की बात हम करें!' प्रगतिशील कवियों के गीतों की तरह ही अज्ञेय का गीत 'छिटक रही है चाँदनी', गिरिजाकुमार का गीत 'आज जीत की रात / पहरुए, सावधान रहना', भवानी प्रसाद मिश्र का गीत 'पीके फूटे आज प्यार के, पानी बरसा री', हरिनारायण व्यास का गीत 'पहली असाढ़ की सन्ध्या में नीलांजन बादल बरस गये', नरेश मेहता का गीत 'पीले फूल कनेर के!' 'धर्मवीर भारती का गीत 'सूनी सड़कों पर ये अवारा पाँव', केदारनाथ सिंह का गीत 'रात पिया पिछवारे पहरू ठनका किया!' और सर्वेश्वर का गीत 'यह डूबी-डूबी साँझ / उदासी का आलम / मैं बहुत अनमनी, चले नहीं जाना बालम' अविस्मरणीय हैं। स्पष्टत: इन कवियों ने गीत को नये भाव, नये चित्र और नयी भाषा ही नहीं दी, धीरे-धीरे उसके रूढ़ ढाँचे को तोड़कर उसे अधिक लचीला और गतिशील बनाने की भी कोशिश की। उन्होंने बहुत ज्यादा गीत नहीं लिखे, पर थोड़े-से गीतों में ही नयी संवेदना और नये सौन्दर्य-बोध की अभिव्यक्ति कर हिन्दी गीत को एक अछूते धरातल पर रख दिया। उनके गीतों को पढ़ते और दुहराते समय पाठकों को कभी ऐसा महसूस नहीं होता था कि वे एक चुकी हुई या पिछड़ी हुई विधा की रचनाएँ हैं, बल्कि उनमें उन्हें एक भिन्न परिवेश में नये युग की कविता की संवेदना ही प्रवहमान प्रतीत होती थी। यहाँ एक तथ्य का उल्लेख कर देना आवश्यक है कि प्रगतिशील कविता और कथित गैरप्रगतिशील कविता का विभाजन बहुत कुछ अवास्तविक है। आम तौर पर यह समझा जाता है कि सप्तकीय कविता गैरप्रगतिशील है, जबकि सच्चाई यह है कि 'तार सप्तक' मुख्यत: प्रगतिशील कवियों का आयोजन था, जो प्रगतिशीलता की रूढ़ियों से मुक्त होकर नये स्तर पर सृजन करना चाहते थे, और 'दूसरा सप्तक' तथा 'तीसरा सप्तक' में कई ऐसे कवि शामिल थे, जो घोषित रूप से प्रगतिशील थे, या प्रगतिशील रुझान रखते थे, उदाहरणार्थ शमशेर, नरेश मेहता, हरिनारायण व्यास, रघुवीर सहाय और केदारनाथ सिंह। बहरहाल, गीत को नया बनाने में प्रगतिशील और गैरप्रगतिशील दोनों ही

प्रकार के कवियों ने योग दिया।

'दूसरा सप्तक' में गीतात्मकता का स्वर इतना मुखर था कि हिन्दी में उसकी दिलचस्प प्रतिक्रिया हुई। बाद के वर्षों में जब आधुनिक कविता का अन्तर्विरोध तीव्र हुआ, तो मुक्तिबोध ने क्षोभ के साथ यह लिखा कि 'तार सप्तक' में जिस कविता ने मजबूती के साथ यथार्थवाद की दिशा में कदम उठाया था, उसे 'दूसरा सप्तक' में गीतात्मकता अर्थात् वैयक्तिकता की दिशा में मोड़ दिया गया। डा. रामविलास शर्मा ने 'दूसरा सप्तक' से शुरू होनेवाली नयी कविता पर अस्तित्ववाद का प्रभाव देखा और नामवरजी ने भी इस प्रकार के विचार प्रकट किये कि 'दूसरा सप्तक' में जो रूमानियत है, उसका सम्बन्ध स्वाधीनता-प्राप्ति से पैदा होनेवाले मोह से है। यदि ये बातें पूरी तरह से सच होतीं तो 'दूसरा सप्तक' और 'तीसरा सप्तक' में संकलित कवियों में से शमशेर, रघुवीर सहाय, विजयदेवनारायण साही और केदारनाथ सिंह ने हिन्दी कविता का यथार्थवाद की दिशा में विस्मयकारी विकास न किया होता। इन कवियों के साथ धर्मवीर भारती और कुँवर नारायण का भी उल्लेख होना चाहिए, क्योंकि भारती ने जहाँ 'अंधायुग'—जैसी यथार्थवादी कृति की रचना की, वहाँ कुँवर नारायण ने अपने को अस्तित्ववाद के प्रभाव से मुक्त कर अपने युग के यथार्थ को सटीक ढंग से अनेक कविताओं में अभिव्यक्त किया। इस चर्चा की प्रासंगिकता यह है कि गीत को लेकर हमारे भीतर एक पूर्वग्रह निरन्तर सक्रिय रहा है, जिसका स्रोत हिन्दी में आचार्य शुक्ल में ढूँढ़ा जा सकता है, जिन्होंने प्रबन्ध-काव्य को एक नम्बर की कविता कहा और गीति-काव्य को दो नम्बर की कविता। जरूरत इस बात की है कि हिन्दी साहित्य की प्राणधारा में सारे आग्रह-दुराग्रह छोड़कर कविता के साथ गीत को भी शामिल माना जाए।

छठे दशक के अन्तिम वर्षों में पूरी नयी कविता की एक प्रतिक्रिया उन लोगों में हुई, जो अपने को गीत का पक्षधर कहते थे और इस बात से परेशान थे कि नयी कविता की तुलना में गीत पिछड़ रहे हैं। यह प्रतिक्रिया कोई गम्भीर साहित्यिक प्रतिक्रिया नहीं थी, क्योंकि यह उन लोगों के बीच हो रही थी, जो मुख्यत: यश:प्रार्थी थे, गीतकारयश: प्रार्थी। उन्होंने नयी कविता के वजन पर 'नवगीत' शब्द का आविष्कार किया और उसे नयी कविता के मुकाबले खड़ा करने की कोशिश की। उनकी दृष्टि में यह तभी सम्भव हो सकता था, जबकि गीत में नयी कविता की अन्तर्वस्तु का समावेश किया जाए, साथ ही उसकी भाषा को नयी कविता की तरह ही गद्य में प्रयुक्त होनेवाले शब्दों से सज्जित। इस कोशिश में गीत कविता की बराबरी में तो नहीं ही आ सका, वह अपने गुण-धर्म को छोड़कर गीत भी न रह गया। एक अजीबोगरीब चीज तैयार हुई, जिसका बनावटीपन, फूहड़पन और भोंड़ेपन में कोई सानी न था। गीत की सहजता, आन्तरिकता और मोहकता

जाती रही और इन सबकी जगह एक कलाबाजी ने ले ली। दुर्भाग्यवश इन लोगों की जमात में शम्भूनाथ सिंह और ठाकुरप्रसाद सिंह जैसे लोग भी शामिल हो गये, जो किसी हद तक आधुनिक संवेदनावाले गीतकार थे। गीत को नया उसी रास्ते बनाया जा सकता था, जिस रास्ते चलकर पूर्वोल्लिखित प्रगतिशील व गैरप्रगतिशील कवियों ने अपने कुछ गीत रचे थे। उन्हें गीत को नया बनाने में इसलिए सफलता मिली थी कि उन्होंने नयी गीत-रचना को एक सृजनात्मक संघर्ष के रूप में लिया था। गीत के स्वभाव की रक्षा करते हुए उन्होंने उसमें आधुनिक संवेदना और सौन्दर्य-बोध का सम्प्रेषण किया। उनके विपरीत नवगीतकारों के सामने कोई सृजनात्मक समस्या नहीं थी। उन्होंने आसान रास्ता चुना और नयी कविता के भावों और विचारों को सीधे-सीधे गीत में ढालना शुरू किया। उसके लिए गीत की भाषा के साथ उन्होंने जो अनाचार किया, वह बहुत दिनों तक किंचित् क्षोभ और विनोद-भाव से हिन्दी में याद किया जाता रहेगा। नवगीतकारों से अलग जनवादी गीतकारों ने अपनी एक जमात बनायी, लेकिन उन लोगों ने भी गीत-सर्जना के क्षेत्र में कोई बेहतर उदाहरण नहीं रखा। उनमें भी वैसा ही उथलापन था, वैसी ही कृत्रिम भाषा और कलाबाजी की जगह एक सपाटपन।

अन्त में गीत के सम्बन्ध में दो शब्द निवेदन करना आवश्यक है। गीत का विरोध इसलिए किया जाता है कि उसे कविता की यथार्थ-विरोधी विधा माना जाता है। स्पष्टत: इसके पीछे यथार्थ की गलत समझ है। यथार्थ वही नहीं है, जो कविता के प्रकट सन्देश के रूप में सामने आता है, बल्कि वह भी है, जो अप्रकट रूप में कवि के व्यक्तित्व के माध्यम से अभिव्यक्त होता है। गीत और समाज के सम्बन्ध पर विचार करते हुए एडोर्नो ने तो यहाँ तक कहा है कि कोई भी रचना तभी कला-कृति बनती है, जबकि उसमें सामान्य यथार्थ का उद्घाटन वैयक्तिक अनुभवों के माध्यम से होता है। गीत के लिए उसने एक विलक्षण उपमा का प्रयोग किया है : 'इतिहास की दार्शनिक धूपघड़ी'। इस तरह गीत के बारे में यह सोचना कि वह कोई यथार्थ से परे की चीज है, एक सर्वथा शुद्ध वायु में साँस लेनेवाली, गलत है। एडोर्नो के अनुसार गीत वर्तमान विश्व की अप्रत्यक्ष आलोचना है। उसने एक दूसरी बात यह कही है कि गीत में आत्मपरकता और वस्तुपरकता के बीच जो एक विशेष प्रकार का अन्योन्य सम्बन्ध कायम होता है, वह अनुभव को नयी टेक देता है। इन बातों को हम समझ लें, तो हमारे गीत-विरोधी रुख में नरमियत आएगी और शायद साहित्य की इस सबसे नाजुक विधा में फिर से कुछ उत्कृष्ट रचनाएँ की जाएँ।

(2001)

गजल के साज़ उठाओ...

गजल के बारे में हिन्दी और उर्दू दोनों भाषाओं के कुछ विद्वानों का खयाल अच्छा नहीं रहा है। एक प्रसंग में प्रो. नलिनविलोचन शर्मा कहते हैं, ''उर्दू के गजल-काव्य का परिचय हिन्दी के कवियों और पाठकों के लिए लाभप्रद हो सकता है, यद्यपि खतरा इसका भी है कि उनकी रुचि विकृत हो जा सकती है। उर्दू की सामान्य विशेषता है मुहावरों के प्रयोग के सम्बन्ध में सचेष्टता, और गजल की अपनी विशेषता है उक्ति-वैचित्र्य।'' उनकी कविता-सम्बन्धी धारणा पश्चिमी साहित्य से अतिशय प्रभावित थी। स्वभावत: उन्होंने उसमें रमे हुए और उसे प्रतिमान माननेवाले उर्दू के नामी आलोचक प्रो. कलीमुद्दीन अहमद का हवाला दिया, ''जहाँ तक उक्ति-वैचित्र्य का प्रश्न है, वह चमत्कारक होते हुए भी बहुधा दोषावह हो जाता है, और 'उर्दू शायरी पर एक नजर के' लेखक श्री कलीमुद्दीन अहमद ने ठीक ही कहा है कि उक्ति-वैचित्र्य के आग्रह के कारण, कुछ शायरों की गजलों को छोड़कर, प्राय: समस्त उर्दू-गजल-काव्य हीन कोटि का काव्य बनकर रह गया है।'' प्रो. कलीम आवेगों और विचारों के परिष्कार तथा उन्हें मिलाकर एक आनुपातिक सन्तुलित रूप की रचना को सभ्यता की कसौटी मानते थे और चूँकि गजल इन शर्तों को पूरा नहीं करती थी, इसलिए उसे साहित्य का एक 'अर्ध-बर्बर' रूप ठहराते थे। उचित तो यह था कि वे गजल को उसकी फारसी और हिन्दुस्तानी परम्परा में प्रवेश कर समझने की कोशिश करते और उसके अन्वितिहीन रूप की विलक्षणता पर प्रकाश डालते, लेकिन इसके बदले उन्होंने शुद्ध पाश्चात्य दृष्टि से उस पर विचार किया और उसे खारिज कर दिया। ताज्जुब नहीं कि वे मीर से लेकर गालिब तक की चर्चा करते हुए, जिनकी महानता आज विवाद से परे है, कहते हैं कि ''यदि वे पाश्चात्य साहित्य से अवगत होते, उच्च कोटि की कविता के नमूने उनके सामने होते और वे काव्य के सही अर्थ को समझते तो सम्भवत: अधिक अच्छे कवि होते।'' यहाँ भी 'सम्भवत:' शब्द उनके सन्देह को प्रकट कर रहा है। आज की भाषा में क्या यह औपनिवेशिक मानसिकता का सबूत नहीं है?

वैसे उर्दू के कवियों को गजल की तंग जमीन का भी अहसास रहा है और उसके रूप में जो एक 'विशृंखलता' है, उसका भी। गालिब की यह उक्ति प्रसिद्ध है कि 'ब क़द्रे शौक नहीं ज़र्फे तंगनाए गजल / कुछ और चाहिए उसअत मेरे बयाँ के लिए।' इसी तरह यह सुपरिचित तथ्य है कि उर्दू में गजल के साथ किते ही नहीं लिखे गये हैं, क्रमबद्ध गजलें भी लिखी गयी हैं। गजल की 'विशृंखलता' ' के कारण जब उसकी बहुत अधिक आलोचना की जाने लगी, तो हसरत मोहानी, इकबाल और जोश ने उसे उससे मुक्त करने का भरपूर प्रयास किया, लेकिन उसके परम्परागत रूप को बदला न जा सका और वह उसी अन्वितिरहित रूप में चलती रही। गजल में डूबने और उसकी संस्कृति को आत्मसात् करने के बाद पता चलता है कि उसके परम्परागत रूप में एक ऐसी खूबसूरती है कि उसे किसी भी कीमत पर छोड़ना लाजिमी नहीं। इस रूप में गजल कई शाखाओंवाले पौधे, कई धाराओंवाले फव्वारे या कई फलोंवाले चाकू की तरह प्रतीत होती है। उसमें एकता में अनेकता का नहीं, अनेकता में एकता का सौन्दर्य है। वह एक खास किस्म का प्रगीत है, लेकिन प्रो. कलीम ने उस पर कविता को ऐसी तरजीह दी है कि उसकी कठिन कला ही नहीं, उसकी क्षमता भी उनकी दृष्टि से ओझल हो गयी है। अतिशय तीक्ष्ण दृष्टिसम्पन्न आलोचक होने के नाते उनसे अपेक्षा थी कि वे आज के थियोडोर एडोर्नो-जैसे जर्मन आलोचक की तरह इस प्रगीत-रूप की आत्मा में बैठकर उसकी उन विशेषताओं का उद्घाटन करते, जो उसे इतिहास की धड़कनों को अभिव्यक्त करने का कलात्मक माध्यम बनाती है, लेकिन इसकी जगह उन्होंने उसे कविता से भिड़ा दिया है और उसकी सीमा पर सीमा बतलाते चले गये हैं। यह मुक्तिबोध के शब्दों में साहित्य की एक विधा को दूसरी विधा के विरोध में खड़ा करना है, जो कि गलत है। मीर, गालिब, फैज और फिराक के बाद गजल को समझने के बदले उसके विरोध में खड्गहस्त होना निस्सन्देह आलोचना के मुख्य कार्य से विचलन है।

यह भी सुपरिचित तथ्य है कि गजल ईरान से चलकर हिन्दुस्तान पहुँची है और फारसी के बाद उर्दू में जाकर फली-फूली है। कहा जाता है कि उत्तर भारत में इसकी शुरुआत अमीर खुसरो ने की, लेकिन सच्चाई यह है कि उर्दू गजल के असली पुरस्कर्ता दकनी के कवि वली हैं। उन्होंने 1700 ई. में दिल्ली की यात्रा की, जिसका भारी असर हुआ। इसने उत्तर के फारसी-प्रेमी लोगों को उर्दू भाषा के सौन्दर्य और समृद्धि से परिचित कराया और उन पर गजल के अपने रूप-रंग को जाहिर कर दिया। तत्पश्चात् स्वभावतः तेजी से उसका विकास हुआ और उसने आश्चर्यजनक लोकप्रियता प्राप्त की। यह यों ही नहीं है कि अट्ठारहवीं-उन्नीसवीं शताब्दी उर्दू गजल का स्वर्ण-युग मानी जाती है। मीर, सौदा, दर्द, गालिब, मोमिन

और जौक इसी युग की देन हैं। इस तरह गजल वस्तुतः भारतीय-ईरानी संस्कृति के मिश्रण का फल है, जो वली से लेकर फिराक तक परवान चढ़ती रही है। फारसी पर उर्दू को वली ने तरजीह दी थी। उर्दू गजल को भी फारसी के दबाव से मुक्त करने का प्रयास हमें फिराक में दिखलाई पड़ता है, यद्यपि इसमें न उन्हें पूरी सफलता मिली, न उनके बाद आनेवाले किसी दूसरे शायर को अभी तक मिली है।

हिन्दी कवियों ने भी गजल लिखने की कोशिश की है, लेकिन दो रूपों में। भारतेन्दु, 'प्रेमघन' और प्रतापनारायण ने उर्दू की जमीन पर गजल लिखी, क्रमशः 'रसा', 'अब्र' और 'बरहमन' उपमानों से, इसलिए वे उसमें किसी हद तक सफल हुए। भारतेन्दु की एक रुबाई तो उर्दूभाषियों में भी प्रचलित है जिसे वे किसी श्रेष्ठ उर्दू कवि की रचना मानते हैं। वह है:

रहमत का तेरे उम्मीदवार आया हूँ।
मुँह ढाँपे कफन में शर्मसार आया हूँ।
आने न दिया बारे गुनह ने पैदल।
ताबूत में काँधों पै सवार आया हूँ।

दिलचस्प यह है कि ये कवि खड़ीबोली में कविता लिखते हैं, तो लड़खड़ाते हैं, पर उर्दू में गजल लिखते हैं, तो पूरी सिद्धहस्तता से। शायद ये जानते थे कि मीर, सौदा और दर्द ने गजल को जहाँ पहुँचा दिया था, वहाँ लड़खड़ाती हिन्दी में गजल न चल सकेगी और फिर यह कि हिन्दी का मिजाज गजल के लायक नहीं। बाद में 'सनेही' और 'हितैषी' ने भी गजलें लिखीं, पर उर्दू की ही जमीन पर, जिससे वे भी कमोबेश सफल हुए। 'हितैषी' की एक देशभक्तिपूर्ण गजल का यह शेर तो घर-घर में गूँजा : 'शहीदों की चिताओं पै जुड़ेंगे हर बरस मेले / वतन पर मरनेवालों का यही बाक़ी निशाँ होगा।'

हिन्दी कवियों द्वारा लिखी गयी गजल का दूसरा रूप वह है, जिसमें खड़ीबोली का प्रयोग किया गया है। इस दृष्टि से सर्वाधिक चर्चा निराला की हुई है, जिनकी गजलें उनकी 'बेला' नामक कविता-पुस्तक में संगृहीत हैं। कहा गया है कि गजल-रचना में निराला को असफलता मिली, लेकिन न तो उसके पीछे स्थित उनके उद्देश्य को देखा गया है, न उसकी असफलता के कारणों पर ही रौशनी डाली गयी है। जैसे उर्दू के कुछ कवियों के सामने यह समस्या थी कि गजल की भाषा को फारसी के अतिशय प्रभाव से मुक्त कर उसमें उर्दू का जौहर कैसे दिखलाया जाए, वैसे ही निराला के सामने यह समस्या थी कि कविता में खड़ीबोली का अधिक से अधिक साफ इस्तेमाल कैसे किया जाए, जिसका मतलब उनकी दृष्टि में कविता में गद्य के पूरे वाक्य का प्रयोग था। यह तभी सम्भव था, जबकि हिन्दी की काव्य-

भाषा एक तरफ संस्कृत के प्रभाव से मुक्त हो और दूसरी तरफ बोलियों के प्रभाव से। यह चीज स्वाभाविक रूप से उन्हें उर्दू की गजल की तरफ ले गयी, जिसमें गद्य की तरह पूरे वाक्य का प्रयोग होता आ रहा था। ज्ञातव्य है कि वे गीतों में भी यह चेष्टा कर रहे थे कि उनमें भाषा का ऐसा प्रयोग हो कि उसे पद्य से गद्य में लाकर समझना न पड़े। 'बेला' की भूमिका में वे लिखते हैं, "'बेला' मेरे नये गीतों का संग्रह है। प्राय: सभी तरह के गीत इसमें हैं। भाषा सरल तथा मुहावरेदार है। 'गद्य' करने की आवश्यकता नहीं। देशभक्ति के गीत भी हैं। बढ़कर नयी बात यह है कि अलग-अलग बहरों की गजलें भी हैं जिनमें फारसी के छन्द:शास्त्र का निर्वाह किया गया है।" छन्द अवश्य फारसी का है, लेकिन आप गजल की भाषा देखें :

हँसी के तार के होते हैं ये बहार के दिन।
हृदय के हार के होते हैं ये बहार के दिन।
निगह रुकी कि केशरों की वेशिनी ने कहा,
सुगन्ध-भार के होते हैं ये बहार के दिन।

निश्चय ही इसमें 'बहार' और 'निगह'-जैसे उर्दू में प्रयुक्त फारसी के शब्दों का व्यवहार हुआ है, लेकिन इससे इसकी भाषा उर्दू नहीं हो जाती है। यह उर्दू नहीं, हिन्दी की जमीन पर लिखी गयी गजल है और इसकी या 'बेला' की अन्य गजलों की असफलता के मूल में यही बात है, भले निराला ने हिन्दी में गजल लिखने को काव्य-भाषा के क्षेत्र में एक सर्जनात्मक चुनौती के रूप में लिया हो।

निराला की राह पर ही चलते हुए त्रिलोचन ने भी अपने कविता-संग्रह 'गुलाब और बुलबुल' में गजलें लिखी हैं, यद्यपि यह कहना मुश्किल है कि उसके पीछे उनका कोई सर्जनात्मक उद्देश्य भी था। ये गजलें उनकी कविता का सबसे कमजोर हिस्सा हैं, यह इस बात से भी प्रमाणित है कि 'स्थापना' के त्रिलोचन-विशेषांक में उर्दू के प्रतिष्ठित कवि मजहर इमाम ने जब उक्त संग्रह पर आलोचनात्मक दृष्टि से विचार किया, तो उसे एक सिरे से खारिज कर दिया। दूसरी तरफ शमशेर की थोड़ी-सी गजलें हैं, जिन पर 'सापेक्ष' के शमशेर-विशेषांक में उर्दू के सुप्रतिष्ठित आलोचक डा. मुहम्मद हसन ने विचार किया, तो उसकी भरपूर प्रशंसा की। स्पष्टत: इसका कारण त्रिलोचन की गजलों का हिन्दी की जमीन पर और शमशेर की गजलों का उर्दू की जमीन पर रचा जाना है। ऐसी बात नहीं है कि एक भाषा की कोई विधा दूसरी भाषा में सफल नहीं हो सकती। पाश्चात्य साहित्य की कई विधाओं में सफलतापूर्वक हिन्दी में रचना की जा रही है, गद्य-विधाओं को छोड़ भी दें, तो आज हिन्दी में कविता जिस रूप में लिखी जा रही है, वह पश्चिम से आयी विधा ही है, लेकिन गजल के साथ कुछ ऐसी बात है, फारसी के वातावरण

के साथ उसका ऐसा अन्तरंग सम्बन्ध है कि वह उससे उर्दू तक में तो आ सकी, लेकिन हिन्दी में उसका आना असम्भवप्राय है। प्रसंगवश यहाँ त्रिलोचन के सॉनेटों पर भी टिप्पणी की जा सकती है। डा. रामविलास शर्मा उनके अतिशय गद्यात्मक विन्यास के कारण उन्हें पसन्द नहीं करते थे, यह बात उन्होंने स्वयं मुझे बतलायी थी। बाद में एक जलसे में त्रिलोचन सॉनेट पर सॉनेट सुनाने लगे, तो नागार्जुन ने बहुत झल्लाकर उनसे कहा था, 'बन्द करो यह सॉनेटबाजी।' इसके बाद भी यदि त्रिलोचन के सॉनेट हिन्दी कविता के पाठकों के बीच लोकप्रिय हुए, तो उसका कारण उनका रोला छन्द में रचित खास आकार की कविताएँ होना है, न कि उनका 'सॉनेट' होना। गजल की तरह यह प्रगीतात्मक काव्य-रूप भी शायद हिन्दी में नहीं आ सकता। 'चतुर्दशपदी' के नाम से और कवियों ने भी हिन्दी में कुछ सॉनेट लिखे हैं, लेकिन उनके चलते उन्हें कोई नहीं जानता। और तो और, 'बच्चन' की 'मधुशाला' के बाद रुबाई का कारोबार भी हिन्दी में आगे न बढ़ा। तात्पर्य यह कि सभी काव्य-रूप न सभी भाषाओं में संक्रमित हो सकते हैं, न सभी कालों में। हिन्दी में गजल आज भी लिखी जा रही है, पर उक्त कारण से ही उसका कोई साहित्यिक महत्त्व नहीं। यहाँ 'साए में धूप' में संगृहीत दुष्यन्त की गजलों का हवाला दिया जा सकता है, जिन्हें एक खास किस्म के पाठकों के बीच अत्यधिक लोकप्रियता प्राप्त हुई है। लेकिन चूँकि वे पाठक न कविता के प्रति गम्भीर हैं, न गजल के प्रति, इसलिए उनकी प्रतिक्रिया के आधार पर गजल पर कोई बातचीत नहीं की जा सकती है।

मेरे सामने प्रियदर्शी ठाकुर 'खयाल' की नयी पुस्तक है 'इन्तख़ाब', जो प्रधानत: उनकी चुनी हुई नयी-पुरानी गजलों का संग्रह है। उन्होंने आरम्भ हिन्दी में कविता लिखने से किया था, लेकिन संयोग कुछ ऐसा रहा कि वे उर्दू शायरी के रसिया हो गये और फिर गजल कहने की तरफ मुड़ गये। इस क्रम में उन्होंने उर्दू भाषा का ज्ञान तो प्राप्त किया ही, उर्दू शायरी की पूरी परम्परा को आत्मसात् किया और अपनी सही सर्जनात्मक चेतना का परिचय इस रूप में दिया कि गजलें कहने के लिए उन्होंने हिन्दी की नहीं, उर्दू की जमीन चुनी। इसी कारण उनकी गजलों में एक लज्जत है, जिससे वे गजल के मर्म को जाननेवालों का ध्यान भी अपनी तरफ आकर्षित कर रही हैं। उनकी भाषा फारसी के अतिरिक्त दबाव से मुक्त है, जिससे उनकी गजलों का आनन्द थोड़े परिश्रम से हिन्दी के पाठक भी उठा सकते हैं। इस दृष्टि से वे फिराक की परम्परा के कवि हैं, यद्यपि फिराक में फारसी के लम्बे-लम्बे समास न मिलें, उनकी शायरी को सराहने के लिए फारसी शब्दों का अच्छा ज्ञान जरूरी है।

प्रेम-मुहब्बत और खूबसूरती से गजल का पुराना रिश्ता है। ऐसा लगता है कि गजल का पौधा इसी जमीन में लग सकता है, भले उसकी टहनियाँ आसमान में चारों तरफ फैलें। कुछ विद्वान् इस विषय को बहुत छोटा समझते हैं और दुनिया-जहान की तमाम समस्याओं को शायरी का विषय बनाने पर जोर देते हैं। दुनिया-जहान की तमाम समस्याओं को शायरी का विषय बनाना गलत नहीं है, पर प्रेम-मुहब्बत और खूबसूरती के विषय का विरोध करना गलत है। एक तो यह विषय बहुत मानवीय है, जिसकी सार्थकता मनुष्य को मनुष्य बनाकर रखने के लिए हमेशा बनी रहेगी, दूसरे, केवल इस विषय का अच्छा कवि होना भी कोई छोटी बात नहीं है। एक तीसरी बात भी है और वह यह कि गजल में आनेवाले प्रेम-मुहब्बत और खूबसूरती को उसकी सीमाओं में देखने के साथ उसमें निहित गहराई और फैलाव को भी देखना चाहिए। ज्ञातव्य है कि भक्तिकाल के कवियों ने जैसे भक्ति के माध्यम से अपने युग के सभी महत्त्वपूर्ण प्रश्नों को पकड़ लिया है, गालिब-जैसे कवियों ने, जो आधुनिकता की दहलीज पर खड़े थे, प्रेम-मुहब्बत और खूबसूरती के माध्यम से एक संक्रमणशील युग की अधिकाधिक मनोदशाओं और संवेदनाओं को पकड़कर उन्हें अपनी शायरी में चित्रित कर दिया है। निस्सन्देह अच्छे शायरों की गजलों में आनेवाला इश्क जीवन के दूसरे पहलुओं को भी वैसे झलकाता है, जैसे ओस की बूँद सूर्य की किरण के अनेक रंगों को।

'खयाल' की गजलों में पहले इश्क को ही लें। उनमें ऐसे शेर मिलते हैं, जो गहरी उदासी से शुरू होते हैं और अनुभूति की तीव्रता से होते हुए प्रेम की सूक्ष्मतम मनोदशा तक पहुँचते हैं। नमूने के तौर पर ये तीन शेर देखे जा सकते हैं :

1. *इस क़दर सोच में डूबा हुआ रहता है 'ख़याल'*
   और कुछ पूछो तो कहता है कि मेरा क्या है

2. *हिज्र में तेरे मेरी शिद्दते-अहसास न पूछ*
   रात पुरवाई भी दामन की हवा-सी आई

3. *सायए-अब्रे-ग़मे-जानाँ मयस्सर है हमें*
   कौन कहता है कि सर पर सायबाँ कोई नहीं

प्रेमिका की खूबसूरती का वर्णन 'खयाल' में कम है, लेकिन मुझे उनकी एक गजल में एक ऐसा शेर मिला है, जो ढेर सारे शेरों पर भारी पड़नेवाला है। उसमें वे प्रेमिका की लज्जा का वर्णन इस रूप में करते हैं : 'पैरहन तक भी गुलाबी रंग आ जाता था अक्सर / प्यार में दिलदार मेरा वो कि शरमाता बहुत था।' यहीं पर उनकी प्रकृति-संवेदना का भी जिक्र किया जा सकता है, जिसकी झलक कम ही मिलती है,

लेकिन जब मिलती है, तो पूरी तीक्ष्णता और नवीनता का अहसास कराती है। पुनः तीन शेर द्रष्टव्य हैं :

1. आख़िरे-शब फूल से सरगोशियों में हमकलाम
ओस की बूँदों नहाई चाँदनी को देखिये
2. ओस में भीगे सब्ज़े पर ये किरनों का
भोर में ख़ाली पाँव टहलना, क्या कहिए

3. उनके दामन पे भी उतरेगी सितारे बनकर
मेरी पलकों पे जो ये शाम उतर आई है

स्पष्टतः तीसरे शेर में प्रकृति का पेचीदा इस्तेमाल हुआ है, क्योंकि इसमें 'सितारे' और 'शाम' ही नहीं हैं, 'दामन' और 'पलकें' भी हैं और कवि ने इनमें एक जटिल सम्बन्ध स्थापित कर प्रकृति को प्रकृति न रहने देकर उसके माध्यम से गहन भावों की अभिव्यक्ति की है। निस्सन्देह यह प्रकृति के सरल आलंकारिक इस्तेमाल से नहीं, बल्कि कवि की परिपक्वता और विदग्धता से सम्भव होता है।

जहाँ तक प्रेम-मुहब्बत की बातों के माध्यम से जमाने को झलकाने की बातें हैं, 'ख़याल' के दो शेरों पर गौर किया जाना चाहिए। पहले शेर में अजीब कशमकश है ('साँस लेने में भी ख़तरे हैं, मगर क्या कीजिए / हर नफ़स जल्लाद है तो हर नफ़स दमसाज़ भी') और दूसरे शेर में आत्मीयता की कमी से पैदा होनेवाला अहसास ('नहीं है कोई तेरे-मेरे दरमियाँ फिर भी / तआल्लुक़ात में पिन्हाँ हैं दूरियाँ फिर भी')। इसी तरह निम्नलिखित शेरों में जो निराशा है, उसका स्रोत केवल कवि का व्यक्तिगत प्रेम नहीं, बल्कि उसका सम्पूर्ण जीवन और परिवेश है। ये शेर निस्सन्देह मार्मिकता में अपना सानी नहीं रखते :

1. रफ़्ता-रफ़्ता जा गिरे इक-इक ख़ला के ग़ार में
अब फ़लक पर माहो-अंजुम, कहकशाँ कोई नहीं

2. बज़्म तो बज़्म, मेरा घर भी अँधेरा न हुआ
ज़िन्दगी मौत से इस तरह कभी हारी है!

3. थोड़ी दूर और मेरा बोझ उठा
फिर तो ले जाएगी हवा मुझको

आज यह कहने की आवश्यकता नहीं कि गजल की जमीन तंग रहने के बावजूद

उर्दू शायर उसमें सामाजिक स्थितियों का चित्रण करते रहे हैं। उन्होंने उन पर चुभती हुई टिप्पणियाँ की हैं और सात तहों में छिपी हुई सच्चाई को उघारकर दिखलाया है। यह जरूर है कि यह काम उन्होंने अपने ढंग से किया है, यानी प्रगीत-विधा की प्रकृति की रक्षा करते हुए, उसकी सीमाओं के भीतर। 'खयाल' की सारी गजलें इश्किया नहीं हैं। उनकी अनेक गजलों का प्रत्यक्ष वा परोक्ष सम्बन्ध देश और काल के यथार्थ से है और जो गजलें प्रेम-मुहब्बत के दायरे में रची गयी हैं, उनमें भी कभी हमें ऐसे शेर मिल जाते हैं, जो उर्दू का मुहावरा लेकर कहें, तो जमाने को आईना दिखलाते हैं। इस लिहाज से उनकी तीन गजलों के ये तीन शेर उद्धरण के योग्य हैं :

1. *जिसको देखे ही से नफ़रत-सी सुलगे*
   उसकी चिलम को भरते रहना, अच्छा है!

2. *बातें सारी रहबर-सी*
   लच्छन सारे रहज़न के

3. *चन्दरोज़ा ही सही हंगामा-ए-जम्हूरियत*
   पर अभी तो बुलबुलों की कै़द में सैय्याद है

'खयाल' की गजलों की सबसे बड़ी विशेषता उनकी सादगी है। इस सादगी के भी कई रंग हैं। जो रंग उसे और दिलचस्प बनाता है, वह ऐसे शेरों में दिखलाई पड़ता है : 1. 'मेरे पीने का ज़ियादा ज़िक्र तो होगा यक़ीनन / शुक्र है, कोई न बोलेगा—अरे, खाता बहुत था!' और 2. 'आख़िर उसमें पान बाँधेगा / जिस सफ़हे पर छपना है ये'। लहजा उनका कितना बोलता हुआ है, इसका अन्दाजा इन दो शेरों से लगाया जा सकता है : 1. 'दर-हक़ीक़त है, ख़ुदादाद ये अशआर 'ख़याल' / वर्ना हम और सुख़नवर! ऐ कहाँ के साहब!' और 2. 'मेरी नज़रों से उसे देख ले इक बार कभी / मुझसे मत पूछ कि उस शख़्स में ऐसा क्या है।' मुझे यह देखकर प्रसन्नता हुई है कि 'खयाल' कभी-कभी रदीफ को एक ही गजल के शेरों में अलग-अलग अर्थ में इस्तेमाल करते हैं और इस तरह अपनी जुबान को खनका देते हैं। इस लिहाज से एक गजल के ये तीन शेर देखने लायक हैं, जिनमें रदीफ 'जो कहो' हर बार अलग-अलग ढंग से आता है :

गले में चुभने से लगते हैं ख़ार किसके लिए
उदास लोगों के दुख की कहानियाँ जो कहो

कलाम अपना उन्हें सब सुना-सुना-सा लगे

अब और रहता है कहने को कुछ मियाँ, जो कहो!

इक-एक तिनके से टपके है बेपनाही मगर
बहुत अज़ीज़ है हमको ये आशियाँ, जो कहो

'खयाल' ने 'विशृंखल' गजलें भी कही हैं और क्रमबद्ध गजलें भी, लेकिन मुझे उनकी गजलों में जो एक खास बात दिखलाई पड़ी है वह यह है कि जिन गजलों में भावात्मक संहति या अन्विति नहीं है, उनके शेर भी गजल के भीतर रहकर जितना असर करते हैं, उतना उससे अलग कर दिये जाने पर नहीं। यह भी एक प्रकार की अन्विति है, जिसमें गजल के बहर, काफिये और रदीफ की महत्त्वपूर्ण भूमिका होती है।

इस टिप्पणी का अन्त मैं फिराक की उस गजल के चन्द शेरों से करना चाहता हूँ, जिसका संकेत इसके शीर्षक से किया गया है। ये शेर निस्सन्देह गजल के सम्बन्ध में उठाये गये तमाम सवालों का माकूल जवाब हैं :

गजल के साज़ उठाओ बड़ी उदास है रात
नवाए-'मीर'-सुनाओ बड़ी उदास है रात

अभी तो ज़िक्रे-सहर दोस्तो है दूर की बात
अभी तो देखते जाओ बड़ी उदास है रात

सुना है पहले भी ऐसे में बुझ गये हैं चराग़
दिलों की ख़ैर मनाओ बड़ी उदास है रात

इसी खण्डर में कहीं कुछ दिए हैं टूटे हुए
इन्हीं से काम चलाओ बड़ी उदास है रात

(2002)

विद्रोह और निरन्तरता

डा. रामविलास शर्मा ने काफी पहले कहा था कि हिन्दी में वैचारिक संघर्ष ठण्ढा है। आज वह तो समाप्त हो ही चुका है, वैचारिक विमर्श का भी कोई अवसर नहीं रहा। इसका सबसे बड़ा दुष्परिणाम यह हुआ है कि अब प्रत्येक सहमति और असहमति को व्यक्तिगत स्तर पर लिया जाने लगा है और उसी स्तर से कोई बात हुई तो उसका उत्तर देने की कोशिश की जाती है। जब हम अपने सिद्धान्तों और मान्यताओं के प्रति गम्भीर नहीं रहे, तो व्यक्तिगत आक्षेप और प्रत्याक्षेप ही बाकी रह जाता है। ऐसी स्थिति में यदि अशोक वाजपेयी दैनिक 'जनसत्ता' (दिल्ली) के अपने नियमित स्तम्भ 'कभी-कभार' में कभी-कभार ही सही कोई ऐसा वैचारिक बिन्दु उठाते हैं, जो सोचने के लिए आमन्त्रण देता है, तो गनीमत है।

कुछ दिन पहले उन्होंने 'आदमी जिसका चला जाना शुरू हुआ' शीर्षक अपनी टिप्पणी में साहित्य में विद्रोह और निरन्तरता की समस्या पर किंचित् तीक्ष्ण ढंग से कुछ बातें कही हैं। उनके सन्दर्भ में विद्रोह को एक बार फिर से परिभाषित करने की जरूरत है। उन्होंने ठीक ही विद्रोहवादी आलोचकों की कठिनाई की तरफ संकेत किया है, जो निराला या मुक्तिबोध के 'गैर-विद्रोही' पक्ष पर दृष्टि नहीं डालते, या उसे उनका अन्तर्विरोध बतलाकर उसकी गलत व्याख्या करते हैं। विद्रोह वस्तुतः एक चेतना है, अविभाज्य। यह नहीं हो सकता है कि कोई कवि एक कविता में नास्तिक और दूसरी में आस्तिक हो। समय के फर्क से ऐसा हो सकता है, पर एक साथ नहीं। उस स्थिति में यदि ऐसा दिखलायी पड़ता है, तो मानना होगा कि व्याख्या गलत है, यानी उसमें कविता को विचार के स्तर पर ग्रहण किया गया है, भाव-दशा के स्तर पर नहीं।

यहाँ निराला और नागार्जुन का उदाहरण बहुत अच्छा है। निराला ने एक साथ भौतिकवादी और रहस्यवादी कविताएँ लिखी हैं। 'बाहर मैं कर दिया गया हूँ। भीतर, पर, भर दिया गया हूँ' 'बेला' का प्रसिद्ध गीत है, जिसका हिन्दी में भिन्न अर्थ प्रचलित है। इसमें वस्तुतः भौतिकवाद से प्रभावित निराला 'बाहर' अर्थात् भौतिक जगत् का महत्त्व बतलाते हैं। इसी दौर का उनका गीत 'रूप की धारा के उस पार / कभी धँसने

भी दोगे मुझे?' भी है, जो स्पष्टत: एक रहस्यवादी गीत है, जिसमें भौतिक जगत् को अतिक्रान्त कर रूपातीत अलौकिक जगत् में पहुँचने की आकांक्षा प्रकट की गयी है। वैचारिक आधार पर इसे निराला का अन्तर्विरोध बतला दिया जाएगा, जबकि जरूरत इस बात की है कि इन दोनों गीतों के बीच समान बिन्दु की तलाश की जाए। वह तभी सम्भव है, जबकि आलोचक उसे कवि के विचारों की दुनिया में नहीं, बल्कि उसकी संवेदना की दुनिया में ढूँढ़े। एक प्रकार के विचार दूसरे प्रकार के विचार को बर्दाश्त नहीं करते, लेकिन भावों या संवेदना की दुनिया में परस्पर विरोधी स्थितियों का अस्तित्व एक सामान्य बात है।

इसे नागार्जुन की कविता से बेहतर ढंग से समझा जा सकता है। वे अपनी एक प्रसिद्ध कविता में कहते हैं :

आज मगर उगते सूरज को
देर तक देखेंगे, जी भरकर देखेंगे
करेंगे अर्पित बहते जल का अर्घ्य
गुनगुनाएँगे गद्गद होकर—
"ओं नमो भगवते भुवनभास्कराय
"ओं नमो ज्योतिरीश्वराय
"ओं नमः सूर्याय सवित्रे... ।"
देखना भई रत्नेश्वर, जल्दी न करना!
लौटेंगे इत्मीनान से
पछाड़ दिया है आज मेरे आस्तिक ने मेरे
नास्तिक को
साक्षी रहा तुम्हारे जैसा नौजवान 'पोस्ट-ग्रेजुएट'
मेरे इस 'डेविएशन' का!

इस काव्यांश में बहुत स्पष्टता से नागार्जुन ने अपने वैचारिक 'भटकाव' का जिक्र किया है, लेकिन कोई भी काव्य-मर्मज्ञ इसमें प्रकृति के प्रति उनका गहन अनुराग ही देखेगा, और कुछ नहीं। जहाँ तक उनके 'भटकाव' की बात है, उस प्रसंग में तो उन्होंने किसी भी स्वतन्त्र व्यवहार को भटकाव समझ लेनेवाली मार्क्सवादियों की प्रवृत्ति पर तीखा व्यंग्य किया है। यह बात और है कि उन्हें भौतिकवादी माननेवाले उत्साही मार्क्सवादी आलोचक इसके बाद भी उनकी इस कविता को उद्धृत करते हुए शरमाएँ, या इसे उनका अन्तर्विरोध मान बैठें।

डा. शर्मा ने मुक्तिबोध को अस्तित्ववादी और रहस्यवादी सिद्ध करने का भरसक प्रयास किया है, दुर्भाग्यवश अशोक वाजपेयी भी उनमें रहस्यवाद देखते हैं,

जबकि वह विचारधारा या भावधारा के स्तर पर उनमें कहीं नहीं है। यदि वह है, तो सिर्फ प्रतीकों के स्तर पर। तात्पर्य यह कि मुक्तिबोध रहस्यवादी नहीं, उन्होंने सिर्फ रहस्यात्मक प्रतीकों का अपनी कविता में उपयोग किया है। रूप को अन्तर्वस्तु समझ लेने की यह भूल मार्क्सवादी और कथित कलावादी दोनों आलोचकों ने की है, यह दिलचस्प है। रहस्यवाद को लेकर मुक्तिबोध में वस्तुतः कोई अन्तर्विरोध नहीं है। जैसा कि संकेत किया जा चुका है, अन्तर्विरोध विचारों में तो सम्भव है, लेकिन संवेदना में नहीं। संवेदना तो परस्पर विरोधी वस्तुओं को लेकर भी एक ऐसी कृति की रचना करती है, जिसमें उच्चकोटि का बाहरी और भीतरी सामंजस्य होता है। अंग्रेजी आलोचक सैमुअल जॉनसन का विशेष कवियों के प्रसंग में किया गया यह कथन सुपरिचित है कि वे अपनी कविता में परस्पर विरोधी वस्तुओं को बलात् खींचकर मिला देते हैं। हिन्दी में शमशेर का यह कहना है कि कविता में तो सिर्फ स्वीकार होता है, उसके अलावा और कुछ नहीं, जिसका मतलब यह है कि कवि ने यदि पाठक की मान्यता से भिन्न बात भी कही है, तो कविता की शक्ति के कारण उसे स्वीकार ही करना पड़ता है, उसका विरोध सम्भव नहीं होता। ऐसी स्थिति में किसी कवि के कथित गैर-विद्रोही रूप को नजरअन्दाज करने या उसके विद्रोही और कथित गैर-विद्रोही इन दोनों रूपों में अन्तर्विरोध देखने का कोई प्रश्न ही नहीं उठता। जरूरत है दोनों के बीच के सम्बन्ध को समझने की, यह देखने की कि कैसे वे एक-दूसरे से अभिन्न हैं और कैसे वे मिलकर कवि के अखण्ड काव्य-संसार का निर्माण करते हैं।

वाजपेयीजी का यह कहना सही है कि विद्रोह जीवन की तरह साहित्य में भी धीरे-धीरे एक स्थापित व्यवस्था बन जाता है, जिससे फिर विद्रोह की आवश्यकता होती है। मुक्तछन्द पहले एक विद्रोह था, लेकिन आज वह एक रूढ़ि है। लेकिन इससे तो विद्रोह का ही महत्त्व स्थापित होता है, भले उसे निरन्तर विद्रोह बने रहना हो। यहां डॉ. नामवर सिंह को याद करना जरूरी है, जिनका कहना है कि निराला की विद्रोह-परम्परा के रचनाकार वे नहीं हैं, जो उनकी तरह लिखते हैं, छन्द और भाषा से लेकर विषय-वस्तु तक में उनका अनुसरण करते हुए, बल्कि वे हैं, जिन्होंने उनसे भी विद्रोह कर अपना स्वतन्त्र मार्ग बनाया है, यथा शमशेर और मुक्तिबोध। शमशेर ने तो निराला के प्रति लिखित अपनी कविता में साफ-साफ कहा है कि, 'हाँ, तुम्हीं हो एक मेरे कवि : / जानता क्या मैं— / हृदय में भरकर तुम्हारी साँस— / किस तरह गाता', इसके बावजूद उनका रास्ता निराला से बिल्कुल अलग है, यह एक खुला हुआ सत्य है। मुक्तिबोध का मामला और दिलचस्प है। वे प्रसाद के तो कुछ करीब हैं, लेकिन निराला से बहुत दूर। इसके बावजूद यह सत्य है कि वे निराला की विद्रोही परम्परा के सबसे बड़े कवि हैं। यहाँ नामवरजी और वाजपेयीजी में कोई फर्क नहीं है, क्योंकि वाजपेयी जी का भी कहना है कि 'विद्रोह एक अनवरत प्रक्रिया है'।

अब रही बात यह कि क्या साहित्य में केवल विद्रोह की ही परम्परा होती है,

निरन्तरता की नहीं? 'निरन्तरता' को वाजपेयीजी ने 'विद्रोह' के विरोध में रखा है, तो क्या यह माना जाए कि निरन्तरतावादी साहित्य से उनका आशय है गतानुगतिक साहित्य से? उस स्थिति में उन्होंने भक्तिकाल के सूर-तुलसी और आधुनिक काल के प्रसाद-अज्ञेय का जो नाम लिया है, वह अनुपयुक्त होगा। सम्पूर्ण भक्ति-काव्य विद्रोह का काव्य माना जाता है। उसी तरह सम्पूर्ण छायावादी और प्रयोगवाद-नयी कविता-आन्दोलन का काव्य भी। मुक्तिबोध के लिए तो भक्ति-मात्र विद्रोह या क्रान्ति की प्रतीक थी। 'अँधेरे में' में क्रान्ति का जिक्र वे 'भक्ति' के माध्यम से भी करते हैं। उनकी ये पंक्तियाँ स्मरणीय हैं : 'मिट्टी के लोंदे के भीतर / भक्ति की अग्नि का उद्रेक / भड़कने लग गया।' इस दृष्टि से कबीर ही विद्रोही नहीं थे, सूर-तुलसी भी विद्रोही थे। तुलसी की क्रान्तिकारिता दिखलानेवाली पुस्तकें भी हिन्दी में लिखी गयी हैं। यदि वे विद्रोही न होते, तो देवभाषा को छोड़कर जनभाषा में अपना काव्य न रचते और प्राकृत जन का गुणगान छोड़कर रामकथा का गायन न करते। छायावाद स्वच्छन्दतावादी आन्दोलन था और स्वच्छन्दतावाद 'रोमाण्टिसिज्म' का हिन्दी पर्याय है, जिसका विद्रोह से नाता सर्वमान्य है। इस तरह विद्रोही निराला ही नहीं, अपनी भावधारा में परम स्वच्छन्द प्रसाद भी थे। अज्ञेय के बारे में तो कुछ कहना ही नहीं है। उन्होंने तो कविता, कहानी, उपन्यास और आलोचना—सभी क्षेत्रों में विद्रोह किया है, केवल रूप के स्तर पर ही नहीं, अन्तर्वस्तु के स्तर पर भी। ऐसी स्थिति में इन महान् रचनाकारों के बचाव में विद्रोह से ही विद्रोह कर निरन्तरता के पक्ष में इस तरह चले जाने की जरूरत नहीं है कि यह कहना पड़े : 'सच्चाई यह है कि हम विद्रोह के बिना बचे रह सकते हैं, निरन्तरता के बिना नहीं।' यह निरन्तरता को विद्रोह के ऊपर स्थापित करना है। सच्चाई वह नहीं, यह है कि केवल अपने अस्तित्व को जारी रखने का कोई मतलब नहीं है। उसे सार्थक भी होना चाहिए और वह सार्थकता विद्रोह से ही प्राप्त हो सकती है। यही कारण है कि श्रेष्ठ साहित्य किसी-न-किसी अर्थ में विद्रोही होता है। विद्रोह के भी नाना रूप और स्तर होते हैं। एक ही साँचे के विद्रोह को विद्रोह मानकर बाकी साहित्य को विद्रोहरहित मानना गलत है, ऐसा मार्क्सवादी करें, या मार्क्सवादविरोधी।

यहाँ एक और बात कह देना जरूरी है। वह यह कि जिसे विद्रोही साहित्य कहा जाता है, उसमें भी निरन्तरता के तत्त्व होते हैं, जैसे कथित निरन्तरतावादी साहित्य में भी विद्रोह के तत्त्व। कबीर विद्रोही हैं, लेकिन उनका साधनात्मक रहस्यवाद परम्परा की देन है। इसी तरह निराला विद्रोही हैं, लेकिन विद्यापति और तुलसी से लेकर पद्माकर तक की काव्य-परम्परा को आत्मसात् करने के बाद। इसलिए महत्त्वपूर्ण विद्रोह और निरन्तरता का विभाजन नहीं, दोनों में एक-दूसरे की खोज और उनके पारस्परिक सम्बन्ध से बना 'संश्लेष' है। यह 'संश्लेष' ही काव्य या साहित्य है, वह कितना भी पुराना और कितना भी नया क्यों न हो। (1999)

कविता : पहचान का संकट

काफी दिन पहले डा. नामवर सिंह ने कहा था कि हिन्दी में अच्छी कहानियाँ नहीं लिखी जा रही हैं यह चिन्ता का विषय नहीं है, बल्कि वह यह है कि उसमें अच्छी और बुरी कहानी की पहचान लुप्त होती जा रही है। हम यहाँ कहानी की नहीं, कविता की चर्चा करना चाहते हैं, क्योंकि एक फर्क के साथ आज वह बात उस पर भी लागू हो रही है। फर्क यह है कि फिलहाल हिन्दी में बहुत अच्छी कविताएँ लिखी जा रही हैं, लेकिन उन्हें बुरी कविताओं ने इस कदर ढँक लिया है कि वे पहचान में नहीं आती हैं और कभी-कभी लगता है कि नकली कविता ने असली कविता को धकियाकर उसके स्थान पर अपना कब्जा जमा लिया है। इसमें सम्पादकों और आलोचकों का ही नहीं, रचनाकारों का भी योगदान है। जबसे हिन्दी में पुरस्कारों की बाढ़ आयी है, कविगण निर्णायकों के पीछे लग गये हैं, जिनमें तीनों ही श्रेणियों के लोग होते हैं। दिलचस्प यह है कि रचनाकार निर्णय तो करते हैं, लेकिन रचना की श्रेष्ठता अथवा हीनता तय करने का दायित्व आलोचक का मानते हैं। आए दिन वे आलोचकों को भला-बुरा कहते रहते हैं कि वे अपने कर्तव्य से चूक रहे हैं। गलत निर्णय से पुरस्कार पानेवाले कवि को स्थायी लाभ हो या नहीं, कविता का भारी नुकसान जरूर होता है। पुरस्कृत कविता या कवि मॉडेल के रूप में प्रचारित किया जाता है, जिसके परिणामस्वरूप थोड़ी देर के लिए अच्छी और बुरी कविता तथा अच्छे और बुरे कवि के बीच का फर्क धुँधला हो जाता है। कहने की आवश्यकता नहीं कि आजकल मीडिया का असर कितना मारक होता है और सभी जानते हैं कि मीडिया का काम जितना संस्कृति को दूषित करना है, उतना उसे सही ढंग से संवर्धित करना नहीं, क्योंकि वह बाजार के हक में नहीं है। ऐसी स्थिति में नया कवि, जिसमें आत्मविश्वास की कमी होती है, विभ्रान्त होकर अनेक बार गलत दिशा में बढ़ जाता है।

अच्छी और बुरी कविता के बीच का फर्क मिटाने के लिए सैद्धान्तिक आधार नयी पीढ़ी के सुपरिचित कवि मंगलेश डबराल ने प्रस्तुत किया है। 'आलोचना' के

जनवरी-मार्च, 2001 के अंक में प्रकाशित अपने लेख 'रिक्त स्थानों की कविता' में वे कहते हैं, "कविता के क्लासिकी-रूमानी बिम्ब से दूर एक सामान्य परिचित, कामकाजी और कभी-कभी कामचलाऊ दृश्य, जिसमें कोई सहसा कविता लिखने लग सकता है और कोई कविता लिखना छोड़ भी सकता है। यह ज्यादा अविशिष्ट और लोकतान्त्रिक स्थिति है और काव्य रचने के लिए अब किसी को जंगलों-रेगिस्तानों में नहीं भटकना पड़ता, बल्कि अपने आसपास में से ही कविता को सम्भव कर लिया जाता है।" ऊपर से यह कथन निर्दोष प्रतीत होता है और उसमें एक यथार्थवादी कविता की आहट सुनाई पड़ती है, लेकिन भीतर झाँकने पर पता चलता है कि कहनेवाले ने कविता को बहुत ही अगम्भीर रूप से लिया है। कविता क्या अब ऐसी चीज हो गयी है कि कोई सहसा उसे लिखने लगे और सहसा उसे छोड़ भी दे? क्या यथार्थ-बोध और गहराई से की जानेवाली उसकी अभिव्यक्ति के लिए इससे अधिक कुछ नहीं चाहिए? मंगलेश इस स्थिति को 'ज्यादा अविशिष्ट और लोकतान्त्रिक' बतलाते हैं। मानना चाहिए कि इसके साथ यह स्थिति 'अकाव्यात्मक' भी है। ऐसा नहीं है कि उन्हें इस बात का एहसास नहीं है कि इस स्थिति में अच्छी कविताओं की सम्भावना कम होगी और बुरी कविताओं की ज्यादा। आगे वे कहते हैं, "शायद इस अनेकता में बेहतर और कमतर कविता एक साथ मौजूद है और यह भी सम्भव है कि अच्छी कविता खराब कविता के अम्बार में दबी हुई हो और उसे चुनकर अलग से दिखला पाना कठिन हो।" यहीं पर वे न केवल अपना सारा दायित्व आलोचकों पर डाल देते हैं, बल्कि व्यंग्य-बाणों से उन्हें छेदते हुए सारी गड़बड़ी के लिए उन्हें ही जिम्मेवार ठहरा देते हैं : "यह आलोचना का काम हो सकता था जिसका इस समय अभाव है और अगर वह है भी तो हाँडी का एक कण छूकर अपने भात के पकने की घोषणा करती हुई ज्यादा दिखती है। वह अक्सर अपने सामने हाथ बाँधे खड़ी कविता के अलावा कुछ नहीं देखती। उसमें सार को गहि रहने और थोथा उड़ाय देने की नैतिक उपयोगिता बहुत कम है और इसलिए सार और थोथा शायद साथ-साथ रहे आते हैं।" मंगलेश को एक अवसर मिला था, 'कथादेश' के नवलेखन अंक (जून, 2001) में नये कवियों की कविताओं का चयन करने का। पूछा जा सकता है कि उसमें उन्होंने आलोचकों के विपरीत अपने काव्य-विवेक से काम लेकर थोथा को उड़ाकर सिर्फ सार क्यों नहीं प्रस्तुत किया? सच्चाई तो यह है कि उन्होंने सार को उड़ाकर पाठकों के सामने सिर्फ थोथा ही परोस दिया है। क्या इसके लिए भी आलोचक ही जिम्मेवार हैं?

खुशी की बात यह है कि 'आलोचना' के उपर्युक्त अंक में ही मंगलेश के सहयात्री एक अन्य कवि ने ठीक उनके लेख के बाद प्रकाशित अपने 'कठिन समय में कविता' शीर्षक लेख के आरम्भ में जो विचार व्यक्त किये हैं, वे संतुलित भी हैं

और सच्चाई पर आधारित भी। वे कहते हैं, ''पिछले कुछ वर्षों से हिन्दी कविता अपनी अभूतपूर्व सफलता पर मुग्ध दिखायी देती है। कहना न होगा कि इस आत्ममुग्धता से हिन्दी काव्य-परिदृश्य में एक अजीब बेखबरी भी आयी है। बेखबरी का आलम यह है कि हिन्दी कविता की बौद्धिक विमर्श की सुदीर्घ और समृद्ध परम्परा आज कुछ सूखती हुई नजर आ रही है। यह कुछ हद तक सही है कि प्रखर और पारदर्शी दृष्टिसम्पन्न नये और तेजस्वी आलोचकों के अभाव ने इस परम्परा के क्षीण होने में अपनी भूमिका निभाई है लेकिन दूसरी ओर यह भी उतना ही सच है कि इधर के नये कवियों में भी काव्य-विमर्श के प्रति उत्साह के संकेत कम मिलते हैं।'' फिर उनका स्वर थोड़ा कड़वा हो गया है : ''वरिष्ठ कवियों में भी इस ओर अभिरुचि कम हुई है। अपवादस्वरूप एकाध को छोड़ दें तो कुछ वरिष्ठ कवि अपने मित्र कवियों की कविताओं पर परिचयात्मक टिप्पणियाँ लिखकर काव्यसम्बन्धी अपनी बौद्धिक विमर्श की प्यास बुझा लेते हैं और कुछ ने अपने समकालीनों या नये कवियों के कविता-संग्रहों पर आशीर्वचनों की मुद्रा में ब्लर्ब लिखने का कुटीर उद्योग खोल रखा है।'' अन्त में उक्त कवि ने एक यूनानी कवि की काव्य-पंक्ति का स्मरण करते हुए यह टिप्पणी की है कि ''कवियों को उनकी निकृष्टतम कविताओं के लिए महिमामण्डित किया जाता है। ऐसे में नये कवियों का मुदित होना और इतराना स्वाभाविक है। पाठक और आलोचक नहीं तो कोई बात नहीं, उनकी साहित्यिक अमरता के लिए कवि मित्र ही काफी हैं।'' समकालीन हिन्दी कविता के परिदृश्य पर तीक्ष्ण दृष्टि रखनेवाला कोई भी साहित्यप्रेमी इस कथन से सहमत होगा।

प्रश्न यह है कि अच्छी कविता और बुरी कविता या कविता और अकविता के बीच पहचान कैसे हो? जाहिर है कि प्रश्न कठिन है, जितना पुराना, उतना ही नया, जितना शास्त्रीय, उतना ही रचनात्मक और जितना सरल, उतना ही जटिल। दिनकरजी ने कहा था कि जिस तरह आलोचकों ने लम्बे समय से कविता पर तर्क-वितर्क किया है, कविता कब न गुम हो जाती, लेकिन गनीमत है कि मन कविता को पहचानता है। लेकिन चूँकि मन की इस पहचान से हमारा काम नहीं चल सकता, इसलिए कविता के स्वरूप पर अत्यन्त संक्षेप में ही सही एक बार फिर विचार करना जरूरी है। इस बार विचार करने की जरूरत इस बात से पैदा होती है कि कविता प्रत्येक युग में बदल जाती है और परम्परागत प्रतिमानों को अपर्याप्त ठहराकर नये प्रतिमान की माँग करती है। कभी-कभी तो एक ही युग में कई प्रतिमान आवश्यक होते हैं, बल्कि एक ही कवि की कविताओं के लिए भी। शमशेर, नागार्जुन और मुक्तिबोध एक ही युग के कवि हैं, लेकिन उनके काव्य-प्रतिमान अलग-अलग हैं। इसी तरह निराला ही नहीं, अज्ञेय और रघुवीर सहाय के

भी आरम्भिक और परवर्ती काव्य-प्रतिमानों में फर्क है। प्रश्न यह भी है कि विभिन्न युगों में कविता में जो परिवर्तन होता है, वह सिर्फ ऊपरी होता है या भीतरी भी? भीतरी परिवर्तन से मेरा आशय अन्तर्वस्तुसम्बन्धी परिवर्तन से नहीं, बल्कि उस चीज से है, जिसे किसी उपयुक्त नाम के अभाव में आग्रहमुक्त मन से हम सौन्दर्यात्मक संवेदना या अनुभूति कह सकते हैं। यह अनुभूति न तो सिर्फ कविता के रूप की देन होती है और न सिर्फ उसकी अन्तर्वस्तु की, बल्कि वहाँ इन दोनों में कोई अन्तर नहीं होता। उस अनुभूति की विशेषता यह है कि वह अ-द्वैत से भी आगे 'एक' होती है। मुझे कहना यह है कि वह सौन्दर्यात्मक अनुभूति भी स्थिर नहीं है। सौन्दर्य-बोध में परिवर्तन के साथ वह भी परिवर्तित होती चलती है, जिसका प्रमाण यह है कि विभिन्न युगों में ही नहीं, विभिन्न भाषाओं और संस्कृतियों में रची गयी प्रेम-कविताओं का सौन्दर्यात्मक आस्वाद अलग-अलग है। फिर कविता की पहचान कैसे स्थिर की जाए? है न यह विकट प्रश्न? तुलसीदास ने चित्रकूट में भरत के आत्मनिवेदन के बारे में कहा है : 'ज्यों मुखु मुकुर मुकुरु निज पानी। गहि न जाइ अस अद्‌भुत बानी।' त्रिलोचन ठीक ही कहते हैं कि यह वस्तुतः तुलसी द्वारा दी गयी कविता की परिभाषा है। अकारण नहीं कि अब तक जितने आचार्यों, विद्वानों और आलोचकों ने कविता के स्वरूप पर विचार किया है, उनका विचार अधिक से अधिक एक खास युग की कविता तक ही सीमित रहा है और पूरी कविता उनकी पकड़ से बाहर रही है। उदाहरण के लिए हम 'कविता क्या है' शीर्षक से लिखे गये तीन लेखों में हिन्दी के तीन महत्त्वपूर्ण आलोचकों के तत्सम्बन्धी विचार देख सकते हैं।

'कविता क्या है' शीर्षक से पहला लेख आचार्य रामचन्द्र शुक्ल का है, जो अतिशय प्रसिद्ध है। उसका यह कथन हिन्दीवालों की जुबान पर रहता है : "जिस प्रकार आत्मा की मुक्तावस्था ज्ञानदशा कहलाती है उसी प्रकार हृदय की यह मुक्तावस्था रसदशा कहलाती है। हृदय की इसी मुक्ति की साधना के लिए मनुष्य की वाणी जो शब्द विधान करती आयी है उसे कविता कहते हैं।" 'हृदय की मुक्तावस्था' का खुलासा आगे होता है, जब हम आचार्य शुक्ल के ये शब्द पढ़ते हैं : 'कविता ही मनुष्य के हृदय को स्वार्थ-सम्बन्धों के संकुचित मंडल से ऊपर उठाकर *लोक-सामान्य भावभूमि* पर ले जाती है।' स्पष्ट है कि यह परिभाषा रीति-काव्य के विरोध में रची गयी है और इसकी पृष्ठभूमि में द्विवेदीयुगीन हिन्दी कविता है, जिसने कविता की पूर्व-निर्धारित सीमाएँ तोड़कर उसका लोक तक प्रसार किया था। 'कविता क्या है' शीर्षक से दूसरा लेख डा. नगेन्द्र ने लिखा, जिसमें उन्होंने कविता के लिए तीन तत्त्व अनिवार्य बतलाये : रमणीय अनुभूति, उक्ति-वैचित्र्य और छन्द। स्मरणीय है कि छायावाद में हृदय की अनुभूति, अभिव्यक्ति की

लाक्षणिकता और संगीत-योजना तीनों पर जोर था। इनमें भी कविता का मूल तत्त्व अनुभूति को माना गया था। पाठकों को आचार्य शुक्ल का यह झल्लाहट से भरा कथन याद होगा कि ये छायावादी कवि अनुभूति-अनुभूति चिल्लाते हैं, लेकिन भले आदमी यह भी नहीं जानते कि कविता में वही रस है। डा. नगेन्द्र सावधानी के साथ रमणीय अनुभूति को रस बतलाते हैं और उसे ही साध्य मानते हुए छन्द को उसका साधन-भर कहते हैं। उनके शब्द हैं, 'कविता रस के साहित्य की उस विधा का नाम है जिसका माध्यम छन्द है।' इस तरह उनका काव्य-लक्षण भी छायावाद तक ही सीमित है। 'कविता क्या है' शीर्षक तीसरे लेख के लेखक नामवरजी हैं। आचार्य शुक्ल और डा. नगेन्द्र के विपरीत उन्होंने खुले तौर पर नयी कविता से प्रेरित होकर कविता को परिभाषित करने की कोशिश की और नयी कविता के एक प्रमुख हस्ताक्षर विजयदेव नारायण साही के साक्ष्य से कहा कि "छायावादी काव्य-रचना की प्रक्रिया जहाँ भीतर से बाहर की ओर है वहाँ नयी कविता की रचना-प्रक्रिया बाहर से भीतर की ओर है। एक में रूप पर भाव का *आरोपण* है तो दूसरी में रूप का भाव में *रूपान्तरण* है।' पुनः, 'नयी कविता में जिस प्रकार रूप भाव ग्रहण करता है, तथ्य सत्य हो जाता है और अन्ततः अनुभूति निर्वैयक्तिक हो जाती है उससे स्वयं कविता की 'संरचना' में भी गहरा परिवर्तन आ जाता है।' नामवरजी की इस परिभाषा या व्याख्या को उद्धृत करने की आवश्यकता न होती, यदि आगे उन्होंने यह संकेत न दिया होता कि उसका सम्बन्ध कमोबेश आधुनिक कविता या कि कविता-मात्र से है। इस प्रसंग में उनके दो कथन द्रष्टव्य हैं : 'नयी कविता की इस बनावट या संरचना को ध्यान में रखे बिना आज कविता की कोई भी परिभाषा अधूरी रहेगी' और 'यदि नयी कविता को कविता के रूप में जाँचना-परखना है तो काव्यानुभूति की इस बदली हुई बनावट को ध्यान में रखकर ही कविता की परिभाषा करनी पड़ेगी।' यह लेख अनुमानतः 1966-67 में लिखा गया था। उसके बाद से आज तक कविता में जो परिवर्तन हुए हैं उन्हें देखते हुए यह परिभाषा भी काफी कुछ पुरानी पड़ गयी है। कविता में निस्सन्देह निर्वैयक्तिकता का भी महत्त्व है और उसकी संरचना का भी, लेकिन आज कविता निर्वैयक्तिकता और वैयक्तिकता के विभिन्न अनुपातों में मिश्रण के साथ लिखी जा रही है और उसकी संरचना भी नयी कविता में संरचना की जो अवधारणा थी उससे अनेक बार हटी हुई होती है। नयी कविता के दौर में भी मुक्तिबोध की कविता की संरचना भिन्न किस्म की थी। ऐसी स्थिति में उक्त लक्षणों से कविता-मात्र को समझने या पहचानने की तो बात बहुत संगत नहीं है। अन्ततः प्रश्न की कठिनता अपनी जगह पर कायम है और तब केदारनाथ सिंह के शब्दों में पूछने की इच्छा होती है : 'आखिर क्या है / क्या है कविता'?

पूर्ववर्ती युगों की कविता की तरह आज लिखी जा रही कविता की भी अपनी पहचान अवश्य होगी, लेकिन अभी हम कविता-मात्र की पहचान पर क्षण-भर विचार करना चाहते हैं, क्योंकि आज कम से कम चार पीढ़ियों के कवि एक साथ सक्रिय हैं और उनकी कविता कमोबेश एक-दूसरे से भिन्न है। केदारनाथ सिंह, विनोदकुमार शुक्ल, मंगलेश डबराल और कुमार अम्बुज या प्रेमरंजन अनिमेष की कविताओं में समानता भी है, लेकिन यह सही है कि इन सभी का सौन्दर्यशास्त्र अलग है। स्वभावत: एक के सौन्दर्यशास्त्र से दूसरे की कविता की पहचान नहीं हो सकती। ऐसी स्थिति में हमें उस 'सौन्दर्य' को ढूँढ़ना चाहिए, जो सौन्दर्यानुभूति की परिवर्तनशीलता और विशिष्टता के बावजूद भिन्न-भिन्न प्रकार की कविताओं में एक सामान्य तत्त्व की तरह मौजूद रहता है और जो एक रहस्यमय प्रक्रिया से अकविता को कविता में बदलने की क्षमता रखता है। यदि यह सामान्य तत्त्व न हो तो परिवर्तित सौन्दर्य-बोध के साथ हम प्राचीन कविता का आस्वादन ही न कर सकें। यदि 'सौन्दर्य' से बात स्पष्ट न हो तो उसे 'सर्जनात्मकता' का नाम दिया जा सकता है, इस तथ्य को ध्यान में रखते हुए कि यह भी कोई स्थिर चीज नहीं है, क्योंकि प्रत्येक युग की ही नहीं, प्रत्येक कवि की भी सर्जनात्मकता विशिष्ट प्रकार की हो सकती है। लेकिन इसमें कोई शक नहीं कि 'सौन्दर्य' की तरह ही यह भी एक सामान्य तत्त्व की तरह प्रत्येक कविता में उपस्थित रहती है। उसी को सम्भव कर कवि कृतकार्य होता है और उसी को उपलब्ध कर पाठक संवेदित। यह सर्जनात्मकता भाषा भी है और अनुभव भी। भाषा ही अनुभव की सर्जनात्मकता का एहसास कराती है और अनुभव ही भाषा को सर्जनात्मकता प्रदान करता है। संरचनावादियों की तरह हम भाषा को ही अनुभव का निर्धारक नहीं मान सकते, पर इतना मानने में कोई कठिनाई नहीं है कि ये दोनों अभिन्न ही नहीं, एक हैं। भाषारहित अनुभव वैसे ही सर्जनात्मक अनुभव नहीं है, जैसे अनुभवरहित भाषा सर्जनात्मक नहीं हो सकती। यहाँ सर्जनात्मकता के सम्बन्ध में मुझे यह निवेदन कर देना भी आवश्यक लगता है कि इसमें निर्मिति या बनावट का भाव है। यह भाषा और अनुभव दोनों को संरचना प्रदान करती है। इसमें निर्माण ही निर्माण है, ध्वंस नहीं। यही कारण है कि कविता या चित्रकला में ध्वस्त इमारत भी चित्रित होती है, तो एक संचरना के साथ। यदि कवि या चित्रकार उसे कोई संरचना नहीं प्रदान कर सका, तो माना जाएगा कि उसमें सर्जनात्मकता नहीं है, जिससे वह कोई कलाकृति नहीं, बल्कि सिर्फ शब्दों का ढेर या रंगों की लीपापोती है।

सर्जनात्मकता को एक तरफ विचार से उलझाया जाता है और दूसरी तरफ 'कला' से। विचार से कविता का विरोध नहीं है, लेकिन 'जौं बरखै बर बारि बिचारू' को पकड़कर विचार को ही कविता का अथ और इति नहीं कह सकते।

विचार मूर्त रूप में कविता में न दिखलायी पड़ने पर भी उसमें मौजूद हो सकते हैं, चेतना के स्तर पर, इसलिए कह सकते हैं कि विचार कविता का अनिवार्य तत्त्व है। वह अनुभव, भाषा, शिल्प तमाम चीजों को प्रभावित करता है। इसके बावजूद यह सच है कि कविता प्रचलित अर्थ में 'विचारशून्य' या 'विचारहीन' भी हो सकती है। 'कामायनी' विचारप्रधान रचना है, लेकिन 'राम की शक्ति-पूजा' भावप्रधान। यहाँ आचार्य शुक्ल का यह सूत्र नहीं चल सकता कि 'ज्ञान-प्रसार के भीतर ही भाव-प्रसार होता है।' यदि ज्ञान का अर्थ विचार लें, तो ऐसा अक्सर देखा जाता है कि कविता में भाव विचार के विरुद्ध चला जाता है। उसमें दोनों के बीच संघर्ष की भी स्थिति होती है और शान्तिपूर्ण सहअस्तित्व की भी। हिन्दी में एक हलके में विचार को आज की कविता का मूल तत्त्व माना जा रहा है। यह बात जनवादी से लेकर कथित उत्तर-आधुनिकतावादी रचना तक में देखी जाती है। यहाँ दोनों हाथ में हाथ डाले हुए हैं। आजकल 'सभ्यता-समीक्षा' और साहित्य को संस्कृति का उत्पाद मानने पर बहुत जोर है। सारे यथार्थवादी कविता से यह माँग कर रहे हैं कि वह सभ्यता-समीक्षा होकर अपनी सार्थकता सिद्ध करे और संस्कृति से केवल प्रभावित होकर न रह जाए, उसे प्रभावित भी करे। स्पष्ट है कि इसके पीछे किसी न किसी रूप में कविता को विचार माननेवाला चिन्तन सक्रिय है। रही बात कविता को 'कला' माननेवाली। हम उसे भी देखें।

अभी-अभी इटली के ख्यातिप्राप्त आलोचक रोबेर्तो कालास्सो की नवीनतम पुस्तक का अंग्रेजी अनुवाद 'लिटरेचर एण्ड द गॉड्स' के नाम से प्रकाशित हुआ है। उसमें कविता को 'कला' मानने की नये सिरे से वकालत की गयी है। कालास्सो प्रचलित अर्थ में 'आधुनिकतावादी' हैं, इसलिए अपने मत की स्थापना के लिए उन्होंने नीत्शे, प्रूस्त आदि का खुलकर सहारा लिया है। पुस्तक के अन्तिम लेख 'एब्सोल्युट लिटरेचर' में वे कहते हैं कि साहित्य विचार के भारी फर्शी पत्थरों के बीच घास की तरह उगता है। फिर यह कि यदि ज्ञान सिर्फ खोज न होकर आविष्कार है, तो उसका मतलब यह है कि उसमें अनुरूपता का प्रबल तत्त्व है। उसके बाद वे नीत्शे का साक्ष्य प्रस्तुत करते हैं : 'सत्य क्या है? रूपकों की एक चलन्त सेना।' नीत्शे रूपकों के निर्माण को मनुष्य की बुनियादी प्रकृति बतलाते हैं, जिसके बाद उसका रास्ता यथार्थ से हटकर मिथक और सामान्यत: कला की तरफ चला जाता है। प्रूस्त कवि के भीतर सक्रिय रहस्यमय नियमों की बात करते हुए यह मत प्रकट करते हैं कि वह सभी चीजों के सौन्दर्य का अनुभव करता है और हमें कराता है, जैसे उसके लिए पानी का गिलास हीरों से कम नहीं, न ही हीरे उसके लिए पानी के गिलास से कम हैं। स्वभावत: उन्होंने कविता का जन्म उन क्षणों में माना है, जब कवि अपने को चेतन मानस और भौतिक जगत् से अलग कर लेता है।

ये क्षण अभी बहुत सशक्त हैं, लेकिन उसी सन्ध्या को समाप्त हो जा सकते हैं, क्योंकि कवि अधिक देर तक उनका बन्दी नहीं रह सकता, उनसे निकलकर अपनी वास्तविक दुनिया में लौट आ सकता है और एक खास ढंग से जीने का रास्ता अख्तियार कर उस खजाने को गँवा दे सकता है, जिसे वह अपने भीतर ढो रहा होता है। जाहिर है, जैसे मात्र विचार कविता नहीं है, वैसे ही उसका आत्यन्तिक रूप से निषेध करनेवाली मात्र यह कला भी नहीं।

अन्ततः हमें सर्जनात्मकता में ही कविता को ढूँढ़ना होगा, वर्ना पत्र-पत्रिकाओं से लेकर पुस्तकों तक में घटिया कविताओं का ढेर लगता रहेगा और सम्पादकों, आलोचकों तथा रचनाकारों की मदद से वे परिदृश्य पर हावी होती रहेंगी। नये कवियों की बाढ़ देखकर रामवृक्ष बेनीपुरी ने कहा था कि हम बाढ़ से नहीं, सुखाड़ से घबड़ाते हैं। लेकिन वह बाढ़ भी क्या घबड़ाने की चीज नहीं है, जिसका पानी फसलों को इस कदर डुबा दे कि उनकी फुनगियाँ मुश्किल से नजर आएँ?

(2002)

●●●

णाणं पयासयं

वीर निर्वाण 2470

ई.सन् 1944

भारतीय ज्ञानपीठ